教育部新兴领域教材研究与实践项目
城市交通系列教材　　邵春福　闫学东　总主编

城市智慧物流

秦　璐　沈喜生　彭子烜　刘康琳　员丽芬　编著

北京交通大学出版社
·北京·

内 容 简 介

本书为适应我国新兴的城市交通领域高水平人才培养而编写，共分为 11 章，主要内容包括城市智慧物流概述、城市智慧物流系统、城市智慧物流节点体系、城市智慧物流大数据分析、城市智慧仓配一体化、城市智慧配送中心设计、城市智慧物流配送优化、城市智慧物流车辆调度、城市智慧物流信息平台、城市绿色智慧物流和城市智慧专项物流。

本书是教育部新兴领域教材研究与实践项目成果之一，既可作为交通工程专业本科生教材使用，也可供相关专业技术人员参考。

图书在版编目（CIP）数据

城市智慧物流 / 秦璐等编著. —北京：北京交通大学出版社，2023.12

ISBN 978-7-5121-5159-8

Ⅰ. ① 城… Ⅱ. ① 秦… Ⅲ. ① 智能技术–应用–城市–物流管理 Ⅳ. ① F259.22-39

中国国家版本馆 CIP 数据核字（2023）第 250818 号

城市智慧物流

CHENGSHI ZHIHUI WULIU

责任编辑：张利军

出版发行：北京交通大学出版社　　电话：010-51686414　　http://www.bjtup.com.cn

地　　址：北京市海淀区高梁桥斜街 44 号　　邮编：100044

印 刷 者：北京时代华都印刷有限公司

经　　销：全国新华书店

开　　本：185 mm×260 mm　　印张：18.5　　字数：465 千字

版 印 次：2023 年 12 月第 1 版　　2023 年 12 月第 1 次印刷

印　　数：1～2 000 册　　定价：56.00 元

本书如有质量问题，请向北京交通大学出版社质监组反映。对您的意见和批评，我们表示欢迎和感谢。

投诉电话：010-51686043，51686008；传真：010-62225406；E-mail：press@bjtu.edu.cn。

总 序

现代交通系统对我国城镇化发展具有支撑性和先导性作用，它既是人们生活出行的基本保障，又是带动城市经济社会发展的“先行者”。自改革开放以来，我国的城镇化以年均超1%的速度快速发展，截至 2021 年底，我国的城镇化率已经超过 64.72%。城市交通系统，尤其在超大城市和特大城市，以公共交通为骨干的城市综合交通体系发展迅速，已经有 28 个省（自治区、直辖市）的 51 个城市开通了城市轨道交通系统，运营总里程位居世界第一。然而，城市交通拥堵、汽车尾气污染和交通事故多发等“城市病”现象也日趋严重，已经成为阻碍我国城市经济社会发展的社会问题，严重影响市民的生产和生活，人们出行的获得感、安全感不高，更谈不上满足感和幸福感。

“城市病”问题得到了政府和社会各界的广泛关注，但是至今高校尚没有设置城市交通专业，又没有与此对应的系列化、专业化教材，导致城市交通治理人才匮乏。城市交通涉及人文、社会、政治、经济、工程等多个领域，是典型的交叉学科，治理城市交通需要复合型人才。

为满足社会对城市交通专业人才的培养需求，从 2012 年开始，编者与北京交通大学出版社共同组织北京交通大学交通运输学院交通工程和交通运输两个国家级教学团队的师资力量编写了“城市交通系列教材”，包括《城市交通概论》《城市总体规划》《城市交通调查》《城市交通规划》《城市交通流理论》《城市公共交通》《城市交通管理与控制》《城市交通设计》《城市交通枢纽》《城市道路工程》《城市交通安全》《城市交通经济》《城市智能交通系统》《城市交通专业实验教程》《城市智慧物流》，共 15 册教材。本系列教材获批了原国家新闻出版广电总局的“‘十二五’国家重点出版物出版规划项目”，并于 2016 年完成了本系列教材第 1 版的出版发行。

本系列教材一直作为北京学院的主要参考教材使用。北京学院是北京市教育委员会借助在京高校的优势特色资源为北京市培养特需人才的一项重要工程。北京交通大学依托在交通运输领域的传统优势和特色，于 2015 年申报北京学院城市交通辅修专业并获批，并于同年招生，至今已经招收了 6 届。

本系列教材中的绝大多数为“城市交通系列教材”的第 2 版。修订出版第 2 版的理由如下：首先，本系列教材初版发行 6 年多来，受到了相关高等院校和科研单位的厚爱。其次，中共中央、国务院于 2019 年 9 月发布了《交通强国建设纲要》，于 2021 年 2 月发布了《国家综合立体交通网规划纲要》，并把交通强国建设作为国家战略，要求到 21 世纪中叶，构建安全、便捷、高效、绿色、经济的现代化综合交通体系，打造一流设施、一流技术、一流管理、一流服务，建成人民满意、保障有力、世界前列的交通强国，为全面建成社会主义现代化强国、实现中华民族的伟大复兴中国梦提供坚强支撑；实现“全国 123 出行交通圈”（都市区 1 小时通勤，城市群 2 小时通达，全国主要城市 3 小时覆盖）和“全球 123 快货物流圈”（国内 1 天送达，周边国家 2 天送达，全球主要城市 3 天送达），做到“人享其行，物优其流”。

最后，城市和都市圈内部的“多规融合”和“多规合一”，京津冀、长三角、粤港澳、成渝等世界级城市群和国家、区域级城市群建设的推进，以及智慧城市、智慧交通和城市治理等对城市交通的知识体系和人才培养提出了新的需求。编写团队为适应上述需求的变革，修订出版本系列教材的第2版。

由于编者的水平、时间有限，本系列教材中难免出现疏漏和不足之处，敬请读者批评指正。

编　者

2023年11月

前　言

在全球产业都朝着数字化快速转型发展的趋势下，城市物流正在发生前所未有的变化。人员、货物和车辆在城市空间中的流动越来越快速和密集，云计算、大数据和物联网等先进技术被大规模应用，城市物流快速迈向智慧化时代。

技术进步和可负担性的提高推动了城市物流机器人解决方案的采用。随着成本的降低，自动导引车、自动移动机器人（AMR）和仓库管理系统已被广泛使用。未来5年，物联网预计将对物流和仓库运营产生重大影响，人工智能和大数据分析逐步用于进一步提高城市物流供应链效率。新的超本地履行模式以高度分布式网络结构，利用自动化系统快速高效地履行客户订单。智慧城市中的城市物流日益集中于智能化、信息化和绿色化。

与如火如荼的城市智慧物流实践发展相比，专门研究城市智慧物流的专著或教材在全球范围内还没有被检索到。这与城市物流兼有中观管理和微观运营相结合的特征高度相关。在中观管理方面，城市物流涉及的政府职能部门非常多。以中国城市政府结构为例，至少涉及发展改革委、商务局、交通局、规划局、工信局等政府部门，还有街道和社区。如此多的部门，很难有单一部门能够覆盖城市物流活动的全部内容。微观运营是城市智慧物流发展的实践核心，对每一个运营企业而言，物流是高度网络化的，城市物流是其物流网络结构中的重要部分，服从于企业定位和核心业务，必然决定了城市物流服务对象千差万别，有的企业服务于工业企业某一供应链环节，也有的企业服务于终端消费者。任何企业只能关注城市物流中与其业务相关的部分，与中观管理一样，很难覆盖城市物流的方方面面。

作为“城市交通系列教材”中唯一的关于城市物流的教材，本书旨在探索性构建城市智慧物流体系，系统梳理城市智慧物流的相关理论和方法，探讨这一领域的最新发展和实践。

本书的内容分为以下5个模块。

（1）城市智慧物流系统概论模块。本模块从对智慧物流的基本认识入手，逐渐展开对城市智慧物流内涵和外延的定义，构建城市智慧物流系统的框架，包括驱动层、服务层和目标层。城市物流节点是城市智慧物流最重要的有形载体，本模块建立了城市智慧物流节点网络结构的分析方法。本模块由第1～3章构成，旨在帮助学生建立城市智慧物流的系统框架。

（2）智慧物流大数据分析模块。大数据分析是智慧物流的重要表征。本模块介绍城市智慧物流数据分析的特点、大数据集成、数据挖掘，以及高级数据分析方法。本模块的内容为第4章，旨在帮助学生了解城市物流大数据分析的特点和方法。

（3）城市智慧物流仓配运组织和技术模块。本模块介绍智慧仓配模式和技术基础、城市智慧配送中心运作系统和设施选址、货物配载和配送优化，以及城市智慧物流车辆调度问题。本模块介绍城市智慧物流运作执行活动实践的理论和方法，由第5～8章构成。

（4）智慧物流信息管理技术和应用模块。本模块介绍城市智慧物流信息平台的内涵与结构、运营模式、关键技术和发展趋势。本模块的内容为第 9 章，介绍城市智慧物流的信息化基础。

（5）专业化物流运作模块。本模块介绍城市绿色智慧物流、城市智慧冷链物流、城市智慧应急物流和城市智慧逆向物流等内容。本模块是对城市智慧物流专业化方向和发展趋势的介绍，由第 10 章和第 11 章构成。

本书每章节均配有复习思考题，帮助学生巩固和理解所学内容。

本书旨在为读者提供一份全面、深入、实用的参考资料，帮助读者更好地理解和应用城市智慧物流的理论和实践，是物流专业、电子商务专业、交通运输和交通工程专业学生全面系统学习城市智慧物流的基础教材，也可供物流行业的从业者使用。

本书由北京交通大学物流工程系长期从事物流研究和物流实践的老师们共同编写完成。其中，秦璐编写了第 1～4 章及第 6 章，员丽芬编写了第 1 章的第 2 节及第 5 章，刘康琳编写了第 7 章、第 11 章的第 2 节和第 3 节，彭子烜编写了第 8 章和第 11 章的第 1 节，沈喜生编写了第 9 章和第 10 章。深圳技术大学的于丽娜参与了第 4 章的部分编写工作。

作为第一本系统论述城市智慧物流的教材，本书还有很多不足之处，期待您的阅读，也期待您的反馈和建议，让我们共同推动城市智慧物流的发展。

编　者

2023 年 11 月

城市智慧物流

- 第1章　城市智慧物流概述
  - 智慧物流的概念、内涵与特征
  - 城市物流概述
  - 城市智慧物流的内涵
- 第2章　城市智慧物流系统
  - 城市智慧物流系统框架
  - 城市智慧物流系统驱动层
  - 城市智慧物流系统服务层
  - 城市智慧物流系统目标层
- 第3章　城市智慧物流节点体系
  - 城市物流节点体系概述
  - 城市智慧物流节点网络化
  - 城市智慧物流节点网络结构分析方法
  - 案例：基于物流企业内部联系的城市间物流空间结构分析
- 第4章　城市智慧物流大数据分析
  - 城市智慧物流大数据分析概述
  - 城市智慧物流大数据集成
  - 城市智慧物流数据挖掘
  - 城市智慧物流高级数据分析
- 第5章　城市智慧仓配一体化
  - 仓配一体化概述
  - 智慧仓配一体化的技术基础
  - 智慧仓配一体化的运营模式
  - 案例：京东物流的智慧仓配一体化运营模式
- 第6章　城市智慧配送中心设计
  - 城市智慧配送中心概述
  - 城市智慧配送中心流程
  - 自动拣选系统
  - 智慧配送中心集成系统
  - 案例：生产制造业配送中心物流智能化解决方案
- 第7章　城市智慧物流配送优化
  - 城市智慧配送设施选址
  - 城市智慧配送路径优化
  - 城市智慧配送货物配载问题优化
  - 城市配送优化算法
- 第8章　城市智慧物流车辆调度
  - 城市智慧物流车辆调度的特征、模式与技术应用框架
  - 城市智慧物流车辆调度数据的获取、处理与分析
  - 城市智慧物流车货匹配优化
  - 城市智慧物流车辆智能价格优化
  - 案例：货拉拉的智能调度平台
- 第9章　城市智慧物流信息平台
  - 城市智慧物流信息平台的发展动因、内涵与作用
  - 城市智慧物流信息平台的类型、结构组成、功能与运营模式
  - 城市智慧物流信息平台的关键技术
  - 城市智慧物流信息平台的技术架构与拓扑结构
  - 城市智慧物流信息平台的发展趋势
  - 案例：典型的城市智慧物流信息平台
- 第10章　城市绿色智慧物流
  - 城市绿色智慧物流的发展动因、内涵与作用
  - 城市绿色智慧物流的系统构成与业务体系
  - 城市绿色智慧物流的评估核算方法
  - 城市绿色智慧物流的发展趋势
  - 案例：雄安新区的绿色智慧物流建设
- 第11章　城市智慧专项物流
  - 城市智慧冷链物流
  - 城市智慧应急物流
  - 城市智慧逆向物流

目录

第1章

城市智慧物流概述

1.1 智慧物流的概念、内涵与特征

1.1.1 “智慧”的概念与内涵

智慧是一个古老的词汇。早在古代，“智”为会意兼形声字，从日，从知，知亦声，本义为聪明、智力强。《淮南子·真》中有“智者，心之府也”，《方言》中有“知或谓之慧”。“智慧”一词最早出自《墨子·尚贤中》：“若此之使治国家，则此使不智慧者治国家也，国家之乱，既可得而知已。”佛教梵语“般若”也译为中文的“智慧”。西方“智慧”最早出现于古希腊神话，古希腊人论述了希腊神话中的智慧观，荷马时代希腊人的智慧观主要表现为勇敢美德、崇尚荣誉等社会价值特征。按照亚里士多德的说法，“智慧”在古代希腊有着两种含义：一种是理论的智慧，另一种是实践的智慧。理论的智慧涉及知识，而实践的智慧则涉及技术。后来希腊人追求智慧的方式开始由直观的现实经验智慧向科学和哲学思维式智慧转变。

辞海对“智慧”的定义如下：“对事物能认识、辨析、判断处理和发明创造的能力。”智慧是生命所具有的基于生理和心理器官的一种高级创造思维能力，包含对自然与人文的感知、记忆、理解、分析、判断、决策等所有能力。

智慧不等于智能，智慧包含智能。智慧是智能器官的终极功能，核心是创造性，为人类所专有，与“形而上谓之道”有异曲同工之处。智能则包括具有思维特征的记忆（存储容量）、计算速度、反应速度、精确度、记忆的永久性，它具有机械性、程序化、条件反射的特征，是“形而下谓之器”，是生命的一部分技能，是人和动物共同拥有的。《荀子·王制》讲“草木有生而无知”，近有科学研究植物、动物的智力，但仍很少称其为智慧。智慧是心智的感悟与创造。智能是心智的唤醒与执行。因此，智慧的外延广于智能，是人的一种存在方式，由智力系统、知识系统、方法与技能系统、非智力系统、观念与思想系统、审美与评价系统等多个子系统构成。

1.1.2 经济社会智慧的内涵

1. 经济社会智慧的定义

如今，随着互联网、物联网、云计算、人工智能等新一代信息技术的广泛应用，“智慧”一词已经全面开花，不仅有智慧地球、智慧城市、智慧交通、智慧医疗、智慧管网、智慧社区，还有智慧物流。如果说动植物没有智慧，只有智力，那么人类生活的这个经济社会的“智慧”又是什么呢？该如何理解和定义它呢？

2008 年 IBM 公司首次提出“智慧地球”的概念，英文表述为“smart planet/smart Earth”。把智慧地球分成三个要素，即“3I”——传感器、物联化、智能化（instrumentation，interconnectedness，intelligence），是指把新一代的 IT、互联网技术充分运用到各行各业，把感应器嵌入、装备到全球的医院、电网、铁路、桥梁、隧道、公路、建筑、供水系统、大坝、油气管道，并且被普遍连接，形成所谓的“物联网”，然后将“物联网”与现有的互联网整合起来，实现人类社会与物理系统的整合。在这个整合的网络当中，存在能力超级强大的中心计算机群，能够对整个网络内的人员、机器、设备和基础设施实施实时的管理和控制。在此基础上，人类可以以更加精细和动态的方式管理生产和生活，达到“智慧”状态，提高资源利用率和生产力水平，改善人与自然的关系。

2. 经济社会智慧与人类智慧类比

把经济社会的“智慧”和人的智慧的形成过程进行对比，便于理解“智慧”的架构。人认识事物的基础是感知，只有感知到的事物才能被人注意，才可能进入人的思维过程。人感知世界的工具是感官，如视觉、触觉、味觉、听觉、嗅觉等，通过它们，人获得了事物的大小、材质、温度、气味等基本信息。在正在构建的智慧物理世界中，感知是通过传感器、手机、射频识别（radio frequency identification，RFID）等设备实现的，它们如同人的感官，是获取数据的工具，建立起物理世界的数据采集基础。人的智慧结构如图 1－1 所示。

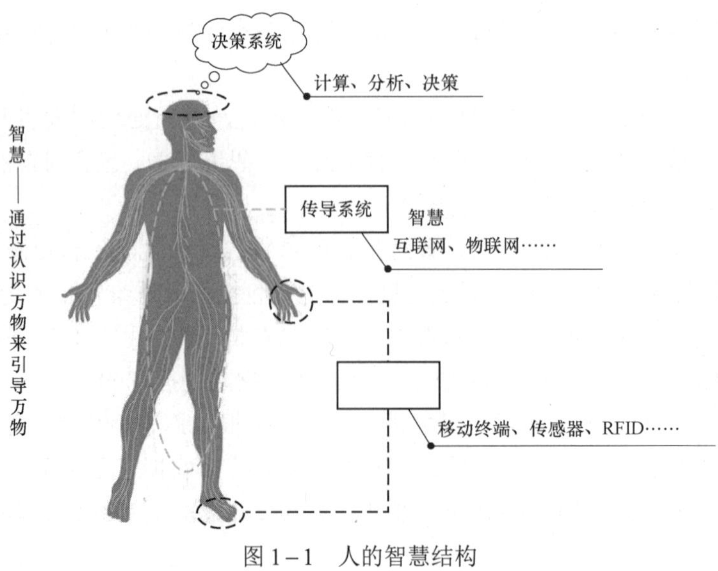

图 1－1 人的智慧结构

人把感知信息传导到大脑的过程通过神经系统完成，人既有中枢神经，又有末梢神经，它们构成一张无处不在的大网，互联互通。如果某一根神经出现故障，将导致某一功能存在缺陷或者彻底丧失。在物理世界中，互联网和物联网如同人的神经系统，建立了信息交互机制和基础设施。物联网和互联网的最大区别是物联网将自动传输信息和数据，更像人的感官和神经系统的关系，发生即传导，而互联网的信息是被动上传的。因此，物联网才是智慧物理世界的传导基础。

传导的信息到了大脑之后，人的大脑要对信息进行复杂的计算、分析，融入思维、想象和情感过程，最终得以决策。而在物理世界中，如何实现这一过程呢？

人工智能的突破为此持续带来提供解决方案的曙光。人工智能诞生于 1956 年，其后经历了几次发展和几次停滞，其原因是开发人工智能的逻辑以模仿人脑思维机制为出发点，然而人脑实在太复杂，人工智能一度走进死胡同。后来人们终于意识到，人工智能无法完全模仿人脑，但有些部分却可以超越人脑，特别是在计算方面，人的能力是有限的，计算机可以极大地突破这种有限性，由此以计算能力为突破口，人们终于找到了人工智能的出路。大脑的计算功能从此被模拟并被无限放大，在储存和计算方面，机器终于超越了人。于是，在物理世界中，类似人脑的决策过程被简化为计算、分析、决策。

首先是计算，随着互联网和物联网的飞速发展，数据计算量级呈指数上升，单个计算机无法完成，便诞生了云计算技术，利用分布式计算方式来完成对大数据的处理和计算过程，大大提升了物理世界处理海量数据的能力。

然而，技术发展到此，还远未达到“智慧”，智慧在于从已知中发现未知，从无序中提炼有序。它不仅是人类对已知规律进行求证的过程，还包括利用已知数据发现未知规律、最终形成决策方案并付诸行动的过程。因此，自动发现规律，用规律指导行为，主动决策并自觉行动，才是“智慧”。现如今大数据分析技术、深度学习技术提供了探索物理世界规律、发现深度关联机制的技术方法。

因此，物理世界的“智慧”，认识万物通过能自动读写信息的设施设备获得信息感知，传导通过物联网完成，决策则是通过云计算、大数据分析及决策系统实现。本书对物理世界“智慧”定义如下：物理世界的智慧是感知、交互、分析、发现、决策的综合。智慧以增强系统内外的感知量为基础，通过建立万物间的深度关联，自动发现新规律，将感知、认知、决策相结合，建立真正独立完成操作并自动进行决策的自制系统。智慧一定是可以获得、可以传导、可以分析、可以决策并可以行动的自动过程。

“智慧”与“智能”的区别在于：“智能”是“can do”，而“智慧”则是“what do”“why do”“why not do”“how do”，所以“智慧”包含“智能”。图 1-2 展示了“智慧”和“智能”的区别。

1.1.3 智慧物流的概念与内涵

1. 智慧物流的概念

关于物流活动的最早文献记载是在英国。1918 年，英国犹尼利弗的哈姆勋爵成立了“即时送货股份有限公司”，目的是在全国范围内把商品及时送到批发商、零售商和用户手中。第

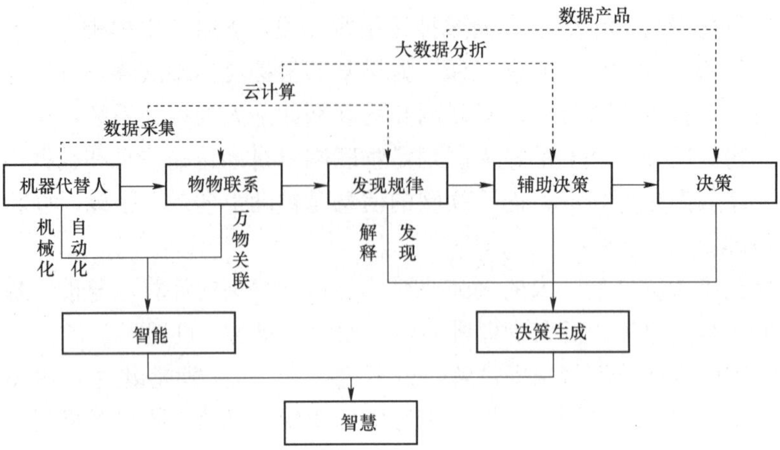

图 1-2 “智慧”和“智能”的区别

二次世界大战期间，美国在军火供应中对军火的运输、补给、屯驻等进行全面管理，并称其为“logistics management”，当时指后勤管理。第二次世界大战后，美国把“logistics”的思想用于企业管理，称为“企业物流”（business logistics），是指对企业的供销、运输、存储等活动进行综合管理。1956 年日本组织了一个“流通技术专业考察团”到美国考察后在日本产业界掀起了物流启蒙运动，日本将物流称为“physical distribution”，一般指产品出厂后的包装、运输、装卸、仓储等活动。20 世纪 80 年代，物流的概念从日本传入我国，所以我国物流最初的含义为“physical distribution”，后来随着经济的发展，物流的内涵逐渐转为“logistics”。

1992 年，美国物流管理协会关于物流的定义是：“物流是为满足消费者需求而进行的对货物、服务及信息从原产地到消费地的有效率与效益的流动和存储的计划、实施与控制的过程。”1998 年，美国物流管理协会在物流的定义中引入了供应链的概念，指出物流是供应链流程的一部分。2001 年，美国物流管理协会将物流的定义进一步完善为：“物流是供应链运作中，以满足客户需求为目的，对货物、服务和相关信息在产出地和销售地之间实现高效率和低成本的正向和反向的流动和储存所进行的计划、执行和控制的过程。”

2021 年，中国的《物流术语》标准将物流定义为：根据实际需要，将运输、储存、装卸、搬运、包装、流通加工、配送、信息处理等基本功能实施有机结合，使物品从供应地向接收地进行实体流动的过程。

可见，随着社会经济活动对成本、效率和服务水平要求的不断提高，物流的概念也在不断变化。“智慧物流”来源于 IBM 提出的智慧物流系统（intelligent logistics system，ILS）。关于智慧物流，没有统一的定义，总结起来有以下一些说法。

智慧物流是指对整个供应链中从供应商、制造商、批发商、零售商到消费者的物料、信息和财务流动过程进行监督和管理。这种物流管理涵盖了在公司内部和公司之间协调和整合流程的各个环节。该定义强调智慧物流是通过监督和优化这些流程来实现供应链的高效运作和管理。

2021 年，中国的《物流术语》标准将智慧物流定义为：以物联网技术为基础，综合运用大数据、云计算、区块链及相关信息技术，通过全面感知、识别、跟踪物流作业状态，实现实时应对、智能优化决策的物流服务系统。该定义侧重于智慧物流是一个服务系统。

还有观点认为，智慧物流是利用集成智能化技术，使物流系统能模仿人的智能，具有思维、感知、学习、推理判断和自行解决物流中某些问题的能力。该观点侧重于智慧物流是一种能力。

也有观点认为，智慧物流是指通过智能软硬件、物联网、大数据等智慧化技术手段，实现物流各环节精细化、动态化、可视化管理，提高物流系统智能化分析决策和自动化操作执行能力，提升物流运作效率的现代化物流模式。这种观点强调智慧物流是一种模式。

这些定义反映了人们在不同认识层面对智慧物流的理解。从作为一个监督流程到强调利用集成智能化技术提升解决问题的能力，再到利用智能化技术形成智能运作模式，或者一个服务系统，由小到大，都是智慧物流的概念所覆盖的范围。智慧物流从解决局部问题的技术层面必然走向系统运作。最初是物流通过先进技术实现装备的自动化和流程的信息化，是“物流+智慧”过程，随后是云计算、大数据、物联网技术深度嵌入物流网络带来的物流业态、模式变革，是“智慧+物流”过程。

2. 智慧物流的特点

智慧物流是利用物联网和智能信息技术，实现对所有物流活动的实时监控、全方位控制、智能优化和全过程自动化，实现物流价值链整合和延伸的新模式。智慧物流与传统物流相比，具有以下4个特点。

（1）智能化：将人工智能、自动化技术、信息通信技术（information and communications technology，ICT）等智能技术应用于物流全过程，提高物流作业的自动化水平，实现物流决策的智能化。

（2）灵活性：可以多渠道完成交付，为客户提供多种解决方案。

（3）动态性：能够对微观和宏观环境的新挑战做出快速反应。

（4）物流一体化：通过物联网、ICT 等技术，实现物流过程中各主体之间的信息共享，相关业务流程可以集中管理，加强不同物流流程的协同。

（5）自组织：实时监控和智能决策使物流系统无须大量人为干预即可正常运行，为物流运营带来更高的效率。

3. 智慧物流的架构

智慧物流是技术、管理和人类活动的智能结合，使人们能够预测问题并将其对特定领域的影响降至最低，协调资源以有效实现公认的目标，消除供应链相关要素之间的沟通障碍。其结构是围绕五大实体要素形成的物流数据感知、物流数据互联、物流规律发现、物流行为决策和自动执行的分层结构，如图1-3所示。

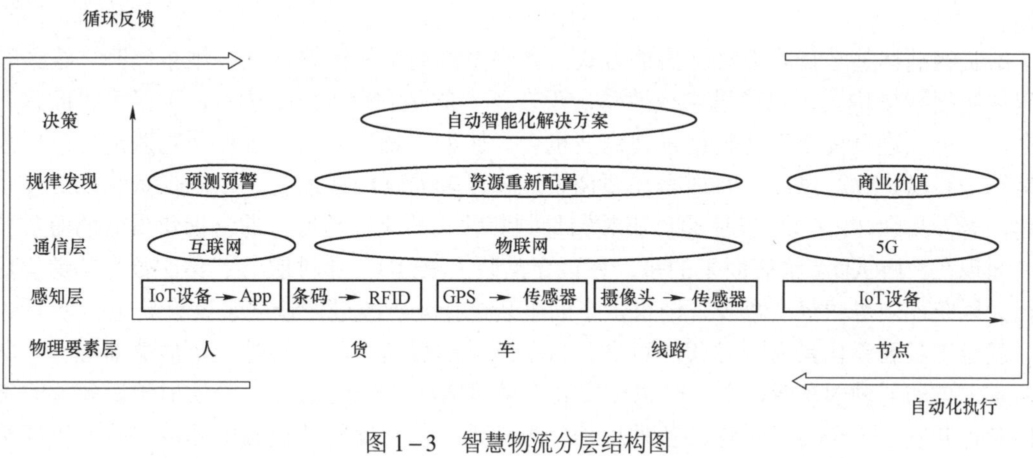

图1-3 智慧物流分层结构图

第一层是要素层。物流是实体经济和虚拟经济的黏结剂。物流有五大物理要素，分别是人、货、车、线路、节点，这些物理要素不仅自身具有价值，而且其背后连接的大量经济关系、社会关系、资金流、信息流形成盘根错节的各种链条和网络。人，指物流系统中的人员，如运输中的司机、仓库中的拣货人员、货主等。货是物流中的作业对象。车，即物流系统中的“车”要素，是一切载运工具的统称，在水运中指船舶，在空运中指飞机，在铁路运输中指火车，在公路运输中指汽车。物流中的线路既可以指路径，也可以指道路等基础设施，物理要素指的是线路基础设施。节点，指物流节点，是物流网络的重要组成部分，是物流活动的作业中心、组织中心，具有举足轻重的作用。配送中心、物流园区、物流枢纽是不同层次的物流节点。与经济社会的智慧内涵一样，智慧物流就是不断提升这五大要素的感知、交互、分析、发现和决策能力。图 1－4 为物流五大物理要素图。

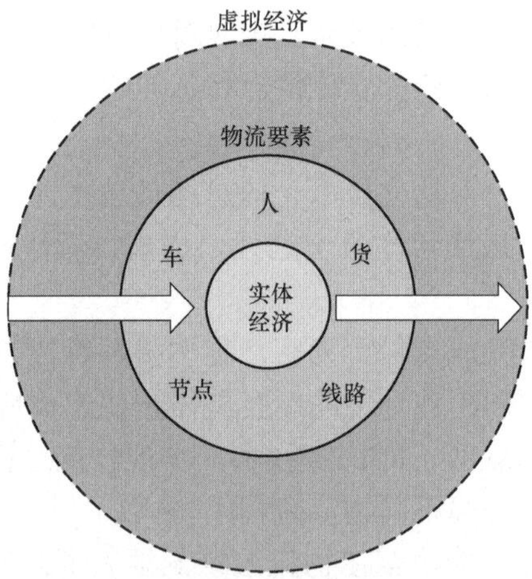

图 1－4　物流五大物理要素图

第二层是感知层。智慧物流发展的关键技术之一是物联网（internet of thing，IoT）。物联网设备，如传感器和 RFID 标签，可用于实时跟踪物理元素的位置和状态。

将物联网设备与人相结合，可以实现对人的行为数据的采集和交互，比如通过安置在驾驶舱的物联网设备可以自动采集司机的行为动作；给仓库拣货人员戴上设备，可以实时定位并给予明确的指令和规划路径；用手机 App 获得货主行为数据多维刻画，可以对货主需求进行预测。

给货物贴标签是货物数据采集的方式。条码是最基本的标签，从一维条码到二维条码，条码的数据载量增大，也可以实现改写。现在更多的是利用 RFID 技术，不仅可以跟踪货物安全，还可以通过反复读写数据发现商业机会。比如，物流公司可以使用物联网传感器来监控运输中易腐货物的温度，并根据需要调整运输车辆的路线或速度，以确保货物以最佳状态送达。奢侈品牌 PRADA 以往通过服装销量判断款式的流行程度，通常销售量低的服装被淘汰。而现在，PRADA 给店面里的每一件试穿品装上 RFID，通过服装试穿次数与其销售数据进行关联统计，对试穿次数多、销售量小的服装进行分析改进，让服装重获新生。

载运工具智能化具有划时代的意义。自动驾驶的载运工具，就是一个传感器集合，即使还未实现自动驾驶的车辆，出厂时也已安装大量传感器。Agheera，一个实时追踪解决方案的提供商，开发了一个可用于连接各种远程信息技术和传感器硬件设备的开放平台，以便整合不同的应用程序和模式下的数据。这个平台能够合并多种资源，例如将货厢或卡车与一个易于使用、具有世界范围访问权限的门户网站相连，让物流供应商和客户都能在他们的各种设备上实时跟踪所有资产。

目前，摄像头还是采集线路数据的主流装置，但新的研发技术已经等待商业化。比如，美国 Solar Roadways 公司发明了一种利用太阳能技术进行发电的路面，若全美铺设这种路面，每年的供电量是全美用电量的3倍；若与电动车充电技术结合，电动车瓶颈迎刃而解；该路面下，还可以通过安装各种传感器对车辆和其他信息进行实时采集。在车队和资产管理方面，传感器可以监测某辆卡车、某个集装箱的使用及闲置频率，然后采集这些数据，用于最优化利用分析，通过测量负载能力可以了解特定路线上交通工具的闲置运力，从而提出巩固和优化路线的建议。这将创造车队效益、节约燃料，并减少空车返回的里程。

第三层是由通信系统创建的。传感器使用内置传输模块将其状态传输给世界上任何地方的授权用户，连接到互联网的数据在全球范围内经过授权的用户都可用。从终端用户（接收者）的角度来看，基于终端设备（传感器和信标）产生的数据接入网络和后端基础设施构成了智慧物流的最大价值来源的基础。

通过前三层，智慧物流运用各种自动感知设备和技术，实时采集各种要素的行为数据、状态数据，并借助物联网、互联网和 5G 等通信技术，赋予系统数据动态性、开放性和联动性，并通过将数据和流程标准化，实现跨网络数据整合，从而实现了自动感知和实时传导智慧。

第四层创建后端基础设施发现规律。随着数据采集和分析技术的变化，物流的数据分析模式已经从事后分析飞跃到事前分析。在这一层中，从终端设备和数据源收集经过可信度验证和分类的数据，后端基础架构提供上下文信息，这些信息与原始数据相结合，利用数据分析对未来事件的发生进行预测，指导资源重新配置，产生新的商业价值。例如，人工智能算法可用于分析物联网设备和其他来源（如天气预报和交通信息）的大量数据，以预测交通拥堵和物流运营的其他中断。这使得物流公司能够实时调整其路线和时间表，最大限度地减少延误，降低货物丢失或损坏的风险。亚马逊使用大数据、人工智能、云计算等进行仓储物流管理，推出预测性调拨、跨区域配送。“双 11”到来之前，菜鸟通过预警指导快递企业提前布局仓库和运力资源。

第五层是自动决策和服务，提供各种数字服务。随着数据资源的共享，一些子系统已经能够自动形成决策方案，例如智能设备在自动化仓库中实现自动储存、自动分拣；电子商务网站从大数据中选择适当的类目、商品、卖家，为商品自动定价并根据用户群特点自动决定展现形式；提供网络和移动程序服务等。物流步入在实操层面形散而在协同层面高度组织化的阶段，在更大的范围还有待从无序走向有序、从封闭系统向互联系统跨越。

通过后两层，智慧物流运用大数据分析、云计算和人工智能技术，对物流系统各环节和各要素进行分析、评估、预测、预警、优化、调整和决策，形成对各种要素的行动方案指令，实现分析和决策智慧。通过自动化控制系统，实时传送给智能机器人或相关设备，指导各个要素下一步的行动，实现智能执行智慧。

4. 智慧物流的发展阶段

根据相关技术成熟度和物流运作模式的不同，智慧物流的发展可分为 4 个阶段。

（1）智慧物流的第一阶段着重于各个物流功能的智能化。

运输路线优化、仓库自动拣选、基于智能算法的设施规划和实时数据驱动的预测是这一阶段的常见流程。比如，沃尔玛中国所有门店的商品实时数据都是通过货架扫描机器人和RFID技术采集的，这个系统能够识别各种商品，甚至是食品袋中的商品。通过这个智能系统，补货、分拣、库存监控等功能变得越来越智能化和自主化。

（2）智慧物流的第二阶段是物流运作全过程的智能化。

跨职能资源分配对于实现每个物流职能的最大协同作用至关重要。因此，这一阶段需要对各个物流过程进行实时监控，创新管理架构，协同集成智能系统。上海西门子智慧工厂大部分操作都是由物流机器人和人工智能调度系统完成的，可以实现每天24小时全自动化作业，从收货、质检、入库到出库处理、出库收款、生产线投料均自动完成。该智能工厂的效率提高了2.5倍，仓储面积减少了50%。

（3）智慧物流的第三阶段旨在从供应链角度实现物流过程的全面优化。

智能技术的应用使供应链参与者之间的协作更加有效和高效。与创新技术和运营模式相适应的新型业务流程、管理体系和综合物流平台在这一阶段发挥着更加重要的作用。海尔互联工厂将海尔与供应商、经销商、客户及所有运营职能数字化连接。在这个体系中，海尔从设备、控制、车间、企业、协同等层面构建了五层架构，加强了供应链合作伙伴的互联互通和信息共享。

（4）智慧物流的第四阶段通过智能技术和创新协作模式，实现跨供应链的物流整合。

在这个阶段，同质和异质供应链资源分配优化成为物流管理的主要任务。阿里巴巴和京东等电子商务巨头已经启动智慧物流项目并大举投入在自动化和智能技术中，同时计划通过协同物流发展城市物流枢纽网络，如冷链网络、B2B（企业到商业）网络、众包网络和跨境网络。

1.2 城市物流概述

1.2.1 城市物流的内涵

城市聚集着大量的人口、工商企业、商品，分布着大量的航空、铁路、公路等交通运输网络和枢纽站点，在政治、经济、文化生活中起着重要的作用，具有较强的吸引力、辐射力和综合服务能力，对周边地区的经济发展起到渗透、带动作用。物流则是随着人类社会的产生而产生、随着商品经济的发展而发展的一种社会活动。

从城市发展的角度来看，在城市形成之后，整个城市的经济、政治和文化活动都以物流运作为依托。集中在城市空间中的物流业就构成了城市物流业，它是城市产业体系的一个组成部分，其是通过考虑城市货物流通对社会、环境、经济、金融和能源的影响，使城市物流活动达到整体最优的过程。狭义的城市物流包含城市内部全部的物流活动，广义的城市物流则包含城市内部物流、对外运输通道、企业物流外延至城市间区域物流的部分。

发达资本主义国家普遍把城市物流等同于城市物流规划，日本学者认为城市物流是在市场经济框架内，综合考虑交通环境、交通阻塞、能源浪费等因素，对城市内私有企业的物流和运输活动进行整体优化的过程。另一些观点认为，城市物流是满足城市内部物流需求的物流过程，即城市物流要研究城市生产、生活所需物资如何流入，如何以更有效的形式供应给每个工厂、每个机关、每个学校和每个家庭，城市巨大的耗费所形成的废物又如何组织等。还有一些观点认为，城市物流是城市内部及城市对外交换过程中产生的物流活动，是城市区域内生产要素和产品的流动及城市与外界生产要素的交换和流通活动。

城市物流是指为城市服务的物流，是城市经济体系中的一个产业，它服务于城市生产、分配、交换、消费各个环节，是城市社会再生产得以实现的基本条件，包含满足城市内部生产和消费的物流活动，以及城市与外界联系过程中产生的物流活动。

1.2.2　城市物流的构成要素

从城市物流所需要的物质要素来看，城市物流系统主要由城市物流通道、物流设施与网点、物流设备与工具，以及各种物流信息系统构成。

城市物流通道是城市物流系统最基本的物质要求。这里的道路指货物通行的道路。根据城市道路的等级和城市物流节点的类型，城市物流通道可以划分为以下两个层次类型。

（1）城市对外物流通道：由穿越城市的区域铁路干线、航空运输线路、内河或远洋航线与城市对外运输枢纽相结合，承担城市的对外物流功能。

（2）城市内部物流通道：又分为3种类型，即：城市快速货运通道，由城市快速路或主干路连接城市各个物流园区或城市综合运输场站枢纽，承担城市大运量的出入境、过境和城市不同组团间的物流功能；城市快速配送通道，由城市主干路或次干路连接城市内不同层次的物流节点，以及物流节点与市区主要物流集散点，承担城市组团内部的物流集散功能；城市末端配送通道，其特征是由城市支路连接配送中心或物流集散点和用户，承担城市末端配送功能。

物流设施与网点包括物流园区、物流中心、配送中心、物流基地、仓库、车站、港口、货场等。物流设施是组织物流系统运行的基础物质条件，城市物流设施与网点的空间布局问题直接影响到城市物流效率及城市的整体交通运行与居民的生活水平。

物流设备与工具主要指运输、存储和装卸设备与工具，主要包括运输车辆、集装箱和托盘。城市通常采用限制货运车尾气排放、控制噪声、实现集装箱与托盘标准化、配送车辆选型等措施实现城市物流整体优化。

物流信息主要指与城市物流系统运行密切相关的各种信息系统，如道路交通信息系统、车辆供求与物流供求信息系统、车辆或货物跟踪系统、车辆自动识别系统、卫星定位系统、数字化地图等。城市物流信息系统对城市物流系统整体优化目标的实现来说是相当关键的。物流信息平台则由公用信息平台和行业信息中心、企业信息中心、现场子系统、运载工具子系统和各专项子系统构成。

城市物流的构成如图1－5所示。

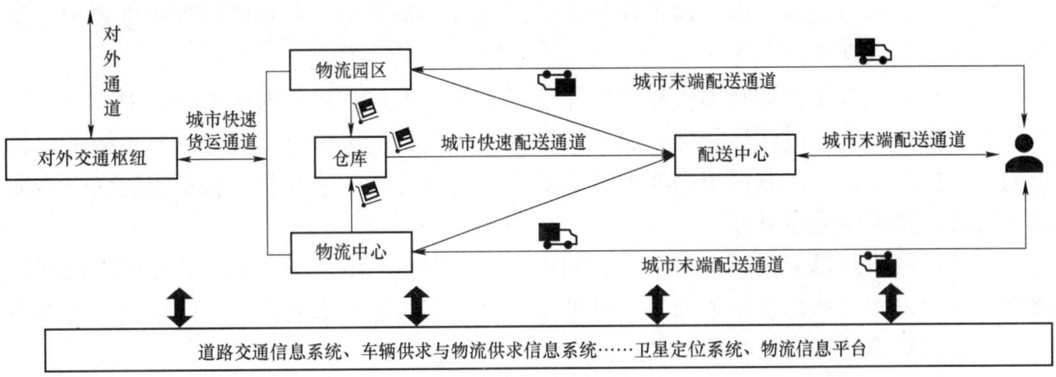

图1－5　城市物流的构成

1.2.3 城市物流与企业物流及区域物流之间的联系

区别于服务于农业生产和农村居民生活的需要、满足农业生产和农村居民生活服务的农村物流，城市物流是以城市为物流业发展与服务载体，以整合、聚集城市物流资源为手段，通过建设对外、对内两大物流服务系统而形成的物流体系。其中，对外系统旨在建设服务区域的综合物流服务系统，更好地发挥区域物流中心城市作为区域综合交通枢纽、航运中心、贸易中心等的作用，确立以区域为主的物流发展模式，实现对外交流这一城市物流核心功能。对内系统旨在建设以城市配送服务为主要功能的物流服务系统，从而提升城市自身的生产、生活物流效率，营造良好的城市经济运行环境和投资环境。

由于城市的生产、生活往往与区域具有较为紧密的联系，特别是城市的生产布局、生产规模、商贸服务等往往以区域辐射作为其发展目标，从而决定了城市内的物流服务必须与城市间的区域物流服务建立有机联系，维持物流经济活动效能。

企业物流是指在企业生产经营过程中，物品从原材料供应，经过生产加工，到产成品和销售，以及伴随生产消费过程中所产生的废弃物的回收及再利用的完整循环活动。企业物流活动范围涵盖于城市内外，既存在于城市物流中，也有部分构成了区域物流；参与主体包括上游供应商、企业及下游客户。城市物流是介于城市与城市之间的宏观物流与城市内部企业之间的微观物流的一种过渡，是连接企业物流和区域物流之间的纽带。一方面，城市物流是对区域物流的接续和延伸；另一方面，企业存在于城市之中，因此城市物流与企业内部的微观物流有密切的集散关系。

1.2.4 城市物流的特点

城市物流的特点主要包含以下 5 个方面。

（1）城市物流的繁杂性。城市是人们生产和消费高度集中的空间载体，城市物流涉及整个城市的政治活动、经济活动及居民的生活、消费、休闲娱乐等习惯，城市物流的客体不断呈现小批量、多样化的趋势，加剧了城市物流的繁杂性。除此之外，城市性质的差异也为不同城市物流带来了不同的特征，尽管不同城市的物流存在一定的共性，但往往都具有各自鲜明的特征。城市物流的繁杂性还表现为城市的建设一般要先于城市物流设施的建设，即城市物流发展的滞后性。

（2）物流节点多，分布广。城市物流系统包含物流园区、物流中心、配送中心、货运场站、仓库等物流节点设施。由于城市物流大多面向终端消费者，分布广泛且密度较大，使城市物流内设施节点众多。

此外，现代化城市物流必须依靠现代化信息系统的支持，从而为城市物流中部分关键领域提供有力支撑，使限时送达和优质服务得以真正实现。发达的电子商务信息系统是现代化城市的重要标志之一，随着城市物流配送系统的广泛建立，电子商务信息系统的任一终端，都将成为城市物流的流通节点。

（3）城市物流是以依托城市道路系统的短途运输为主。由于城市物流受到城市地理区域的限制，从而决定了该系统服务的主要对象是城市内部的各需求主体，主要以城市道路系统为依托，提供短途运输为主的物流服务。

（4）以城市为依托，受城市规划与各种管制的制约较多。与一般的物流相比，城市物流是以城市为依托的物流，因此城市物流多了一个边界，需要在物流涉及的诸多方面加上地域的限制和城市的属性。例如，在物流设施方面，城市物流园区、物流中心、配送中心的建设会占用大量的土地，因此城市物流的规划必须与城市的总体规划相一致；在交通运输方面，城市会制定相应的管制条例，例如为保障专项活动安全与顺利进行，北京限制大型车辆的通行时间、通行路线等。

（5）城市物流与企业有密切的关系。一方面，大多数企业本身就位于城市之中，城市中企业的运输，既可以看成是单个企业的运输，又可以看作城市内部的运输，这种交叉现象还体现在存储功能、包装功能、物流信息等功能中；另一方面，外部的宏观物流只有通过城市的再分配才能到达各个企业，企业输出的微观物流也必须通过城市物流才能汇集成输出城市的宏观物流。

1.2.5　城市物流的发展历程

城市经济是城市物流存在的基础，决定着城市物流的需求结构和发展水平，推动着城市物流能力的进步。城市物流则是城市经济的主要构成要素，拉动着城市生产力布局优化、生产方式转变和城市经济增长。因此，城市物流的发展程度与城市自身的发展息息相关。从城市发展及城市物流活动的实践过程来看，城市物流可分为4个阶段。

（1）第一阶段是20世纪初至50年代：此时处于城市工业化时期，大多数西方国家进入工业化社会；同时，制造业迅速发展，社会分工不断细化；该阶段的城市物流发展规模小，发展渠道不畅，物流的仓储、运输等成本都较高，在城市的发展规划中没有获取足够的重视与支持。

（2）第二阶段是20世纪60年代至80年代末：世界各国采用了“大量生产—大量销售—大量废弃”的社会发展模式；制造业的大规模化与零售业的大规模化现象同时出现；物流作为一类具体的行业正在逐步形成和壮大，多品种、少批量的配送成为这一时期主要的物流形式。

（3）第三阶段是20世纪90年代至21世纪初：网络时代的来临使得经济全球化、区域经济一体化成为主流，知识经济初见端倪；城市物流发展到供应链管理阶段，同时在城市范围内形成了较为成熟的物流网络。

（4）第四阶段是2010年以后：全球城市标准化、智慧化、共享化、绿色化等进程推动着城市物流高质量发展，为建立智慧与高效协同的数字供应链打下基础，推动着智慧物流的发展。

物流是城市社会经济发展到一定阶段的产物，故城市物流发展与同时期的城市发展相辅相成，具有推动效应与拉动效应相结合的互动效果。推动效应是指城市经济增长推动着城市物流能力进步；拉动效应是指城市物流能力进步所引致的城市经济增长。在城市经济系统中，推动效应和拉动效应体现出一种对立统一的关系。

结合我国的城市特点及社会经济结构的发展历程，城市物流则主要经历了5个发展阶段，如图1–6所示。

（1）第一阶段：城市物流以单一有限的运输功能而存在。

该阶段的社会经济结构以农业生产为主，此时的农业生产对于城市建设的推动力较大，城市缺乏大规模的加工工业，城市的主要职能是完成农业产品的集散，城市物流主要是指农产品的运输。此外，在此阶段，城市与城市之间不存在从属关系，人员、物资信息交流十分不发达，所以该阶段城市物流的服务范围十分有限。

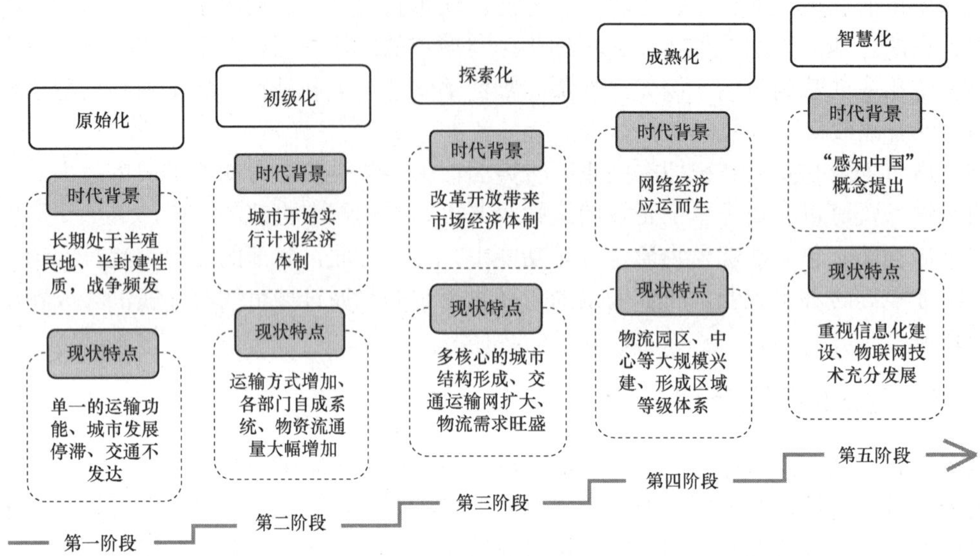

图 1-6　我国城市物流的发展历程

在新中国成立之前，我国长期处于半殖民地半封建性质的大背景中，战争频发使得城市发展处于停滞阶段，并且我国城市内外交通不发达，从而，为适应这一阶段所产生的部分城市交通和用地布局，对于我国后来的城市规划布局和物流发展都有较大的影响。

（2）第二阶段：城市物流活动自成体系，规划布局散乱。

该阶段处于新中国成立且我国开始实行计划经济体制的时代背景下，各个城市的内外经济发展了翻天覆地的变化，社会生产力不断提高。小规模的第二产业开始兴起，除了水运以外，交通运输新增了铁路、公路等运输方式。物资的流通量越来越大，同时也出现了大规模的人口流动，主要呈现为农村人口转变为城市人口的趋势。

在此阶段，城市发展中仍没有相关的物流概念，城市商业、粮食、供销物资、外贸等流通部门自成系统，按计划储存和运输，并分别建起了本部门的供销链、批发零售网点和仓储、运输通道及队伍。交通、铁路等专业交通部门也各自进行储运、规划布局活动。由于生产、流通和消费完全在计划经济体制下管理和运行，部门经济和活动分割造成的布局散乱现象普遍存在。

在此阶段，城市物流以人工与机械化作业为主，实现了在一定范围内调剂余缺、保持社会供应的相对稳定的作用。但存在生产、流通、销售等环节相互分离，物资周转缓慢等弊病。

（3）第三阶段：国内城市物流概念的引进、认知阶段。

在这一阶段，城市物流的概念开始进入中国。物流活动在国民经济发展中的重要作用开始被人们认识。在该阶段，我国城市社会经济产业飞速发展，在经济技术的推动下，城市的生产能力得到前所未有的进步，整个城市经济进入了剧烈增长时期。在此阶段，城市交通运输网不断扩大，城市结构由简单的个体逐步发展为多核心的结构，城市之间的物资交流、交换更加频繁，城市物流需求日益旺盛。

与此同时，自动导引车（automatic guided vehicle，AVG）、自动货架、存取机器人、自动分拣机、自动识别系统等各类物流自动化设备的推广应用，使得城市物流进入自动化阶段，但是存在各个设备只能进行独立应用、无法串联使用的问题，出现“自动化孤岛”的现象。

（4）第四阶段：国内城市物流发展成熟化、系统化。

这一阶段迎来了网络经济的时代背景，在此阶段，电子商务成为发展物流、发展城市的重要手段。物流园区、物流中心、配送中心的大规模兴建，解决了各个地区的空间集聚和分散矛盾等问题，同时缓解了城市内部社会经济问题。城市空间结构内各个组成部分完全融合成为有机整体，城镇居民点、服务设施及其影响范围形成了区域等级体系。

（5）第五阶段：互联网技术及大数据运用的智慧物流阶段。

在自动化的基础上，随着物联网、云计算、大数据、人工智能技术的兴起，各项传统科技与新兴科技开始整合，推动了城市智慧物流的发展。2009 年，中国物流技术协会信息中心首次提出智慧物流的概念。目前我国城市物流处于信息化技术发展速度不断加快、城市之中物流企业均不同程度加大物流信息化建设力度的阶段。在此阶段，把大数据技术及物联网技术融入物流系统之中，通过公共信息平台的建设及各项物流技术的研发，促进我国城市智慧物流的发展，实现资源的整合及充分共享。

随着经济全球化进程加快，在世界范围内物流规模和物流活动急剧扩大，城市物流在高科技的有力支持下已经形成了以系统技术为核心，以现代信息技术、运输及配送技术、装卸搬运技术、自动化仓储技术、库存控制技术、包装技术等专业技术为支撑，具有城市间、城市与区域间现代化、集约化、协同化、信息化和国际化发展趋势的新型现代城市物流。

1.3 城市智慧物流的内涵

从全球范围来看，城市化进程导致未来城市规模越来越大，城市物流需求将大量增加，这将使物流活动更加难以管理。城市对交货时间（例如非工作时间交货）、车辆可达性（例如仅限轻型商用车）、清洁车辆（例如货运自行车）或物流土地使用问题施加了更多的限制。那么，该如何平衡经济利润和环境保护呢？Amazon Prime Now、美团、京东到家等数字平台浪潮，按需交付在全球范围内迅速增长，如何有效和可持续地管理服务仍然是一个关键挑战，特别是对交通事故、安全和拥堵的影响。按需交付的主要问题是：一方面，很难准确预测订单的到达时间；另一方面，由于交货时间非常短，几乎不可能合并订单以实现规模经济。因此，变得效率低下且不可持续。线上和线下渠道的全渠道零售新商业环境，带来了新的物流挑战，例如分散和缩小的货物、更高的交付频率、更短的交付时间、高度波动和不确定的需求和退货。2020 年“双11”，阿里巴巴集团在 24 h 内创下了 38 亿美元的销售纪录，而 2019 年为 25 亿美元，在接下来的几周内产生了数十亿个包裹需要交付。一方面，这对产品分销和交付的灵活性和敏捷性提出了巨大挑战；另一方面，这也将挑战储备物流系统的容量和成本效益。传统城市物流已不能有效解决城市物流需求和城市资源之间的矛盾，必须寻求智慧化方式解决城市物流供求和治理的新途径。

1.3.1 与城市智慧物流相关的概念辨析

1. 智慧城市

智慧城市经常与数字城市、感知城市、无线城市、智能城市、生态城市、低碳城市等区域发展概念相交叉，甚至与电子政务、智能交通、智能电网等行业信息化概念发生混杂。对智慧城市概念的解读也经常各有侧重，有的观点认为关键在于技术应用，有的观点认为关键在于网络建设，有的观点认为关键在人的参与，有的观点认为关键在于智慧效果，一些城市信息化建设的先行城市则强调以人为本和可持续创新。总之，智慧不仅仅是智能。智慧城市绝不仅仅是智能城市的另外一个说法，或者说是信息技术的智能化应用，还包括人的智慧参与、以人为本、可持续发展等内涵。综合这一理念的发展源流及对世界范围内区域信息化实践的总结，《创新 2.0 视野下的智慧城市》一文从技术发展和经济社会发展两个层面的创新对智慧城市进行了解析，强调智慧城市不仅仅是物联网、云计算等新一代信息技术的应用，更重要的是通过面向知识社会的创新 2.0 的方法论应用。

智慧城市通过物联网基础设施、云计算基础设施、地理空间基础设施等新一代信息技术及维基、社交网络、Fab Lab、Living Lab、综合集成法、网动全媒体融合通信终端等工具和方法的应用，实现全面透彻的感知、宽带泛在的互联、智能融合的应用，以及以用户创新、开放创新、大众创新、协同创新为特征的可持续创新。伴随网络帝国的崛起、移动技术的融合发展及创新的民主化进程，知识社会环境下的智慧城市是继数字城市之后信息化城市发展的高级形态。

从技术发展的视角，智慧城市建设要求通过以移动技术为代表的物联网、云计算等新一代信息技术应用实现全面感知、泛在互联、普适计算与融合应用。从社会发展的视角，智慧城市还要求通过维基、社交网络、Fab Lab、Living Lab、综合集成法等工具和方法的应用，实现以用户创新、开放创新、大众创新、协同创新为特征的知识社会环境下的可持续创新，强调通过价值创造，以人为本，实现经济、社会、环境的全面可持续发展。

2010 年，IBM 正式提出了“智慧的城市”愿景，希望为世界和中国的城市发展贡献自己的力量。IBM 经过研究认为，城市由关系到城市主要功能的不同类型的网络、基础设施和环境六个核心系统组成：组织（人）、业务/政务、交通、通信、水和能源。这些系统不是零散的，而是以一种协作的方式相互衔接。而城市本身，则是由这些系统所组成的宏观系统。

在智慧的概念上可以形成“智慧+”，如“智慧城市”及“智慧城市”里面的“智慧管网”“智慧社区”“智慧物流”等。城市智慧物流是智慧城市的一个组成部分，它与智慧城市的可持续发展密切相关。

2. 城市智慧交通

城市化导致城市的发展和对交通服务的需求增加，为了应对交通拥堵、空气污染和出行选择受限的挑战，城市正在采用智能交通系统，利用先进技术和智能系统来提高交通的效率、安全性和可持续性。智慧交通系统是在城市交通基础设施的基础上，在整合交通数据资源的同时协同各个交通管理部门，由此形成的结合虚拟与现实的，提供一体化的综合运输服务的智慧型综合交通运输系统。智慧交通系统主要集中于对城市道路实施全面监控，创建城市轨道交通综合管理与服务系统；城市道路交通的建设主要集中于构建城市交通基础设施体系，搭建城市交通管控中心；城市高速公路的建设主要集中于通过物联网、云计算和大数据分析等技术，逐步建立完善的基础设施监控体系、实时的预报预警体系和高效的应急保障体系。城市智能交通涵盖范围广泛的解决方案，包括智能交通管理系统、车联网和自动驾驶汽车、智能交通系统及移动即服务。

城市智能交通研究的目标包括：通过减少交通拥堵和提高旅行时间的可靠性来提高交通系统的效率；通过减少事故数量和缩短应急响应时间来提高交通系统的安全性；提高交通服务的可及性和可负担性，以改善参与者的流动性；通过促进清洁和可持续能源的使用，减少交通系统对环境的影响。

城市智能交通的研究内容是多元的、多学科的，研究范围涉及智能交通系统的设计、实施和评估，以及它们对城市环境和社区的影响。以下是一些关键的研究领域。

（1）智能交通管理：开发智能交通管理系统，使用实时数据优化交通流量并减少拥堵。

（2）联网和自动驾驶汽车：研究可以相互通信并与基础设施通信以提高安全性、效率和机动性的联网和自动驾驶汽车。

（3）智能交通系统：开发传感器、摄像头和数据分析等先进技术，以提高交通系统的安全性、效率和可持续性。

（4）移动及服务：研究整合不同交通方式（如公共交通、拼车和共享单车）以提供无缝且负担得起的出行服务的创新交通模式。

在技术进步和不断变化的社会需求的推动下，城市智能交通的研究前沿不断发展。一些新兴的研究前沿如下所述。

（1）按需移动服务：使用自动驾驶汽车提供个性化的交通服务。

（2）交通电气化：研究将电动汽车集成到智能交通系统中以减少温室气体排放和改善空气质量。

（3）城市空中机动性：探索使用无人驾驶飞行器（unmanned aerial vehicle，UAV）或无人机在城市地区提供交通服务。

（4）支持区块链的交通：应用区块链技术创建去中心化和安全的交通系统，提高透明度和问责制。

城市智能交通和城市智能物流是两个相关概念，既有联系，也有区别。

两者的相似之处首先表现在城市货运是其共同的子集。城市货运是城市物流的重要组成部分，特指货物在城市地区的流动，包括向企业和家庭运送货物。其次，两者都面临着相似的挑战，都关注效率和可持续性：这两个概念都旨在通过减少交通拥堵、减少排放和优化资源利用来提高城市交通和物流系统的效率和可持续性。再次，两者都依赖物联网、人工智能（artificial intelligence，AI）和大数据分析等先进技术来进行数据的实时收集、处理和分析。又次，城市交通和城市物流都面临着与拥堵、污染和安全相关的挑战。最后，两者都需要协调和协作：城市交通和城市物流都需要不同利益相关者之间的协调和协作，包括政府机构、运输供应商、物流公司和消费者，以确保新技术和解决方案的有效实施和采用。

虽然城市智能交通和城市智能物流有相似之处，但它们的目标、服务范畴、技术和面临的挑战有差异。城市智能交通的主要目标重在改善人员流动性，而城市智能物流的主要目标是改善商品和服务的交付。城市物流是指城市地区商品和服务的管理，包括运输、仓储和配送活动的规划、组织和控制，也包括供应链的所有方面，从原材料和成品的移动到向最终用户交付商品和服务，而不仅仅是城市货运。在所关注的细分技术方面，城市智能交通侧重于智能交通系统（intelligent transportation system，ITS）、自动驾驶汽车和共享移动解决方案等技术，而城市智慧物流则侧重于智能仓储、无人机、配送机器人等技术。城市智慧交通和城市智慧物流面临的挑战也不同，城市智慧交通系统主要关注城市交通安全、交通管理和环境性能，促进了环境可持续性和经济增长，而城市智慧物流则主要关注物流过程中各主体之间的信息共享、相关业务流程能否进行集中管理，从而加强不同流程之间的协调性，以完成最终交付。

1.3.2 城市智慧物流

1. 城市智慧物流的概念

虽然城市交通的挑战，如交通和拥堵的增加、有限的车辆可及性，以及污染物排放和噪声的增加等对物流从业者和研究者来说并不新鲜，但是最近的趋势，包括消费者回归城市带来的城市地区对商品和服务的需求增加、电子商务带来的送货上门服务兴起、可持续性和技术进步引发的对更高效和可持续的运输系统的需求，以及发展中国家的快速城市化等，导致世界各地的城市都在努力应对城市空间中人员、货物和车辆流动的一系列快速和前所未有的变化，从而重新激发了对城市物流的关注。

城市智慧物流是一种减少城市拥堵，优化货物流动并提供更具可持续、安全和环保的物流活动。物联网、人工智能、大数据和预测分析等技术在城市智慧物流中发挥着关键作用，不仅对物流企业有利，而且通过减少交通拥堵、污染和交付时间，对城市也有利。

城市智慧物流可以定义为：考虑所有利益相关者的期望，并通过将先进技术集成到城市物流活动（如货运、配送、存储等）中，为城市提供智能和优化的解决方案，最大限度地减少密集的城市交通造成的碳排放和城市拥堵，节省能源，减少事故和安全方面的风险，降低物流运营成本，并提高城市的整体生活质量。

城市智慧物流与智慧城市的关系如图 1-7 所示。

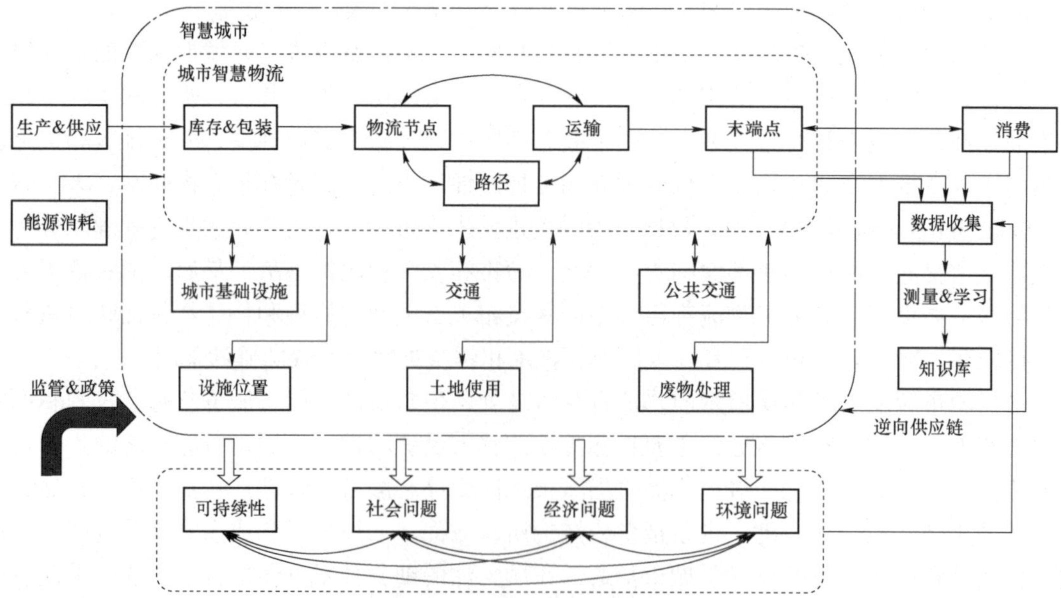

图 1-7 城市智慧物流与智慧城市的关系

城市智慧物流的核心活动包括：城市基础设施提供、交通、公共交通、土地使用、设施位置、废物管理、库存、运输和仓储。这些活动帮助从业者提供服务和转移货物，以满足城市居民的日常需求。能源、制造业和其他供应可以在城市或其他城市或国家进行。消费后的废品通常会在逆向供应链中反馈，以实现社会、经济和环境的可持续发展。

一个真正集成的、可持续和高效的城市智慧物流应该基于物联网，作为一个开放的全球运输和物流资源服务系统，在开放的环境和框架条件下运行，通过在多层抽象和应用上结合商业智能，共享虚拟化资源，通过灵活的资源分配和集成的运营管理来实现规模经济。理想的愿景是物流资产和服务不再是一个差异化因素，因为它们在全球范围内完全标准化、集成和共享。换言之，智慧物流供应网络将成为任何发货人和收货人都可以使用的商品。在这种最终情况下，竞争将不再基于自有和单独优化的供应链，更高层次的物流功能，如需求驱动的网络规划、售后服务和先进的库存分配，将推动供应链领导者之间的竞争。

2. 城市智慧物流的研究领域

虽然智慧物流方面的研究日益增多，但是以城市为背景的智慧物流研究还非常有限，因此与城市特征相结合的智慧物流从宏观到微观有很多场景需要深入探索。相关研究围绕城市智慧物流协调规划和调度、基础设施、政策，在创新性解决方案、可持续性研究和政策研究方面逐步细化。城市智慧物流的主要研究领域如图 1－8 所示。

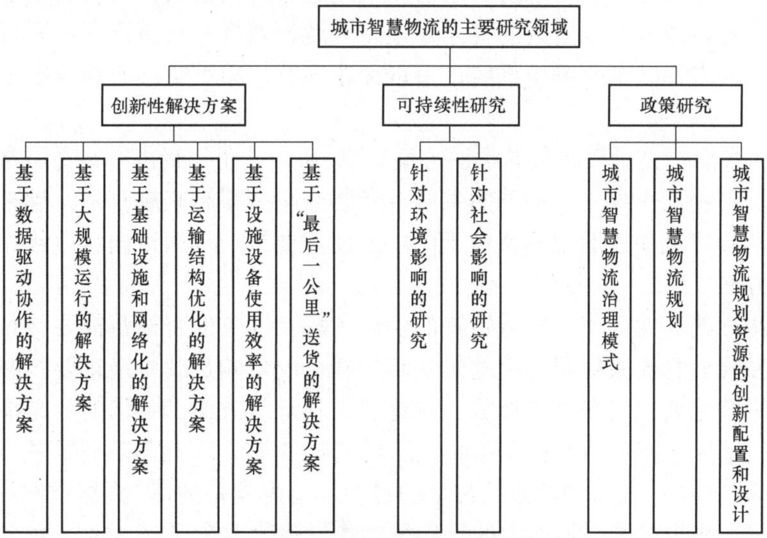

图 1－8　城市智慧物流的主要研究领域

创新性解决方案是城市智慧物流研究最丰富的部分，包含基于数据驱动协作的解决方案、基于大规模运行的解决方案、基于基础设施和网络化的解决方案、基于运输结构优化的解决方案、基于设施设备使用效率的解决方案和基于“最后一公里”送货的解决方案。

（1）基于数据驱动协作的解决方案。随着城市密度的不断提高，多个利益相关者群体之间的关系越来越密切，实体间的互动也变得越来越复杂和重要，城市物流企业必须同时参与内部和外部利益相关者的管理，但在多个利益相关者之间建立信任，每个群体寻求共享价值而不是个人收益协作，是一项艰巨的任务。智慧物流提供了有助于协作的数据共享和数据驱动技术，城市智慧物流也开始研究基于数据驱动协作的解决方案。

（2）基于大规模运行的解决方案。规模化运作永远是降低系统服务成本的法宝，如何建立大规模运作的系统，增加城市智慧物流系统汇集和分散能力，以及扩大该系统服务的需求规模，是研究的重要方向。

（3）基于基础设施和网络化的解决方案。城市物流基础设施是越来越稀缺的资源，如何在有限的基础设施和高服务水平之间找到平衡点是需要长期研究的问题。充分考虑城市存储空间的可及性和可用性、不同城市区域模式的多样性和集群特征，合理规划城市物流枢纽、城市物流中心、智能末端配送节点布局，以及智慧物流网络化运营方式，都是研究的热点问题。

（4）基于运输结构优化的解决方案。绿色低碳发展模式是全球城市关注的焦点，运输结构优化是智慧物流提供的绿色解决方案之一。这其中包括如何提高水运、铁路等节能环保运输方式的占比，以及增加新能源车辆的使用；如何整合城市运输和配送的复杂性和多种运输方式，包括机动车和自动驾驶车辆、无人驾驶飞机、众包运输和行人等日益增长的自主性，也是被广泛研究的内容。

（5）基于设施设备使用效率的解决方案。提高设施设备使用效率是提高物流系统生产率永恒的话题，包括如何提高仓库内和场站内转运设备，如自动导引车、无人叉车的使用效率，集装箱、托盘等集装单元的周转率，以及运载车辆、配送车辆的使用效率和满载率等。比如，城市地区不同车辆的可达性水平可能会阻碍司机到达客户的能力，司机可能会离开他们的车辆，步行到多层建筑或行人专用区的客户那里。因此，需要进一步研究和开发城市地区（特别是特大城市）的多梯队车辆路由系统，可以使车辆路由模型更准确地反映城市的实际交付环境。

（6）基于“最后一公里”送货的解决方案。“最后一公里”解决方案是城市智慧物流持续改进的领域。城市物流作为一个完整的系统，货物交付变得越来越复杂，越来越多的直接送货导致平均车辆装载量和托运规模都在下降，因此需要进一步探讨向城市终端客户有效地提供产品的解决方案。

城市竞争激烈的商业环境、日益短缺的资源和相互冲突的目标都需要智慧物流高度关注城市可持续性发展。物流系统对环境的影响和对社会的影响是其中最重要的两个方面。物流系统对环境的影响主要表现在污染排放、碳排放、油耗等方面。英国的数据显示，电子商务带来的小包裹直接配送产生的能耗是传统配送模式的 3 倍，因此创新更绿色节能的物流配送模式是智慧物流的任务。城市物流系统带来的首要社会影响是拥堵，根据欧洲的研究，到 2030 年，随着城市需求规模扩大，城市内的货运车辆数量将比现在提升 36%。智慧物流如何通过系统化解决方案降低城市拥堵，是一个很有挑战性的研究方向。

政策是城市智慧物流研究的宏观方向，政策对城市物流的影响极大，它直接影响城市物流成本。对货运车辆的准入限制、禁停限制、容量限制等都属于城市智慧物流治理方面的内容。对城市物流用地规模、区位、投资强度的规定等属于城市智慧物流规划范畴；物流节点布局、物流运营企业培育和扶持、差异化税收政策等都属于城市物流规划资源配置和设计。城市智慧物流既具有信息技术、数字经济、科技创新等高新技术特征，具有线下实体、设施设备、流动交付的线下特征。因此，如何为城市智慧物流制定既可以促进智慧物流发展，又可以降低城市负面效应的政策，是城市管理者、智慧物流运营者、学者们研究的重要方向。

3. 城市智慧物流的研究方法

城市智慧物流最新研究的特点是跨学科融合和颠覆性创新。运筹学和管理、数据分析、机器学习、地理信息系统、模拟和可视化技术都是常用的混搭技术，与其他产业，如城市工业、城市消费、供应链、城市货运等的融合研究是重要趋势。

城市智慧物流的研究有两个主要来源，一个来自智慧物流企业运营过程中面向实践的设计和探索，另一个来自智慧物流学者的理论研究。

目前，大量的城市智慧物流研究集中在不同情景中对现状的改善，以及对已有解决方案的优化上，系统性和全局性研究比较有限，因此主流的研究方法主要集中于建模方法、优化方法、评估方法、质量分析方法、数据分析方法和案例分析方法。建模方法是使用最多的方法，比较新的是基于物联网在城市智慧物流中的建模和基于代理的建模方法。车辆路径优化是城市智慧物流中研究较多的主题，可靠性、鲁棒性、模糊方法都有所应用。评估主要是建立评估框架来评估当前项目或解决方案的有效性。质量分析、数据分析和案例分析方法应用相对比较少，这也说明系统性、全局性、宏观研究未来需要被更多地关注。

复习思考题

1. 简述智慧物流的五层架构。
2. 简述城市物流的构成要素。
3. 简述智慧城市、智慧交通和城市智慧物流的区别和联系。
4. 简述城市智慧物流的主要研究领域。

第 2 章

城市智慧物流系统

2.1 城市智慧物流系统框架

城市智慧物流系统框架包含三个层次。首先是驱动层，信息技术飞速发展为智慧物流提供了最基础的技术可能性，也同时在引导物流技术变革，外部客户和环境的变化不断要求物流系统提高智能化水平以适应竞争和社会可持续发展的主旨。信息技术和外部环境成为驱动智慧物流系统发展的基本支撑条件和动力。第二个层次是服务层。该层是智慧物流生产力核心，表现为对技术、业务流程、线下基础设施、组织模式的多元集成，在这套集成的生产力系统上生成各种不同的、定制化的物流解决方案。作为一种服务于流通的基础应用系统，城市智慧物流系统目标离不开质量、效率和可持续发展，同时城市智慧物流系统目标要兼顾对微观企业和中观城市范畴的评估，构成城市智慧物流目标层。城市智慧物流系统框架如图 2－1 所示。

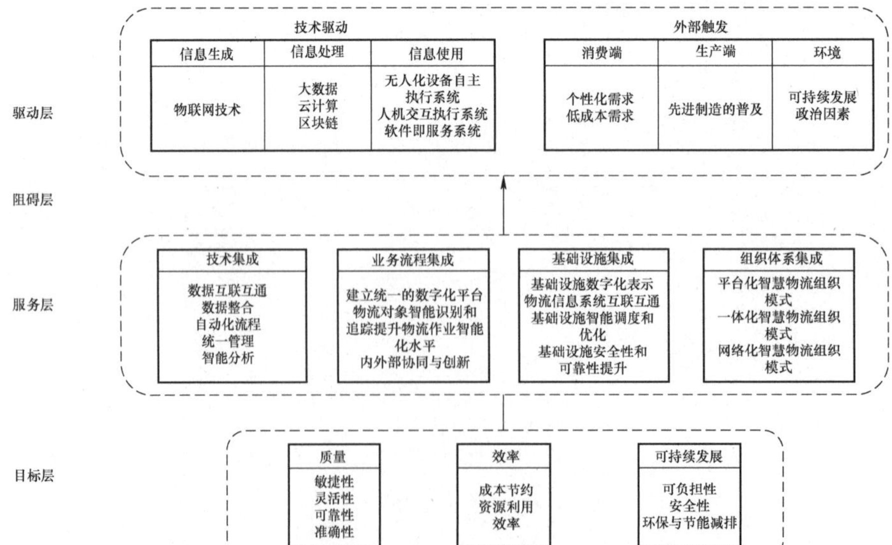

图 2－1　城市智慧物流系统框架

2.2　城市智慧物流系统驱动层

城市智慧物流系统结构驱动因素主要是技术驱动和外部触发驱动。

2.2.1　技术驱动因素

智慧物流最核心的驱动因素是信息技术，信息技术分为以下 3 个子类别。

1. 信息生成技术

主导技术是物联网技术，主要用于智慧物流的数据收集过程，以确保系统组件之间的通信。通过负责收集数据的物理设备，例如 RFID 标签、传感器、条码、GPS、相机等，自动感知和传导数据。受到数据生成技术和传导技术，以及管理因素的限制，物流中的物理流和信息流通常分开处理，流程的连续性被中断。智慧物流是规划和控制货物空间和时间分布的复杂系统，物联网技术解决了物流大空间、长流程、多参与方生成数据的自动读取和主动传输问题，从而直接支持大多数物流活动，为智慧物流多维数据实时可见性提供了关键技术支持。

2. 信息处理技术

信息处理技术包含大数据、云计算和区块链技术。物联网产生大量数据，需要大数据处理技术对海量数据进行处理，以及对这些数据中的信息进行查验。基于大数据的信息处理技术指的是利用计算机、网络和数据存储技术等手段，对大规模、高维、多样化的数据进行采集、存储、处理、分析和挖掘，从而发现数据背后的规律和价值，提高数据的利用效率和价值。在物流领域，货物跟踪和追踪、预测和规划、库存管理、可视化决策都是常用的大数据处理技术。

云计算技术是一种将计算资源、存储资源和网络资源按需分配、弹性扩容、按量付费的计算模式，为物流企业提供了灵活、高效、安全的信息处理和存储服务，广泛应用于物流系统中。

区块链技术在物流数据交易中的应用主要是通过去中心化、去信任、可追溯等特点，提高物流数据的安全性、透明度和可靠性。比如，物流企业可以通过区块链技术建立智能合约，实现自动化结算和支付，减少中间环节和交易成本，提高支付效率和透明度，还可以保存合作伙伴之间的交易和信用记录，实现信用评估和合作伙伴管理，减少不良合作和信用风险。

3. 信息使用技术

信息使用技术分为以下 3 类。

（1）无人化设备自主执行系统。该类系统直接使用信息，自主执行任务，以网络物理系统（cyber-physical systems，CPS）为典型代表。CPS 是由计算机技术和物理系统紧密结合而形成的一种智能化系统，其特点在于将计算、通信和控制技术应用于物理系统，通过物理和虚拟的相互作用，实现系统的智能化和自动化，从而自主执行任务。例如，一辆运输车在运输冷藏食品时，系统会实时监测车内温度，如果发现温度过高或过低，系统会自动控制空调和制冷设备，以维持恰当的温度，同时系统会发送警报给驾驶员，让他们及时采取措施。这样就可以确保冷藏食品的质量和安全性，减少食品浪费和货损。

（2）人机交互执行系统。在复杂的计划任务中，人类可以使用人机交互系统来支持决策和执行过程。物流中的人机交互系统包括仓库管理系统、智能拣货系统、货运管理系统、码头智能化系统和运输管控系统等。未来人机交互系统的发展方向主要包括智能化和自动化、移动化和云化、虚拟现实和增强现实、数据分析和预测，以及可视化和交互性等。这些方向都将为物流运营提供更高效、更精准的服务。因此，人类在此类系统中的角色可以从操作员转变为管理员。

（3）软件即服务系统，即 Xaas 服务模式。其中，“X”代表任何可以以服务形式提供的技术、平台或应用程序，而“aaS”的含义是“作为服务”（as a service）。Xaas 可以是各种各样的服务，主要有以下几种形式。

① SaaS（软件作为服务）：物流企业可以使用云端的物流管理软件，实现对仓库、配送、运输等物流环节的监控和管理，同时客户可以通过在线平台进行下单、查询订单、追踪货物等操作，从而提高了物流服务的便捷性和可视化程度。

② IaaS（基础设施作为服务）：物流企业可以租用云服务器、存储空间等计算资源，搭建自己的物流管理系统，实现对运营数据的分析和管理。同时，基于云计算的弹性扩展和灵活性，也能够更好地应对物流季节性波动和突发事件。

③ PaaS（平台作为服务）：物流企业可以使用云平台提供的物流信息共享平台，实现物流信息的汇聚和共享，促进物流企业间的协同和合作，同时物流企业也可以基于云平台开发和部署自己的物流应用程序，从而提高了物流管理和运营的效率和质量。

④ FaaS（函数作为服务）：物流企业可以使用云端的无服务器架构服务，实现物流任务的自动化和智能化。例如，利用人工智能技术和物流大数据分析，可以自动规划最优的配送路线、动态调整库存水平等，从而提高了物流运营的效率和准确性。

2.2.2 外部触发因素

外部触发是来自需求端和外部环境变化的要求，受消费端、生产端和环境共同影响。外部触发要求物流建立更加高效、灵活和协同的服务系统，以支持客户满意度和降低不确定性。

消费端触发因素包括个性化和低成本需求持续增长。定制化、定时配送、隐私保护等个性化需求的增加要求物流实现更高效、更精准、更灵活的物流配送服务，需要通过智慧物流技术实现实时监控、追踪、分析、评估等流程，对物流信息进行更精细、更全面的处理。低成本需求使得企业更加注重物流成本的控制，从而需要智慧物流技术推动物流业务的标准化和规范化，减少人为操作的因素，提高物流作业的效率和准确性。

生产端触发的主要原因是先进制造的普及。先进制造对物流在灵活性、即时性、数据整合和自适应性方面提出新的要求是触发智慧物流的一个重要因素。灵活性指物流系统能够灵活应对生产线上批量、工艺和交付时间的变化，能够根据制造商的要求实时调整配送计划、库存管理和运输计划。即时性指物流系统能够实时跟踪货物的位置、状态和运输情况，以及供应链中各个环节的实时数据，从而支持实时决策。数据整合指物流系统能够整合来自多个源头的数据，包括生产计划、库存管理、采购订单、供应链运营数据等，以便更好地管理整个供应链。自适应性指物流系统能够自适应不同的制造商和不同的生产环境。先进制造大大提高了智能化生产与物流协同发展的标准。

环境是第三个触发智慧物流发展的因素，包括可持续发展的影响和政治因素的影响。物流系统中大多数高度优先的可持续性风险不是由财务驱动的，而是由行为和社会引起的。可持续发展不仅要求智慧物流系统采用节能、减排、循环再利用等环保技术，降低物流运营过程中的能源消耗和污染物排放，而且要通过合理利用物流过程中产生的资源，包括能源、物资、信息等，以实现资源的最大化利用。政治因素包括政策支持、地区差异、政治环境的不确定性、国际贸易关系变化等，这些都要求物流提高可靠性和抗风险能力。

2.3 城市智慧物流系统服务层

服务层是智慧物流的生产力表现形式。与传统物流相比，智慧物流是一系列技术、流程、基础设施和组织体系综合集成的运营系统。

2.3.1 智慧物流系统集成的分类

按照集成的层次，智慧物流系统集成可以分为物理层、网络层、应用层和管理层。物理层是指物流的实体设备和资源，如车辆、仓库、货物等；网络层是指连接物理层的通信网络和协议，如无线网络、射频识别、电子标签等；应用层是指基于网络层提供的数据和服务，实现物流业务功能的软件系统，如订单管理、路径规划、库存控制等；管理层是指对应用层的系统进行监控、优化和决策的管理平台，如智能调度、风险预警、数据分析等。

按照集成的范围，智慧物流系统集成可以分为内部集成和外部集成。内部集成是指在单个物流企业或组织内部，实现各个部门或业务单元之间的信息共享和协同作业；外部集成是指在多个物流企业或组织之间，实现跨越供应链的信息交换和业务协作。

按照集成的方式，智慧物流系统集成可以分为技术集成、业务流程集成、基础设施集成和组织模式集成。

2.3.2 智慧物流系统技术集成

智慧物流系统技术集成指将不同的物流技术系统、应用软件和设备整合到一个统一的平台上，实现物流信息共享、数据交换和流程协同。这个过程涉及不同技术之间的互相配合和相互作用，以达到更高效、更灵活和更完善的技术解决方案。智慧物流技术集成主要包括感知技术、传输技术、处理技术、存储技术和控制技术等。通过技术集成，物流企业可以实现全流程的数据采集、传输和分析，帮助企业进行业务决策、优化运营流程、降低成本、提高效率。

智慧物流技术集成可以表现为不同技术之间的互相连接和互操作，以实现整个物流系统的高效运转和数据共享。其主要表现形式有数据互联互通、数据整合、自动化流程、统一管理、智能分析。数据互联互通是指将物流系统中的各个环节和节点通过物联网、云计算等技术进行连接和通信，实现数据的传输和共享。数据整合是指将物流系统中的各类数据整合起来，包括供应链、物流环节、市场需求等信息，以帮助企业进行更加准确的决策。自动化流程是指通过机器学习、人工智能等技术，对物流系统中的各个流程进行自动化处理，以提高效率、降低成本和风险。统一管理是指通过软件系统和平台，对物流系统中的各个环节进行统一管理和协调，实现信息化和数字化。智能分析是指通过大数据分析和智能算法，对物流系统中的数据进行分析和预测，以帮助企业优化物流过程和决策。

比如，顺丰数据灯塔就是智慧物流技术集成的典型应用。顺丰数据灯塔是顺丰集团的数据中心，它利用大数据、云计算、人工智能等技术，为顺丰的智慧物流业务提供数据支撑和分析服务。首先，顺丰数据灯塔通过物联网设备、移动终端、智能仓储等方式，实时采集顺丰物流网络中的各类数据，包括订单信息、运输状态、库存情况、客户反馈等，形成了一个全面覆盖的数据源。其次，顺丰数据灯塔采用分布式存储系统，将海量的数据按照不同的维度和层级进行分类和归档，保证了数据的安全性和可靠性，同时也提高了数据的查询效率和处理能力。顺丰数据灯塔利用人工智能、机器学习、深度学习等技术，对数据进行多维度、多角度、多层次的分析和挖掘，从而为顺丰的智慧物流业务提供决策支持和优化建议。例如，通过对订单数据的分析，可以预测客户的需求和偏好，提升客户满意度；通过对运输数据的分析，可以优化路线和资源配置，提高运输效率；通过对库存数据的分析，可以调整库存结构和补货策略，降低库存成本等。顺丰数据灯塔将分析结果以可视化报表、指标等形式展示给顺丰的各级管理者和业务人员，帮助他们了解物流业务的整体状况和具体问题，从而制定合理的目标和措施，实现智慧物流业务的持续改进和创新。通过数据采集、数据存储、数据分析和数据应用四个步骤，顺丰数据灯塔成功地将各种技术集成在同一个平台上。

2.3.3 智慧物流系统业务流程集成

智慧物流系统业务流程集成是指将各个物流环节之间的业务活动进行优化和协调，实现业务目标的一致性和连贯性。通过信息系统和标准化接口，将物流活动中的各个环节，如采购、生产、仓储、运输、配送、售后等数据共享和协同管理，实现对物流系统内部和外部各个业务流程和资源的有效协调和整合。智慧物流业务流程集成的目标是提高物流系统的协同性、透明性、灵活性和响应性水平，减少重复劳动和资源浪费。

智慧物流业务流程集成是智慧物流发展的难点，主要有以下 3 个制约因素：① 物流活动涉及多个主体和多种业务，如何实现不同主体之间的信息互通和业务协同，是一个技术难题；② 物流活动受到多种因素的影响，如市场需求、交通状况、天气变化等，如何实现对不确定性因素的及时响应和有效应对，是一个管理难题；③ 物流活动存在多种风险，如货物损坏、延误、丢失等，如何实现对风险的有效识别和有效控制，是一个安全难题。

常用的智慧物流业务流程集成的方式有以下几种，这些方式也在不断发展。

（1）建立统一的数字化平台。通过构建基于云计算和大数据的数字化平台，实现物流数据的收集、存储、分析和共享，为物流决策提供支持。数字化平台可以对物流需求、资源、状态、风险等进行实时感知和预测，提供智能化的规划、调度、监控等功能，提升物流的可视性和可控性。

（2）利用物联网技术实现物流对象的智能识别和追踪。通过在货物、设备、车辆、仓库等物流对象上安装 RFID、二维码、传感器等标识设备，实现对物流对象的自动识别和定位。通过无线通信网络将物流对象的信息传输到数字化平台，实现对物流对象的全程跟踪和监测，提高物流的安全性和准确性。

（3）应用人工智能技术提升物流作业的智能化水平。通过引入机器学习、深度学习、自然语言处理等人工智能技术，实现对物流数据的智能分析和处理，为物流优化提供算法支持。通过使用机器人、无人车、无人机等智能化设备，实现对物流作业的自动化和高效化执行，提高物流的灵活性和响应速度。

（4）加强内外部协同与创新。通过建立开放式的合作平台，实现与供应商、客户、第三方服务商等外部合作伙伴的信息共享和业务协同，打造共赢的物流生态系统。

智慧物流技术集成和业务流程集成是相辅相成的两个方面，它们共同构成了智慧物流系统的核心能力。智慧物流技术集成为智慧物流业务流程集成提供了强大的技术支撑，而智慧物流业务流程集成为智慧物流技术集成提供了明确的业务需求。

2.3.4 智慧物流系统基础设施集成

1. 城市智慧物流系统基础设施的类型

基础设施的性质是，它是一个支持社会或经济运作的物理或组织结构系统。基础设施可以是有形的，如道路、桥梁或电网，也可以是无形的，如法律、规范或机构。基础设施也可以被视为一个社会技术系统，由人类活动和互动塑造。城市智慧物流基础设施包含实体基础设施、算力基础设施和数据基础设施。

城市智慧物流实体基础设施是指为城市物流活动提供支撑和服务的设施群和组织中心，包括物流园区、物流枢纽、仓储设施、配送中心等，它们为物流运输、仓储、装卸、配送等提供了必要的空间和条件。物流实体基础设施不同于设备，物流设备是指用于物流活动的各种工具、机械、车辆等，它们为物流运输、仓储、装卸、配送等提供了必要的功能和效率。物流基础设施和设备的区别在于，前者是物流活动的场所，后者是物流活动的手段。

算力基础设施是指支持大规模数据处理和分析的硬件和软件系统，包括服务器、存储、网络、安全、云计算等。算力基础设施与实体基础设施有很大的区别，主要体现在以下几个方面。

（1）算力基础设施是动态的，可以根据业务需求进行扩展或缩减，而实体基础设施是静态的，一旦建成就很难改变。

（2）算力基础设施是虚拟的，可以跨越地理位置和组织边界，而建筑类型的基础设施是实体的，受到物理空间和法律规范的限制。

（3）算力基础设施是共享的，可以实现资源的优化利用和成本节约，而建筑类型的基础设施是独占的，往往存在资源浪费和低效率的问题。

哈佛大学法律与技术教授 Yochai Benkler 在 2006 年出版的《网络的财富》一书中首次提出了数据作为基础设施的概念。Benkler 观察到，互联网和数字革命的出现正在挑战传统的市场和国家生产模式，因此需要对数据的作用和价值有新的理解。Benkler 认为，数据是一种共享资源，能够实现社会生产和协作，应该将其视为公共产品，而不是私人商品。

数据是城市智慧物流基础设施，这是指数据具有与其他基础设施类似的特征和功能：城市智慧物流数据是公共或半公共的资源，可以被多方使用和共享，也需要遵守一定的规则和标准；城市智慧物流数据是可扩展和互联的资源，可以通过各种技术和平台进行连接和整合，形成更大规模和更高效能的数据网络；数据是可持续和可演进的资源，可以通过不断地更新和优化来适应变化的环境和需求，也需要投入相应的维护和保障；数据是有价值和有风险的资源，可以为各种领域和目标提供支持和促进作用，也可能带来安全、隐私、伦理等方面的挑战和问题。

2. 城市智慧物流系统基础设施集成模式

智慧物流基础设施集成是指利用物联网、大数据、云计算、人工智能等技术，将不同物流基础设施（如仓库、园区、港口、机场等）与物流信息系统（如订单管理、库存管理、运输管理等）相互连接，实现物流基础设施之间数据共享、业务协同和资源配置优化，提高物流效率和服务质量的一种运营模式。这种方式可以提高物流运作的效率和质量，降低物流成本，同时还能够提供更好的服务体验和创新服务模式。

智慧物流基础设施集成化实现方式主要包括以下几个方面。

（1）建立物流基础设施的数字化表示，通过传感器、识别设备、定位设备等采集物流基础设施的实时状态数据，构建物流基础设施的数字孪生，实现物理空间和数字空间的映射。

（2）构建物流信息系统的互联互通，通过云计算、大数据、人工智能等技术，实现物流信息系统之间的数据共享和业务协同，形成一个统一的物流信息平台，提供全链路的物流服务。

（3）实现物流基础设施的智能调度和优化，通过数据分析、预测模型、优化算法等技术，根据物流需求和供给，动态调整物流基础设施的运行状态和资源分配，实现物流资源的最优利用。

（4）提升物流基础设施的安全性和可靠性，通过监控系统、预警系统、应急系统等技术，及时发现和处理物流基础设施的故障和风险，保障物流基础设施的正常运行。

2.3.5 智慧物流系统组织模式集成

智慧物流组织模式是指利用物联网、大数据、人工智能等技术，对物流活动进行更智能和高效的规划、管理和控制的新方式。

1. 智慧物流组织模式的特点

与传统物流组织模式相比，智慧物流组织模式是基于数据的，能够实时收集、分析、处理和应用各类物流数据，实现对物流活动的全程监控和智能决策；智慧物流组织模式是动态的，能够根据市场需求和环境变化，灵活调整物流资源的供给和分配，实现对物流活动的快速响应和优化调度；智慧物流组织模式是协同的，能够通过信息共享和协作平台，实现物流参与者之间的有效沟通和协作，提高物流活动的协同效率和价值创造；智慧物流组织模式是开放的，能够通过互联网和云计算等技术，实现物流资源的共享和开放利用，拓展物流服务的范围和内容。

2. 典型的智慧物流组织集成模式

（1）平台化智慧物流组织模式。这种模式是指通过建立一个集信息交换、资源整合、服务提供为一体的网络平台，实现多方物流参与者之间的无缝对接和协同运作。例如，阿里巴巴旗下的菜鸟网络就是一种典型的平台化智慧物流组织模式，通过提供一个开放的物流信息平台，连接各类物流服务提供者和需求者，实现物流数据的集成和分析。这种模式的优点是可以促进物流市场的发展和创新，提高物流透明度和智能化水平，为用户提供更多的选择和价值。但是，这种模式也需要保障平台的安全和稳定，以及解决平台与参与者之间的权责和利益分配问题。

（2）一体化智慧物流组织模式。这种模式是指通过构建一个涵盖采购、生产、仓储、配送等各个环节的一体化物流系统，实现对整个供应链的全面控制和优化管理。例如，亚马逊在全球范围内建立了一体化智慧物流组织模式，通过自建仓储、运输和配送网络，实现对物流全链条的控制和优化。这种模式的优点是可以提高物流效率和服务质量，降低成本和风险，增强竞争力和品牌形象。但是，这种模式也需要巨大的资本投入和管理成本，也需要面对复杂和多变的市场需求的挑战。

（3）网络化智慧物流组织模式。这种模式是指通过建立一个由多个独立但相互关联的节点组成的网络结构，实现对分散的物流资源的有效连接和利用。例如，顺丰速运在中国建立了一种网络化智慧物流组织模式，通过建立广泛的合作伙伴关系，形成一个覆盖全国甚至全球的物流网络。这种模式的优点是可以利用各方的资源和专业能力，实现物流资源的共享和协同，提高物流灵活性和应对能力。但是，这种模式也需要协调各方的利益和标准，并处理信息不对称和信任问题。

2.4 城市智慧物流系统目标层

城市智慧物流目标层是通过城市物流资源数字化协同，从质量、效率和可持续发展方面提升城市物流运营水平。城市智慧物流系统的质量目标是通过提高城市智慧物流系统的响应性，满足客户的需求和期望，主要指标为物流系统的敏捷性、灵活性、可靠性、准确性。城市智慧物流系统的效率目标是以最低的成本和时间，减少物流过程中的冗余，完成物流任务，提高物流运营利润，主要指标为成本和资源利用效率。城市智慧物流系统的可持续发展目标是最大限度地减少物流活动对自然环境、人类福祉、组织绩效和社会公平的负面影响，并最大限度地发挥其积极效益。

2.4.1 智慧物流系统质量目标

智慧物流响应性是指物流系统能够根据市场需求和环境变化，及时调整物流资源和流程，提高物流服务质量和效率的能力。智慧物流敏捷性、灵活性、可靠性、准确性是智慧物流响应性的四个重要方面。敏捷性是指智慧物流系统在面对市场变化和不确定性时，能够快速、灵活、准确地调整物流运作的策略和模式，以满足客户需求和提高竞争优势的能力。例如，物流系统能够根据客户的订单变化，实时调整库存和运输计划，实现快速发货和配送。灵活性是指智慧物流系统能够适应不同的物流场景和条件，充分利用各种物流资源，实现物流服务的多样化和创新。例如，物流系统能够根据客户的个性化需求，提供定制化的仓储、运输、配送等服务，实现客户的差异化和优化。可靠性是指物流系统能够稳定地完成物流服务的承诺，降低物流服务的风险，提高物流服务的信任度。例如，物流系统能够保证货物的完好无损、按时到达、无丢失及误送等，实现客户的满意和忠诚。准确性是指物流系统能够精确地执行物流服务的要求，减少物流服务的误差，提高物流服务的质量。例如，物流系统能够准确地记录和追踪货物的信息、位置、状态等，实现货品与信息的一致性和透明性。

1. 智慧物流系统的敏捷性和灵活性

智慧物流的敏捷性体现在智慧物流系统能够实时收集、分析和处理各种物流数据，预测市场需求和供应情况，提前做好物流规划和决策；能够动态优化物流网络和路径，根据实际情况调整运输方式和载具，提高运输效率和利用率；能够灵敏感知物流环境和风险，及时采取应对措施，保障物流安全和质量；智慧物流系统能够根据客户的个性化需求，提供定制化的物流服务，增加客户满意度和忠诚度。

智慧物流的灵活性体现在智慧物流系统能够兼容多种信息平台和标准，实现信息的互联互通和共享，促进物流协同和协作；能够整合多种物流资源和服务商，构建开放式的物流生态系统，拓展物流服务范围和内容；能够支持多种交易模式和支付方式，提供便捷的在线下单、追踪、评价等功能，增强用户体验和信任；能够引入新型的技术和设备，如无人机、自动驾驶、区块链等，创造新的物流价值和竞争优势。

智慧物流的敏捷性和灵活性是两个不同但相辅相成的特性。智慧物流的敏捷性注重提高物流服务的速度和质量，满足客户的基本需求；智慧物流的灵活性注重拓展物流服务的广度和深度，满足客户的多元需求。智慧物流要实现可持续发展，就需要不断提升这两种能力，并在实践中找到平衡点和最佳组合。

2. 智慧物流系统的可靠性和准确性

智慧物流可以通过提高提供物流服务的稳定性和一致性、信任度和满意度来提高物流的可靠性，降低与物流中断相关的成本、风险和浪费。智慧物流的可靠性表现在以下几个方面。

（1）利用信息技术和人工智能监测和预测市场需求和环境变化，并相应调整物流资源和流程，提高服务交付的可靠性。

（2）通过使用 RFID、条形码、二维码和区块链技术，在整个供应链中提供货物和订单的实时可见性和可追溯性，提高服务信任的可靠性，并加强物流合作伙伴的透明度和问责制。

（3）通过使用数字平台、可穿戴设备、增强现实和生物识别系统来收集和分析客户的反馈和偏好，并提供个性化和定制的物流服务，提高服务满意度的可靠性。

准确性是指智慧物流系统在执行物流任务时，能够按照预定的要求和目标，正确无误地完成各个环节的作业，不出现差错或偏差。智慧物流可以通过减少物流过程中的错误、失误、损失和损害来提高物流的准确性。准确性反映了智慧物流系统的执行质量，是衡量智慧物流系统是否达到预期目的的重要依据。

智慧物流的准确性体现在利用信息技术和人工智能自动化和优化订单履行流程，提高订单处理的准确性；通过使用自动驾驶汽车、无人机、机器人和智能储物柜将包裹运送到正确的位置和客户，提高包裹递送的准确性；通过使用 RFID、条形码、二维码和区块链技术来跟踪和验证整个供应链中的产品和订单，提高产品匹配的准确性；通过使用数字平台、可穿戴设备、增强现实和生物识别系统来培训和监控后勤人员，并确保他们遵守标准程序，从而提高人员操作的准确性。

可靠性侧重于无论外部环境发生怎样变化，都确保物流服务满足客户的期望和承诺。准确性侧重于确保物流服务符合客户的要求和规范，没有任何错误或偏差。

3. 评价指标体系

智慧物流敏捷性、灵活性、可靠性、准确性的评价指标有很多，根据不同的物流服务类型和场景，可以选择不同的指标进行评价。敏捷性评价指标主要反映物流系统能否快速适应市场需求的变化，缩短物流服务的周期，提高物流服务的速度。灵活性评价指标主要反映物流系统能否灵活地应对市场需求的多样性，提供多样化的物流服务，提高物流服务的价值。可靠性评价指标主要反映物流系统能否稳定地完成物流服务的承诺，降低物流服务的风险，提高物流服务的信任度。准确性评价指标主要反映物流系统能否精确地执行物流服务的要求，减少物流服务的误差，提高物流服务的质量。智慧物流系统质量评价指标体系如表 2-1 所示。

表 2-1 智慧物流系统质量评价指标体系

评价内容	评价指标	指标解释
敏捷性评价指标	订单处理时间	从接收客户订单到完成订单处理的时间
	订单满足率	能够按时满足客户订单需求的比例
	物流服务时效	从发货到收货的时间
	物流服务延误率	因物流系统的原因导致物流服务超过预定时间的比例
灵活性评价指标	物流服务定制化程度	物流系统能够根据客户的个性化需求，提供定制化的仓储、运输、配送等服务
	物流资源利用率	物流系统能够合理地配置和利用仓储、运输、配送等资源，避免浪费和闲置
	物流系统适应能力	物流系统能够应对市场需求和环境变化，调整物流资源和流程
	物流系统创新能力	物流系统能够引入新的技术、方法、模式等，提升物流服务水平
可靠性评价指标	物流服务准时率	按照预定时间完成物流服务的比例
	物流服务达成率	在一定时期内，按时按质按量完成的物流服务与总体承诺的物流服务之比
	物流服务投诉率	客户对物流服务不满意而提出投诉或退换货的比例
	物流服务满意度	客户对物流服务的整体感受和评价
准确性评价指标	订单处理准确率	订单处理过程中无错误或缺失的比例
	包裹准确投递率	按照客户要求将货物投递至正确地点的比例
	货品与订单描述一致率	货品与订购时描述（规格、型号、颜色、数量等）相一致的比例
	人员业务操作规范熟练度	物流服务人员能够熟悉作业流程，并严格按流程提供完整的服务

2.4.2 智慧物流系统效率目标

智慧物流系统效率体现的是投入产出关系，主要表现在智慧物流带来的成本节约和资源利用效率提升上。

1. 成本节约

从企业微观层面看，城市智慧物流成本结构是指在智慧物流系统中，各个环节所产生的成本及其分配方式。城市智慧物流成本分为微观企业物流成本和中观城市物流成本。

微观智慧物流成本的结构如下。

（1）物流设备成本：指购买、维护和更新智慧物流所需的设备，如物联网设备、自动化设备、智能运载装备等的费用。

（2）物流信息成本：指建设和运营智慧物流所需的信息系统，如物联网平台、大数据平台、人工智能平台等的费用。

（3）物流人力成本：指智慧物流所需的人力资源，如管理人员、技术人员、操作人员等的工资、福利和培训费用。

（4）物流运营成本：指智慧物流日常运营过程中产生的费用，如能源费、物料费、维修费、保险费、管理费等。

与传统物流相比，智慧物流更加依赖于先进的技术和设备，因此在物流设备成本和物流信息成本方面相对较高，但也会带来更高的效率和质量。智慧物流更加注重数据的收集、分析和应用，因此在物流信息成本方面会有较大的投入，但也会带来更好的决策和优化。智慧物流实现了物流过程的自动化和协同化，因此在物流人力成本方面会有一定的节省，但也会对人力资源的素质和能力提出更高的要求。智慧物流更加关注物流运营的节能减排和安全防范，因此在物流运营成本方面会有一定的增加，但也会带来更好的社会效益和风险控制。

从城市中观层面看，城市智慧物流会带来社会成本的节约，这些成本包括社会运输成本、制度成本、要素成本和环境成本。社会总的物流运输成本可以通过应用物联网、大数据、云计算等新技术，实现物流信息的开放共享，提高物流资源的优化配置，通过减少空驶、应用拼车、错峰等方式，降低运输里程和油耗，提高运输效率和质量。物流制度成本可以通过深化改革，优化审批、通关、执法等环节，落实物流领域税费优惠政策，推动形成规范高效、公平竞争、统一开放的物流市场，降低物流企业的行政负担和市场壁垒。物流要素成本可以通过加强物流基础设施建设，提升物流设施的智能化、标准化、集约化水平，集约化物流设施用地规模，同时有利于资金等生产要素向物流业倾斜，降低智慧物流融资成本等。物流环境成本可以通过推动运输结构调整，增加铁路、水运、多式联运等清洁能源运输方式的比重，减少公路货运中长距离运输的比重，降低物流运输过程中的碳排放和污染物排放，减少对环境的损害和对社会的负面影响。

评价城市智慧物流效率的投入产出指标也分为微观和中观两个层次。微观企业层次的指标主要有投入产出比、物流成本率、仓储效率、运输效率等。投入产出比是指智慧物流系统带来的收益和投入成本之比，这是反映物流企业智慧物流系统成本效益最直接的指标。物流成本率指物流成本占营业收入的比重，反映了物流企业的运营效率和成本控制水平。仓储效率通过仓库吞吐量、库存周转率、库存占用率等方式衡量，反映了物流企业的仓储管理水平和资源利用率。运输效率通过运输时效、准时率、货损率等方式衡量，反映了物流企业的运输管理水平和运输质量。

中观层次的指标主要有物流业增加值和社会物流总额。物流业增加值是反映全社会物流业发展的核心指标，可以用物流增加值占城市 GDP 的比重来表示物流业的规模和贡献。社会物流总额反映的是社会物流活动的规模和物流需求的变化。如果物流业的生产效率和服务质量有所提高，物流业的成本和费用有所降低，社会物流总费用占 GDP 的比重则会下降，物流业增加值占社会物流总额的比重则会上升。

2. 资源利用率

智慧物流的资源主要包括物理资源、人力资源、信息资源。物理资源是指物流过程中所需的各种硬件设施，如仓储、运输、分拣、装卸等设备，以及相关的建筑物、场地、道路等基础设施。人力资源是指物流过程中所需的各种人员，如揽货员、分拣员、司机、调度员、客服员等。信息资源是指物流过程中所需的各种数据和信息，如货源信息、需求信息、库存信息、运输状态信息、费用信息等，以及相关的采集、传输、处理、分析、共享等技术和平台。

物流硬件设施的使用效率是指这些设施能够在满足物流需求的前提下，实现最低的成本和最高的利用率，可以从设施配置、设施维护、设施管理和设施监测几个方面综合评估物流硬件设施使用效率。设施配置是根据物流业务的特点和规模，合理地选择和分配物流硬件设施，避免过剩或不足，提高设施的匹配度和适应性。设施维护是定期地对物流硬件设施进行检查、保养和维修，确保设施的正常运行和安全性，延长设施的使用寿命，降低故障率和维修成本。设施管理是建立和完善物流硬件设施的管理制度和流程，规范设施的使用、调度和存放，优化设施的布局和组合，提高设施的协调性和灵活性。设施监测是利用信息技术和智能化手段，实时地收集、分析和反馈物流硬件设施的运行数据，如使用频率、利用率、故障率等，及时地发现和解决问题，提高设施的可靠性和效率。

物流劳动效率是指物流企业在一定时期内，用一定数量的劳动力完成的物流业务量或物流收入与所投入的劳动力之比，是衡量物流生产力的重要指标之一。企业投入的人力资源数量、时间、成本都是衡量物流劳动效率的重要维度。单位员工劳动效率指物流业务量或物流收入与劳动力投入之比，这是最直观和常用的指标，反映了物流企业每个员工平均完成的物流业务量或创造的物流收入。单位人工时效率指物流业务量或物流收入与劳动时间之比，反映了物流企业每个员工每单位时间内完成的物流业务量或创造的物流收入。单位人工成本效率指物流业务量或物流收入与劳动成本之比，反映了物流企业每单位劳动成本所完成的物流业务量或创造的物流收入。这些指标越高，说明物流劳动效率越高。

物流信息资源的利用效率是指物流信息资源在满足物流活动需求的过程中所发挥的作用和价值。物流信息资源的利用效率可以从获取、分配和利用三个方面评估。

物流信息资源的获取效率是指物流信息资源的获取成本与获取效果之间的比值，反映了物流信息资源的获取能力和水平。获取成本包括物流信息系统的建设和维护费用、物流信息采集和处理费用、物流信息传输和存储费用等。获取效果包括物流信息的数量、质量、时效性、准确性、完整性等。

物流信息资源的分配效率是指物流信息资源在不同物流主体之间的分配合理性和公平性，反映了物流信息资源的分配机制和规则。分配合理性是指物流信息资源能够按照物流活动的实际需求进行分配，避免出现信息过剩或不足的情况。分配公平性是指物流信息资源是否能够平等地分配给各个物流主体，是否能够共享和开放，是否能够促进信息的多方参与和协同创新，避免出现信息不对称或滥用的情况。

物流信息资源的利用效率是指物流信息资源在实际应用中所产生的效益与消耗之间的比值，反映了物流信息资源的利用能力和水平。效益包括信息是否具有价值，是否能创造社会和经济效益；信息是否安全，是否能够防范数据泄露、篡改、滥用等风险。消耗包括消耗物流信息资源本身、消耗其他生产要素（如人力、资金、设备等）等。

2.4.3 智慧物流系统可持续发展目标

城市智慧物流可持续发展目标可以从可负担性、安全性、环保与节能减排等方面进行评估。

城市智能物流系统的可负担性是评估实施和运营该系统投入的经济合理性，并可以被相关利益相关者（如物流服务提供商、客户、监管机构和社会）所接受。智能物流系统的可负担性取决于各种因素，如初始投资、运营和维护成本、预期效益和回报、财政资源和激励措施的可用性，以及支付和采用新技术的意愿。城市智慧物流系统的初始投资是巨大的，只有能够产生规模效益时才能够被普遍采用，因此城市智慧物流系统的实施总是渐进的，对可负担性的评估也是阶段性的。

城市智慧物流系统的安全性一方面体现在保障货物和人员的安全，维护城市社会秩序稳定及减少损失，另一方面体现在可以多大程度上保护物流运营过程中数据和信息的机密性、完整性和可用性。城市智慧物流系统的安全性取决于各种因素，如系统的设计、维护和运行，运营商和用户的人为因素和行为，网络和物理威胁和攻击，以及监管及法律框架和标准。

在环保节能减排方面，首先是运输结构优化效果，体现为各种运输方式的占比，尽可能提高铁路、水运等低碳运输方式和新能源车辆占比；其次是物流包装和循环利用，反映了城市智慧物流在包装材料使用和回收利用上的绿色程度，可以用包装材料消耗量、包装材料循环利用率、包装材料可降解率等指标评估；最后是物流能耗与碳排放，反映了城市智慧物流能源消耗和温室气体排放情况，可以用单位货运量综合能耗、单位货运量二氧化碳排放量、单位货运量其他温室气体排放量来评估。

复习思考题

1. 简述城市智慧物流系统框架。
2. 城市智慧物流的驱动因素有哪些？
3. 城市智慧物流系统有哪些典型的组织集成模式？
4. 城市智慧物流系统的质量目标如何评估？
5. 标准化对城市智慧物流系统有何意义？

第 3 章

城市智慧物流节点体系

3.1 城市物流节点体系概述

3.1.1 城市物流节点的空间层次

城市物流基础设施网络主要是由城市物流节点和交通运输线路组成。与城市物流节点相比，交通运输线路具有更基础的作用，不仅服务于物流，还要服务客流。因此，城市物流基础设施网络一般特指城市物流节点网络。

所有的物流活动都可以归结为“动和静”的结合，物流的“动”是由运输活动承载的，物流的“静”是由物流节点承载的。由于物流供需在时空分布的不均衡性，货物从哪里来到何处去、何时来何时去、怎么来怎么去等决策都会发生时空转换和停顿。物流节点就是平滑这些停顿的线下组织中心。

广义概念中，全球所有的人类活动区域都被划分到一个个城市里，因此所有物流节点都属于城市物流节点，但这个概念太过宽泛，对详细研究没有意义。中观层面以城市作为边界，城市与城市之间的联系借助大型交通枢纽完成，但这些节点也都位于各城市内，并且是城市最重要的对外联系通道，因此这些交通枢纽的物流功能区都包含于城市物流节点之中。而单个城市中包含农村和建成区，一般而言，城市物流节点范畴局限在城市建成区，不包括农村物流节点。

城市物流节点是在城市地区促进货物运输流动的物流基础设施，是供应链和城市空间之间的接口，它衔接了城市生产者、分销商和消费者，以及其他利益相关者。城市物流节点是城市智慧物流的线下载体，其有效规划和整合是优化城市物流的关键。

城市建成区是一个圈层结构，分为郊区、城区和中心城区，城市物流节点分布在不同圈层中。图 3-1 表示了城市物流节点在城市空间中的分布关系。城市中的海港、机场、铁路货运场站、公路枢纽是城市对外联系交通枢纽。货物从这些枢纽到达，然后大量货物被送往位于城区或郊区的大型物流园区，这些物流园区可能紧邻交通枢纽布局，也可能位于城市郊区或城区内。物流园区的货物经过仓储、分拨之后，送往位于中心城区的配送中心，再由配送中心送往位于各个社区的配送站点，由配送站点完成“最后一公里”送货服务。为城市居民服务的生活消费物流只是城市物流的一部分，城市物流最大的流量是为产业服务，因此从各个交通枢纽到达的货物也可能成批量地直接送至企业设立在城市中不同区域的配送中心。

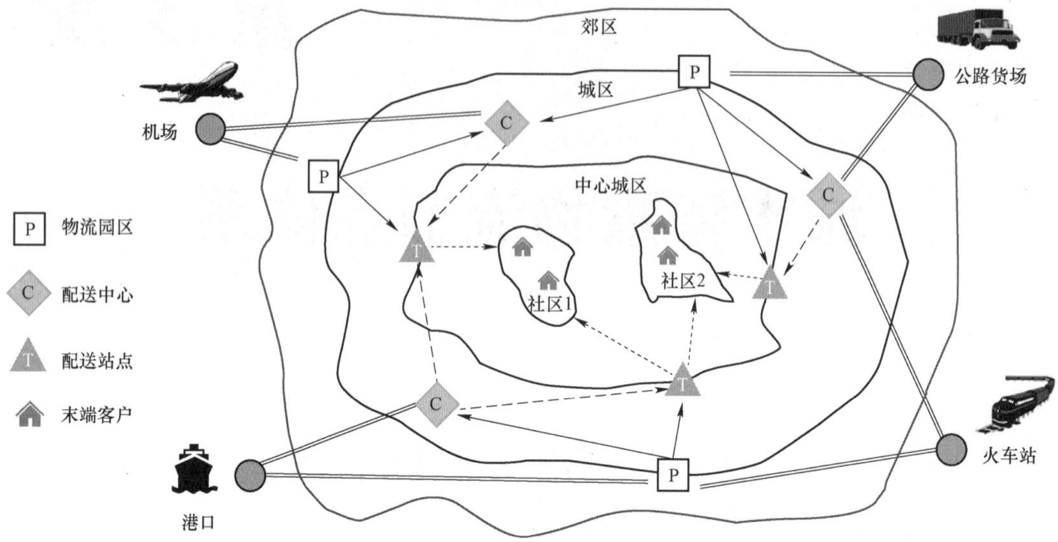

图 3－1　城市物流节点在城市空间中的分布关系

随着全球城市化程度越来越高，城市中心区也越来越拥挤，土地资源日益紧张，因此城市物流用地也不断外移。中心城区很难布设大型物流节点，城区外围地带和郊区常常是大型物流节点集中布局区域，城市配送中心也逐渐挪至中心城区和城区交界地带。这种物流用地外移的趋势，虽然为中心城区腾出了更多的客流活动空间，但是也增加了城市物流成本。如何解决城市物流空间外移带来的物流成本增加问题，是全球城市物流规划和运营者关注的焦点问题之一。

3.1.2　城市物流节点体系的协作流程

城市交通枢纽、物流园区、配送中心和配送站点之间构成了城市物流节点有机结构。图 3－2 表示了城市物流节点体系的协作流程。城市物流节点体系协作流程的本质是从大批量逐渐向小批量分散，以及反向从小批量向大批量集聚的过程。从城市交通枢纽到发的货物是城际间运输货物，批量大，城市末端批量零星。城市到达流就是从大批量向小批量逐渐分散的过程；反之，城市出发流就是城市货物从小批量到大批量逐渐集聚的过程。因此，越靠近城市交通枢纽的物流节点规模越大，节点数量也越少，越靠近市中心的物流节点规模越小，数量也越多。

城市物流节点体系协作流程的形成有其内在机理，虽然有很多因素对协作流程产生影响，比如城市形态、城市产业布局、城市人口分布和城市区位等，但是透过这些城市个性化差异因素，最本质和最普遍的影响因素是规模经济和城市用地政策。

规模经济是城市物流节点体系按一定流程协作的决定性因素。大规模运输、大规模装卸、大规模存储、大规模分拣都能有效地降低单位物流成本。如果需求也是大规模、集中的，物流成本就能极大地降低，但是城市物流需求往往是小批量、分散的，甚至是零星的，满足零星需求的物流成本非常昂贵，因此城市物流组织原理是将散小零星物流需求尽可能规模化。

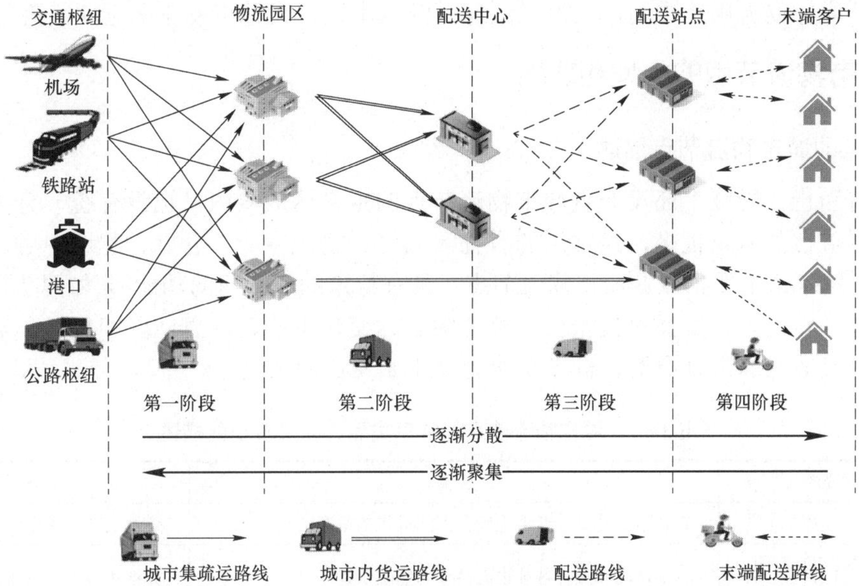

图 3-2　城市物流节点体系的协作流程

如果按照规模化原则，城市物流应该尽可能地将大规模物流设施靠近末端，使末端运输距离越短越好。然而当大规模物流设施布设在中心城区，将会有大量大型货运车辆频繁穿梭市中心，显然这会引发更多的城市污染、安全等问题，并降低人口密集区的舒适度。受到城市规划对物流的强制约，城市物流用地外移、缩小城市物流用地规模、划定城市货运车辆限行区域是全球城市的普遍做法。中心城区单个物流用地面积都很小，只有外围城区和郊区物流用地规模相对较大，具有承载大规模物流的可能。越是大型城市，这种特点就越明显。

在这两种因素的共同作用下，物流节点依然按照规模经济的机理尽可能制造大规模运作机会。另外，根据城市物流用地政策的要求，逐渐形成有规模梯度和圈层梯度的城市物流节点体系协作流程范式。

典型的物流节点协作流程经过以下 4 个子流程。

（1）第一阶段子流程：经城际物流到达的货物通过集疏运系统首先送至城市外圈层物流园区进行分类和整合，这一阶段的集疏运方式可能有与港口相衔接的铁路专用线，更多情况下通过大载重量卡车运输。

（2）第二阶段子流程：物流园区根据客户需要将整合后的货物装入被允许进入城区的货运车辆，这类车辆吨位要比集疏运车辆小很多，运往位于中心城区的小型物流设施——配送中心，或者直接送到工厂。

（3）第三阶段子流程：货物被转移到适合在市中心活动的更小型货运车辆上，运送至位于社区的配送站点，这一子流程中电动车辆的应用已逐步广泛。

（4）第四阶段子流程：货物从配送站点用电动城市轻型卡车、踏板车和自行车等小型车辆或人力步行等方式送到末端客户，或者末端客户自行前往配送站点取货。

此外，一种新兴趋势是使用私人或公共大众运输站点，例如开放城际铁路货运服务站点、城市轻轨车站和公共汽车站，或依靠人们将货物运到“中央”车站，或从该车站将货物分发到社区。这种方式充分利用位于城市不同圈层密集的交通运输站点搭载物流功能，其优势在于既不额外增加物流用地设施，又可以迅速而低成本地扩大城市物流配送的覆盖范围。

3.1.3 城市物流节点的类型和功能

1. 常见的城市物流节点描述

到目前为止，国际上还没有就城市物流节点的定义达成共识，也没有统一分类，所以描述城市物流节点的术语很多，最常用的有物流园区、物流中心，仓库、配送中心、物流平台等。还有一些术语主要指专业城市物流节点（具有特定的或专门的功能），如码头、电子商务仓库、海港、转运点、交叉对接平台、整合中心、交付中心、沿海地区和货运车辆的停车区等。城市物流节点的常见类型、含义及功能描述如表 3－1 所示。

表 3－1　城市物流节点的常见类型、含义及功能描述

序号	常见类型	含义	功能
1	仓库	在特定条件下，专用于储存不同货物的空间	进行货物和操作信息的存储
2	物流中心/物流平台/物流设施	存储产品和进行各种物流操作的基础设施	开展相似类型的物流运作
3	多式联运物流平台	连接不同运输方式的区域，以便更快、更有效地进行货物的转运	实现货物配送的运输衔接
4	内陆港/陆港码头	内陆港是一个内陆多式联运码头，通过公路或铁路与一个或多个海运码头相连，能够推迟海关控制，直至进入陆港	提供延期交货的可能性
5	转运中心	用于将货物从一辆车直接转移到另一辆车的区域，通常规模较小，目的是将货物重新分配到难以直接到达的区域	实现存储货物的合并和拆分
6	物流园区	拥有特定基础设施的成片土地，可以开展物流和工业活动，并享受税收优惠	开展大面积的物流和工业活动，降低物流成本
7	城市配送中心	存储产品和交付订单以分配给零售商或批发商的物流平台	进行同类型或不同类型货物的装运
8	自由贸易区/物流区	国家领土范围内的一个确定的地理区域，用于进行各种商品和服务的工业活动或商业活动，在税收、海关和外贸事务方面有特殊的规定	允许在每个地区实行准财政福利
9	多用途码头	港口专门处理不同类型货物的码头，陆地上有很大的储存空间来存放货物	不同类型货物的接收和管理
10	收集中心	为了收集货物而划定的区域	收集货物
11	停车区	停车区是存放大型车辆的物理空间，在专用商业场所的某些位置停放大型车辆，供货车装卸货物	停放货运车辆
12	港口/海岸区域	位于海岸或河岸，为船舶进行装卸作业的场所	装卸（海事）
13	交付中心	接收商品进行商业化并与消费者建立购买联系的点	商品营销

2. 城市物流节点的分类标准

城市物流节点可以从不同维度进行分类，比如有的分类以空间范围标准划分为城市物流节点和邻里物流节点，城市物流节点负责整个城市或城市区域的货物交付，邻里物流节点负责小社区的货物交付。也有单纯从节点功能上进行分类，比如分为公路运输节点及仓库、多

式联运节点、快递节点等。

如果城市物流节点划分标准过多，类型就过于繁复；如果划分标准过少，则难以覆盖城市物流节点的多维特征。城市物流节点的功能、规模和属性三个标准对城市物流节点的类型有较大的影响，本书据此对城市物流节点进行分类。

（1）根据城市物流节点功能可以划分为综合型城市物流节点和专业型城市物流节点两类。综合型城市物流节点指城市和城际地区的衔接点，覆盖所有物流功能；专业型城市物流节点指能提供更具体解决方案的节点，可能针对某一具体场景或功能设置。

（2）根据城市物流节点的规模，可以分为大型城市物流节点、中型城市物流节点、小型城市物流节点和微型城市物流节点。

（3）根据物流节点的属性，可以划分为公共城市物流节点和私有城市物流节点。公共城市物流节点可以由公共利益相关者管理，服务于所有用户。私有城市物流节点由私营公司管理，由私营公司内部运作，服务于有限用户。

根据这三个划分标准，可以将表3–1中所示的城市物流节点重新划分为表3–2所示的类型。

表3–2　城市物流节点的类型

功能类型	节点名称	功能描述	节点形态	节点属性
通用型	大型城市物流集聚区	大型的物流多功能区，整合了各种类型的城市物流节点，并允许在交付区附近方便地进入和定位，从而减少了道路上的车辆数量，提高了运营效率	自由贸易区/海关监管区/综合保税区 物流园区/物流平台 陆港/内陆港 港口/航空物流中心/铁路集结中心	公共
	城市配送中心	中型或大型的物流设施，用于货物的整合和运输，有利于在城市的密集地区流动，从而改善城市环境，限制公共道路上用户之间的冲突	物流中心/物流平台/物流设施 城市配送中心	公共，私有
	物流整合中心（LCC）	具有大规模或中等规模的物流空间，货物在同一时间运输，而不是进行小规模的单独运输	转运中心/多式物流平台/码头区	公共，私有
专业型	货物储存中心（GSC）	各种中型和大型的区域，负责同一仓库内货物的接收、储存和移动，以及处理和保护在物流操作的每个过程中产生的数据信息	仓库/堆场	私有
	物流管理中心（LMC）	通常是中小规模的接口，管理供应链的一个或几个阶段，如采购、运输、储存和为需要服务的客户（公司）配送，从而更好地规划和管理物流运营	物流商务中心	私有
	车辆或货物接收点	中型和大型车辆接收点，是用于停放货物运输车辆的合适场所，为送货司机提供安全通道以进行送货，从而缩短接触客户的时间	停车场 工厂/销售点/交付中心	公共，私有
	自动化物流设施	具有操作员–客户端交互的节点，通常为中小规模。自动化物流设施可以是固定的或移动的，它们被植入公共或私人场所，允许在客户不在的情况下交付或收取货物	举升平台、自动送货机器人、智能柜等	私有

3.2　城市智慧物流节点网络化

3.2.1　城市智慧物流节点网络化的条件

与数字互联网相比，物流节点体系内货物流动的速度要比数据慢得多，货物每一次移动和逗留都会带来巨大成本，如何对货物在线下物流节点的流动和停顿进行有效组织，尽可能减少环节之间的冗余，是物流降本增效的关键。因此，一个智慧的城市线下物流节点网络是完成货物高效流动的必要条件。城市智慧物流节点网络化就是现有的城市物流节点形成有机网络结构的过程，将零散的运输、处理和存储单链移动转变为链接物流节点网络中的多层移动模式。

货物运输目前主要是端到端满载直达运输或轴辐式运输，城市智慧物流节点网络能够向更加分布式的链接运输转变，将始发目的地运输分离为开放物流中心之间的多个部分，每个部分通过最合适的模式、手段和业务动态处理。在企业分销物流方面，城市智慧物流节点网络允许企业通过众多开放的仓库和分销中心部署它们的产品库存，靠近它们的市场，实现快速且短距离地交付给客户，而不是限制它们利用唯一或少数的专用中心。

城市智慧物流节点网络化过程需要逐步实现以下几个条件。

（1）城市作为全球物流网络的节点，通过系统标准化实现城市互联。

一个城市物流系统的主要用户大多也在与其他数百个城市打交道，因此城市与世界其他地区紧密相连，是更大的区域、国家和国际物流的节点，塑造了全球物流网络。与其他城市和地区的互联互通能力是评估城市物流绩效最关键的因素。

虽然每个城市是独一无二的，并根据其特定特征设计物流节点体系，但是如果每个城市制定自己的标准，物流在跨城市间流动就处处需要转化和适应，因此要建立世界城市之间的物流全面标准化体系，包括在数字层面（数据、交易等）、实体层面（包装、设施、车辆等）、操作层面（设施内的实际活动等）、业务模型层面（链接业务模型等）、商业和法律层面（合同、法规等）确定标准协议和接口，实现互联互通。

全面标准化的推动并不简单，因为世界上的城市和国家之间存在许多文化差异。然而，一个特定城市的物流节点网络的特殊性更多地取决于它的位置、拓扑结构、人口、基础设施等，而不是如货物包装箱等基本物流单位，因此在集装箱联运、电子数据交换和智能交通系统等方面已经实现了相当多的标准化。

物流节点网络化需要从设施级别到城市级别，再到全球级别使用相同的概念框架，从而引发了文化、技术、商业模式、基础设施和立法的创新。

（2）通过物流节点多方位的物流活动衔接实现互联。

城市智慧物流节点体系超越了仅把城市物流集中于城市货运的局限，涵盖实体对象移动、存储和使用方式的全方位物流需求，这超出了运输、交叉对接、转运和处理活动，增加了供应、增值、存储活动。

例如，库存的部署，包括在哪里存放、存放多长时间及如何向适当的“客户”提供服务，直接影响到货物的运输过程和运输调度。将不同利益相关者的物流存储需求集中于特定物流节点，不仅改变了库存位置，而且还对货运车辆的利用、线路和调度产生重大的潜在积极影响。

（3）通过扩充城市物流节点范围实现广泛互联。

除了典型的城市物流中心，众多现有城市物流设施和可用空间也是城市物流节点网络的一部分，比如公共和私人停车位和设施、邮政设施，以及可以改造为城市物流目的的废弃铁路线等地点。同时，协同利用目前专门用于人员流动的公共交通工具和基础设施，实现安全、高效的联合物流和人员运输也是一个重要的趋势，例如利用地铁、公交线路等配送货物。众包交付也扩大了城市物流节点的范围，允许通勤者等个人使用他们的汽车、摩托车、自行车，甚至步行，将适当大小的封装货物从出发地附近的枢纽运送到目的地附近的枢纽。

（4）通过模块化和标准化物流包装容器互联货物。

由于物流涉及流程效率的提高，因此包装容器变得尤为重要。包装容器是货物配送中的基本物流管理单元，采用托盘、交换体和集装箱的形式。从 UPS 到宜家家居，全球优秀的第三方物流企业都高度重视包装标准化。UPS 在全球范围内运送各种各样的货物，但其标准化包装容器的类型控制在 10 种以内。宜家家居设计的板式包装标准贯通于其产品设计、制造、运输、销售全过程，创新了家居行业的商业模式。但是这些标准化都集中在企业内部，从城市视角出发的包装标准化还未被充分认识。

集装箱是最成功的物流包装标准化典范。集装箱不仅是存储单元，还为生产系统提供了极大的灵活性，成为装载（运输）、生产和分配单元。它可以覆盖所有的产业和物流节点，极大地降低了物流成本，创新了物流多式联运的各种范式，以支持集装箱流的组织和管理。托盘也是重要的跨节点包装容器，但标准化程度不高。

将商品封装在标准化、智能、环保、模块化的包装容器中，在城市环境中移动和储存货物装载单元，使其快速、廉价、可靠和无缝地进出城市及其物流节点设施，是实现货物平稳高效的衔接流动的基础。根据货物在城市物流流动的不同阶段，容器大小从集装箱到微型周转箱，都需要进行模块化和标准化设计。

标准化和模块化容器的广泛使用依赖所有物流节点的装卸搬运设施设备和运输工具的同步标准化；更好的装卸设备，特别是通过自动化，可以提高物流节点的配送速度，比如站台、叉车、货架等都需要被系统设计和改造。

（5）通过物流节点智慧化互联物流流程。

物流节点智慧化可以将流经各层级物流节点的所有物流活动通过节点中配置的智能化设备互联，实现物流流程实时可视化衔接。智慧物流园区通过建立统一的信息平台，实现园区内各类物流企业、设施、设备、车辆等的信息采集、共享和分析。智慧配送中心可以实现自动订单接收、任务分配、任务执行、数据更新和传输。智能柜是一种利用物联网、人工智能等技术，实现无人化、自助化、便捷化的储物设备。智能柜可以实现智能识别、智能管理、智能服务和智能分析。从大型物流枢纽节点到末端微型智能柜，城市智慧物流节点连接了城市物流全过程，可访问、可监控、可追溯。

城市智慧物流节点体系网络化对城市物流在效率和可持续性方面具有突破性的潜力。这种潜力也带来了复杂性和挑战性。如何评估和弥补城市物流节点现状与城市智慧物流节点高度网络化愿景之间的差距，是未来城市智慧物流持续创新的重点。

3.2.2　国家物流枢纽

1. 物流节点体系的轴辐式网络结构

轴辐式网络结构是物流节点体系组织的至关重要的特征，枢纽网络节点将相同起点和目的地之间的流量集中，与其他枢纽相连，并允许通过枢纽子网在辐条城市之间建立路径。这种结构的优点通过在枢纽整合货物来降低成本和提高效率，可有效实现枢纽间货物集中运输，产生干线运输的规模效益，抵消满载率不足造成的成本损失。图 3-3 为物流节点体系轴辐式网络结构示意图。

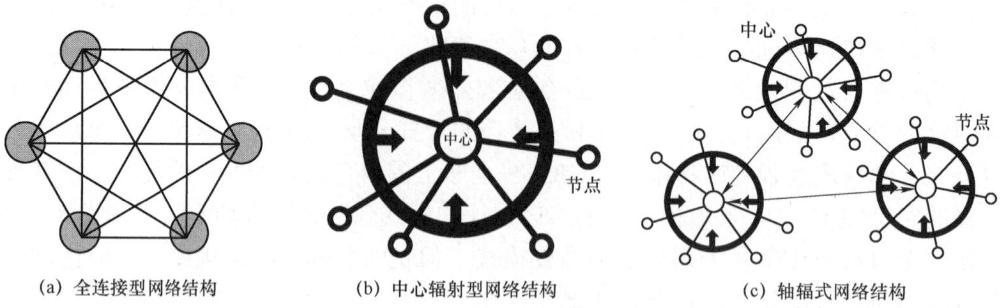

图 3-3 物流节点轴辐式网络结构示意图

2. 国家物流枢纽建设的背景

国家物流枢纽是由国家发展改革委、交通运输部共同布局建设，集中实现货物集散、存储、分拨、转运等多种功能的物流设施群和物流活动组织中心。国家物流枢纽是物流体系的核心基础设施，它在全国物流网络中发挥着关键节点、重要平台和骨干枢纽的作用。

《国家物流枢纽布局和建设规划》指出：“到 2020 年，通过优化整合、功能提升，布局建设 30 个左右辐射带动能力较强、现代化运作水平较高、互联衔接紧密的国家物流枢纽，促进区域内和跨区域物流活动组织化、规模化运行，培育形成一批资源整合能力强、运营模式先进的枢纽运营企业，初步建立符合我国国情的枢纽建设运行模式，形成国家物流枢纽网络基本框架。到 2025 年，布局建设 150 个左右国家物流枢纽，枢纽间的分工协作和对接机制更加完善，社会物流运行效率大幅提高，基本形成以国家物流枢纽为核心的现代化物流运行体系，同时随着国家产业结构和空间布局的进一步优化，以及物流降本增效综合措施的持续发力，推动全社会物流总费用与 GDP 的比率下降至 12%左右。”

国家物流枢纽建设的目的主要体现在 4 个方面：在“点”上，系统整合存量物流基础设施，减少低水平重复建设和同质竞争，引导物流资源集聚形成规模经济效应；在“线”上，依托枢纽打造跨区域的物流通道，完善区域内集疏运体系，提高干支物流和末端配送一体化运作水平；在“网”上，推动建设国家物流枢纽网络，构建“通道+枢纽+网络”的现代物流运行体系；在“面”上，发挥枢纽资源集聚和区域辐射作用，带动制造、商贸等产业集聚，与物流融合创新发展，培育经济发展新动能。

3. 国家物流枢纽的类型

国家物流枢纽分为陆港型、港口型、空港型、生产服务型、商贸服务型、陆上边境口岸型等 6 种类型。

（1）陆港型国家物流枢纽：依托铁路、公路等陆路交通运输大通道和场站（物流基地）等，衔接内陆地区干支线运输，主要为保障区域生产生活、优化产业布局、提升区域经济竞争力，提供畅通国内、联通国际的物流组织和区域分拨服务。

（2）港口型国家物流枢纽：依托沿海、内河港口，对接国际国内航线和港口集疏运网络，实现水陆联运、水水中转有机衔接，主要为港口腹地及其辐射区域提供货物集散、国际中转、转口贸易、保税监管等物流服务和其他增值服务。

（3）空港型国家物流枢纽：依托航空枢纽机场，主要为空港及其辐射区域提供快捷高效的国际国内航空直运、中转、集散等物流服务和铁空、公空等联运服务。

（4）生产服务型国家物流枢纽：依托大型厂矿、制造业基地、产业集聚区、农业主产区等，主要为工业、农业生产提供原材料供应、中间产品和产成品储运、分销等一体化的现代供应链服务。

（5）商贸服务型国家物流枢纽：依托商贸集聚区、大型专业市场、大城市消费市场等，主要为国际国内和区域性商贸活动、城市大规模消费需求提供商品仓储、干支联运、分拨配送等物流服务，以及金融、结算、供应链管理等增值服务。

（6）陆上边境口岸型国家物流枢纽：依托沿边陆路口岸，对接国际国内物流通道，主要为国际贸易活动提供一体化通关、便捷化过境运输、保税等综合性物流服务，为口岸区域产业、跨境电商等的发展提供有力支撑。

4. 国家物流枢纽的特征

（1）枢纽协同能力增强。枢纽互联成网可以促进城市群物流一体化协同发展，推动枢纽设施共建共享共用，完善物流通道网络和供应链分工体系，培育有机协同的物流产业集群。例如，广州空港型国家物流枢纽依托白云国际机场、综合保税区，建设亚太航空物流中心，加强与广州港口型、佛山生产服务型及深圳空港型、港口型、商贸服务型国家物流枢纽的协同联动，积极打造服务粤港澳大湾区、辐射全球的航空物流门户网络。成都空港型国家物流枢纽立足打造全球供应链服务节点、区域有影响力的国际物流集散枢纽，强化与成都陆港型及重庆港口型、陆港型、空港型国家物流枢纽的协作，加大要素保障资源整合力度，着力构建双核引领、多点支撑、优势互补、产业联动的协同发展体系，助力成渝地区双城经济圈发展。

（2）多式联运功能突出。所有枢纽均具备较强的多式联运综合服务能力，除空港型枢纽外其他枢纽均具有铁路专用线或具备铁路运输能力。例如，怀化商贸服务型国家物流枢纽拥有铁路口岸及10余条铁路专用线，2021年货运量350万t，并开通至北部湾的铁海联运班列及中老、中越等国际班列，提高了物流通道网络运行效率。昆明－磨憨陆港型（陆上边境口岸型）国家物流枢纽发挥铁路联运班列作用，开通运行至北部湾的集装箱班列和中老国际班列，助力西部陆海新通道建设。

（3）产业联动更加紧密。生产服务型、商贸服务型国家物流枢纽与周边生产制造、商贸等产业高效协调、联动发展，协同推进物流基础设施网络与产业组织体系建设。例如，西安生产服务型国家物流枢纽位于西安高新技术产业开发区和西安经济技术开发区内，毗邻电子信息、汽车、装备制造等生产制造基地，服务对象包括华为、比亚迪、陕汽、隆基、杨森等知名制造企业，有效发挥支撑引领实体经济发展的效能。蚌埠生产服务型国家物流枢纽服务周边一批中小企业产业园、工业园区和电子商务产业园，涵盖装备制造、硅基生物基新材料等重点发展产业，助力优势产业集群加速形成。

3.2.3 智慧物流园区

1. 智慧物流园区的含义

物流园区是城市连接国家物流枢纽和配送中心的重要节点。智慧物流园区指以物流园区为载体，以新一代信息技术为手段，以智能化应用系统平台为支撑，将人、车、货、物等全面感知、数字连接并深度融合，聚焦科技化运营、品质化服务、数字化物流，重配整合园区资源并达到各方利益最大化，实现绿色高效、业务增值、链式效益、协同生态，最终达成可持续发展。

智慧物流园区具有以下几个特点。

（1）泛在智联，安全集成：利用信息互联网和设施物联网推动物流园区的全面接入，以信息互联、设施互联带动物流互联，打通业务系统壁垒和信息壁垒，所有软硬件系统一体化集成至智能运营中心统筹管理，所有数据汇总至数字孪生平台用于分析决策，实现园区人与人、人与物、物与物、业务与业务间深度融合；关注物流园区的信息安全、公共安全，实现全域监控、隐患预警、及时响应、事件可控、确保安全。

（2）数字转型，模式再造：充分利用各类信息技术，实现园区数据的实时获取和传输，将一切业务数据化、一切资产数据化、一切运行状态数据化，打破信息不对称和信息孤岛的困境，实现基于数字化转型的物流园区业务流程再造、商业模式重构、运营模式创新，体现数字资产价值。

（3）协同创新，绿色高效：整合多方资源，以技术变革为推动力量，围绕园区业务需求和产业发展需求进行协同创新，使得园区的机械化、自动化、智能化水平显著提高，园区资源和空间高效配置和充分共享，园区实现精益运营、经济运行、资源利用效益最大化，从而达到节能、低碳、环保、可持续发展。

（4）精准服务，业务增值：除传统招商服务、物业服务外，以客户数据作支撑，挖掘物流园区客户需求，从企业服务、物流服务等角度创新服务场景和内容，采用多样化服务手段，提供伴随式、主动式增值服务，以提升园区招商、亲商、稳商能力。

（5）科技运营，价值升级：紧紧围绕物流核心业务，以科技手段提高园区内部物流作业效率和运营管理能力，以平台方式链接优质服务资源并提供物流产业服务，打通物流园区上下游环节，实现物流价值链升级，增加物流园区的产业附加值。

2. 智慧物流园区的运营管理模式

智慧物流园区以园区主营业务为主线，围绕园区运营方、客户方等利益相关者的实际痛点，打造坚实的资产数字化的底盘，通过运营数字化、服务数字化两大支柱，支撑智慧物流园区管理数字化的高质量发展目标。

（1）资产数字化：通过物联网、计算机视觉技术，实现设备设施在线化、现场可视化，从而实现资产数字化，为运营服务及管理数字化奠定了基础。

（2）运营数字化：基于数字化的资产，整合园区运营流程体系，实现对园区现场 8 大要素的运营数字化。

（3）服务数字化：打造与客户互动的数字化服务平台，全方位高效服务客户并提供多种增值服务，助力客户降本增效，提升客户满意度。同时，基于大数据的创新服务，形成固定的、规模化的劳务人员、司机、客户的访问流量，实现精准业务匹配，开拓新的业务蓝海。

（4）管理数字化：基于“1+*N*”数字化智能运营中心，数据驱动全链条问题发现、追溯、响应与处理的业务闭环，促进前中后台及多角色协同管理，实现“可管”“可查”“可视”“可控”的多维度管理模式，帮助企业及时掌控运营现状，同时提升管理效率和整体形象。

智慧物流园区的运营管理模式如图 3－4 所示。

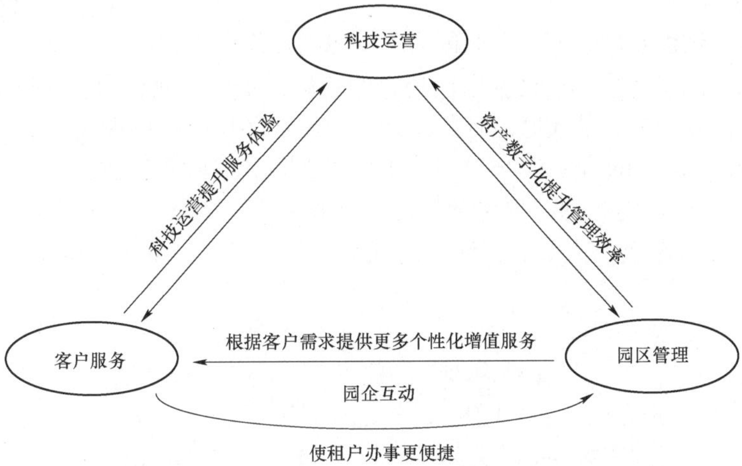

图 3－4 智慧物流园区的运营管理模式

智慧物流园区的运营管理是体现园区价值的关键，使园区实现差异化的核心竞争力。一方面，园区管理方根据园区的需求和业务特点，制定与业务紧密结合的智慧应用场景，提供更多的个性化增值服务，提升园区的管理效率与水平。另一方面，基于园区建设的智能化基础设施，为客户提供更加个性化的智慧场景服务，与客户已有的系统无缝对接，使客户办事更为便捷，提升客户的园区服务体验。最终，在科技运营的加持下，形成良好的园企互动，提升园区各相关利益方的体验，促进商业模式的演进。

3. 智慧物流园区的运营能力体系

智慧物流园区建设重在运营，应利用技术手段有效实现园区科技运营、数字运营，降本增效并创造增值效益。智慧物流园区的运营能力体系由智能运营中心、物联网平台、大数据平台、运维平台、人工智能引擎等融合构建。

1）智能运营中心

智能运营中心（intelligent operations center，IOC）是园区实施科技运营的核心载体。

智能运营中心平滑接入园区的所有业务系统、智能化系统，综合展示了园区的实时运营情况，为园区管理提供了科学决策依据，在突发事件发生时可以实时报警、快速响应并进行指挥调度，总体提高园区管理效率和治理水平。

智能运营中心的驾驶舱将智慧园区实时采集的各类园区运营数据，经大数据引擎清洗、统计、分析后，以生动的三维模型和二维图表等形式呈现“一张图”（数字孪生园区），为园区管理者及时、动态、直观地掌握整体运营管理情况提供了便利。在运营管理平台上可以呈现园区概览、车辆流量、访客情况、园区安防、设施设备动态、仓储情况、月台情况、物业管理、园区招商、园区评估等模块信息，解决了系统独立运营难以统筹运营的问题。另外，通过对重要管理内容进行专题分析，可以给出趋势预判，便于管理者提早作出防范处置。

智慧物流园区采用“1+N”协同管理体系，依托一个智能运营中心，将分布在全球各市场区域、呈网络化结构的 N 个物流园区联通起来，将 N 个不同的多源智能化系统平台数据融合对接，实现对管辖的所有物流园区“实时可管、趋势可查、数据可视、统一可控”。

2）物联网平台

物联网平台通过赋予园区万物互联能力而支撑智能运营中枢。

智慧园区物联网平台作为园区物联网场景的基础性平台，通过物联网技术采集智能感知设备的实时数据，获取园区的实时运行状态，为上层业务系统提供现场数据。

物联网平台的核心功能是：统一与园区 IoT 设备通信，收集数据；统一建立物模型，管理 IoT 设备；统一处理物数据，提供便捷的物数据展示。基于物联网平台可实现对园区建筑、设施设备、物流车辆、人员、消防、能耗、安防、托盘、AGV、机器人等的高效运营，如图 3－5 所示。

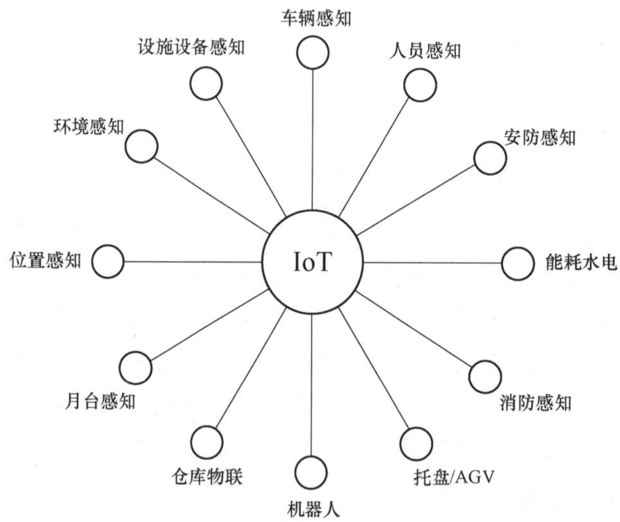

图 3－5　基于物联网的园区运营管理

3）大数据平台

大数据平台通过赋予园区数字化能力而驱动智能运营中枢。

智慧园区大数据平台提供了一站式数据应用解决方案，涵盖了数据接入、数据加密、权限管控、数据处理/计算、查询分析、数据报表等数据应用场景，如图 3－6 所示。通过大数据分析和数据挖掘，寻找运营管理数据的内在相关性，以数据建模等方式给出预测，支撑决策。

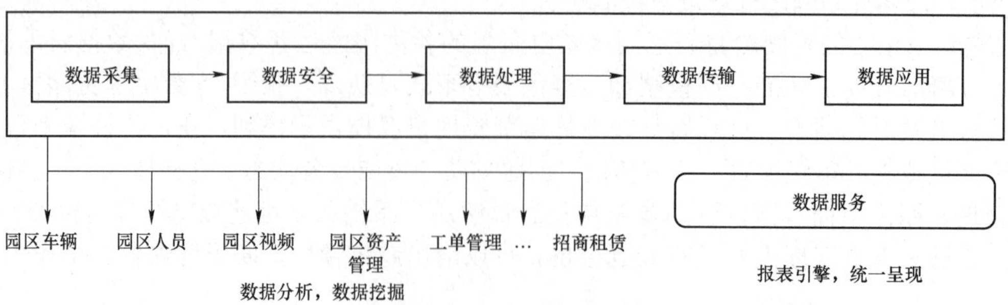

图 3－6　基于大数据的园区运营管理

园区的海量业务数据包括：园区车辆、园区人员、园区视频、园区资产管理、工单管理、OA 办公、供应商库、托盘租赁、园区共享仓储、招商租赁等。

经数据治理后，可提供的数据服务包括：园区运营数据专题分析服务、园区管理数据分析及数据挖掘服务（含趋势预测）、园区大数据分析结果图形化展示、园区数据共享及交易服务等。

4）运维平台

运维平台通过赋予园区运维能力而保障智慧中枢高效运行。

智慧园区运维平台在园区建设和运营阶段，对各个子系统的运行状态进行实时监控并优化，提高系统的稳定性，如图 3－7 所示。

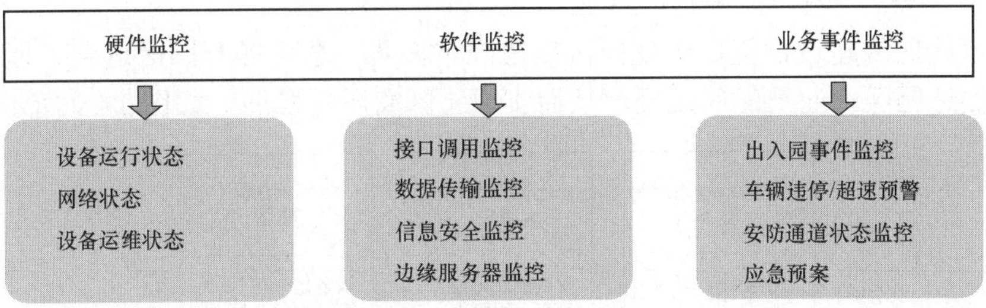

图 3－7　智慧园区运维平台

为确保智慧园区建设稳步推进，对实施过程及上线后的运营状态做到集中、主动管控，包括硬件监控、软件监控、业务事件监控等，建立运维管理体系，辅以运维知识库、预案库、供应商库，以及系统/平台技术供应商的运维技术支持和及时响应，保障智慧物流园区所有软硬件正常运作，防范系统安全风险，实现常态化科技运营后台保障。

5）人工智能引擎

人工智能引擎通过赋予园区智慧性而打造智能运营中枢。

通过 IoT 收集到的数据、数据治理后得到的结构化数据，帮助园区管理进行思考和决策，构建知识图谱、机器学习模型，实现对整个园区进行全局实时分析，自动调配园区资源，修正园区运行中出现的问题，让智慧园区最终可以实现智慧管理，与管理者、客户、访客实现良性互动。

基于人工智能 AI 视觉引擎，通过对视频图像的深度分析，辅助管理人员对物流现场进行管控，提高管理能级，包括出入园管理、月台可视化管理、园区管理、仓储库内管理等。

以智能机器人为代表的人工智能在物流园区落地应用，包括门岗服务机器人、安保巡逻机器人、清洁机器人等在物流园区内全面应用。从岗位需求入手，分析拆解岗位职责、工作要求、任务动作，将重复、高频、劳动密集型、危险性高的部分工作交给机器人来完成，将机器人和从业人员同岗工作、排班调度，通过机器人辅助或部分代替人工作的“人机协作”创新模式，来减轻和释放从业人员的部分工作量，从而达到部分解放劳动力，提高园区运行效率的目的。

基于计算机视觉的全流程可视化如图 3－8 所示。

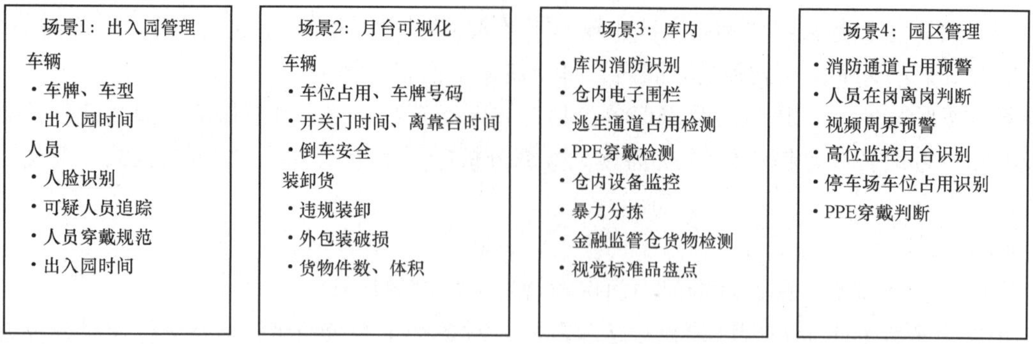

图 3－8　基于计算机视觉的全流程可视化

4. 智慧物流园区的建设价值

智慧物流园区的建设价值在于使园区提质降本增效，总体提升园区运营管理效率和综合服务质量，促进园区产业高能级发展，从而实现园区高质量发展，如图 3－9 所示。

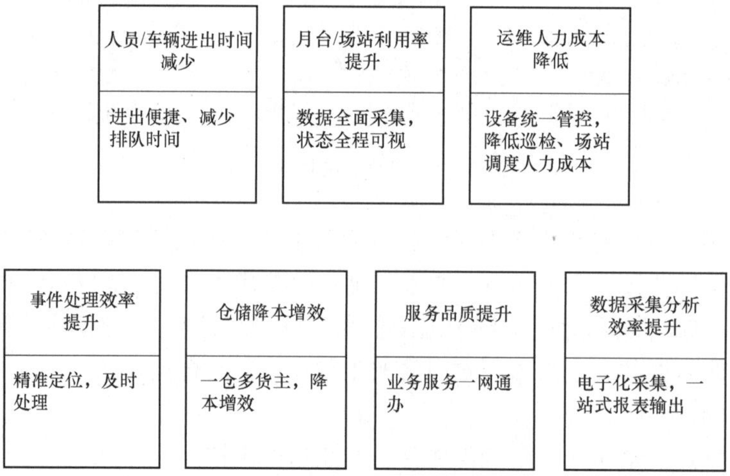

图 3－9　智慧物流园区的建设价值

（1）人员/车辆进出效率提升：通过访客人员和车辆的预约和审批、访客管理终端人证对比、授权访问区域一脸通等访客系统功能，打造简单、便捷的访客通行体验；通过预约信息验证和智能闸机快速通行，可实现自动登记 3 s 入园，自动认证 5 s 出园，减少车辆出入园排队时间。

（2）月台/场站利用效率提升：通过月台/场站状态识别系统，月台、场站数据全面采集，车辆进出及作业状态全程可视，进一步结合与全链物流的系统（OMS、TMS、WMS）数据打通，能够为车辆和货物优化匹配可用的月台，自动进行车辆调度并实时报知调度进程，从而为“驶入园区、分配月台、停靠、卸载、装载、确认完成、驶离园区”的全流程尽可能减少寻找和占用月台的时间，致使月台的货物吞吐量上升，平均卸货等待时间下降，挪出＋空台上车的时间下降。

（3）运维人力成本降低：由于智慧物流园区将所有智能设备统一接入和管控，园区工作人员通过运营管理平台得以获取各项数据，从而减少日常巡检工作量。通过月台车位占用状态/车牌识别等实时报知进程，可减少场站调度人员。

（4）事件处理效率提升：通过园区数字孪生一张图建设，实现空间管理、设备管理、资产管理、计划管理、工单管理、数据统计分析等业务互相协同，通过精准定位人员、货品、车辆等，并在定位的基础上实现轨迹追踪、区域报警、摄像联动、智能布防等，提升事件处理效率。同时，在 5G、IoT、大数据、AI 等技术的助力下，在重大事件发生时可提高应急管理速度和效率。

（5）仓储降本增效：通过智慧仓库实现一仓多货主共享、越货作业、仓储数据化显示、无人操作等，可降低操作成本和租金成本。

（6）服务品质提升：基于园区一站式服务平台实现企业入驻、退租、场地申请、装修、共享仓储租赁、物业报修、一卡通、政策扶持、项目申报等业务应用一窗口办理，可进一步提升面向入驻企业的服务品质。

（7）数据采集分析效率提升：基于数字孪生园区建设，可实现对园区的物、人、企、车进行数字化建模和重构，园区的运行状态数据、业务数据实时地自动采集，后台智能分析，一站式报表输出，节约了大量的数据采集时间，进一步辅助园区运维能力持续优化及运营价值持续提升。

3.3 城市智慧物流节点网络结构分析方法

3.3.1 城市物流节点网络结构要素分析

在图论中，网络是指用若干条线段把若干个点联结在一起的连通图。城市物流节点空间网络，是由各级城市物流节点和连线所组成的相互联系、相互作用的系统结构形式。网络具有节点和边两大要素，城市物流节点是网络中的节点，节点间的物流联系是网络中的边。节点和边的相互作用，在宏观上展现出城市物流节点空间结构在面上的特征。

1. 节点要素

城市物流在节点实现集聚，物流节点的集聚功能主要源于它的产业、人口、信息、市场等产生的物流需求形成了吸引效应，通过运输、仓储、装卸、包装、流通加工和信息等功能要素的有机整合，成为物资的集散地。城市物流节点的数量和类型，决定了城市物流空间网络的规模和边界；城市物流节点属性和资源的变化，决定了城市物流节点空间网络的动态演变。

2. 边要素

边是构成城市物流节点网络中的联系要素。城市物流节点之间存在多种物流联系，物资、信息和资金在城市物流节点之间持续流动，本节重点研究城市物流节点间的物资流动。城市物流节点间的物资流动联系，可以划分为基础设施联系、流量联系、物流企业联系，等等。

基础设施联系构成了城市物流节点间物流联系的必要条件，主要表现为城市间连接的交通运输线路。交通运输网络的构建发展，使城市物流节点网络联系成为可能。

城市物流节点之间货物的流动，是城市物流节点流量联系的核心。城市物流节点物流量主要表现为城市物流节点间的货物交流量，其大小反映了城市物流节点对外联系的强弱。

物流企业是承担物流活动的专业化组织，物流企业主要在城市内或城市间组织物流活动，在某种意义上物流企业的空间网络决定了物流企业的运营能力。因此，城市物流节点间的物流联系是通过物流企业内部和企业间联系得以最终实现的。物流企业在自身发展过程中，功能和规模不断扩大，企业内部形成对不同地域的物流活动实施分层控制的分部体系，企业内部联系成为城市物流节点联系的重要组成部分。同时，由于物流业专业化分工的发展，不同的物流企业间也需要通过合作进行物流功能集成以满足不同的物流需求，物流企业间也逐渐形成运作网络。

由此，城市物流节点和交通运输线路构成了城市间物流网络的设施要素，城市物流节点间货运量构成了城市物流网络的流量要素，城市物流企业联系构成了城市物流网络的功能要素。城市物流节点之间同时存在多种联结，构成有机联系的复杂网络系统图表示了城市节点物流网络的要素构成。图 3-10 为城市物流节点网络结构要素示意图。

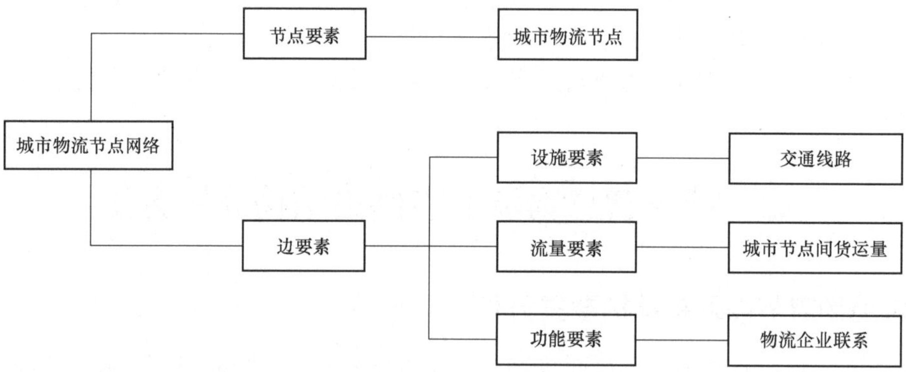

图 3-10　城市物流节点网络结构要素示意图

3.3.2 城市物流节点空间结构分析框架

1. 城市物流节点空间结构分析的一般框架

城市物流节点空间结构包含点、线、面的关系，描述空间结构特征需要解决以下几个重要问题。

（1）城市物流节点空间结构的整体特征是什么？

（2）城市物流节点在外部物流空间结构中发挥的作用有何差异？哪些点是空间结构中的重要节点？

（3）特定城市物流节点空间的作用范围和主要联系方向是什么？

城市物流节点空间结构分析的一般框架包含以下 4 个主要步骤。

（1）构建适当的外部物流空间网络，包括无向无权网络、有向网络、加权网络、加权有向网络等几种基本的网络类型。不同类型网络的边的内涵有很大的区别，需要根据研究问题的特点确定适当的网络类型。

（2）确定空间网络分析数据。在该步骤中，首先要确定网络分析的边界，明确研究的范畴；其次要确定表示节点之间边的数据。虽然在城市物流空间结构中看似研究的是节点和面的特征，但这些特征却是由度量边的分布来获得的，边的数据选取对空间网络分析具有决定性的影响。

（3）刻画空间网络的整体特征。整体结构可以划分为总体分布特征、群聚性特征、连接性特征和凝聚性特征。总体分布特征主要表征网络是均匀分布还是非均匀分布，服从什么样的分布规律，这是对空间网络结构最基本的判断，也是其他特征分析的基础。如果呈均匀分布，空间结构特征就非常简单；当空间结构呈非均匀分布时，就需要进一步寻找其他的特征。群聚性特征是考察空间网络中是否存在一些联系比较紧密的小群体，并寻找出这样的小群体。连接性特征说明的是网络节点的连接机制，节点是倾向于与同类节点相连还是与异类节点相连。凝聚性特征是在确定总体分布呈非均匀分布之后，判断网络结构围绕着某个核心点的紧密程度如何，如果凝聚性大，说明网络中有核心城市物流节点存在。

（4）刻画空间网络的节点特征。关注某一个城市物流节点的地位和作用，那么就需要描述节点的特征，主要表现为城市物流节点在网络中的中心性和空间作用能力。

节点中心性主要表现为两个能力：其一是节点作为网络中心的能力，表现为某个物流节点可以联系的其他物流节点的数量，联系数量越多的城市物流节点，就越可能居于中心地位，在网络中的重要性就越强；其二是城市物流节点作为网络其他节点中介的能力，表现为作为其他节点间桥梁联系的能力。

城市节点空间作用能力是指城市物流节点主要的空间影响范围和主要的物流空间联系方向。有些城市物流节点的空间范围可以覆盖整个网络，而有些节点即使有很高的中心性，但覆盖范围也可能是有限的。

城市物流节点空间网络结构分析的一般框架如图 3－11 所示。

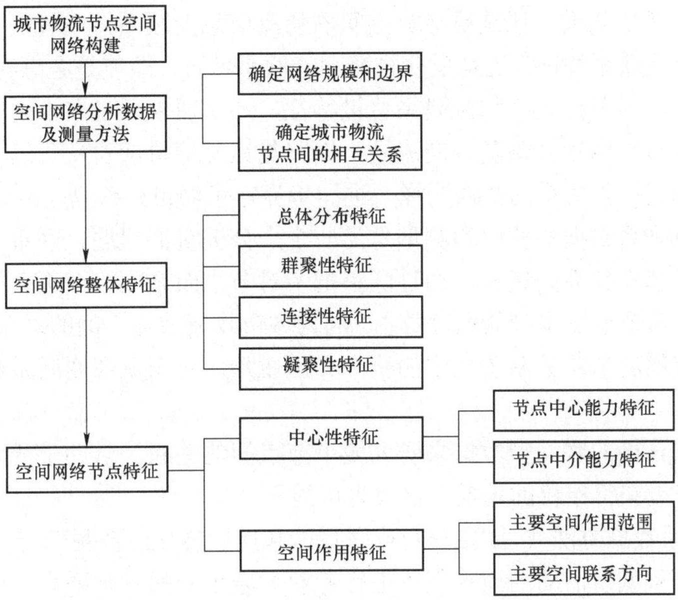

图 3－11　城市物流节点空间网络结构分析的一般框架

2. 城市物流节点空间网络的构建

城市物流节点空间网络可以抽象为一个由城市节点集 V 和边集 E 组成的图，具有加权和有向的特征。

$$G=(V,E) \tag{3-1}$$

式中：

$V=\{v_1,v_2,v_3,\cdots,v_N\}$——城市物流节点集（$N$为城市物流节点数）；

$E=\{e_{ij}=(v_i,v_j)\mid \theta(v_i,v_j)=1\}i,j\in(1,2,\cdots,N)$——边集（$\theta(v_i,v_j)=1$，$v_j$是$v_i$的相关城市物流节点）。

3. 城市外部物流网络边界的确定

确定城市外部物流网络的边界，实质是确定网络中的节点类型和数量。根据研究需要，可以采用以下几种方法来确定城市物流节点网络边界。

（1）以地理区域为标准进行选择。选择在一定地理范围内的城市物流节点作为网络边界是常用的方法。例如，研究一个市域内、中心城区内或者社区内的城市物流节点都属于这类边界确定方法。

（2）按节点在网络中的位置进行选择。对一些特定位置的占据者或群体成员进行抽样来确定城市节点。例如，抽出城市的物流园区作为研究的网络节点范围。

（3）按照节点间的关系进行选择。有时为了研究在某一关系下的城市物流节点网络特征，需要将符合这种关系的城市物流节点找出来，作为网络的边界。例如，对城市生鲜农产品配送网络的研究就是将拥有城市冷库的物流节点作为网络的边界。

4. 城市物流节点间物流联系数据测量方法

城市物流节点之间联系的不同内涵反映了城市物流节点网络的不同特征，例如：是反映城市物流节点间的货物联系，还是反映节点间的物流信息流联系，或者资金流联系；是反映城市节点间的物流量联系特征，还是反映物流功能联系特征。即使是考虑物流量的联系特征，也还要区分是反映城市节点之间物流联系总量特征，还是反映城市节点之间在某一方面的物流量特征，如反映节点间的公路货运交流量、铁路货运交流量或航空货运交流量等。因此，对城市节点之间物流相互关系的数据选择，进一步界定了城市外部物流网络研究的范畴。

城市物流节点联系数据的获取和测量是另一个十分关键的问题，联系型数据表征的不是节点的属性，而是节点体系的属性，通过联系把多对节点组合成一个更大的系统，因而联系型数据不能还原为单个节点本身的属性数据。因为城市物流节点之间的联系型数据很难获得，所以这也成为城市物流节点关系研究中的一个突出瓶颈。对于城市间联系数据的获取，主要有以下两种方法：

（1）通过获取直接的联系型数据来研究城市节点间的关系。借助于智慧物流节点获取直接的联系型数据在被获得授权的场景下已成为可能。

（2）“间接关系数据方法”，主要有企业联系法和属性转化法两种。

企业联系法是从城市活动的微观主体进行考察。城市间的各种联系是通过布局在城市中的各种组织机构在每天的运营过程中建立的。企业关于物流区位的选择导致了城市物流网络的形成和发展，由此建立了通过布局在城市中的物流企业运营网络来间接测量城市物流节点关系的方法。

属性转化法是以城市物流节点属性数据为依据对城市物流节点间的物流量进行度量。

城市物流节点间物流量的计算公式为

$$T_{ij} = k \cdot \frac{M_i^{\alpha} \cdot M_j^{\beta}}{r_{ij}^{\gamma}} M_i \tag{3-2}$$

式中：

T_{ij}——城市物流节点 i 与 j 间的物流量；

M_i、M_j——城市物流节点 i、j 的物流质量；

r_{ij}——两地之间的距离；

α、β、γ——模型的指数常数；

k——模型的比例常数，需要根据具体的研究问题确定。

单体物流节点的物流质量一般根据研究的内容具体确定，可以是总产值、有关物流处理量，等等。模型中的距离，一般用城市物流节点之间的里程表示。但由于各种交通方式提供的运输条件不同，在交通便捷的地方，空间上的距离被压缩了，因此有时也可以用时间、运输成本等特殊距离单位来衡量两节点间的距离。

对于 α、β、γ 的取值，在通常情况下，α、β 取0.5，γ 取1或2，需要根据研究对象的不同情况具体确定其取值。

3.3.3　城市物流节点网络整体结构特征测度方法

1. 度分布

一个城市物流节点连接的其他节点数目是一个十分重要的概念，它描述了网络的基本结构特征，这一概念被称为度。节点的度定义为与该节点连接的其他节点的数目，即

$$K = \sum a_{ij} \tag{3-3}$$

其中：

$$a_{ij} = \begin{cases} 0, e_{ij} \notin E \\ 1, e_{ij} \in E \end{cases} \tag{3-4}$$

标准化公式为

$$K_i = \frac{k_i}{N-1} \tag{3-5}$$

对于有向网络，城市物流节点 i 接收到的来自其他节点的连接总边数称为获得度（in-degree），用 k_i^{in} 表示；由城市物流节点 i 发出到网络中其他节点的总边数称为节点 i 的离开度（out-degree），用 k_i^{out} 表示。节点 i 的获得度与离开度的总和是节点的总度，用 k_i^{total} 表示。

$$k_i^{\text{total}} = k_i^{\text{out}} + k_i^{\text{in}} = \sum_{j=1}^{N} a_{ij} + \sum_{j=1}^{N} a_{ji} \tag{3-6}$$

标准化公式为

$$K_i^{\text{total}} = \frac{k_i^{\text{total}}}{2(N-1)} \tag{3-7}$$

在加权网络中，与节点度 k_i 相对应的自然推广就是点强度或点权 s_i，其定义为

$$s_i = \sum_{j \in N_i} W_{ij} \tag{3-8}$$

式中：

N_i——所有与节点 i 相连的节点集合。

点强度既考虑了节点的邻居节点数，又考虑了该节点和邻居节点之间的权重，是该节点局域信息的综合体现，不仅说明了一个点与其他点的连通性的好坏，还说明了边的权重的重要性，可以看作是表示一个网络连通性的自然属性。以航空网络为例，点的强度表示通过一个点的实际流量的大小，这就使得测量一个航空站点的大小和重要性变得十分简单。

直观上看，一个城市物流节点的度越大就意味着这个城市节点在某种意义上越“重要”。网络中节点的度分布情况可用分布函数 $P(k)$ 来描述。$P(k)$ 表示是一个随机选定节点的度恰好为 k 的概率，$P(k)$ 的分布规律表征了城市物流节点空间结构的整体形态。如果网络中所有的节点具有相同的度，其度分布为 Delta 分布，$P(k)$ 分布呈现单尖峰形状。网络中的任何随机化倾向都将使这个尖峰的形状变宽。完全随机网络的度分布近似为 Poisson 分布，其形状在远离峰值 $\langle k\rangle$ 处指数下降，如图 3-12（a）所示。这意味着随机网络中绝大多数的节点连接数目大致相同，当 $k \gg \langle k\rangle$ 时，度为 k 的节点实际上不存在。因此，这类网络也称为均匀网络。

过去 40 年中，科学家惯于将复杂网络视为随机网络，但近几年的大量研究表明，许多实际网络的度分布明显地不同于 Poisson 分布；特别地，许多网络的度分布可以用幂律形式 $p(k) \propto k^{r}$ 来更好地描述。幂律分布也称为无标度（scale-free）分布，度具有幂律分布的网络也称为无标度网络。无标度网络是复杂网络重要的类型，无标度网络的幂律分布和随机网络的钟形分布大相径庭。具体来说，幂律分布不像钟形曲线那样有一个峰值，而是由连续递减的函数来描述。如果用双对数坐标系来描述幂律分布，得到的是一条直线，如图 3-12（b）所示。在一个度分布为幂律分布的大规模无标度网络中，绝大部分节点的度相对很低，但存在少量的度相对很高的节点。因此，这类网络也称为非均匀网络。

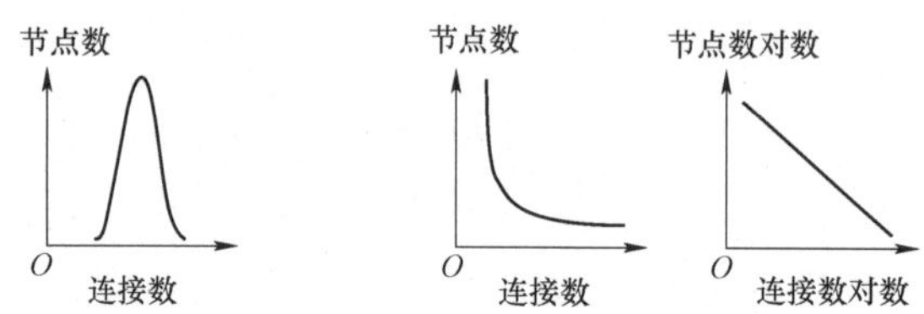

（a）钟形曲线　　（b）幂律分布

图 3-12　随机网络和无标度网络度分布示意图

随机网络与无标度网络的特征比较如表 3-3 所示。

表 3-3　随机网络与无标度网络的特征比较

网络特征	随机网络	无标度网络
标志	存在典型节点，典型节点对应连接速度出现频率最高的节点	不存在典型节点，但有集散节点，集散节点是网络的中心或次中心，连接数占绝对优势
特征	均匀： 绝大多数节点的连接数不相上下，连接数偏多或偏少的节点较少	集中： 少数节点拥有绝大多数连接，绝大多数节点只有较少的连接

2. 群聚系数

很多网络存在下述情况，即如果节点 A 与节点 B 相连，且节点 B 与节点 C 相连，那么节

点 A 也极有可能与节点 C 相连，这种属性称为网络的群聚特性。一般地，假设网络中的一个节点 i 与一个 k_i 节点相连，则这个 k_i 节点就称为节点 i 的邻居。显然，在这个 k_i 节点之间最多可能有 $k_i=\frac{k_i(k_i-1)}{2}$ 条边。于是，定义 i 节点的网络的群聚系数为

$$C_i=\frac{1}{k_i(k_i-1)}\sum_{j\notin h}a_{ij}a_{ih}a_{jh} \tag{3-9}$$

如果 $C_i=0$，节点 i 的邻居节点没有连通；如果 $C_i=1$，节点 i 的所有邻居节点间连通。高群聚性表明节点周围的邻居节点有很好的连通性。

所有城市物流节点的平均群聚系数记为 $\langle C\rangle$。

$$\langle C\rangle=\frac{1}{N}\sum_{i=1}^{N}C_i \tag{3-10}$$

很明显，$0\leqslant\langle C\rangle\leqslant1$，当且仅当所有的节点均为孤立点，即没有任何连接边时，$\langle C\rangle=0$；当且仅当网络是全局耦合的，即网络中任意两个节点都直接相连时，$\langle C\rangle=1$。对于一个含有 N 个节点的完全随机的网络，当 N 很大时，$\langle C\rangle=O(N^{-1})$。而许多大规模的实际网络都具有明显的群聚效应，它们的群聚系数 $O(N^{-1})\ll\langle C\rangle<1$，也说明很多网络并不是完全随机的，而是在某种程度上具有群聚的特性。

如果网络具有群聚特征，说明网络中包含了许多小群体，而在每个小群体内有相当高的连线密度，但在小群之间的连线密度却比较低。无标度网络即具有这样的性质，紧密连接的小群体彼此相连，形成较大且较不紧密的大集团，网络表现为高度群聚特性。

在加权网络中，既要考虑拓扑结构的群聚性，又要考虑节点与邻居节点间连接边的权重。节点 i 的权重群聚系数的定义为

$$C_i^w=\frac{1}{s_i(k_i-1)}\sum_{j\notin h}\frac{w_{ji}+w_{ih}}{2}a_{ij}a_{ih}a_{jh} \tag{3-11}$$

式中：

a_{ij}、a_{ih}、a_{jh}——邻接矩阵中的值（0 或 1）；

s_i——节点 i 的强度；

k_i——节点 i 的度；

w_{ji}、w_{ih}——与节点 i 相连的两条边的权重。

$s_i(k_i-1)$ 是归一化系数，确保 $0\leqslant C_i^w\leqslant1$。

将加权网络中所有度为 K 的节点的权重群聚系数取平均值。

$$C^W(K)=\frac{1}{NP(K)}\sum_{k_i=K}C_i^w \tag{3-12}$$

而在无权网络中，对所有网络中度为 k 的节点的群聚系数取平均值，得到

$$C(K)=\frac{1}{NP(K)}\sum_{k_i=K}C_i \tag{3-13}$$

根据权重群聚系数的定义，在完全随机网络中，$C^W(K)=C(K)$。如果 $C^W(K)>C(K)$，那么网络中相互连接的三点组更容易由权重较大的边组成；相反，如果 $C^W(K)<C(K)$，表明网络相互连接的三点组更容易由权重较小的边组成。

3. 度相关性

城市物流节点整体网络及其子群中城市物流节点的度不同，那么节点之间显现什么样的连接规律呢？高度的节点偏向于与高度的节点连接，还是与低度的节点连接？在社会网络中，这种选择性关联称为同类混合或非同类混合。当度较高的节点倾向于与其他具有较高度的节点相连接，称为同类混合；当度较高的节点倾向于与其他度较低的节点相连接，称为非同类混合。依据节点度相关性可以判断节点之间的连接方式。节点度相关性反映的是节点的度与其邻居节点的度之间的相关关系。

将节点 i 的邻居的平均度定义为

$$k_{nn}(i)=\frac{1}{k_i}\sum_{j\in N_i}k_j \tag{3-14}$$

则拓扑网络中度数为 k 的节点的邻居的平均度的平均值为

$$k_{nn}(k)=\frac{1}{NP(K)}\sum_{k_i=K}k_{nn}(i) \tag{3-15}$$

在加权网络中，节点的邻居的平均度定义为

$$k_{nn}^{w}(i)=\frac{1}{s_i}\sum_{j\in N_i}a_{ij}w_{ij}k_j \tag{3-16}$$

对所有度数为 k 的顶点的邻居的平均度的平均值为

$$k_{nn}^{w}(k)=\frac{1}{NP(K)}\sum_{k_i=K}k_{nn}^{w}(i) \tag{3-17}$$

如果随着 $k_{nn}(k)$ 增加而增加，城市物流节点有与相同或更大度的节点连接的趋势，为同类混合网络；相反，如果 $k_{nn}(k)$ 随着 k 增加而减小，度数小的节点倾向于与枢纽进行连接，为非同类混合网络。对于同类混合网络，$k_{nn}(k)$ 是一条随 k 递增的单参数曲线，非同类网络是随 k 递减的单参数曲线。

在加权网络中，按照节点强度的选择性关联称为强度相关性。当强度高的节点倾向于与强度高的节点相连接，称为同类混合；当强度高的节点倾向于与强度低的节点相连接，称为非同类混合。

根据平均权重邻居度定义，对于随机网络，$k_{nn}^{w}(k)=k_{nn}(k)$。如果 $k_{nn}^{w}(k)>k_{nn}(k)$，表明权重较大的边指向度数较高的邻居节点；相反，如果 $k_{nn}^{w}(k)<k_{nn}(k)$，表明网络中权重较大的边指向度数较小的邻居节点。

4. 中心势

如果城市物流节点空间网络形态不均匀，那么网络总体的紧凑性如何？为了考察城市物流节点网络在多大程度上具有中心化的结构，引入中心势的概念，中心势描述的是城市物流节点空间的凝聚性能够在多大程度上围绕某些特定城市物流节点组织起来。网络的中心势建立在城市物流节点的度基础之上。如果网络中各节点的度没有太大差异，就表明不存在度最大的点，看不出该网络的中心趋势。而对于星形网络，核心点的度最大，其他点的度都是 1，该网络具有最强的中心趋势。中心势所指的不是城市节点的相对重要性，而是总体网络的整合度和一致性。中心势的计算公式为

$$C_D = \frac{\sum_{i=1}^{N}(k_i^{\max} - k_i)}{\max\left(\sum_{i=1}^{N}(k_i^{\max} - k_i)\right)} \tag{3-18}$$

$k_i^{\max}$是指网络中最大的节点度，式（3－18）表示了度最大的点与其他点度值的差距之和与最大可能的差距之和之比。

3.3.4 城市物流网络节点特征测度方法

1. 城市物流节点中心性测度

以上分析了城市外部物流空间结构的一系列整体特征，当研究的视角投射到每一个城市物流节点在网络中的结构位置时，就需要用到中心度的重要概念。在社会计量学中，巴乌拉斯（A. Bavelas）最先对中心度的形式特征进行了开创性的研究，验证了如下假设：行动者越处于网络的中心位置，其影响力越大。随后学者们利用这个概念解释复杂的社会系统。节点中心性表现为中心能力和中介能力，程度中心度是测量城市物流节点中心能力的指标，中介中心度则是测量城市物流节点中介能力的指标。

1）程度中心度

程度中心度衡量某节点与其他节点发展连接关系的能力。程度中心度基于如下的思想：如果一个节点与很多其他节点有直接的关系，该节点就居于中心地位，从而在网络中具有较大的权力。因此，程度中心度的测量可以仅仅根据与该点有直接联系的节点数目来表示，而这一表示方法与之前式（3－3）所述度的概念是完全一致的；式（3－5）则表示了相对程度中心度，它可以消除网络规模的影响。

中心能力可分为外向中心能力和内向中心能力，分别用外向程度中心度和内向程度中心度指标表示。外向程度中心度是城市物流节点对外连接关系的总数量；内向程度中心度是其他城市物流节点指向该城市物流节点的关系总数量。这两个指标反映了城市物流节点在网络中的地位，数值越大，地位越显著。

2）中介中心度

中介能力是指一个城市物流节点作为媒介者沟通其他城市物流节点的能力。在图 3－13 中，假设城市物流节点 G、M 处于许多城市物流节点群中间，可以将 G 看作是在以 B 为中心的各个城市物流节点和以 A 为中心的各个城市物流节点之间的桥梁；如果城市 A 及周围的各个城市要和城市 B 周围城市进行货物的对流，则必须通过城市 G 这个中介。城市 M 也具有

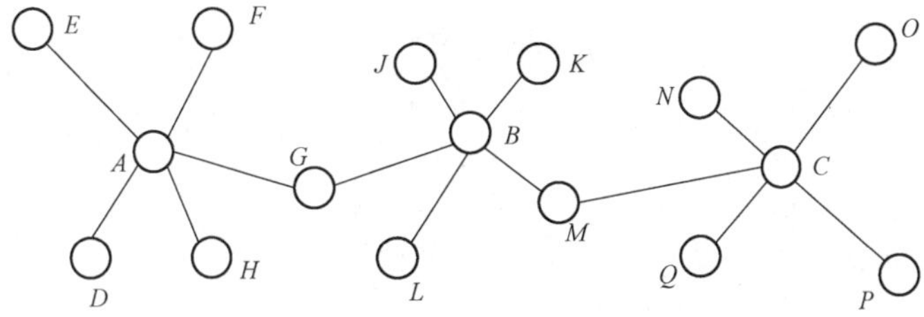

图 3－13 城市物流节点中介中心度示意图

同样的地位。如果 G、M 由于基础设施或其他物流通道断裂，不能充当媒介角色，上述这两个节点群就无法沟通。一个城市物流节点占据这样的位置越多，就代表它有很高的中介能力，是很多城市物流节点联系的桥梁。

测量城市物流节点的中介能力的指标是中介中心度。中介中心度的概念主要是由美国社会学家、加州大学尔湾分校的林顿·弗里曼教授提出来的。他认为，如果一个行动者处于多对行动者之间，那么其度数一般较低。这个相对来说度数比较低的点可能起到重要的“中介”作用，因而处于网络的中心。如果仅从程度中心度计算，G 和 M 的程度中心度都为 2，小于节点 A、C、B 的程度中心性，但是如果去掉节点 G 和 M，则网络就被分割为三个互不连通的子网。因此，G 和 M 在网络中具有十分重要的中介作用，在网络中具有很强的控制流经该节点的资源的能力，并可以利用该控制力得到作为中介城市物流节点的收益。通过中介中心度，可以找到那些程度中心度低但在网络中发挥了关键桥梁作用的城市物流节点。

城市物流节点的中介中心度定义为

$$C_{Bi}=\sum_{j}^{n}\sum_{k}^{n}\frac{g_{jk}(i)}{g_{jk}}(j\neq k\neq i,j<k) \quad (3-19)$$

g_{jk} 表示点 j 和 k 之间最短路径数目，$g_{jk}(i)$ 表示 j 和 k 之间最短路径中经过 i 点的数目。

2. 城市节点空间作用能力测度

1）累积率

城市物流节点空间影响范围可以理解为以城市物流节点为圆心，以离城市五路节点一定的距离为半径的一系列圆，随着距离的增加，城市物流节点对各个圆的影响会逐渐衰减。城市物流节点对周围不同空间范围的影响，用城市物流节点与相应空间范围内的节点之间产生物流联系的总量占城市物流节点与网络中所有城市物流节点之间物流联系总量的比重来确定，其计算方法为

$$L_i(D)=\sum_{d_{ij}<D}\frac{a_{ij}}{k_i} \quad (3-20)$$

式中：

$L_i(D)$——节点 i 的累积率，其含义是在离节点 i 距离为 D 的圆周内城市物流节点物流联系总量占节点 i 所有联系总量的百分比，它是受距离影响的函数；

a_{ij}——邻接矩阵中的值；

k_i——节点 i 的度；

d_{ij}——节点 j 离节点 i 的距离。

考虑到权重的影响，模型为

$$L_i^w(D)=\sum_{d_{ij}<D}\frac{w_{ij}}{s_i} \quad (3-21)$$

式中：

w_{ij}——边的权重；

s_i——节点 i 的点权。

根据距离和累积率的关系可以绘制节点累积率曲线，累积率曲线的斜率反映了城市物流节点物流作用空间影响累积的速度。斜率越大，说明城市物流节点在短距离的范围内累积的物流

联系总量越多，城市物流节点影响范围越小；斜率越小，则说明城市物流节点影响范围越广。根据累积率的大小可以把城市物流节点空间影响范围划分为三个圈层：第一层为辐射的核心区域，定为累积率达到 60%的空间范围；第二层为辐射的中间区域，定为累积率在 60%～90%之间，也就是说这一层集中了 30%的联系比重；第三层为边缘区域，是集中了最后 10%联系量的空间范围。

2）分配率

累积率可确定城市物流节点空间影响的范围，但是城市物流节点在该范围中的物流联系并不是均质的，在有些方向上物流联系强度很大，而在有些方向上却比较小。因此，可以用分配率辨别城市物流节点的主要联系方向。分配率是指城市物流节点与另一个城市物流节点之间的物流联系量占节点联系总量的比重，其计算方法为

$$F_{ij} = \frac{a_{ij}}{k_i} \tag{3-22}$$

如果考虑权重，则为

$$F_{ij}^{w} = \frac{w_{ij}}{s_i} \tag{3-23}$$

当网络中的城市物流节点数量较多时，可以城市间的距离为横坐标、对应的分配率为纵坐标绘制分配率曲线，根据分配率曲线可以确定城市物流节点的主要联系方向。

3.4 案例：基于物流企业内部联系的城市间物流空间结构分析

物流作为一种跨区域的活动，仅靠单一地域的空间布局很难完成其组织和运营，物流企业必然要构建分布于不同地域空间的分支机构网络，以形成物流活动统一运作的整体。交通便利、劳动力可获得性、集聚经济和市场规模是物流企业选址的主要影响因素。由于各个城市在经济、区位、政策等方面的差异，不同城市集聚的物流企业数量、规模和等级就不同，这种差异在宏观上就可能涌现出一些城市对另一些城市具有某种程度上的支配和控制功能。本案例通过我国物流企业总部和分支机构的空间布局关系，运用本章所述的网络分析方法，研究城市间物流网络的空间结构。

3.4.1 城市间物流空间结构模型

1. 研究数据

一个成熟物流企业的机构设置主要采用四级管理体制，即企业总部、区域分公司、地方分公司和业务受理点。当这些分支机构分布在不同的城市时，通过上级单元向下级单元传达指令、下级单元向上级单元反馈信息的方式，建立了城市之间的相互联系。《物流企业分类与评估指标》（GB/T 19680—2013）将我国的物流企业分为 A～AAAAA 五个不同的等级，每年由中国物流与采购联合会评选，评选出的物流企业运作规范，建立了相对完善的组织机构，代表了我国现代物流企业发展水平。本案例选择中国物流与采购联合会公布的 2001 年至 2010 年所有“A～AAAAA 级物流企业”及“中国百强物流企业”为研究样本，对我国城市间物流网络结构进行研究。获得的样本总量为 697 个，其中 339 个企业尚未建立分支机构，在

网络研究中将其剔除，有些样本属于母公司下的子公司，并入母公司计算，由此获得有效样本 249 个。

2. 模型的定义

以物流企业分支机构覆盖的城市为节点，以物流企业分支机构之间的联系为边，构造城市间物流网络，表示为

$$G=(V,E,W) \tag{3-24}$$

式中：

$V=\{v_1,v_2,\cdots,v_N\}$——城市节点，N 为城市节点数；

$E=\{e_{ij}=(v_i,v_j)\mid\theta(v_i,v_j)=1\}i,j\in(1,2,\cdots,N)$——边集；

$\theta(v_i,v_j)=1$——v_j 是 v_i 的相关城市节点。

$W=\{w_{ij},i,j\in(1,2,\cdots,N)\}$ 为边权重矩阵，w_{ij} 定义如下：

设 $T=\{t_1,t_2,\cdots,t_m\}$ 为物流企业集合，当物流企业 t_k 在城市 v_i 设立了总部，在城市 v_j 设立了分公司，则定义 $t_{kij}=1$，否则 $t_{kij}=0$，则

$$w_{ij}=\sum_{k=1}^{m}t_{kij} \tag{3-25}$$

由此，可构建以物流企业总部至分公司的联系为边、以 95 个地级城市为节点的我国城市间物流有向加权网络，如图 3-14 所示。由于物流企业的总部是物流企业的中枢，执行企业的指挥、管理和控制功能，物流企业分公司主要完成具体的物流业务操作职能，所以该网络反映的是城市之间物流的指挥和操作层级关系。

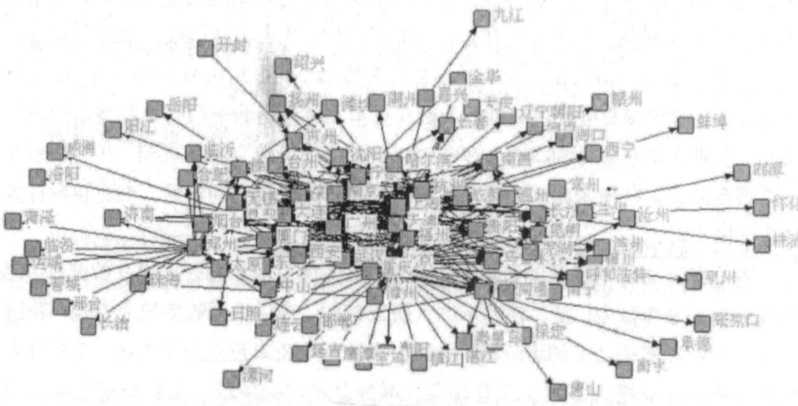

图 3-14 基于企业联系的城市间物流网络示意图

3.4.2 城市外部物流空间结构整体特征分析

图 3-15 给出了城市间物流网络累计度分布在双对数坐标下的图形，从中可以看出节点度分布服从幂律分布，说明城市间物流网络为无标度网络，大量的物流企业在少数几个主要城市建立组织机构，因此这几个城市与其他很多城市都有直接的物流企业内部联系；而大部分城市物流企业建立的分支机构有限，这些城市只能与少量的城市建立直接联系。这几个主

要城市在网络中占有十分重要的地位，如果这几个城市联系被切断，整个网络会陷入瘫痪，而其他城市对网络的影响则很小。

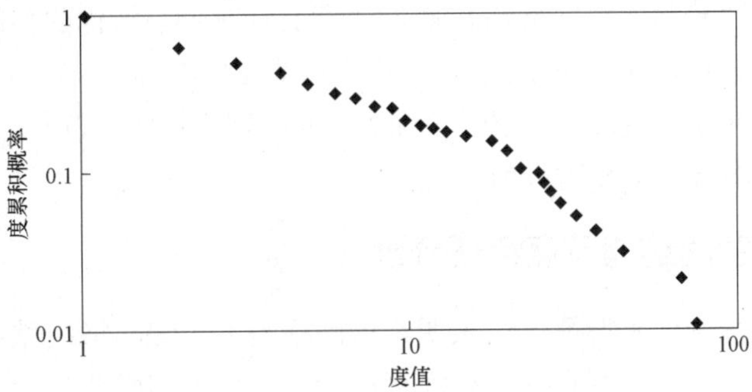

图 3－15 累计度分布双对数坐标图

经计算，$C(K)=0.46$，远大于$1/N$，说明城市间物流企业网络具有群聚性。图 3－16 给出了城市物流网络$C(K)$与$C^w(K)$随节点度的变化情况，从中可以看出群聚系数随着度 K 的增加不断下降，表明城市间的物流网络存在局部群聚结构。与其他城市连接比较少的城市节点更容易群聚在一起，说明这些城市的物流企业主要在局部区域内布局，因此局部区域城市之间的物流联系相对比较紧密。考虑到权重的影响，度数大的城市节点群聚系数提高了，说明在中心城市布局的物流企业也倾向在其他中心城市建立分支机构，实际上这些物流企业往往具有了建立全国性物流网络的实力。

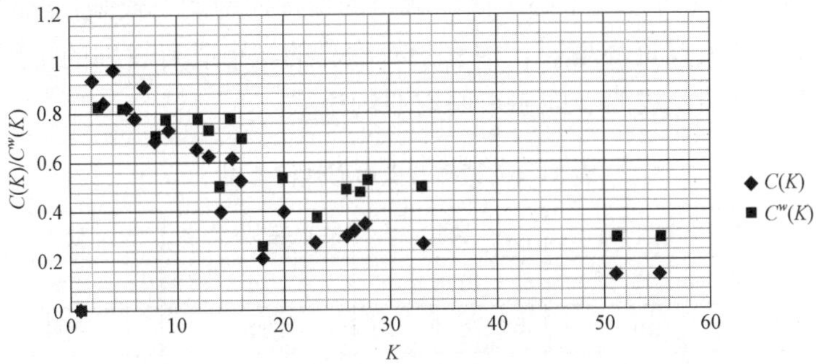

图 3－16 加权和拓扑群聚系数与度的关系示意图

图 3－17 给出了城市间物流网络中$K_{nn}(K)$与$K_{nn}^{w}(K)$随节点度的变化情况。二者都随着 K 的增加而减小，说明城市空间物流网络为非同类混合网络，这表明由于地理位置的接近，局

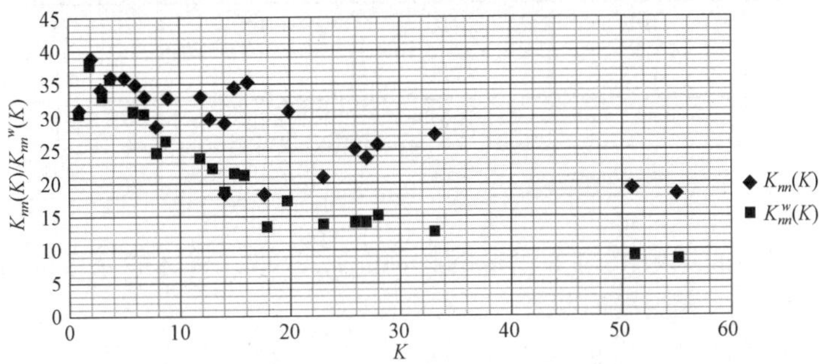

图 3－17 权重和拓扑平均邻居度与度的关系示意图

部区域中度数小的城市倾向于与区域中的中心城市建立物流联系，区域中的中心城市由此可以吸引更多的物流企业集聚，并进而形成以中心城市为核心的区域化空间结构。

中心势是在中心性基础上反映网络在多大程度上具有中心结构的指标。通过计算，城市物流空间网络的外向中心势为 50.622%，内向中心势为 23.744%。这说明城市物流网络的外向集中程度远远大于内向集中程度，即物流企业总部设置有明显的城市偏好；相比之下，物流企业分公司在各城市的布局就相对分散。

3.4.3 城市间物流空间结构节点特征分析

城市间物流企业网络总体特征已经表明，该网络是不均匀网络；城市节点之间有差异，连接度低的节点倾向于与连接度高的节点连接；一些区域内部联系紧密，高连接度节点是区域间联系的纽带。为此，要对城市节点的地位和作用进行进一步的研究。确定城市网络节点地位和作用时，主要考虑两个因素：① 城市的中心性；② 城市影响范围。全国性中心城市表现为中心性高，影响范围广；区域性中心城市表现为中心性较高，影响范围较小；外围城市表现为中心性较小，影响范围也小；剩下的大量城市就构成了边缘城市。

1. 城市节点中心性分析

在所有城市节点中，外向程度中心度不为 0 的城市一共有 32 个，说明 249 个样本物流企业只在 32 个城市设立了总部。表 3-4 列出了外向程度中心度、内向程度中心度与中介中心度排名前 10 名的城市。外向程度中心度高的城市的指挥控制能力较强；内向程度中心度高的城市物流需求旺盛，物流投资环境好。中介中心度高的城市既有较强的指挥控制能力，又能吸引物流企业建立分公司，成为一些城市间沟通的桥梁。

表 3-4 城市节点中心性排名表

序号	城市	外向程度中心度	城市	内向程度中心度	城市	中介中心度
1	北京	51	上海	26	上海	3 462.615
2	上海	50	广州	17	北京	2 922.210
3	宁波	29	北京	16	宁波	1 757.344
4	广州	27	武汉	15	郑州	1 436.266
5	深圳	25	深圳	14	深圳	1 101.479
6	郑州	23	天津	12	石家庄	995.429
7	福州	19	南京	12	广州	714.737
8	杭州	17	杭州	12	青岛	653.112
9	青岛	17	成都	10	长沙	634.426
10	大连	15	宁波	10	杭州	564.244

外向程度中心度高的城市汇集了较多的物流企业总部，从这些城市的特点可以看出，影响物流企业总部选址的因素主要有以下三个。

第一个因素是城市的经济发展水平和影响力。北京和上海分别作为我国的政治中心和经济中心，集中了最多的物流企业总部，其数量远远高于其他城市。

第二个因素是城市交通发展水平。宁波既不是经济中心，也不是省会城市，但凭借宁波港的优势，汇聚了大量物流企业总部。国家统计局的统计数据显示，2010 年宁波港货物吞吐量排名全国第一。郑州比其他省会城市更吸引物流企业总部的原因是其作为我国最大的铁路枢纽，具有不可替代的优势。广州、深圳不仅是我国的经济发展前沿，而且拥有重要的港口及毗邻香港的优越地理条件。

第三个因素与城市的辐射范围和物流企业的发展阶段相关。当物流企业的服务范围还局限在局部区域时，企业的总部倾向于设立在区域的中心城市，当物流企业的服务网络跨越经济区时，企业就倾向于把总部迁移到更高层级的城市。

以华宇物流为例，公司成立之初是一个地方性公司，总部设在佳木斯。随着公司的扩张，在其他区域设立分支机构，于是便将总部迁移至广州。随着华宇物流全国网络的构建，总部又从广州迁移至上海，呈现“佳木斯→广州→上海”的演化轨迹。

表 3－5 列出了三个中心度的均值和方差，括号内是标准化后的值。外向程度中心度和中介中心度的方差很大，说明在这两个指标上城市间的差异非常明显。虽然有 32 个城市设有物流企业总部，但是北京、上海显然集聚了更多的企业总部，而在长春、开封、沧州这样的城市只有 1 家物流企业总部，城市之间的等级划分显而易见。外向程度中心度越高的城市吸引高层级物流企业的能力越强，核心地位越突出。中介中心度也是如此，上海和北京是最重要的网络中介点。如果把上海移出网络，图 3－18 中上方的湖州、嘉兴、大庆、海口、朝阳、西宁、淄博、九江共 8 个城市成为孤立节点。如果移除北京，图 3－19 中左下角的镇江、湛江、延吉、衡阳、鹰潭、宝鸡 6 个城市成为孤立节点，而其他城市则需要通过更长的渠道才能彼此相连。在网络图中越是居于外围的城市节点，对其他节点的影响越小。

表 3－5　三类中心性离散程度比较表

项目	外向程度中心度	内向程度中心度	中介中心度
均值	3.916（4.166）	3.916（4.166）	36.442（0.417）
方差	81.867（92.651）	19.467（22.031）	19 257.025（2.520）

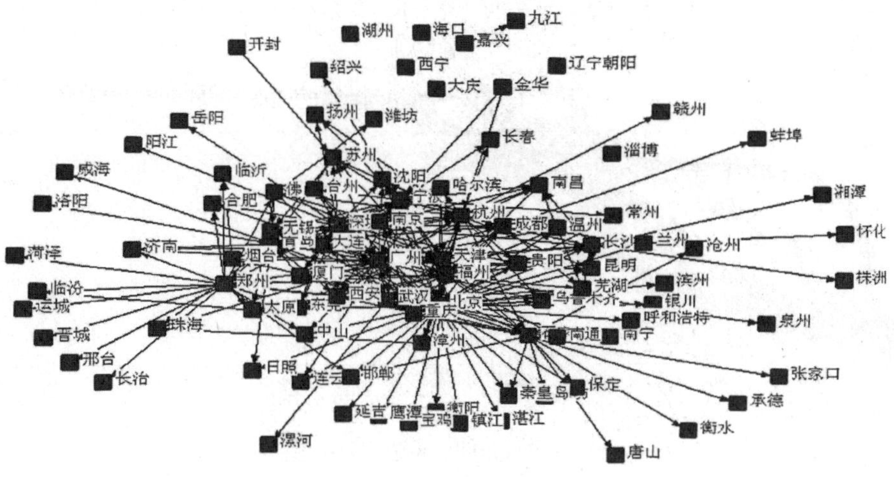

图 3－18　去除上海后的网络连接示意图

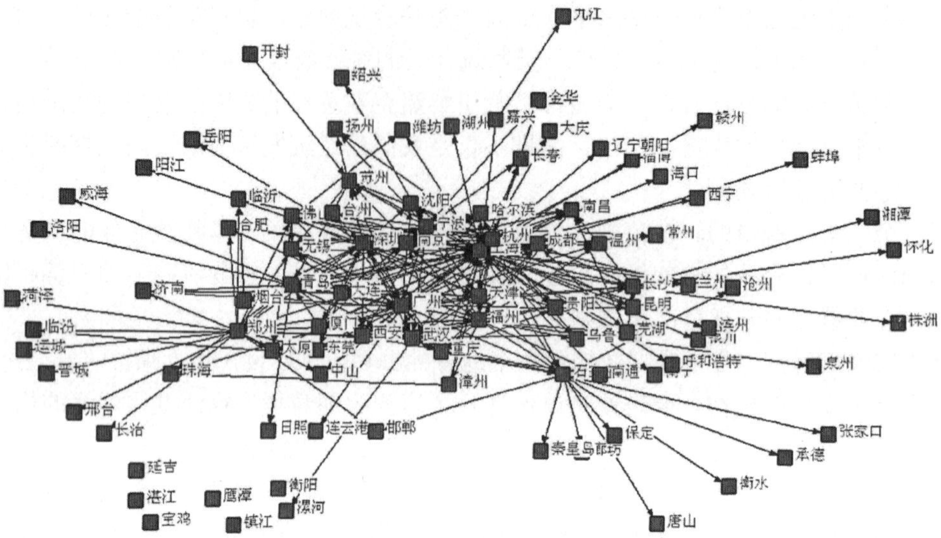

图 3-19 去除北京后的网络连接示意图

比较而言，内向程度中心度的离散程度要小得多，这符合物流企业指挥控制功能集中、业务运作功能在空间上分散的网络布局规律。分公司的布局更接近于物流市场，并且也有等级倾向。大部分省会城市的内向程度中心度值较高，这说明物流企业在发展分支机构时，注重布局在区域中心城市，以获得更大的腹地范围。

由此，从城市节点三个中心性的分布特征可以看出，我国城市间的物流网络围绕着不同等级的中心城市，呈现出“核心-边缘”的结构特征。

2. 城市节点影响范围分析

运用城市间距离区段和城市间物流企业联系权重强度的关系，绘制城市物流企业联系强度的累积率曲线，以识别城市节点的影响范围。在此选取外向程度中心度在 20 以上的 6 个城市，分别绘制了累积率曲线，如图 3-20 所示。外向程度中心度表征了物流企业上下级组织层级之间的指挥控制强度。

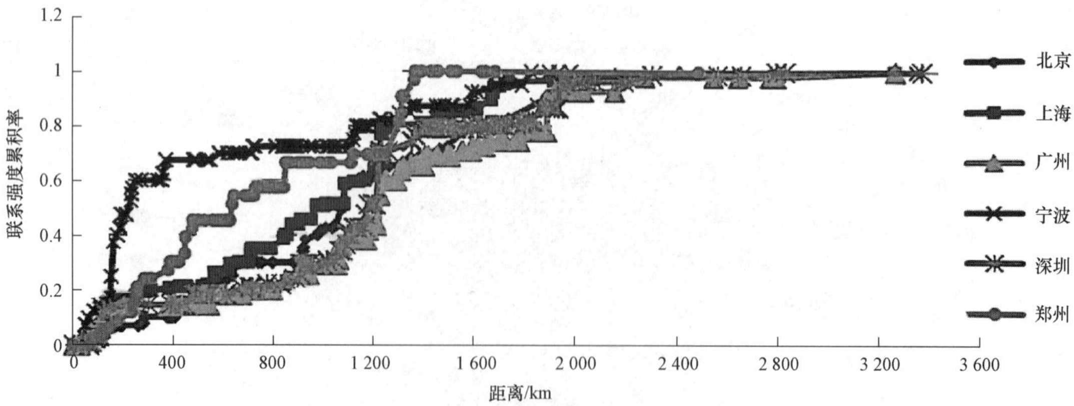

图 3-20 6 大城市间联系强度累积率曲线图

累积率曲线的斜率反映了累积的速率，斜率越大，说明城市的影响范围越小。宁波在距离 250 km 的范围内，累积速率很高，累积强度比重已经达到宁波总强度的 60%，说明宁波的影响范围主要在长三角地区。郑州在 800 km 的范围内也达到 60%，其辐射范围主要是河南、河北、陕西、山东等省份在以内的区域。宁波在 250 km 以外、郑州在 800 km 以外都表现出阶梯状的增长规律，突变的增长点都是与区域外北京、上海、广州的联系，与其他城市的联系相当少。因此，虽然宁波、郑州中心性值较高，但是只能算作区域中心城市。

上海、北京、广州和深圳的累积率曲线变化趋势相似，比较平缓，说明这 4 个城市的影响范围覆盖全国。同时，4 个城市相互之间的联系强度也很大，4 个城市间的分配率曲线如图 3－21 所示，在 4 个城市间隔的空间距离上，都显示了很高的联系强度，这恰好说明 4 个城市在我国区域间物流联系中居于核心地位。进一步考虑，虽然广州、深圳影响范围大，但中心性值与北京、上海相比仍有较大差距，因此广州、深圳应定位为全国性的次中心城市，北京、上海是全国性中心城市。

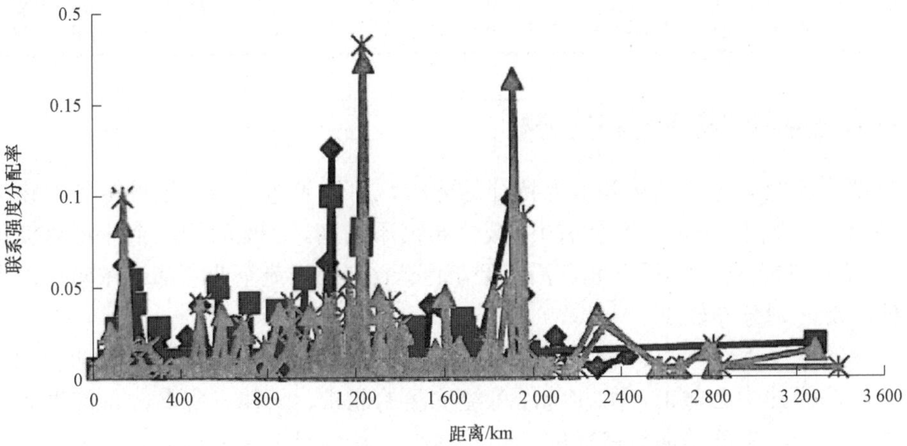

图 3－21 北京、上海、广州、深圳分配率曲线图

下面以北京为例来说明城市节点的主要联系方向。表 3－6 列出了与北京相联系的城市节点分配率位于前 10 名的城市。

表 3－6 北京外向网络中分配率前 10 名的城市节点表

位序	城市	分配率	位序	城市	分配率
1	广州	0.079	6	青岛	0.039
2	上海	0.071	7	成都	0.039
3	武汉	0.063	8	沈阳	0.031
4	天津	0.055	9	南京	0.031
5	大连	0.039	10	西安	0.031

可见，北京与广州、上海、武汉和天津 4 个城市的联系最紧密。如果按经济联系方向划分，北京与京广方向所有城市节点物流企业联系的分配率总和为 28%，与京沪方向所有城市节点物流企业联系的分配率总和为 24%，说明京广和京沪方向是北京主要的联系方向。

3. 城市外部物流网络节点的层次结构

通过对城市节点中心性和影响范围的聚类分析，可以将我国的城市节点划分为5个层次，分别为全国中心城市、全国次中心城市、区域中心城市、外围城市和边缘城市。表3－7列出了全国中心城市、全国次中心城市、区域中心城市和外围城市分类，其他尚未列入其中的城市则属于边缘城市。

表3－7 城市外部物流网络节点的层次结构

城市节点的层次	具体城市节点
全国中心城市	上海、北京
全国次中心城市	广州、深圳
区域中心城市	宁波、郑州、福州、杭州、青岛、大连、石家庄、长沙、重庆、天津、武汉、成都
外围城市	佛山、厦门、哈尔滨、南昌、台州、漳州、嘉兴、长春、开封、沧州、贵阳、芜湖、西安、南京、无锡、苏州、沈阳、东莞、合肥、济南、乌鲁木齐、南通、昆明、中山、温州、太原

3.4.4 城市外部物流空间结构区域特征分析

通过对城市外部物流空间整体结构和节点特征的分析，可以更进一步揭示城市外部物流空间结构的区域性特征。城市外部物流网络的区域分布很不均衡，33%的物流企业将总部设在东部沿海经济区，20%的企业总部设在北部沿海经济区，16%的物流企业总部设在南部沿海经济区，而在其他经济区则分布较少。

三大经济区之间的联系相对紧密。69%的企业选择在北部、东部、南部沿海经济区布局，布局点通常选在各经济区的中心城市，如北部沿海经济区的北京、天津、青岛，东部沿海经济区的上海、宁波、杭州，南部沿海经济区的广州、深圳。从各经济区内部来看，东部沿海经济区内城市间的物流联系最紧密，区内物流联系大于外部联系，具有群聚性特征，并形成了以上海为中心，宁波、杭州为区域中心的合理布局结构。北部沿海经济区是我国最有实力的技术研发和制造中心，形成了以北京为中心，天津、石家庄、青岛为区域中心的联系结构，但北部沿海经济区内城市间的物流联系不如东部沿海经济区内部紧密。南部沿海经济区包含福建、广东和海南，但区域内部联系相对松散；区域中心城市福州的主要联系方向是浙江和江苏，而不是广东和海南；在深圳、广州等地聚集的大量物流企业，也是通过北京、上海这两个中心城市延伸自己在全国的网络，仅在南部沿海经济区内布局的企业很少。

其他经济区的内部联系程度随着区域经济发展水平的降低而逐渐减弱，总部设立在这些经济区内的物流企业，当需要扩张分支机构时往往寻求与区域外城市节点联系，把分支机构设立在全国性中心城市或其他区域的中心城市。西部地区城市设立的物流企业总部和分支机构较少，以至于整个西部地区没有一个城市可以担当其他城市间桥梁的重任。当在网络中同时去掉北京和上海时，呼和浩特、银川、西宁均成为孤立节点，这说明西部城市对全国中心城市上海和北京有高度的依赖性，西部自身的网络体系还未建立起来。

3.4.5 结论及启示

通过以上分析，可以得到以下几点研究结论。

（1）我国的物流企业正处于企业物流网络构建过程之中，连接全国主要城市的物流网络已初步形成，该网络是一个无标度网络，具有群聚性和非同类混合的特征。

（2）我国城市间物流网络的城市节点具有核心边缘层次结构，从节点中心性和影响范围来进行综合评判，上海、北京是整个网络的中心、广州、深圳是整个网络的次中心，宁波、杭州、郑州、福州、青岛、大连、石家庄、长沙、重庆、天津、武汉、成都等城市是网络的区域中心，其他城市则为外围和边缘。

（3）具有物流企业指挥和控制功能的城市高度集中，具有物流业务操作功能的城市比较分散。北京、上海、宁波、深圳、石家庄等城市成为其他城市之间联系的桥梁。

（4）我国城市间物流网络在空间上存在明显的不均衡性，60%的物流企业在东部沿海经济区、北部沿海经济区、南部沿海经济区设立总部，大经济区之间有较强的联系。东部沿海经济区表现出明显的群聚性，区域内联系大于区域外联系。我国西部经济区的物流发展水平较低，总体上还处于较孤立的地位。

上述研究结论对我国城市物流和物流企业的发展具有以下启示：我国物流企业的内部网络建设还处于初级阶段，物流企业要科学合理地制定分支机构布局策略，应遵循从外围到核心，再由核心到外围的网络构建模式，利用不同城市节点在网络中的优势，获得相应发展。物流企业是推动物流发展的核心动力，我国城市在发展物流的过程中要努力提高自身在城市网络结构中的地位，这样才可能吸引具有集聚效应的现代物流企业分支机构入驻，推动城市物流的快速发展。

复习思考题

1. 简述城市智慧物流节点的协作流程。
2. 试对城市物流节点进行分类，并说出理由。
3. 简述城市智慧物流节点网络化条件。
4. 简述国家物流枢纽的类型。
5. 简述智慧物流园区的建设价值。
6. 城市物流节点网络整体结构特征有哪些表征指标，都分别表征什么含义？
7. 城市物流节点网络节点特征有哪些表征指标，都分别表征什么含义？

第 4 章

城市智慧物流大数据分析

随着信息技术的最新进步和全球数据源的大量增加，数据正在以前所未有的规模生成，从而导致源数据量巨大且不断增加。这种大规模数据生成为发现新价值提供的新机会，以及在管理和分析方面提出的挑战，产生了大数据的概念。

物流部门是从大数据技术方法论和分析能力进步中受益的部门。随着物流行业日益数字化，如今物流提供商在管理大量货物流动的同时，不断创建庞大的数据集。每天全球数百万的货物，其位置、内容、尺寸、重量、始发地、目的地及许多其他信息正在全球交付和物流网络中被跟踪和收集，从而创造了有价值的物流大数据集，为新的数据驱动型业务开辟了途径，企业可以在运营效率、客户体验和新商业模式方面寻找新的机遇。

传统的商业智能（business intelligence，BI）、数据挖掘工具和技术及经典的存储和处理方法通常用于分析、探索和管理结构化数据（具有定义格式的数据）。然而，大数据环境中获取的大多数数据是非结构化的（没有预定义的格式）或半结构化的（结构化和非结构化的组合），来自异构来源，包括文本、图像、视频和更多类型的数据，这些数据需要在存储、处理和分析方面采用新的方法。因此，人们提出了许多新技术来应对管理这些复杂而庞大的数据的挑战。

4.1 城市智慧物流大数据分析概述

在物联网和数字化转型时代，城市物流需要优化技术与物理基础设施和硬件的集成，新兴技术的使用正在改变城市地区的物流交付方式，未来的城市物流将深深嵌入物联网、大数据、云计算、共享平台和连接设备等新兴技术，因此城市智慧物流数据分析是建立在大数据分析之上的。

4.1.1 城市智慧物流大数据的特点

城市智慧物流大数据是指发货人、收货人、承运人、中介机构等在物流活动产生的大规模、复杂、多样的数据集，用于捕捉城市内部和城市间货物和服务流动的各种参与者模式、偏好和行为。

与传统数据仅提供来自内部数据库和贸易模式的结构化数据不同，大数据提供来自许多不同资源、不同级别的数据结构并具有较高的速度，能够实时分析物流需求、识别模式和进行规划。传统数据与大数据的对比如表4-1所示。

表4-1　传统数据与大数据的对比

参数	传统数据	大数据
数据结构	结构已定义	结构化、半结构化和非结构化数据
数据量	基于业务量和数字化的拓展	非常大，以PB为单位，甚至更高
数据源	数据库系统和贸易伙伴数据	商业信息系统、文本（电子邮件、文件）、网络日志传感器、RFID、社会新闻等
速度	低至中等——根据业务量而定	高
流	固定的	持续地累积数据
分析	历史视图、状态报告	来自用户的实时、直接反馈；情感分析；意见
功能	向高级管理人员提供内部业务决策支持	来自用户的直接市场反馈，可用于策划市场战略、计划等

常见的城市物流分析是使用传统聚合数据进行相对静态的分析，比如使用人口、就业、土地和经济活动数据来估计城市地区不同区域产生或吸引的货运总量。这些数据方法虽然简单，但无法捕捉货运的时空分布，也无法捕捉货运的模式和车辆选择行为。在大数据环境下，更多的数据被纳入分析之中，比如运输过程数据、车辆实时状态数据或GPS跟踪数据，用来模拟托运人、承运人或收货人的行为。这些数据可以提供更详细、更现实的货运估计，但它们需要高数据输入和计算资源，并且对数据可用性和质量问题也提出更高的要求。将聚合数据和过程数据进行结合是物流分析的趋势。

城市智慧物流大数据具有以下几个特点。

（1）数据规模巨大：在任意时点，物流大数据都可能涉及不同地区、模式和时间段的PB级交易、订单、发货和交付数据。

（2）数据具有多样性：物流大数据本质上是异构的，它包括各种来源的结构化、半结构化和非结构化数据，如企业系统、传感器、GPS、社交媒体和网络抓取的数据。

（3）数据具有动态性：物流大数据是动态且快速变化的，它反映了物流活动的实时状态和行为，以及它们与供应链网络的互动关系。

（4）数据具有嘈杂性：物流大数据是不确定和嘈杂的，它可能包含错误、缺失值、异常值，以及由于数据质量问题、测量错误或人为因素造成的偏差。

（5）数据具有高价值性：物流大数据具有价值和可操作性，通过它可以深入了解物流参与者的模式、偏好和需求，并帮助优化物流运营和服务。

4.1.2　城市智慧物流大数据的来源

城市智慧物流分析所用到的大数据可能来自不同的数据源，其中最重要的6个来源是企业内部数据、电子商务平台、移动设备、传感器、城市运营数据、社交媒体。

（1）企业内部数据：包括企业 ERP 数据、仓库数据、库存状态数据、运力资源数据、人力资源数据等。企业内部数据是物流企业资源数据和任务数据的主要来源。

（2）电子商务平台：这些平台生成关于在线交易、客户档案、交货地点、订单量、产品类别、支付方式等的数据。电子商务数据可以深入了解不同类型商品和服务的需求，以及交货的空间和时间分布。

（3）移动设备：这些设备生成关于用户（如司机、快递员、客户等）的位置、速度、方向和活动的数据。移动设备数据可以深入了解城市物流参与者的出行模式、路线和偏好，以及其出行的拥堵和环境影响。

（4）传感器：这些设备生成有关城市基础设施物理条件和状态数据，如道路、桥梁、停车位、装载区、仓库等。传感器数据可以深入了解城市物流设施和网络的可用性、利用率和性能，以及潜在的瓶颈和风险。

（5）城市运营数据：包括城市治理、管理规定数据，比如城市限行规定、城市碳排放规定、城市交通管制计划等，以及城市路况、城市物流节点状态等。城市运营数据可以动态反映城市物流的可行范围和条件，是城市物流决策生成的基础。

（6）社交媒体：这些平台生成关于用户（如客户、供应商、零售商等）的意见、情绪、反馈和评论的数据。社交媒体数据可以深入了解城市物流利益相关者的满意度、期望和偏好，以及城市物流服务的声誉和质量。

比如，城市配送路线优化就要使用多个数据类型和数据源，从电子商务平台上获得客户订单及客户时间窗要求信息，从物流企业内部数据源上获得可用于配送的车辆资源信息，从移动设备上获得车辆位置信息，从城市地图数据源上获得取货点和送货点位置及距离信息、实时交通信息等，从而可以实时优化城市物流配送路线。

4.1.3 城市智慧物流大数据分析的类型

（1）描述性分析：将收集的数据转化为有意义的信息，用于报告、监控和可视化目的。它们处理“发生了什么”和“正在发生什么”的问题，收集和解释数据以描述所发生情况的过程，而不分析原因。描述性分析通过统计方法描述数据的平均值、标准差、方差等，而不用复杂的计算，并通过可视化工具（折线图、饼图和条形图等）显示结果和表格。

（2）诊断分析：收集和解释不同数据集以识别物流活动不连续性过程。诊断分析中常用的几种方法是回归分析、比率、可能性和结果分布，以及用于分类和回归的监督式机器学习算法。诊断分析不仅可以检测物流活动变化，还可以检测事件与预测结果之间的模式和联系。

（3）预测分析：用于预测决策者所依赖的变量的未来值，解决“未来会发生什么”的问题。预测分析确定需求驱动因素，并使用确定的驱动因素对决策进行支持。生成的预测通常基于观察到的关于决策对外部变化反应的历史数据，使用描述性和预测性变量来分析和识别物流活动未来可能的结果。预测分析的常用方法有统计建模（变量之间的数学关系）和机器学习算法（分类、回归和聚类技术）。使用传统预测技术和更先进的预测算法可以有效解释大量数据并提供竞争优势。

（4）规范性分析：数据、数学模型和业务策略的组合，用于推断影响未来结果的行动。规范性分析提供了有关如何实现预期结果的意见，而不仅仅是可能发生哪些结果。规范性分析包括模拟、概率最大化和优化。亚马逊、塔吉特和麦当劳等大公司已经在需求预测中使用规范性分析，预知决策的潜在后果，并制定旨在提高业务绩效的可操作战略。航空公司一直在利用规范性分析来动态优化机票价格，UPS 等物流公司也应用规范性分析来寻找最有效的配送路线。

（5）认知分析：通过整合语义、人工智能算法、深度学习、机器学习等多种数字技术，认知分析可以提供更智能和自我调整的物流大数据分析。认知分析几乎消除了物理和虚拟之间的界限，使流程自动化，为物流数据分析带来了新功能。认知分析模仿人类思维，并通过与数据和预测专家的互动进行学习，使认知应用随着时间的推移更加智能和有效。

4.1.4　城市智慧物流大数据分析的过程

城市智慧物流大数据分析由数据集成、数据挖掘和数据分析三个部分组成。由于城市智慧物流大数据来源多样，将不同结构的数据集成在一起以被联合利用是非常必要的，因此城市智慧物流大数据分析的第一步是数据集成，然后在数据集成的基础上进行数据挖掘和数据分析。

数据挖掘是从大型数据集中提取有价值信息的过程，可识别并发现大型数据集中的隐藏模式。数据挖掘也称为数据库中的知识发现（knowledge discovery in database，KDD），近年来由于数据存储技术（大数据），人工智能和机器人流程自动化的增加而变得更加重要。大数据分析是测试数据集上的模型和假设，提取新的和有用的信息和见解，分析的主要目标是将这些数据交到决策者手中，做出业务决策，例如提供仪表板或运营报告来监控阈值、KPI 等，使用数学和统计方法来理解数据、模拟场景、验证假设并对未来事件进行预测。

数据挖掘和数据分析是城市智慧物流数据分析中两个相关但不同的过程。数据挖掘是在大型复杂数据集中发现模式、趋势和关系的过程，如客户交易、库存记录或发货历史。数据分析是将统计方法、数学模型或机器学习算法应用于数据挖掘，以提取见解、做出预测或支持决策的过程。例如，物流企业可以根据历史数据使用数据挖掘来确定哪些线路有利可图，然后使用数据分析来评估不同线路的定价策略、交付方式对盈利能力和客户满意度的影响。

城市智慧物流大数据分析的过程如图 4－1 所示。

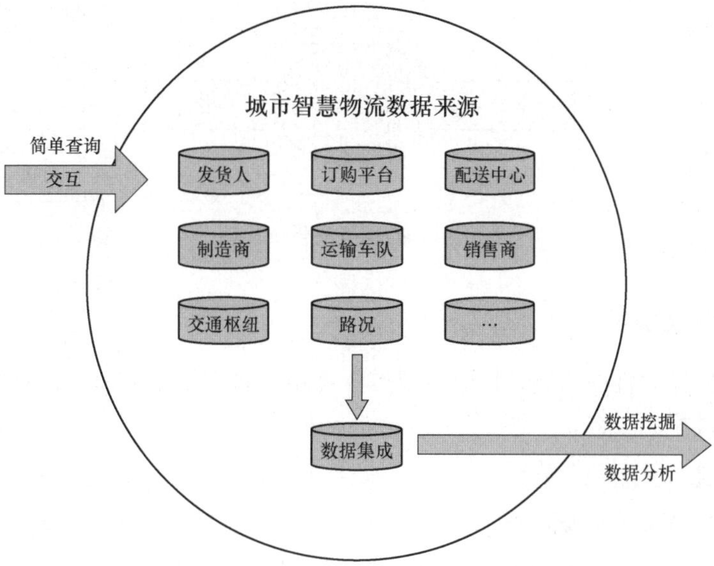

图 4－1　城市智慧物流大数据分析的过程

4.2 城市智慧物流大数据集成

4.2.1 数据异质性

大数据集成是从各种来源（结构化、非结构化或半结构化）中提取数据，使其彼此兼容。如果把传统数据集成比作一杯水，那么大数据集成就好比沙冰。得到一杯水可以拧开水龙头直接获得，而制作沙冰，需要把酸奶、牛奶和冰块扔进搅拌机里，如果还需要添加一些水果，也不能把一整根香蕉或一些草莓直接扔进去，必须挑选出好的香蕉并剥掉香蕉皮，或者剪掉草莓的蒂再扔进去。沙冰显然比一杯水有更多的维生素和营养，制作沙冰也需要比接一杯水增加更多的流程和努力。这就像大数据，为了使这些大数据可用，就必须要进行数据集成。

数据集成是将来自多个来源的数据组合起来以提供统一视图的过程。数据集成可以是物理的或是虚拟的。物理的是复制数据到数据库，虚拟的仅保存数据的来源。数据集成面临的最大问题是数据的异质性，有些信息存在关系数据库里，有些存在面向对象数据库里，有些存在 XML 数据库里，如此等等。数据异质性主要表现为沟通异质性、模式异质性、数据类型异质性、价值异质性和语义异质性。比如，有些系统具有 Web 界面，有些则没有，有些系统允许直接查询语言，另一些系统提供应用程序接口（application programming interface，API），这就是沟通异质性。不同数据库即使存储相同的数据，存储数据的表格结构也可能不同，这就是模式异质性。同样的数据在一些数据库里定义的是数字，而在另一些数据库里定义的是字符，这就是数据类型异质性。如此等等，在此不一一列举。图 4－2 展示了数据异质性的原因。

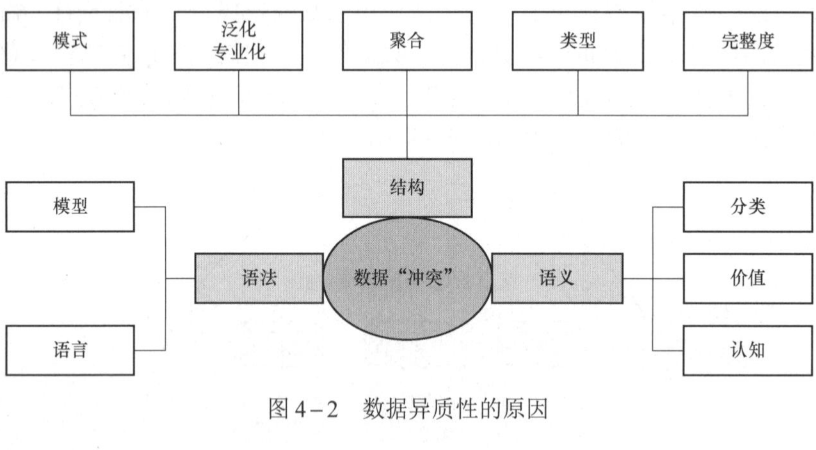

图 4－2 数据异质性的原因

4.2.2 大数据集成模型

为了克服数据异质性的问题，目前主要有 3 种用于集成数据的模型，分别是联合数据库、数据仓库和中介模型。

1. 联合数据库

联合数据库是数据集成最简单的架构，其中每对源都可以构建自己的映射和转换。因为几乎没有哪个组织从头设计其企业网和数据库，所以联合数据库是大多数组织最初采用的现实系统。然而，当只有少数数据源之间需要相互通信时，这种模式才是合适的。如果大多数数据源之间需要通信，就需要构建非常多的映射；如果数据源还是动态的，还需要不断更改许多映射，这时联合数据库会变得非常复杂。联合数据库的架构如图 4-3 所示。

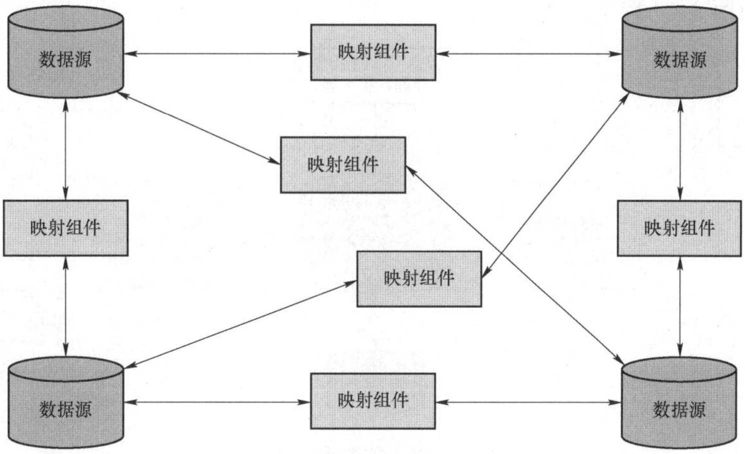

图 4-3　联合数据库的架构

2. 数据仓库

数据仓库是常见的数据集成模式，来自多个源的数据被复制并存储在数据仓库中，通过提取转换加载（extract transform and load，ETL）过程来同步源和仓库之间的数据。数据在仓库中被具体化，仓库只存储数据，ETL 完全在仓库外执行。数据仓库和数据源之间的转换过程如图 4-4 所示。

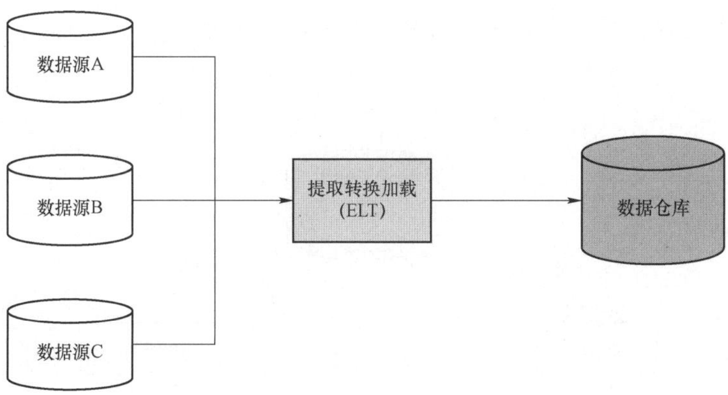

图 4-4　数据仓库和数据源之间的转换过程

数据仓库具有面向主题、集成性、稳定性和时变性的特征。数据仓库首先是主题导向的，它以业务过程为中心来组织和存储数据。数据仓库集成性是指将来自不同系统和平台的数据整合在一起，提供统一的视图。数据仓库稳定性表现为一旦数据被录入就不会轻易改变。数据仓库时间可变性是指它保存历史数据，以便进行趋势分析和预测。

数据仓库为企业所有级别的决策制定过程提供综合类型数据支持的战略集合，是决策支持系统（decision support systems，DSS）和联机分析应用数据源的结构化数据环境，以方便利用各种分析方法，如联机分析处理（on-line analytical processing，OLAP）、数据挖掘应用，形成分析性报告和决策支持，为需要业务智能的企业，提供指导业务流程改进、监视时间、成本、质量以及控制。这种模式适用于需要对综合数据进行复杂分析和报告的情况。典型的数据仓库架构如图 4－5 所示。

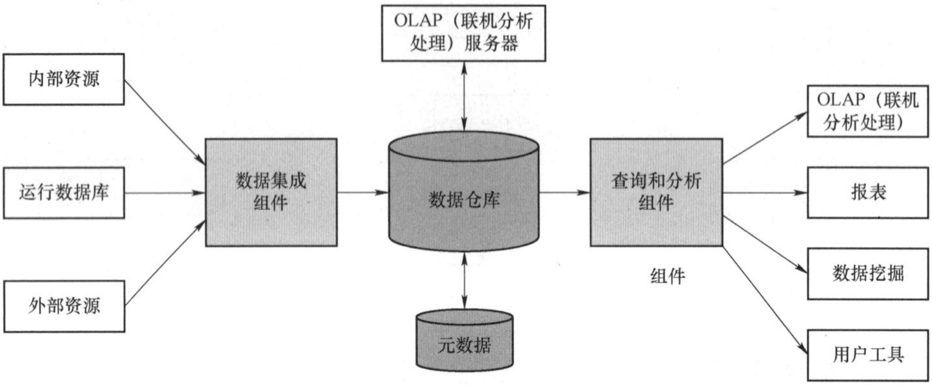

图 4－5　典型的数据仓库架构

3. 中介模型

中介模型不存储任何数据，数据仅存储在源中，通过一个虚拟架构组合来自源的数据，实现数据的虚拟集成。对于给定用户查询，查询映射到多个其他查询，每个查询（或一组查询）都发送到源，源评估查询并返回结果，中介将结果组合在一起并传递给最终用户。包装器是执行查询映射的组件，使用带有参数的模板。如果中介查询与模板匹配，则替换参数并执行查询；如果未找到模板，则返回空结果。当需要实时访问集成数据时，这种方法是合适的，但实现起来可能很复杂。中介模型的架构如图 4－6 所示。

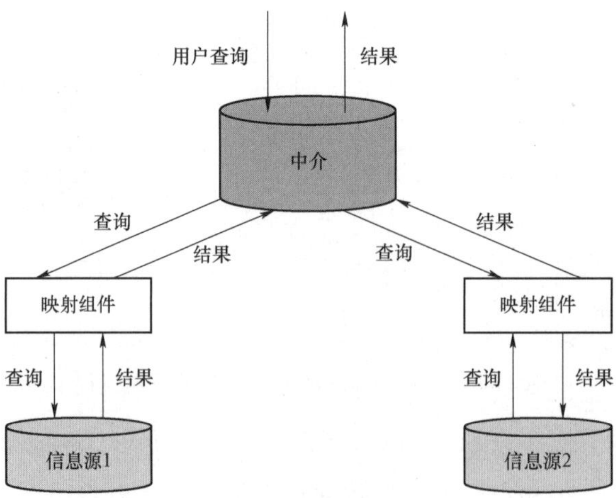

图 4－6　中介模型的架构

3 种数据集成模型的设计重点有所不同，联合数据库和中介模型的重点是映射模块的设计和实现，数据仓库的重点是 ETL 模块的设计与实现。

城市智慧物流采用哪种模型进行数据集成是合适的，取决于很多因素，比如需要哪些数据源、数据源数量的多少、数据复杂性、是否有实时访问需要、是否需要扩展到新的紧急环境和新的来源、是否需要分析和报告，等等。除此之外，有些来自技术之外的障碍也对数据集成决策产生很大的影响，比如：企业缺乏数据管理文化，没有数据治理工作组，也没有直接与数据相关的政策；由于不了解数据的商业价值，业务部门之间并不想共享数据，数据集成也不被视为可以影响投资的商业创新。因此，在实践过程中还需要根据具体问题进行分析和决策。

4.3 城市智慧物流数据挖掘

4.3.1 数据挖掘的步骤

数据挖掘又称为基于数据库的知识发现，是从大量的、不完全的、模糊的、随机的实际应用数据中，提取隐含在其中的、潜在有用的信息和知识的过程。它不仅仅局限于对数据的查询和访问，主要在于找出数据之间的潜在联系。从业务角度而言，可以将分析大数据、发现商业智能、帮助企业将其原始数据转化为有用的知识、通过富有洞察力的数据分析改善业务决策的过程，统称为数据挖掘。而在计算机科学中，它是在大量数据中，发现实用的模式及其相互关系的过程。它通常涉及统计学、人工智能工具及数据库管理，通过对大型数据集进行分析，查找潜藏的异常情况，发现数据模式与相关性，将原始数据转化为实用信息，进而实现结果预测。

数据挖掘通常包括 4 个主要步骤：设定业务目标、数据预处理、模型构建和模式挖掘、模式评估和知识表示。

（1）设定业务目标：这可能是数据挖掘过程中最困难的部分，许多组织在这一重要步骤上花费的时间太少。数据科学家和业务利益相关人需要共同定义业务问题，这有助于为给定项目提供数据问题和参数。

（2）数据预处理：一旦定义了问题的范围，就更容易确定哪组数据将有助于回答业务的相关问题。相关数据收集后将被清理，消除噪声，例如重复项、缺失值和异常值。通过平滑聚集、数据概化、规范化等方式将数据转换成适用于数据挖掘的形式。

（3）模型构建和模式挖掘：根据数据仓库中的数据信息，选择合适的分析工具，应用统计方法、事例推理、决策树、规则推理、模糊集甚至神经网络、遗传算法的方法处理信息，得出有用的分析。

（4）模式评估和知识表示：最后需要对结果进行评估和解释，最终确定的结果应该是有效的、新颖的、有用的和可理解的。如果满足这些标准，数据挖掘所得到的分析信息将以可视化的方式呈现给用户，或作为新的知识存放在知识库中，供其他应用程序使用。

4.3.2 数据挖掘技术

常用的数据挖掘技术包括关联分析、序列分析、分类分析、聚类分析、预测分析等。

1. 关联分析

在数据库中，若两个或多个变量的取值存在某种规律性就称为关联。关联分析利用关联规则进行数据挖掘；关联规则是描述事物之间同时出现规律的知识模式；关联分析的目的是挖掘出隐藏在数据间的相互关系。比如，对于配送中心内哪些 SKU（stock keeping unit，库存单元）放在一起可以提高拣货效率的问题，可以利用以往的 SKU 发货数据，采取数据挖掘中的关联模式来分析解决；通过描述 A 类产品的出现对 B 类产品的出现有多大影响，得出一个关于 SKU 同时发货的简单规则，从而来决定不同 SKU 在货架上的配置，提高分拣效率。

2. 序列分析

序列分析主要用于发现一定时间间隔内连续发生的事件，这些事件构成一个序列，发现的序列应该具有普遍意义，其依据除了统计上的概率外，还要加上事件约束。序列分析和关联分析相似，都把数据之间的关联性与时间性联系起来。为了发现序列，不仅需要知道事件是否发生，而且需要确定事件发生的时间，其目的也是挖掘数据之间的联系，但序列分析的侧重点在于分析数据间的前后或因果关系。序列分析对于识别将要发生的风险和机会具有重要意义。

比如，当国际贸易不景气时，全球海运物流就会出现大幅度下滑；反过来，如果观察到海运物流需求疲软，可能预示着经济将进一步走低，那么不同的产业可能会在未来的不同时期产生一系列连锁反应。序列分析也可以对某种产品物流需求的变化进行针对性分析，从而对某些产业提前预警或者提示机会。

3. 分类分析

分类分析就是分析样本数据库中的数据，为每个类别做出准确的描述，建立分析模型或挖掘出分类规则，然后用这个分类规则对其他记录进行分类，能够把数据集的数据映射到某个给定的类上，其输入集是一组记录集合和几种标记。利用这些规则和方法对未知类别的样本分类时应该具有一定的准确度，其主要方法有基于统计学的贝叶斯方法、神经网络方法、决策树方法及支持向量机等。

利用分类技术，可以根据货物目的地和货物运输特征对货物进行分类，找出城市物流主要的货物流动特征。比如有些城市物流主要通过铁路或水运流向港口或其他工业区，这些城市的物流是以大宗物资为主的，煤炭、钢材、矿石是主要类别。如果这些城市的铁路或者水运设施不足，则物流成本就会较高，物流的主要货物流动条件与货物流动需求不能匹配。对不规则货物形态的识别是物流包装标准化和智慧配积载的基础工作，也是物流智慧化的一项重大挑战。目前研究人员通过大量非结构化的数据，如货物形状图片、货物性质描述的文本数据尝试对一些不规则货物进行分类，优化标准化包装过程。

4. 聚类分析

聚类分析是根据物以类聚的原理，将本身没有类别的样本聚集成不同的组，并且对每一个这样的组进行描述的过程。其主要依据是聚到同一个组中的样本应该彼此相似，而属于不同组的样本应该明显不相似。与分类分析不同，聚类分析法的输入集是一组未标定的记录，也就是说此时输入的记录还没有进行任何分类。其目的是根据一定的规则，合理地划分记录集合，使组之间的差别尽可能大，组内的差别尽可能小。比如，在对全国物流枢纽网络进行规划时，需要对城市物流类型进行划分，确定哪些城市是物流枢纽城市，其中哪些归为商贸型物流枢纽城市，哪些归为港口型物流枢纽城市，哪些归为空港型物流枢纽城市，等等。在城市内部可以根据地理位置等空间数据和相关规定情况对物流区域进行划分，比如城市限行区、产业区、商业区、居民区，从而设置不同的取送货方式和取送货时间。

5. 预测分析

预测分析是预测未来发展趋势，寻找相似发展模式，或是发现周期性发展规律。物流企业规划和控制物流活动需要准确估计供应链中所处理的产品和服务的数量，这些估计主要采用预测和推算的方式。预测分析可以对物流活动中的产品和服务类型随时间变化的规律和趋势进行建模描述，找出现有货品在时间、方向和数量上的变化趋势，然后设计不同的物流产品组合及重点发展区域。

4.4 城市智慧物流高级数据分析

城市智慧物流分析越来越受到物流业务数字化进程的影响，虽然基于人类专业知识和统计评估的传统物流需求分析方法仍然存在，但大数据、人工智能和机器学习的使用变得更加突出。高级数据分析是使用复杂的技术和工具对数据或内容进行自主或半自主的检查，以发现更深入的见解，做出预测或生成建议。高级数据分析包括各种方法和技术：数据/文本挖掘模拟、复杂事件处理、机器学习、人工智能、神经网络等。与传统数据分析相比，高级数据分析可以通过来自不同来源的大量数据更详细地了解影响物流的因素，实现更快、更准确和自我调整的物流分析。本节主要介绍城市智慧物流高级数据分析中比较常用的两种方法。

4.4.1 地理信息系统分析

物流是解决时空变化的活动，空间分析是物流分析的重要内容。空间分析也称为空间数据分析（spatial data analysis，SDA），是基于地理空间对象空间布局的地理数据分析技术，它与传统统计分析的根本差别是其结果依赖于时间的空间分布。空间分析主要通过空间数据和空间模型的联合分析来挖掘空间对象的潜在信息，其结果直接依赖于分析对象的空间位置。通过空间分析可以发现隐藏在空间数据之后更重要的信息，甚至是有关空间问题的一般性规律。

地理信息系统（geographic information system，GIS）是以地理空间数据为基础，采用地理模型分析方法，适时地提供多种空间和动态的地理信息，对各种地理空间信息进行收集、存储、分析和可视化表达。它可以将地理位置信息与其他数据结合起来，以便更好地了解地理特征和趋势，以及支持决策制定和规划。

使用地理空间数据创建地图并分析特定区域的物流分布，可以为城市智慧物流分析提供重要的支持，帮助决策者更好地了解物流需求情况，规划物流战略，提高物流效率，降低物流成本。

1. GIS 的数据类型

（1）几何坐标，用于标识地理景观在自然界或某个区域的地图中的空间位置，可以是经纬度、平面直角坐标、极坐标等，也可以是矩阵的行、列数等。

（2）实体间的空间相关性，即拓扑关系，表示点、线、面实体之间的空间联系，如网络节点与网络线之间的枢纽关系、边界线与面实体之间的构成关系、面实体与点的包含关系等。

空间拓扑关系对于地理空间数据的编码、录入、格式转换、存储管理、查询检索和模型分析等都有重要意义。

（3）与几何位置无关的属性，即通常所说的属性或非几何属性，是与地理实体相联系的地理变量或地理意义，可分为定性属性和定量属性两种。其中，定性描述的属性包括名称、类型、特性等，如岩石类型、行政区划等；定量描述的属性主要是数量和等级，如面积、长度、河流长度、水土流失量等。

2. GIS 的功能

GIS 能够有效集成不同的数据格式和结构，具有独特的地理空间分析能力、快速的空间定位搜索和复杂的空间查询功能、数据综合、模拟与分析评价能力，可以得到常规方法或普通信息系统难以得到的重要信息，实现地理空间过程演化的模拟和预测。

1）数据编辑与处理功能

数据编辑主要包括属性编辑和图形编辑。属性编辑主要与数据库管理结合在一起完成。图形编辑主要包括拓扑关系建立、图形整饰、图幅拼接、图形变换、投影变换、误差校正等功能。

2）数据采集和输入功能

主要包含了空间数据和属性数据，GIS 需要提供这两类数据的输入功能。空间数据的表达可以采用栅格和矢量两种形式。空间数据表现了地理空间实体的位置、大小、形状、方向及几何拓扑关系。其输入方式有数字扫描仪、键盘、商业数据、数字拷贝等。属性数据的输入方式主要有键盘输入、数据库获取、存储介质获取等方式。

3）数据存储与管理功能

数据的有效组织与管理是 GIS 系统应用成功与否的关键，主要提供空间与非空间数据的存储、查询检索、修改和更新的能力。矢量数据结构、光栅数据结构、矢栅一体化数据结构是存储 GIS 的主要数据结构。数据结构的选择决定了系统所能执行的功能。数据结构确定后，在空间数据的存储与管理中，关键是确定应用系统空间与属性数据库的结构及空间与属性数据的连接。目前广泛使用的 GIS 软件大多数采用空间分区、专题分层的数据组织方法，用 GIS 管理空间数据，用关系数据库管理属性数据。

4）空间查询与分析功能

空间查询与分析是 GIS 的核心，是 GIS 有别于其他信息系统的本质特征。地理信息系统的空间分析可分为 3 个层次的内容：① 空间检索，包括从空间位置检索空间物体及其属性、从属性条件检索空间物体；② 空间拓扑叠加分析，包括空间特征（点、线、面或图像）的相交、相减、合并等，以及特征属性在空间上的连接；③ 空间模型分析，如数字地形高程分析、BUFFER 分析、网络分析、图像分析、三维模型分析、多要素综合分析及面向专业应用的各种特殊模型分析等。

5）可视化表达与输出功能

中间处理过程和最终结果的可视化表达是 GIS 的重要功能之一。通常以人机交互方式来选择显示的对象与形式，对于图形数据，根据要素的信息密集程度，可选择放大或缩小显示。GIS 不仅可以输出全要素地图，也可以根据用户需要，分层输出各种专题图、各类统计图、图标及数据等。

3. 基于 GIS 的城市物流空间交互分析

在地理学中，空间交互是指两个场所之间的联系，这种联系通常可以基于人流、货流、资金流等进行量化。研究空间交互有助于理解城市物流的空间结构和动态演化特征，评价空间结构的合理性，并为城市物流规划提供参考。

在城市物流地理大数据中，货物的移动轨迹及货物背后的经济关系，都可以在聚集层面上量化两个场所之间的交互强度，前者如两个城市间或城市内两个区域之间的货运总量，后者如城市间的贸易量。人之间的空间交互强度受距离衰减的效应明显，即距离远的两个地理单元间的联系相对较弱，但物流空间的交互强度受距离衰减的效应不明显，物流空间的交互强度更多地受空间之间的产业链上下游关系影响，产业链上下游联系密切的区域之间会出现方向稳定的物流强度。

在地理学中，多基于重力模型来拟合场所之间的交互强度，采用距离的负幂函数 $(d-\beta)$ 的形式表示空间阻隔的影响。目前可用的拟合方法有线性规划法、代数求解法、模拟法等。根据重力模型拟合结果，可以通过距离衰减系数 β 来表征特定空间交互行为中距离衰减效应的大小，即 β 值越低，距离的影响越小。

在全球产业空间布局中，产业链上下游之间的空间布局越远，产业链上下游的物流成本就越高。由于还受到劳动力成本、资源成本、生产力水平等其他因素的影响，产业链布局是各项成本的权衡。如果在不同区域之间其他成本的差异已较小，则产业链倾向于以产业集群方式在某一空间密集布局，以最大限度减少物流成本。从城市产业发展来看，如果某城市能够吸引某产业的全产业链布局，则该城市就获得了该产业的竞争优势，因为产业链的单个环节转移空间区位的成本较低，但整个产业链的搬迁属于相当高成本的变动。对供应链上下游响应水平要求较高的产业，集中布局的趋势就更明显，比如汽车制造产业就是如此。如果城市内部产业链较为完整，城市内为生产资料服务的物流就非常旺盛。城市对外物流更多地以原材料和产成品为主，对不同方式的交通运输设施也有不同的要求。因此，城市物流的地理空间交互分析，可以为城市物流和城市产业规划提供深入的洞察。

基于地理单元之间的空间交互，可以构建嵌入空间的网络，并引入网络分析方法研究其结构特征。在网络中，通常每个节点是一个地理单元，而边的权重为地理单元间的交互强度。在复杂的网络研究中，常用的方法是对网络进行社区发现分析，其中一个社区由联系相对紧密的节点构成。当前实现社区的算法有 Girvan-Newman 法、Multilevel 法、Fastgreedy 法、Infomap 法和 Walktrap 法等。

4. 基于 GIS 的城市物流运营分析

物流信息具有时间和空间的结合转换、多维结构、多尺度、海量性和不确定等特征，这使得数据的处理变得异常复杂。物流信息中大约 80%的信息与空间位置有关，而运输、仓储、配送等涉及的信息几乎全部与空间位置有着直接的关系，如配送中心位置的选择、配送点的布局、配送路径的优化、配送车辆的实时监控与调度、配送服务质量的提升等，这些因素都与地理位置密切相关。在物流运营分析方面，GIS 可以提供以下几个方面的支持。

1）物流需求地理信息可视化分析

GIS 可以将物流需求数据与地理位置信息结合起来，在地图上直观地呈现出来，以便更好地了解不同地区的物流需求情况。

2）物流节点分析

GIS 可以对不同的物流节点进行分析，包括供应商、仓库、运输节点等。通过对这些节点的分析，可以集成网络物流模型、设施选址模型，用于确定一个或多个设施的位置，从而更好地规划物流网络。

3）运输路线优化

GIS 可以分析不同地区的道路、铁路、水路等交通网络，集成车辆路径模型，用于解决一个起始点、多个终点的货物运输路径优化。

FedEx 联邦快递收集有关客户位置、交货偏好和装运量信息的客户数据，有关道路网络、交通模式和地形特征信息的地理数据，有关可能影响交货时间和路线的天气状况实时信息作为分析数据源，通过空间分析模型识别出货量大的区域，在城市地区，考虑交通拥堵、街道狭窄、停车位有限等因素；在农村地区，考虑穿越很远的距离和各种各样的地形，通过使用 GIS 优化其送货路线。

4.4.2 机器学习

1. 机器学习的概念

机器学习（machine learning），是一门多领域交叉学科，涉及概率论、统计学、逼近论、凸分析、算法复杂度理论等多门学科。它是人工智能的一个分支，主要研究计算机怎样模拟或实现人类的学习行为，以获取新的知识或技能，重新组织已有的知识结构，使之不断改善自身的性能。机器学习主要设计和分析一些让计算机可以自动“学习”的算法。这类算法从数据中自动分析，获得规律，并利用规律对未知数据进行预测。

机器学习在人工智能的研究中具有十分重要的地位。一个不具有学习能力的智能系统难以称得上是一个真正的智能系统，但是以往的智能系统都普遍缺少学习的能力。例如，它们遇到错误时不能自我校正，不会通过经验改善自身的性能，不会自动获取和发现所需要的知识。它们的推理仅限于演绎而缺少归纳，因此至多只能够证明已存在的事实、定理，而不能发现新的定理、定律和规则等。随着人工智能的深入发展，这些局限性表现得愈加突出。正是在这种情形下，机器学习逐渐成为人工智能研究的核心，是使计算机具有智能的根本途径，已广泛应用于数据挖掘、计算机视觉、自然语言处理、生物特征识别、搜索引擎、医学诊断、信用卡欺诈检测、证券市场分析、DNA 序列测序、语音和手写识别、游戏和机器人等领域。物流行业普遍认为人工智能和机器学习将是未来企业的核心竞争力之一。

2. 机器学习的分类

机器学习的分类方法很多，根据强调的侧重点的不同可以有多种分类方法。机器学习的分类如表 4-2 所示。

表 4-2 机器学习的分类

<table>
<tr><td rowspan="3">基于学习策略的分类</td><td rowspan="2">模拟大脑的机器学习</td><td>符号学习</td></tr>
<tr><td>神经网络学习</td></tr>
<tr><td>采用数学方法学习</td><td>统计机器学习</td></tr>
</table>

续表

基于学习方法的分类	归纳学习	符号归纳学习
		函数归纳学习
	演绎学习	规则预测
	类比学习	案例学习
	分析学习	解释学习
		宏操作学习
基于学习方式的分类	监督学习	模式识别
	无监督学习	发现学习
		聚类竞争学习
	强化学习	奖励交互学习
基于数据形式的分类	结构化学习	神经网络学习
		统计学习
		决策树学习
		规则学习
	非结构化学习	类比学习
		案例学习
		解释学习
		文本挖掘
		图像挖掘
		Web 挖掘
基于学习目标的分类	概念学习	示例学习
	规则学习	决策树学习
	函数学习	神经网络学习
	类别学习	聚类分析
	贝叶斯网络学习	结构学习

3. 机器学习的常见算法

1）决策树算法

决策树算法是一类将输入空间分成不同的区域，每个区域有独立参数的算法。决策树算法充分利用了树形模型，根节点到一个叶子节点是一条分类的路径规则，每个叶子节点象征一个判断类别。先将样本分成不同的子集，再进行分割递推，直至每个子集得到同类型的样本，从根节点开始测试，到子树，再到叶子节点，即可得出预测类别。此方法的特点是结构简单、处理数据效率较高。

2）朴素贝叶斯算法

朴素贝叶斯算法是一种分类算法。它不是单一算法，而是一系列算法。它们都有一个共同的原则，即被分类的每个特征都与任何其他特征的值无关。朴素贝叶斯分类器认为这些“特征”中的每一个都独立地贡献概率，而不管特征之间的任何相关性。然而，特征并不总是独立的，这通常被视为朴素贝叶斯算法的缺点。简而言之，朴素贝叶斯算法允许人们使用概率给出一组特征来预测一个类。与其他常见的分类方法相比，朴素贝叶斯算法需要的训练很少。在进行预测之前必须完成的唯一工作是找到特征的个体概率分布的参数，这通常可以快速且确定地完成。这意味着即使对于高维数据点或大量数据点，朴素贝叶斯分类器也可以表现良好。

3）支持向量机算法

支持向量机是统计学习领域中一个代表性算法。但它与传统方式的思维方法很不同，输入空间、提高维度，从而将问题简短化，使问题归结为线性可分的经典解问题。首先，要利用一种变换将空间高维化，当然这种变换是非线性的；然后，在新的复杂空间取最优线性分类表面，由此种方式获得的分类函数在形式上类似于神经网络算法。支持向量机应用于垃圾邮件识别、人脸识别等多种分类问题。

4）随机森林算法

控制数据树生成的方式有多种，根据前人的经验，大多数时候更倾向选择分裂属性和剪枝。但这并不能解决所有问题，偶尔会遇到噪声或分裂属性过多的问题。基于这种情况，总结每次的结果可以得到袋外数据的估计误差，将它和测试样本的估计误差相结合，可以评估组合树学习器的拟合及预测精度。此方法的优点有很多，可以产生高精度的分类器，并能够处理大量的变数，也可以平衡分类资料集之间的误差。

5）人工神经网络算法

人工神经网络与神经元组成的异常复杂的网络大体相似，是由个体单元互相连接而成。每个单元有数值量的输入和输出，形式可以为实数或线性组合函数。它先要以一种学习准则去学习，然后才能进行工作。神经网络主要用于深度学习算法，通过节点层模拟人脑的互联来处理训练数据。每个节点由输入、权重、偏置（或阈值）和输出组成。如果该输出值超过给定的阈值，它将“触发”或激活节点，将数据传递到网络中的下一层。当网络判断错误时，通过学习使其减少犯同样错误的可能性。此方法有很强的泛化能力和非线性映射能力，可以对信息量少的系统进行模型处理。从功能模拟的角度来看，此算法具有并行性，且传递信息速度极快。

6）Boosting 算法与 Bagging 算法

Boosting 算法是一种通用的增强基础算法性能的回归分析算法。不需构造一个高精度的回归分析，只需一个粗糙的基础算法即可，再反复调整基础算法就可以得到较好的组合回归模型。它可以将弱学习算法提高为强学习算法，可以应用到其他基础回归算法，如线性回归、神经网络等，来提高精度。Bagging 算法和前一种算法大体相似但又略有差别，主要想法是给出已知的弱学习算法和训练集，然后需要经过多轮的计算，才可以得到预测函数列，最后采用投票方式对示例进行判别。

7）关联规则算法

关联规则是用规则去描述两个变量或多个变量之间的关系，是客观反映数据本身性质的方法。它是机器学习的一大类任务，可分为两个阶段，先从资料集中找到高频项目组，再去研究它们的关联规则，其得到的分析结果即是对变量间规律的总结。

8）EM（期望最大化）算法

在进行机器学习的过程中，需要用到极大似然估计等参数估计方法。在有潜在变量的情况下，通常选择 EM 算法，不是直接对函数对象进行极大估计，而是添加一些数据进行简化计算，再进行极大化模拟。它是对本身受限制或比较难直接处理的数据的极大似然估计算法。

9）深度学习算法

深度学习（deep learning，DL）是机器学习领域中一个新的研究方向，是学习样本数据的内在规律和表示层次。深度学习算法可以对数据集进行分类或聚类。如果输入数据被标记（监督学习），则可以使用分类模型对数据进行分类，或者可以应用回归来预测特定分配的可能性。如果数据集没有被标记（无监督学习），训练集中的各个数据点将相互比较以发现潜在的相似性，并根据这些特征对它们进行聚类。这些学习过程中获得的信息对诸如文字、图像和声音等数据的解释有很大的帮助。它的最终目标是让机器能够像人一样具有分析学习能力，能够识别文字、图像和声音等数据。深度学习算法是一个复杂的机器学习算法，其在搜索技术、数据挖掘、机器学习、机器翻译、自然语言处理、多媒体学习、语音、推荐和个性化技术方面取得的效果，远远超过先前的相关技术。

4. 机器学习在 DHL 中的应用

DHL 是一家领先的物流公司，已实施机器学习算法来优化其仓库运营并缩短订单处理时间。该公司开发了一个名为 Smart Warehouse 的系统，该系统使用机器学习算法来分析来自各种来源的数据，并为仓库经理提供实时洞察。

在监控其仓库运营质量方面，收集有关订单准确性、仓库履行和运输订单所需时间、仓库运营相关的客户反馈数据。订单准确性数据包括有关已处理订单数量、订单处理过程中出现的错误数量及错误类型的信息。仓库履行和运输订单所需时间数据包括有关拣选和包装订单所用时间、发货订单所用时间及订单到达最终目的地所用时间的信息。客户反馈数据包括对订单准确性、运输时间及影响 DHL 仓库运营质量的其他因素的反馈。对预处理后的数据进行分析，以确定可用于训练机器学习算法的特征。例如，订单量、订单类型和产品类别等特征可用于训练算法以预测订单准确性。机器学习模型使用历史数据对识别的特征进行训练，学习数据中的模式和关系，并使用它们来确定其仓库运营中可以改进的领域。在设备维保方面，分析来自传感器和其他来源的数据，以识别潜在问题的模式和异常，通过在导致停机之前识别设备问题，预测其仓库中的设备何时需要维护或更换，可以最大限度地减少对其运营的干扰并提高整体效率。在库存管理方面，分析产品需求、库存水平和其他因素的数据，预测未来需求并确保以正确的数量提供正确的产品，最大限度地降低库存成本并缩短订单处理时间。在拣选路径方面，分析产品位置、订单量和其他因素的数据，为每个订单生成最佳拣选路径，减少拣货和包装订单所需的时间和距离，从而减少订单处理时间。

复习思考题

1. 城市智慧物流大数据有哪些来源？
2. 城市智慧物流大数据分析类型有哪些？
3. 大数据集成模型有哪三种？每种类型的典型架构是什么？
4. 数据挖掘有哪几个步骤？
5. 列举常见的机器学习算法。

第5章

城市智慧仓配一体化

以电子商务为典型代表，移动互联网和智能终端设备的普及使消费者需求日益高效和精准化，物流服务的形式、内容也出现了相应改变，传统仓储配送割裂的模式已无法满足现阶段快速响应的需求。因此，利用现代物流技术设备，将仓储与配送无缝衔接，以提高仓配时效性的智慧仓配一体化越来越受到社会各界重视。

5.1 仓配一体化概述

5.1.1 仓配一体化的概念

仓配一体化，即将仓储和配送有机整合，为客户提供一站式的仓储配送服务。最早的传统仓配一体化的概念在20世纪90年代就已经初具雏形。以DHL物流、TNT、招商物流、中储物流、宝供物流等为代表的物流服务商提供的合同物流、综合物流服务本质上都是“仓储+配送”，其主要服务环节为产品下线后到经销商或零售商仓库之间的物流，完成的是仓储管理、干线发运和配送等相关物流服务。

现代的智慧仓配一体化是指在仓储配送业务社会化剥离和第三方运作的基础上，基于空间一体化和信息集成共享，将同一需求区域的同业态或不同业态的物品交由统一服务单位的仓储管理、运输工具进行统一管理、分拣、配载、运输、配送的服务模式，即品牌商、经销商、分销商等通过共用仓配中心、共用配送工具、共享网络信息、共享网点资源、同程共线配送的方式，利用线上线下多平台、多渠道，将商品送到消费者手中。

区别于传统仓储和配送业务，智慧仓配一体化有着基础仓配的功能，同时又添加了许多增值服务，将收货、仓储、拣选、包装、分拣、配送等功能集成起来，贯穿整个供应链的始终。智慧仓配一体化更加注重各个物流环节的简化和无缝对接，以及自动化、智慧化的物流设施设备与技术的运用。

5.1.2 智慧仓配一体化的特点

现代智慧仓配一体化是传统仓配活动的延伸与扩展，除了传统仓配所具有的特性外，它还具有以下特点。

1. 重视供应链整体价值实现

智慧仓配一体化物流服务供应商主要是2PL和3PL提供商的有机结合，既要具有仓储、运输、配送等密集网络服务能力，也要有一定的定价议价能力，能够处理客户所需要的市场用户等销售数据，以及完整供应链链条的规划设计，更加注重顶层设计与整体价值实现。

2. 智能化专业化要求程度高

现代物流行业正在由传统人工操作逐渐转变为智能管控和智慧运作，仓配一体化模式也对设施设备、管理理念和技术的智能与专业水平提出了新的需求。作为实现仓配一体化的基础，仓储设备的智能化、仓储分拣效率和配送网络的优化，以及一体化管理与高效协同运作都要求信息的高效流通，都需要配套相应的硬件与软件设施。

3. 资源整合趋势明显

仓储作业需要大面积场地与专业化操作，配送又需要全面的网络覆盖与大量运输工具，造成自建仓储与配送成本居高不下。为降低仓储及运输成本、减少销售机会的流失、提升客户体验，仓配一体化企业趋向于对仓储配送相关资源进行整合、优化，与合作伙伴强强联合，共同完善仓配作业流程，从而充分利用社会资源，降低和分摊成本。

4. 市场需求潜力旺盛

对消费物流而言，近年来电商的迅猛发展使得快递业务量迅速增长，市场对仓配的需求越来越大，对配送时效的要求也越来越高。目前以电商仓配一体化为代表的现代智慧仓配一体化，随着消费者对物流时效、可预测性及服务质量的要求越来越高，其服务市场的渗透率将逐渐提高，拥有巨大的增长潜力。

对制造业及其他商品流通行业而言，仓配是消费物流和生产物流的结合点，智慧仓配一体化有望推动中国制造供应链的数字化、智能化，是当前制造业及商品流通业的重要利润增长点之一。

5.1.3 智慧仓配一体化的价值

智慧仓配一体化的实现需要物流过程的整合重组、设施设备的更新和相关信息的互联互通，与传统仓配一体化相比必然会产生额外的成本，但更可以为企业带来额外的价值。智慧仓配一体化的价值主要包括以下几个方面。

1. 提供包含增值服务的一体化解决方案

智慧仓配一体化往往以各种物流增值服务作为其区别于传统仓配的特点。在仓配一体化概念下，大到供应链的流程和系统设计，小到与售后协调的库内数据更新，都属于企业进行统一协调的范畴。图5－1展现了较为全面的仓配一体化服务方案的功能模块和内容。

供应链的设计（含流程、系统设计）	专业化仓储服务（收货、上架）	库内一站式服务（分拣、包装）	配送（配送管理）	后续服务（退货、投诉）
□历史销售分析与库存网络布局 □定义产品形态与物流需求特性 □包装要求/耗材准备流程与系统的设计 □系统端口对接、开发测试 □退货及异常流程设计	□ASN与产品属性维护 □自动与人工货位结合 □货物上架与实时库存状态反馈 □库存调整与补货 □收货异常处理 □库存盘点 □预包装或产品组合	□波次运行、订单及运单打印 □按集合单进行货品拣选 □包装作业 □运输任务排序与车辆调运 □系统物流状态自动反馈 □异常处理	□转运与配送路径优化 □装车管理 □配送状态实时监控 □收款与回单管理 □交接后系统状态跟踪 □投诉与异常处理	□退货前端协调 □退货入库系统操作与实物交接 □即时客服响应 □投诉跟进处理 □库内数据更新 □错漏发核实

图 5－1　代表性智慧仓配一体化服务方案的功能模块和内容

除了上述增值服务以外，智慧仓配一体化还能够通过物流企业掌握的大数据为客户提供销售预测，提前做好库存调配，以更快的速度满足客户的订单需求。仓配体系不仅要根据销售大数据对库存分布提出建议，还需要有很强的自动化订单履行能力，主动以货主为单位对全渠道库存分布进行自动调拨，对库存进行集中和优化，并拉动上游供应链的补货。

2. 无缝衔接，提高作业效率

一般情况下，仓配全流程中各个环节的负责方都从自身情况考虑，会产生各种各样的利益冲突，因难以达成共性目标而协调困难。而仓配一体化模式可以有效地解决这个问题：企业设立共同目标，通过统一整理分配，将物流运营和仓储管理统一在一个部门或一个企业内，由它们合作协调和处理各方面的问题。这样能够加强点与点之间的衔接，发挥整体优势，达到仓储物流全流程协作配合的最佳状态，以最快的速度和响应服务满足顾客需求。

3. 统一调配，减少管理费用

通过专业物流设施设备实现仓储的标准化管理及库存产品的优化分析，智慧仓配一体化中的信息系统可以实现扩大仓储存储量和提高仓储管理效率的全方位部署，减少不必要的周转与交接，降低库存费用。在配送阶段亦可以与仓储互相配合来调度车辆，从而提升配送效率，节约人力、设备等资源，真正做到降本增效。

5.1.4 智慧仓配一体化的流程

1. 传统仓配业务流程

仓配一体化业务主要是为客户提供仓储加配送的一站式服务，即提供下订单后一系列阶段一体化解决方案。传统的仓储与配送业务流程环节较少，增值服务较少，仓库在接到入库订单后进行入库工作，对入库货物进行仓储管理；收到出货订单后，仓库会根据订单进行货物分拣打包，然后进行装配；与此同时仓库会联系好运货的车辆，等车辆到达后就进行装车工作；车辆根据常规的路线进行配送货物，等客户收到货物确认无误后，整个业务流程结束。传统的仓储与配送业务流程如图 5－2 所示。

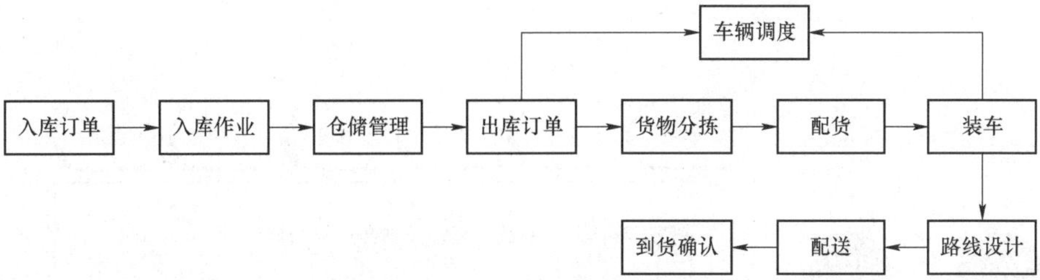

图 5－2 传统的仓储与配送业务流程

2. 智慧仓配一体化的业务流程

智慧仓配一体化的流程相对而言就具有更多的互相协同配合的过程：首先通过仓配一体化信息管理系统将物流仓储业务与配送业务完整对接，同时利用专业物流设施设备实现仓储的标准化管理及库存产品的优化分析，进而通过扩大仓储存储量和提高仓储管理效率实现全方位部署。另外，仓配一体化信息系统也能够通过 GIS、GPS 等技术实现配送路径规划设计、配送进度监控和售后问题件追踪，以提升配送效率，缩短配送时长，并通过公共信息平台实现与客户的即时对接，达到高品质的配送服务。智慧仓配一体化的业务流程如图 5－3 所示。

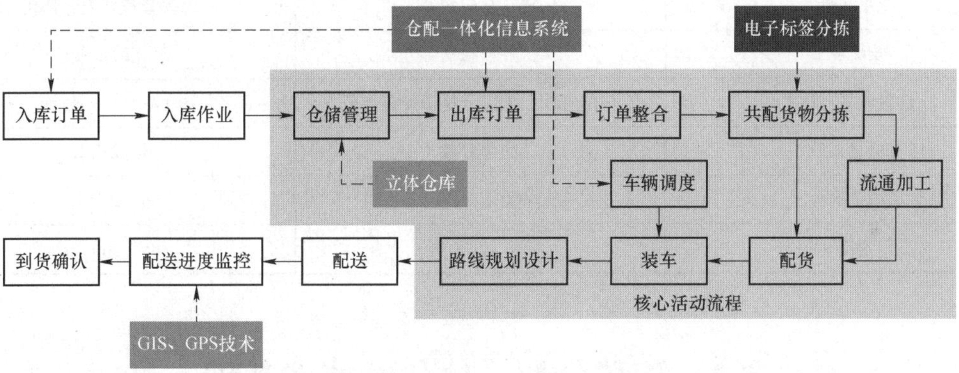

图 5－3 智慧仓配一体化的业务流程

两种模式之间的区别也可以从图 5－4 中得到直观的体现：传统仓配物流的仓储、分拣及配送等业务流程是互相分离的，彼此之间的信息不互联互通，每个环节作为一个单独的流程进行；智慧仓配一体化模式则是将收货、库存管理、分拣、包装、配送等功能集成起来，由同一主体完成，服务贯穿整个供应链的始终。智慧仓配一体化业务流程通过无缝式衔接服务，实现资源整合的最大化，货品流通时间得到缩短，效率提高，成本降低，质量更好，从而提高了客户服务满意度。物流仓储业务与配送业务均通过仓配一体化信息管理系统来实现完整对接。

现代服务理念下的仓配一体化不是传统仓储管理与配送服务的简单整合，后者更多地融入了现代化信息技术，提供更多的增值服务及更快的服务反应效率与服务质量。总体来说，智慧仓配一体化不仅能实现仓储、配送无缝衔接，降低货物仓储运输损耗，减少非必要的人工操作，保障物流信息的自由流动，避免因管理人员的主观判断错误而造成操作性失误，更能为企业提供一体化的查询服务，保证信息安全，增强下游企业的服务满意度。表 5－1 列举了传统仓配物流和现代智慧仓配一体化的主要不同点。

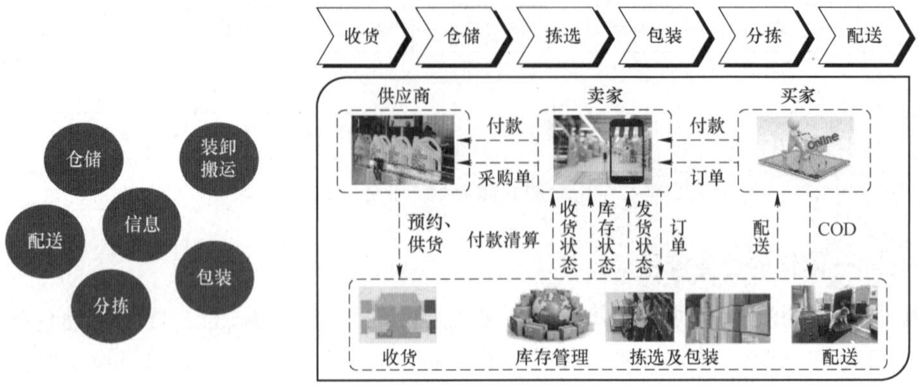

传统仓配　　智慧仓配一体化

图 5-4　传统仓配与智慧仓配一体化

表 5-1　传统仓配物流与现代智慧仓配一体化的主要不同点

不同点	传统仓配物流	现代智慧仓配一体化
物流环节	各自独立	无缝衔接
设施设备与技术	传统仓库、人工分拣、传统卡车	自动化立体仓库、自动分拣、无人设备
信息系统	简单分散	集成高效
增值服务	无或很少	丰富
容错率	低	高

5.2　智慧仓配一体化的技术基础

随着当前我国物流业增速逐渐放缓，新技术、新方法和新管理模式逐渐改变了传统物流的运作方式，智慧仓配一体化已经成为现代物流发展趋势之一，利用现代信息技术手段提升仓配一体化智能化水平、规模化水平势在必行。智慧仓配一体化技术主要是指货物在仓储及配送运输的一系列作业流程中所使用的技术装备。按照所属类型不同，可将智慧仓配一体化技术分为硬件技术与软件技术。

5.2.1　硬件技术

仓配一体化硬件技术是指仓配活动中所使用的各种工具、设备、设施等，如各种运输车辆，各种装卸搬运设备，各种仓库、车站、港口、货场建筑，各种包装设备、自动识别和分拣设备，以及服务于仓配活动的电子计算机、通信设备等。随着科技的进步与智能化的发展，物流行业也同样进行着技术的更新换代。为了实现智慧仓配一体化的整体运行，需要大量的硬件技术，经过分析与汇总后如表 5-2 所示。

表 5–2　智慧仓配一体化的硬件技术汇总

设备	功能	特点	异同点
无线射频识别扫描仪	控制和组织库存	非接触、作用距离长、快速扫描、容量大、可重复使用、精确定位	与传统人工相比更易于在仓库环境中使用，且作业快速、准确性更高
仓储潜伏式机器人	自动拣选、搬运、装卸	“货到人”拣选，节省人力，提高作业效率、作业准确率与作业灵活性	相同点：都为自动化拣选、搬运、装卸设备；节省人力，具有较高的工作效率 不同点：相比仓储机器人为“货到人”拣选，箱式机器人为“货箱到人”拣选，存储密度更高，更节省空间且改造难度更低，拣货、补货效率更高
箱式仓储机器人	自动拣选、搬运、装卸	改造难度更低，柔性和兼容性更好，具有更高的拣货效率、更高的储存密度与更高的补货效率	
穿梭式货架	自动化高密度存储	空间利用率高	相同点：都为自动化存取设备，空间利用率高，提高出入库能力 不同点：多层穿梭车实现“货到人”的拣选方式，出入库效率更高，同时可以暂时缓存发货订单物料；多层穿梭车与自动化立体仓库不需人工处理
自动化立体仓库	自动存取	空间利用率高、出入库能力强、不需人工处理、计算机控制生产和作业管理	
多层穿梭车	自动存取	节省发货缓存空间，有效地提升出库发货效率	
轨道穿梭车	自动拣选、搬运	作业灵活、具有较强的鲁棒性、降低建设成本	相比传统输送设备，大大提高了作业灵活性，具有较强的鲁棒性；当立体库规模扩大时，可通过铺设更长的轨道和增加更多的小车数量满足实际需求，降低建设成本
视觉识别设备	订单拣选、货品识别	高精度识别、较强的辅助作用	通过视觉识别设备辅助可以大大提高工作效率、降低劳动强度
码垛机器人	自动化码垛	改善工作环境、减轻劳动强度、保证人身安全、提高劳动生产率、减少物料破损与浪费	相较于人工码垛、码垛机码垛，码垛机器人降低了劳动强度，提高了码垛效率与物流速度
无人仓	智能化仓储	具备自主的判断和行为，适应不同的场景、商品类型与形态，完成各种复杂的任务	无人仓实现了整体智慧物流体系的构建与协同，形成适应众多运营场景的完整布局
无人车	无接触配送	提供各类免接触配送、不需人工处理	相同点：无人配送 不同点：无人机具有较强的可达性，能够在某些特殊的环境和条件下进行配送
无人机	无接触配送	方便高效、调度灵活、可达性强	

1. 无线射频识别扫描仪

无线射频识别扫描仪是一种利用射频通信技术实现的非接触式自动识别技术，是物联网的核心技术之一，可针对不同环境进行智能化的运用。它具有非接触、作用距离长、快速扫描、容量大、可重复使用、精确定位等优点，在仓配一体化中有着广阔的推广应用空间。射频识别正在取代条形码扫描仪和纸质记录，用于控制和组织库存。由于无线射频识别扫描仪不需要直接看到产品，使其更易于在仓库环境中使用；同时，当与人工智能技术相结合时，这些智能仓库系统可以调整订单处理的数量和速度，以提高整体生产力。

2. 仓储潜伏式机器人

仓储潜伏式机器人系统是一种典型的 AGV 系统。与传统 AGV 小车的导引不同，潜伏式机器人系统是通过扫描二维码获得位置信息，从而实现定位和路径导航等工作。当接收到物料搬运指令后，控制系统就根据所存储的运行地图和潜伏式机器人当前的位置及行驶方向进行计算、规划分析，选择最佳的行驶路线，自动控制潜伏式机器人的行驶和转向；当潜伏式机器人到达装载货物位置并准确停位后，移载机构动作，完成装货过程。然后，潜伏式机器人起动，驶向目标卸货点，准确停位后，移载机构动作，完成卸货过程，并向控制系统报告其位置和状态。随之潜伏式机器人起动，驶向待命区域。等接到新的指令后再做下一次搬运任务，形成了一个完整的"货到人"仓储自动化系统，既节省了大量人力，又提高了作业效率、作业准确率和作业灵活性。

3. 箱式仓储机器人

随着国内一大批仓储潜伏式机器人的出现，在这之后，仓储机器人行业又出现了一种新的解决思路，那就是"货箱到人"，指的是不移动货架，直接挑选货箱进行拣选工作。这种机器人，业界称为箱式仓储机器人。箱式仓储机器人作业的对象是比货架更小的单元料箱，所以更符合 SKU 更多元化、物流作业更精细化的发展趋势，近几年在电商物流和门店配送、生产制造、云仓等很多场景都得到了应用。

由于箱式仓储机器人是拣选搬运货箱而不是货架，所以可以把货架之间的巷道设置得更窄，存储密度更高，更节省空间，进而节省仓储租金；其"货箱到人"的特点，更适用于大部分已建仓储的情况，改造难度更低，柔性和兼容性更好，且具有更高的拣货效率、更高的储存密度与更高的补货效率。

4. 穿梭式货架

穿梭式货架是由一定数量的托盘货架及台车组成的高密度储存系统，是由台车负责托盘的入库、运输和存储的自动化物流装备。存货作业由叉车将货物放在货架巷道导轨的最前端，通过无线电遥控穿梭车，可以承载托盘货物在导轨上运行；取货作业由穿梭车将货架深处的托盘移动至货架最前端，用叉车将托盘货物从货架上取下；穿梭车可更换巷道作业，通过叉车可将穿梭车放置于不同的巷道，多个巷道可以共用一部穿梭车。这种高效率的储存方式能够提高仓库空间的利用率，空间利用率可达 80%以上。

5. 自动化立体仓库

自动化立体仓库是指不用人工直接处理，能自动存储和取出物料的仓库，又称为高层货架仓库。自动化仓库技术是集立体仓库规划、管理、机械和电气于一体，是一门综合性的技术。自动仓储储存单元货物的货架一般几层、十几层甚至几十层，用相应的物料搬运设备进行货物入库和出库作业，充分利用储存空间，所以被形象地称为立体仓库，如图 5－5 所示。采用高层货架储存货物，采用起重、装卸和运输机械设备进行货物出库和入库作业，具有空间利用率高、入出库能力强、无须人工处理、计算机控制生产和作业管理的特点。

6. 多层穿梭车

"多穿"一词源于对 multi-level shuttle 的直译，意思即"多层穿梭车"，后被业界简称为"multi-shuttle"或"多穿"。早在 2003 年，德国物流研究院就研制出了全球首台轻型高速多层穿梭车，随即各大欧洲知名厂商也相继推出了自己的多层穿梭车技术，配合多穿技术的高效率，"货到人"拣选应用方式也同时得以推广。

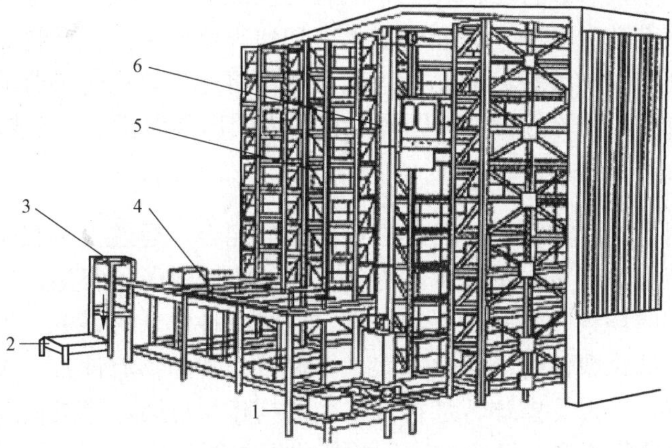

1—入库；2—出库；3—升降机；4—输送机；5—高层货架；6—巷道式堆垛起重机。

图 5－5　自动化立体仓库的构成

多穿技术相较之前的自动化存储（AS/RS），其最大的优势是大幅度地提高了货物单元的存取效率，单个多穿巷道的入出库效率最高可达每小时 1 000 箱以上，是传统轻载料箱（mini load）自动化立库的 3～5 倍、托盘立库系统的 15～20 倍。多穿系统主要解决的是高速大流量系统的瓶颈问题，能够快速地将所需物料准确地按照订单要求顺序提供至拣选或出库站台，同时可以暂时缓存发货订单物料，在集中时段做到快速出库，进而大大节省发货缓存空间，有效地提升出库发货效率。

7. 轨道穿梭车

轨道穿梭车是一种替代传统输送机的新型输送设备，是实现中远距离运输、中等流量、低成本的解决方案之一。应用过程中可以通过改变小车数量来满足多变的订单规模，若一辆小车发生故障，可以通过将该小车搬出作业系统来保证其他车辆的正常运行；当立体库规模较大时，通过铺设更长的轨道和增加更多的小车数量就可以满足实际需求，大大降低建设成本。相比传统输送设备，轨道穿梭车大大提高了作业灵活性，具有较强的鲁棒性，广受业界青睐，目前广泛应用于日用百货、医药、烟草等多行业的生产流通仓储中，具有很大的发展前景。

8. 视觉识别设备

视觉识别设备具备出众的识别能力，可精准识别复杂各异、任意堆放的工件，可根据不同场景的视野和精度要求来匹配对应相机，识别各种类型的箱体、毛坯件、精加工件等多种物品。通过视觉算法，可处理各种材质、颜色、形状的物体，降低反光、紧密排布、堆叠遮挡等因素对识别的影响，实现高精度识别。视觉识别设备在物流领域进行了大量的应用，在料筐拣选、动态包裹分拣、抓取码垛、尺寸测量、条形码识别等工作环节中起到了重要的辅助作用，有效提高了物流作业效率与精准度。

9. 码垛机器人

码垛机器人是历经人工码垛、码垛机码垛两个阶段后出现的自动化码垛作业智能化设备。

码垛机器人的出现，不仅可改善工作环境，而且可以减轻劳动强度，保证人身安全，减少辅助设备的使用，提高劳动生产率。码垛机器人可加快码垛效率，提升物流速度，获得整齐统一的物垛，减少物料破损与浪费。因此，码垛机器人将逐步取代传统劳动力以实现生产制造“新自动化、新无人化”，码垛行业也将因码垛机器人的出现而步入“新起点”。

10. 无人仓

无人仓就是使用大量智能物流机器人进行协同与配合，通过人工智能、深度学习、图像智能识别、大数据应用等诸多先进技术，为传统工业机器赋予了智慧，让它们具备自主的判断和行为，适应不同的场景、商品类型与形态，完成各种复杂的任务。无人仓主要是京东自主研发的定制化、系统化整体物流解决方案，掌握核心智能物流设备与人工智能算法，具有完全的自主知识产权，实现了整体智慧物流体系的构建与协同，形成适应众多运营场景的完整布局，进而推动整个物流产业链全面迈入智能化发展新时代。

11. 无人车

我国的无人配送技术尚处于起步阶段，与无人车行驶运营相关的管理体系仍未构建完成，有关无人车还没有形成统一的定义。根据 2018 年发布的《服务型电动自动行驶轮式车技术要求》（T/CMAX 117—2018）与 2020 年发布的《短途智能无人车配送服务技术要求》（T/CITSA 05—2020）综合来看，无人车是指具备自动行驶功能，能够在特定区域内的道路上自动、安全行驶，进行货物配送、道路清洁、监管巡逻等工作的低速电动轮式车辆。无人车可提供各类免接触配送，当前主要应用于较简单的业务场景，比如在高校、产业园或夜间配送，满足信件、药品、夜宵等部分快递需求，有效节约了人力资源、降低了劳动强度。

12. 无人机

无人机全称为无人驾驶航空器，是由遥控设备或自备程序控制装置操纵，机上无人驾驶的航空器。无人机物流是以无人机作为载运工具，依托航线网络及航空运输优势，借助现代信息技术，使货物及相关信息从始发站至目的站的运输及交付过程。无人机具有方便高效、调度灵活等优势，并且在某些环境和条件下，只有无人机运输方式才能实现“可达性”，因而在配送需求剧增、人力成本飙升、服务场景复杂等环境下，被认为是解决配送“最后一公里”难题的有效手段。

智慧仓配一体化的硬件技术应用如图 5－6 所示。

由图 5－6 可以明确地看出，各项硬件技术是如何在智慧仓配一体化中发挥作用的。首先就是订单处理环节，订单处理与库存信息进行结合，确定库存是否能够满足订单需求，若不能满足订单则进入延期环节等待库存补充，此时到货后经由 RFID 技术识别入库，经由码垛机器人码垛后采用穿梭式货架、自动化立体仓库或多层穿梭车进行上架，更新库存信息后重新进行订单审核，订单确认后进入订单处理整合环节。在视觉识别设备辅助下通过仓储潜伏式机器人或箱式仓储机器人进行拣货，对订单进行复核后决定是否拆零，经由打包与贴配送信息单环节后由 RFID 技术进行识别并出库，通过轨道穿梭车进行搬运，送到指定集货区，进入配送环节。通过车辆路径规划等环节后由无人配送车或无人机进行配送，整个智慧仓配一体化的硬件技术应用流程到此结束。

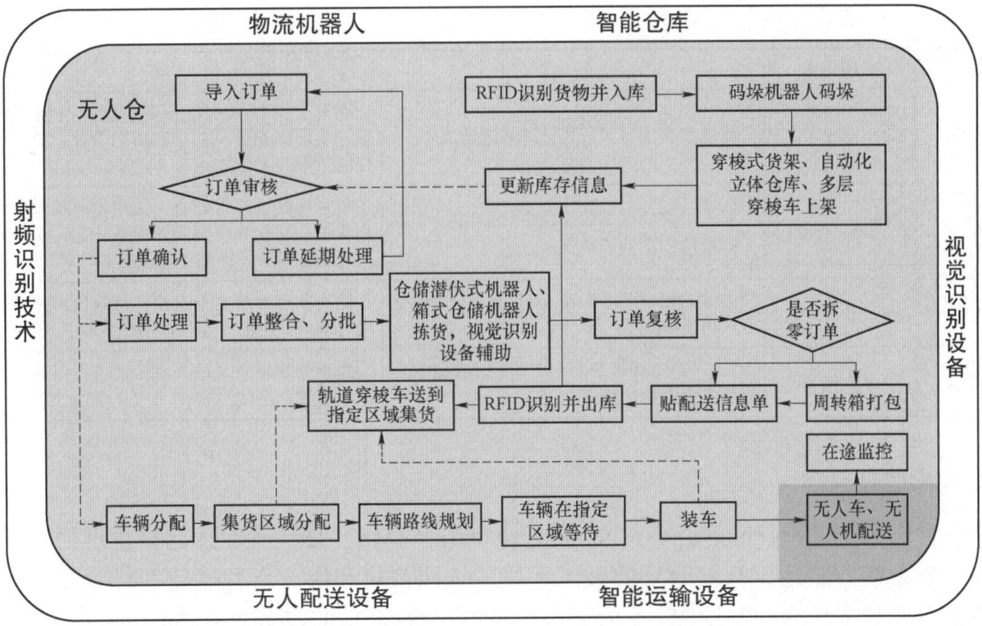

图 5-6 智慧仓配一体化的硬件技术应用

5.2.2 软件技术

在配备硬件设施设备的同时，为保障智慧仓配一体化的同步运行，软件技术的应用也同样重要。实现智慧仓配一体化运作需要多种软件技术进行支持，具体如表 5-3 所示。

表 5-3 智慧仓配一体化的软件技术汇总

技术	应用场景	特点	功能
仓库管理系统	仓储	减少物料差错，提高订单执行效率，增强员工的执行力与服务质量，提高物流效率，降低物流成本	负责仓库的日常管理，包括货物入库、存储、出库等操作，同时也能对库存、货物状态等信息进行管理和查询
运输管理系统	配送	快速、精准处理业务全流程，降低运输企业内部管理与决策过程中的成本	负责物流的配送管理，包括物流路线规划、配送车辆调度、运输跟踪等，同时也能对配送信息进行管理和查询
订单管理系统	仓储	提高仓储、运输、订单的整体性，提升顾客满意度	负责订单的管理和处理，包括订单的生成、处理、发货、收货等，同时也能对订单信息进行管理和查询
车联网	仓储、配送	提高交通效率，实现互联互通，提高货与车的信息对称性	使人与车、人与货、车与车之间实现互联互通，实现运输过程的透明化管理；通过把所有联网车辆聚集到运力资源池内，解决货找车、车找货等各种信息不对称问题
大数据	仓储	数据量庞大，数据处理高效，信息来源多样，具有价值	对库存、物流、订单等数据予以分析，进行库存预测、订单分析等，从而提高整体服务水平并降低物流成本
人工智能	仓储、配送	高智能化，提升服务效率和质量	实现自动化管理和智能决策，进行订单优化、库存预测等，同时根据历史配送数据，建立合理的智能化调度系统，优化即时配送
自动化	仓储、配送	在没有人或较少人的直接参与下进行一系列符合要求的工作，取代原有的人工模式，进一步释放生产力	建立自动化仓储系统、自动化输送系统、自动化拣选系统及计算机控制系统，以实现物流货物的自动拣选和配送

续表

技术	应用场景	特点	功能
云计算	仓储	提高系统的可扩展性，降低运营成本	通过云端技术实现库存管理系统的构建和部署，实现库存信息共享和协同管理，提高库存管理的效率和灵活性
5G	仓储、配送	具有更高的数据传输速率、稳定性，提高了物流的效率和可靠性	与多种技术进行结合，实现实时跟踪货物位置和状态，优化物流路线和配送计划；对仓库工作人员进行引导，提高工作效率等功能
区块链	仓储	去中心化、不可篡改、可审计性、可验证性、可编程性等	提高库存数据的安全性、可信性和透明性，实现对供应链中的库存物品的追溯和管理
增强现实	仓储	“人”与“虚拟信息”之间的交互技术，提供多方面辅助作用	改善仓库导航系统并对员工进行培训，提高工作人员的上手能力

1. 仓库管理系统

仓库管理系统（warehouse management system，WMS）是一套专为仓储管理而定制开发的管理信息系统，它运用仓储管理的技术手段，按照常规和用户自行确定的优先原则，来优化仓库的作业效率和空间利用率，并由后台通过电子数据交换（eletronic data interchange，EDI）等电子媒介，与企业的计算机主机联网，由主机来下达收货和订单的原始数据。在现场，它通过无线网络、手提终端、条码系统和射频数据通信等与仓库的员工联系，从而实现对入库业务、出库业务、仓库调拨、批次管理、物料账龄与保质期、库存盘点、质检管理、人员效率分析等功能的综合运用管理。

WMS 的目标是整个仓库的收货、上架、库存管理、拣货、发运达到快而准的要求，通过扫描货品条码和货位条码提高准确率，真实反映仓库实时库存。系统将自动记录每一笔作业，方便绩效考核和责任追究，实现全程条码管理。WMS 主要完成以下 4 项任务。

（1）上架任务。以入库订单为基准，WMS 在收货人员收货完毕并将货物绑定托盘号之后，根据系统后台配置好的上架策略对托盘进行定位，作业人员以系统产生好的上架任务及上架路径为基础进行上架操作。

（2）拣货任务。以出库订单为基准，WMS 在订单运行波次之后，根据在系统后台配置好的分配策略，对订单进行拣货、货位遍历并产生拣货任务，作业人员以系统产生好的拣货任务及拣货路径为基础进行拣货操作。

（3）补货任务。以补货需求为基准，WMS 在满足补货需求时根据系统后台配置好的补货策略，产生对应货位的补货任务，作业人员以系统产生好的补货任务为基础进行补货操作。

（4）盘点任务。以任务需求为基准，WMS 在用户自定义需求后罗列需要盘点的货位，用户确定需要盘点的货位之后创建盘点任务，作业人员以系统产生好的盘点任务及盘点路径为基础进行盘点操作。

WMS 不仅是一套软件系统，更是一种现代化物流管理理念的诠释，它与科学的规划设计、现代物流设备的合理运用是密不可分的，企业可以通过 WMS 减少运营成本，减少物料差错，提高订单执行效率，增强员工执行力与服务质量，为供应链提供更多的增值服务。从另一个方面讲，WMS 更是一种理念的实现，它建立在成熟的物流理念基础上，关注的核心理念是高效的任务执行和流程规划策略，所以企业若想实现 WMS，需要真正调查自己缺乏什么资源，最迫切需求的是什么资源，哪些资源最能带来增值，这样 WMS 的需求功能模块才能有的放矢。

2. 运输管理系统

运输管理系统（transportation management system，TMS）是一套基于运输作业流程的管理系统，是一个以运输业务信息数据为基础，将运输业务中的客户、车辆、运输线路、人员、货物等通过系统管理和优化整合方式，实现业务全流程的快速、精准处理的应用平台。TMS 将运输业务通过网络技术与通信技术集成化应用，可以有效地解决运输企业内部管理与决策过程中因管理职能分散、运输跟踪困难、运输模式决策程序烦琐、物流信息不透明、运输相关文件的自动传输等引起的业务成本偏高等系列问题。TMS 核心功能结构如图 5－7 所示。

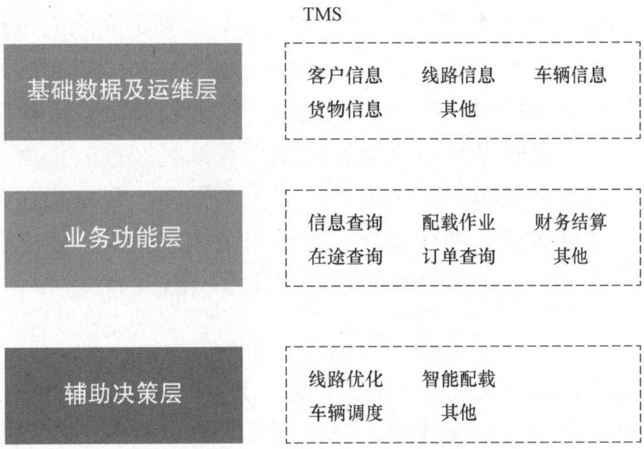

图 5－7 TMS 核心功能结构

3. 订单管理系统

订单管理系统（ordering management system，OMS）是指一套涉及订单处理、管理和追踪的管理系统，通过统一订单向用户提供整合的一站式供应链服务、订单管理及订单跟踪管理，能够使用户的全程物流服务达到满意。OMS 是物流管理链条中不可或缺的部分，通过对订单的管理和分配，使仓储管理和运输管理有机结合，稳定有效地在物流管理中的各个环节充分发挥作用，使仓储、运输、订单成为一个有机整体，满足物流系统信息化的需求，同时提高客户服务水平。

4. 车联网

车联网是借助高速发展的通信技术，通过搭载通信终端的车辆每时每刻地进行数据交互，实现车内、车与车、车与路、车与人、车与服务平台的全方位网络连接，提升车辆智能化水平和自动驾驶能力，构建汽车和交通服务新业态，从而提高交通效率，改善汽车驾乘感受，为用户提供智能、舒适、安全、节能、高效的综合服务。物流行业的车联网应用更多的是利用 GPS 导航系统、先进的 RFID 技术、移动网络通信技术等，使人与车、人与货、车与车之间实现互联互通，实现运输过程的透明化管理；通过把所有联网车辆聚集到运力资源池内，解决货找车、车找货等各种信息不对称问题，大大提高了物流运作效率并减少了物流资源浪费的情况。

5. 大数据

大数据（big data）指的是所涉及的数据资料规模巨大且无法通过目前现有的软件系统或应用工具，在有效时间内提取、处理并整理成对用户可用的信息。大数据的 4 V 特点是：volume（大量）、velocity（高速）、variety（多样）、value（价值）。现在的物流系统是一个综合性的业务处理体，业务范围涵盖了车辆运输、货物存储、物品配送等。每个业务都在不停地产生数据，这些都以数据流的形式源源不断地上传到云端数据库中，形成大数据的一部分，驱动整个零售系统的资金、商品和信息流动不断优化，从而对商家销量预测、库存分仓策略、智能调拨方案等工作进行数据支持，整体提升了企业决策能力。

6. 人工智能

人工智能最早于 1956 年的达特茅斯会议上被提出，通常定义为通过计算机建模来实现对人类智力行为的模拟，并根据人类思维进行创造性活动的技术。广义的人工智能则包含一系列基于模仿、扩展人类智能的技术，包括语音识别、计算机视觉、人机交互、机器学习等。随着技术的日益成熟，人工智能已经在物流领域发挥着举足轻重的作用。通过对人工智能的应用，仓库可以实现自动化管理和智能决策，例如库存预测、订单优化、拣选和包装等。同时，在配送作业中，与大数据技术进行结合，根据历史配送数据，建立合理的智能化调度系统，可以为优化即时配送、提升行业的服务效率和质量做出巨大贡献。

7. 自动化

自动化是指机器设备、系统或过程（生产、管理过程）在没有人或较少人的直接参与下，按照人的要求，经过自动检测、信息处理、分析判断、操纵控制，实现预期目标的过程。自动化技术正广泛应用于物流领域中，通过建立自动化仓储系统、自动化输送系统、自动化拣选系统及计算机控制系统，实现物流货物的自动拣选和配送，取代原有的人工搬运工作模式，从而进一步释放生产能力。

8. 云计算

云计算（cloud computing）是分布式计算的一种，指的是通过网络“云”将巨大的数据计算处理程序分解成无数个小程序，然后通过多部服务器组成的系统处理和分析这些小程序，得到结果并返回给用户。通过云计算技术，物流企业不必自己购买并建立独自的服务器和配置软件，也不需要按照自己的规划来建立自己的数据处理中心等服务器中心，只需通过向云服务商购买自己所需要的服务来解决需求，这种模式在很大程度上降低了物流企业因信息建设所花费的成本，与此同时在整合信息资源、车辆配载、运输过程监控等工作中起到重要作用。

9. 5G

5G 即第五代移动通信技术，是继 2G、3G 和 4G 技术之后的延伸，其设计目标是高数据速率、低传输延迟、提升传输质量、节省能源、降低成本、提高系统容量和大规模设备连接，该网络实现了人、机、物互联。5G 技术的出现，不仅为人们生活带来了便利，同时也影响了各种行业形态，包括：与虚拟现实等技术结合应用于仓储领域，对仓库工作人员进行引导，提高工作效率；与智能算法结合应用于无人驾驶领域，推动车联网、自动驾驶等技术的成熟和落地；与定位系统结合应用于配送领域，可以实时跟踪货物的位置和状态，优化物流路线和配送计划，提高了物流的效率和可靠性。

10. 区块链

区块链（blockchain）是近几年来一项方兴未艾的技术，是以密码学技术、分布式存储、共识算法、P2P 网络技术等多项技术融合形成的一种新兴技术。随着信息技术水平的不断提升，区块链技术也不断演化，因其具备匿名性、防篡改性、可审计性、可验证性、可编程性等多种特点，通过合理改造可实现对库存数据的可信、透明、安全管理。区块链技术应用于物流业能够真实可靠地记录和传递资金流、物流、信息流，从而优化资源利用率、压缩中间环节、提升行业整体效率。

11. 增强现实

增强现实（augmented reality，AR）是一项出现于虚拟现实技术（VR）之后的新型视觉体验技术，属于“人”与“虚拟信息”之间的交互技术。相较于 VR 技术，AR 技术注重的是虚拟信息与现实场景的结合，不仅起到视觉范围物理信息补充的作用，还能使用户以多种方式与虚拟场景进行交互，从视觉感受上来说相当于把虚拟物体呈现在人的周围真实环境中来。AR 的应用范围可以渗透到各行各业，可为人们提供多方面的辅助作用，在物流领域常被用于改善仓库导航和培训，降低物流作业上手难度，提高物流作业效率。

智慧仓配一体化的软件技术应用如图 5－8 所示。

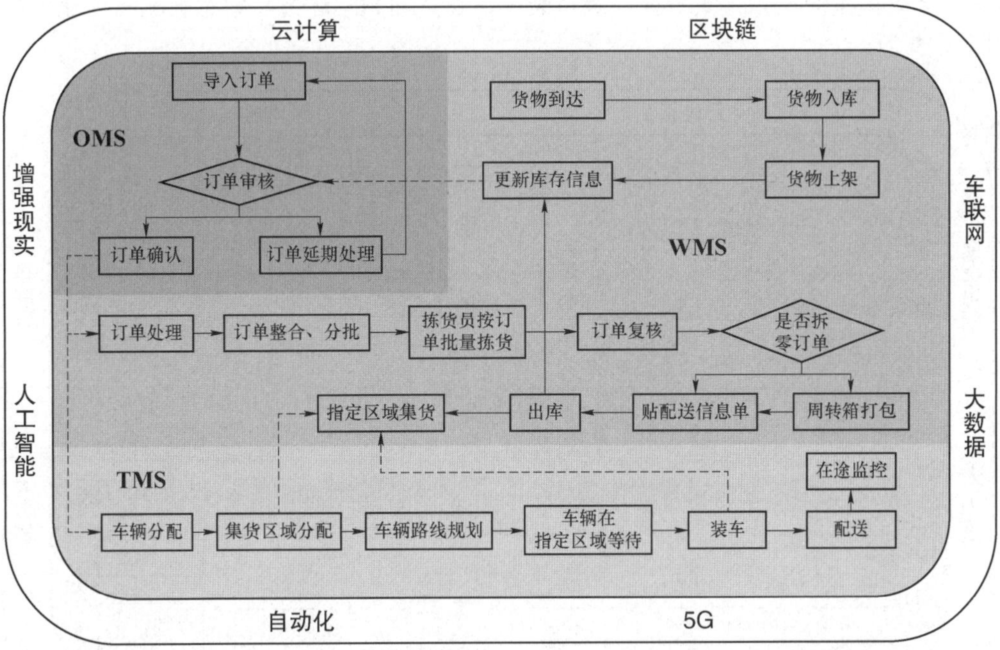

图 5－8 智慧仓配一体化的软件技术应用

在车联网、自动化与 5G 技术的支撑下，形成 OMS、WMS 与 TMS 的整体联动。OMS 通过 WMS 所提供的库存信息进行订单审核，从而确认订单是否需要延期处理。待 WMS 库存充足时，进行订单确认，订单信息进入 OMS 进行订单处理，并进入 TMS 进行车辆分配。

订单在 WMS 中经过整合、分批拣选等过程进行出库，同时在 TMS 中进行车辆与集货区域分配，WMS 根据 TMS 所给定的集货区域进行集货，最后由 TMS 在集货区域进行装车并配送。

在此过程中产生的一系列信息将通过大数据技术进行收集，经过人工智能、云计算对数据进行库存预测、订单分析等处理后反馈给 WMS 系统，并应用区块链技术进行库存数据的管理。

5.2.3 技术应用

在应用自动化设备的基础上，以车联网、5G 技术为支撑，OMS 可随时获取电商平台的客户订单并确定订单状态，同时与 WMS 进行联动。在订单审核阶段，OMS 根据库存信息判断订单是否可完成，在库存满足条件下确认订单，在库存不满足条件下对订单做延期处理。当 WMS 经由 RFID 技术识别并补充商品入库后，通过码垛机器人码垛并采用穿梭式货架、自动化立体仓库或多层穿梭车进行上架，OMS 根据更新的库存信息再对延期订单进行确认，确认后订单通过 OMS 传递至 WMS 开始后续作业。

WMS 首先需要对订单进行整合与分组，而后根据订单分组打印拣选任务单，仓储潜伏式机器人或箱式仓储机器人在视觉识别设备的辅助下根据拣选任务单进行拣货。在订单拣选完成后进行订单复核，确保商品与客户订单保持一致。复核完成后，对拆零商品使用周转箱打包，接着在商品外包装上张贴配送信息单，最后由 RFID 识别商品并出库，更新库存信息并由轨道穿梭车搬运至指定集货区，等待装车，进入 TMS 环节。智慧仓配一体化的技术应用如图 5-9 所示。

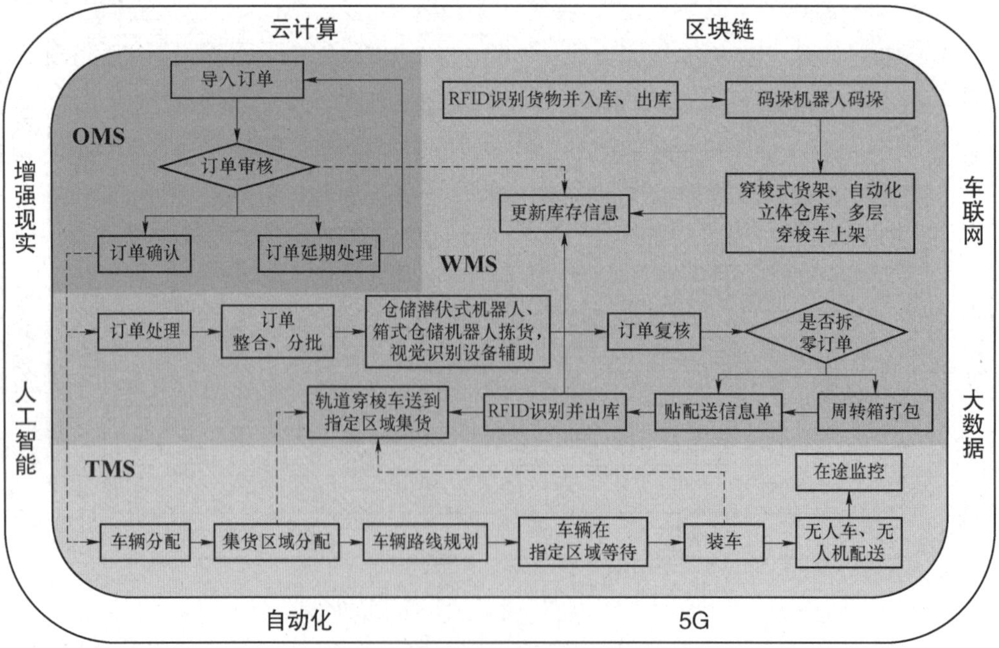

图 5-9 智慧仓配一体化的技术应用

OMS 将订单传递至 TMS，TMS 根据订单信息安排车辆和订单集货区域，将订单集货区域信息传递至 WMS，以便仓储部门在订单拣选完成后在商品外包装上张贴配送信息单。在车辆分配与集货区域分配完成后，根据每个车辆分配的配送订单情况，应用车联网技术进行车辆路线规划，司机将配送车辆停至指定区域等待装车。装车完毕，由无人车或无人机执行配送任务，配送过程中可通过 TMS 进行全程实时监控。

在整个智慧仓配一体化的流程中，无论是订单、仓储，还是配送，都会产生大量的相关信息，这些信息经由大数据技术进行收集，再通过人工智能技术与云计算技术对数据进行整理与分析，产生订单处理、库存预测、路径优化等运算结果并反馈到 OMS、WMS 与 TMS 中进行全流程优化。

5.3 智慧仓配一体化的运营模式

经过一定时间的发展，智慧仓配一体化在传统仓配模式的基础上，形成了多种不同的运营模式。按照一定的标准将这些运营模式进行归类总结，有助于加深对智慧仓配一体化的整体认识。但由于市场业态和发展形势的多元化、动态化，智慧仓配一体化不同运营模式的归类研究实际上仍然有待完善。目前已有的研究主要是针对仓配一体化的服务主体、运营主体和网络结构进行分类。对服务主体而言，可以按照服务主体分为对企业的 B2B 模式和对消费者的 B2C 模式；对运营主体而言，可以按照业务模式分为自营模式、合作模式和平台模式；对仓配一体化的网络结构而言，可以按照分仓模式分为单仓、总分仓、多仓覆盖、前置仓等。

5.3.1 按服务主体分类

1. B2B 模式

B2B（business to business）即企业对企业。传统市场经销商提供的服务就是仓配一体化的运营逻辑，自建仓配体系完成终端零售店的配送任务，但该服务缺乏规范仓库管理理论，亦不存在与之相匹配的、功能更加多样化的配送中心，导致配送及仓储成本升高，摊薄了运营利润。智慧仓配一体化中的 B2B 模式是对传统 B2B 运营模式的提升。由于配送下游为企业，所以重点在于干线运输和大宗货物的仓储方面，分拣需求较低，业务体量较大、规模较大，产品构成取决于产品供应商，最具代表性的就是生产制造类企业，如宝钢、万向、美的等，以及大型连锁零售企业等。

1）业务流程

客户查看库存信息后下达订单，OMS 将订单分类后传递至 WMS，并将分拣任务推送至无人小车，无人小车将商品送至分拣区，完成订单分拣并在商品外包装上粘贴配送单。拣选完成的货物推入流水线分流至指定位置集货，在每一条流水线出口进行出库核销。

OMS 在将分类后订单传递至 WMS 实施拣选任务的同时，也将订单传递至 TMS，TMS 将配送任务发送给配送车辆和司机，司机接受任务后在指定时间将配送车辆停至指定集货区域等待装车，并在办理单证交接后根据系统分配路线完成商品的配送。在整个配送过程中，TMS 通过 GPS 实施车辆状态监控，同时将信息反馈给前端客户。B2B 智慧仓配一体化的业务流程图如图 5－10 所示。

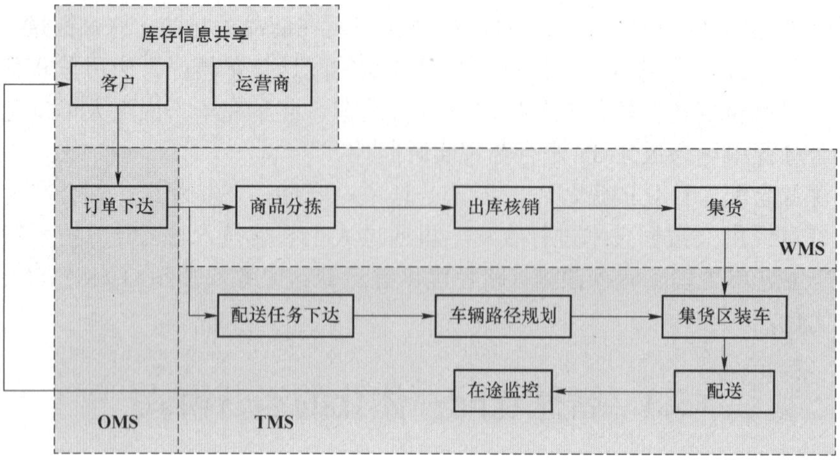

图 5-10 B2B 智慧仓配一体化的业务流程图

2）模式特点

（1）客户面较窄。B2B 业务主要针对企业、组织、政府等机构型客户，客户面相对较窄。产品参数、用途确定后，其对应的市场体量基本固定，不以人的主观意志为转移，因此比较容易对目标客户群进行精准定位，宏观上有利于把控市场规模、市场分布、行业趋势，微观上有利于专注产品价值、进行个性化营销，对于库存预测、配送路径规划都具有较为固定的特征，波动性较小。

（2）交易流程复杂。B2B 业务合同一般是以公司形式签订，每一个公司都有对外合同的审批流程、付款流程。以最简单的一次性付款合同为例，仅从付款业务展开，就涉及采购申请、领导审批、财务付款三个环节，整个过程复杂而漫长，但经过合同确定后，整个仓配一体化的流程基本确定，日常运行流程基本不变，可提前进行路径规划，降低运输成本。

（3）合作状态稳定。B2B 业务往往客户数量有限，因为 B2B 企业更换供应商风险较高，大部分客户都希望能够长期合作而不会轻易更换供应商。双方更多侧重于互惠互利、长期合作。一般情况下，B2B 业务买卖双方的业务关系密切、企业间信息共享，是比较稳定的合作伙伴。

（4）流程制定严格。由于 B2B 模式涉及两企业之间的合作，因此涉及金额随之增大，风险也同样提高。一是产品本身的性能和品质是否能够达到合同标准，二是运输、装卸货等环节也可能损坏设备，更为严重的是可能碰到不诚信公司，钱货两空。因此，B2B 业务须制定严格的流程制度，这样有利于控制风险。智慧仓配一体化通过大数据、人工智能、机器人等的使用可以更加严谨安全地将货物运送到顾客手中。

（5）注重关系管理。B2B 模式对关键客户管理和影响购买决策的相关人员的关系管理十分注重。所有营销活动要有利于与客户建立关系和促进交流沟通，B2B 业务客户对关系有着更高的敏感度，这里的“关系”主要就是体现为信任程度，没有信任，合作就很难推进。

2. B2C 模式

B2C（business to consumer）一词是指在企业与作为其产品或服务的最终用户的消费者之间，直接销售产品和服务的过程。智慧仓配一体化中的 B2C 模式主要由电商群体构成，将仓储和配送两个环节进行深度融合，使两个环节的运作形成整体化、同步化。电商企业只需将订单数据推送给仓配企业，后续的合单、转码、库内作业、发运配送、拒收返回及上下游的账务清分等全部由仓配企业来做，电商只需专攻市场销售。这就把原先电商企业的仓储、快递物流公司的货品配送两个独立的环节进行了融合，消除了供应链环节中多余的流程，提升了电商平台订单的流转速率，为电商企业降低了处理成本，也为快递物流企业拓展了新的业务板块。B2C 最为突出的就是菜鸟模式，利用实体仓储网络与庞大的虚拟数据库、标准化物流服务或物流设施缩短配送时间、提高配送效率。

1）业务流程

仓储中心收到出库订单后，机器人根据订单高效执行指令，多种快速拣选方式并行自动分配任务，通过高效的调度算法系统结合工业相机快速读码技术和智能识别系统，科学规划最短路径完成商品的分拣，再通过全自动封箱、贴面单等步骤完成商品打包，随后将商品放置于高速分拣轨道，根据收货区域自动流转至相应区域完成同区域商品集中打包，通过货物、车辆并行拣选作业，科学分配运输车辆，完成商品的装车配送。B2C 智慧仓配一体化的业务流程图如图 5－11 所示。

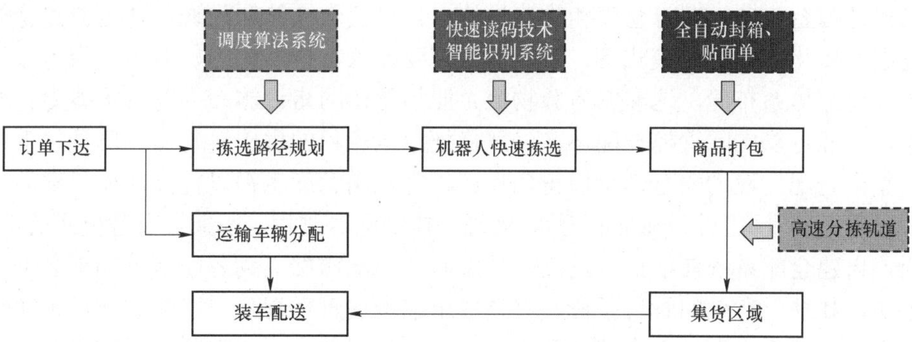

图 5－11 B2C 智慧仓配一体化的业务流程图

2）模式特点

（1）受众广，难预测。B2C 业务由于直接面向最终消费者，往往购买者很多，即便是一些定位小众的产品，如果将消费者按照性别、年龄段、购买能力等分类集中，理论上说也是动辄千万级的受众。因此，对任何 B2C 企业来说，与自身产品相关的整个市场体量难以精准统计和预测，通过智慧仓配一体化的大数据、人工智能与云计算等技术可以良好地实现订单分析与库存预测，从而降低物流成本。

（2）对价格敏感。B2C 业务的大多数客户对价格有较高的敏感度，如果能够很好地策划促销政策，并配合新颖的活动推广，比如限时秒杀、助力砍价等形式能够在短期内促进销售，突出体现在“6·18”与“双 11”等促销活动产生的大量销售订单。促销活动开始后订单量激增，智慧仓配一体化能够通过调整系统进行良好的应对，提高物流整体效率。

（3）不确定性高。B2C 模式下，消费者个人购买产品或服务，不一定会有很明确的购买计划。有可能是根据自己的消费经验、看见的广告、身边的亲朋意见、同事的一句话，突然心血来潮，高兴了就买，不高兴就不买，充满感性因素，具有极高的偶然性，导致库存预测的难度增加。

（4）成单时间快。B2C 业务大多是最终消费品，能做到一手交钱一手交货，非常灵活。一般顾客下完订单之后商家就可以根据订单内容进行仓配一体化整个流程的运行，快速地进入配送流程，尽快送到消费者手上。

从上述对智慧仓配一体化 B2B 模式与 B2C 模式的介绍中，可以总结两种模式的特点，如表 5–4 所示。

表 5–4　B2B 与 B2C 模式特点对比

模式	客户规模	库存预测	需求波动	成单时间	交易价格	经营理念
B2B	小	较易	小	长	高	注重合作关系经营
B2C	大	难	大	短	低	注重价格与促销活动

5.3.2　按业务模式分类

1. 自营模式

该模式是指企业自行拥有仓库和物流设施，自己负责仓储和配送，通过自建仓储配送体系开展仓配一体化业务。此模式下，企业前期需要投入大量的人力、财力、精力在某一区域或全国进行仓配体系布局，这非常考验物流企业的整体网络设施布局与决策能力。通过自建仓配体系，企业可以实际管控仓配环节，严格把控全流程的供应链与服务质量，掌握最详尽的资料，整个仓配过程的安全性可以得到保证，客户满意度也得以提高。如果商品质量、物流环节等出现问题，可以第一时间调整、处理，控制配送过程。因此，自营模式的可控性强。

然而，自建仓配系统前期投入过高，从中心仓、配送站点到各配送车辆都必须由电商企业出资购买，如缺乏有效的管理手段，将造成末端配送管理混乱，影响企业扩张速度，直至成为电商企业的短板。而且，自建仓配体系，尤其是智慧仓配一体化，对物流管理的水平、相关人员的专业化程度提出了很高的要求，管理难度较高。

自营仓配一体化最具有代表性的是京东旗下的京东物流，拥有大量的物流设施，包括仓库、分拣中心、配送中心等，同时积极发展自有运输车队，形成大覆盖范围的自建物流网络，实现了自有物流网络的仓配一体化管理。京东自营仓配的业务流程如图 5–12 所示。

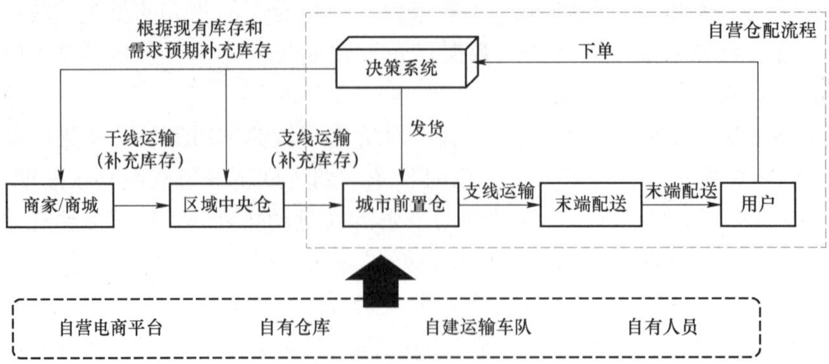

图 5–12　京东自营仓配的业务流程

2. 合作模式

合作模式即企业与合作伙伴联合经营仓储和配送业务，共享资源和风险。企业完全自建仓配体系对资金投入力度和管理水平都有很高的要求，大部分企业无法依靠这一模式维持长时间的运营。当企业对物流仓配过程的管控有一定要求，但并不以此为核心竞争力时，就可以借助合作模式来分担仓配体系构建的压力。这种模式将仓配过程中的某一个或某几个职能进行自建，其余的职能外包或交由合作伙伴行使，以此来中和自建物流的巨大风险；同时，将核心的物流职能掌握在企业手中，提升企业竞争力和优化长期成本。企业可以根据自身的经营状况选择与物流公司或其他伙伴企业进行合作。

例如顺丰速运和苏宁易购的合作，顺丰旗下的合作伙伴在苏宁自营仓库内设立分拣中心和实体店，实现直接为消费者提供快递物流服务。以顺丰、苏宁的合作为例，其仓配模式的业务流程如图 5－13 所示。

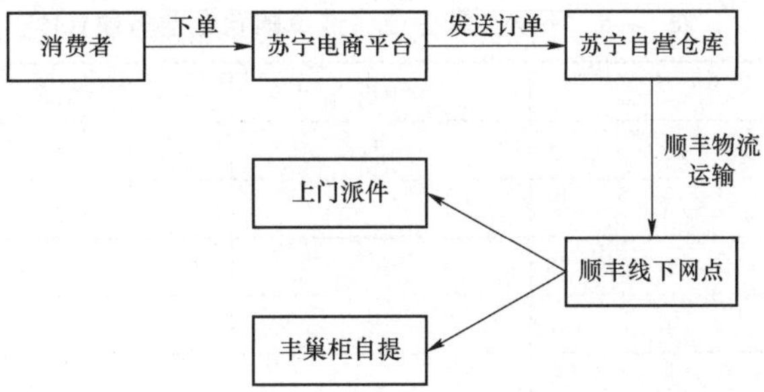

图 5－13 顺丰－苏宁合作仓配模式的业务流程

3. 平台模式

平台模式实际上就是由第三方物流平台提供仓储和配送服务。部分小型或区域化经营的电商 B2B 平台企业由于财力、物力、人力资源有限，选择轻资本运营，通过建立云仓模式开展 B2B 仓配一体化运营，将仓储与配送外包给第三方物流。供应商和客户可以在平台上选择自己需要的服务。这种模式适合各类企业和个人，可以实现定制化需求和快速响应。例如亚马逊，该公司提供电商平台和全球化物流网络，为卖家和买家提供从仓储、发货到送达的一体化服务，助力全球购物。

企业的发展受物流影响的程度较高，选择第三方物流主要是因为该公司的物流处理能力较弱，难以支撑物流业务带来的资金和人力问题；企业的发展受物流影响的程度较低，同时企业又没有较强的物流处理能力，这样则通常会采用从外部购入物流服务的方式。企业的发展受物流影响的程度较高，且企业有超越常规企业的物流处理能力，则通常会选择自营物流模式来承担自家的物流业务。

不同业务模式仓配一体化的优缺点对比如表 5－5 所示。

表 5－5 不同业务模式仓配一体化的优缺点对比

自营模式		合作模式		平台模式	
优点	缺点	优点	缺点	优点	缺点
安全性高	投入成本高	减轻企业负担	与合作方对接难度大	便于企业专注核心竞争力	与客户沟通不及时

续表

自营模式		合作模式		平台模式	
优点	缺点	优点	缺点	优点	缺点
可控性强	管理难度大	发挥企业长处，各取所需	权责划分困难	降低仓配成本	第三方服务质量参差不齐
容易达成较高的客户满意度				仓配服务专业化水平较高	
有利于提升企业形象					

自营模式、合作模式与平台模式各有利弊，企业应考虑自身的经营规模、商品类别等，并综合考虑表5－6所示的因素来选择仓配业务模式。不同类型的企业，应选择适当的仓配业务模式，便于和自身的发展现状相匹配。不同类型企业应选择的仓配业务模式如表5－6所示。

表5－6　不同类型企业应选择的仓配业务模式

考虑因素		自营模式	合作模式	平台模式
企业规模	大	√		
	中小		√	√
物流对企业的影响	强	√		
	弱		√	√
企业对物流的控制力	强	√		
	弱		√	√
产品类别	鲜活、易燃易爆等需要专业化运输的商品	√		
	非标准设备		√	√
	小商品		√	√

5.3.3 按分仓模式分类

1. 单仓模式

单仓模式即企业在某地建一个仓库，所有商品都放在此仓内，由此仓库来满足全部订单的发货，如图5－14所示。此模式在电商发展初期较为常见，主要原因是当时电商企业的日均订单量较少、售卖的商品品类较少、库存深度较浅、顾客群体集中在一线城市等。大部分自营电商平台，比如初期的当当网、红孩子、麦考林等，都采用此种模式。

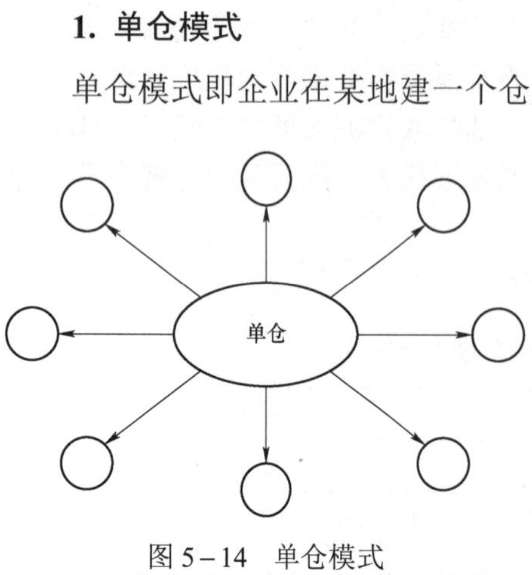

图5－14　单仓模式

2. 总分仓模式

又称“子母仓”，即在某个城市建一个大仓，包含企业售卖的全品类商品并且库存容量大，发货区域覆盖全国，称为总仓。另外，在其他交通便利的枢纽城市建立区域性仓库，这些仓库的 SKU 较少且库存容量较小，发货区域只覆盖周边部分区域，此类仓库称为子仓或分仓。所有的商品都放在主仓里，而根据历史销售数据从总仓往分仓输送商品。

此模式的典型应用案例为发展初期的当当网和卓越。当当网在 2009 年重点推出子母仓体系，比如上海仓（子仓）覆盖区域的订单，如果上海仓库存能完全满足，则由上海仓直接发货；如果不能完全满足，则每日根据数据分析得出调拨的品种和数量，生成北京仓（母仓）至上海仓（子仓）的调拨单，由北京仓（母仓）当晚下架出库，第二天早上到达上海，再入库上架至订单调拨区，最终完成需要调拨订单的出库。

3. 多仓覆盖模式

这种模式是在全国分区域设置仓库，一般设置在主要城市周边，如图 5－15 所示。企业通过与供货商的协调合作，让供货商把货物均分到几个平行的仓库内，再通过电商企业自己内部的调配和调拨，尽可能把几个平行仓的库存货物品类同质化到 80%以上，保证每一类货物在所有的仓库里都有库存。也就是说，采用此模式的平台的仓库可以向全国发货，北京仓可以发上海，上海仓也可以发北京。平行仓与总分仓的区别在于，平行仓没有主仓，平行仓体系中的所有仓库都是出于同一个级别，仓库之间能够实现调拨，但是这样对于下沉领域的消费者市场覆盖率较低。

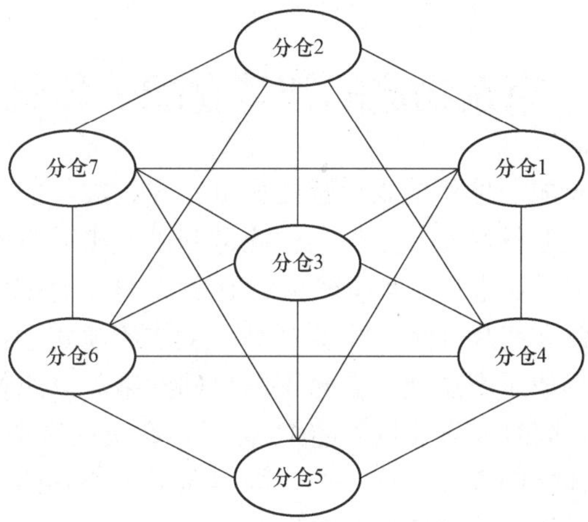

图 5－15　多仓覆盖模式

此种模式对分仓、备货及预测性调拨的要求极高。此模式典型的应用为亚马逊。其中，亚马逊作为全球大云仓平台，智能分仓和智能调拨拥有独特的技术含量。在亚马逊中国，全国 10 多个平行仓的调拨完全是在精准的供应链计划的驱动下进行的。通过其独特的供应链智能大数据管理体系，亚马逊实现了智能分仓、就近备货和预测式调拨。

4. 前置仓模式

前置仓是电商企业为提升商品配送时效性而在社区周边设立的小型仓储中心，也被称为云仓、前置微仓和卫星仓。相对于传统末端配送中心而言，前置仓在距离上距消费者更近，可覆盖周围 3 km 左右；在配送时效上能更快送达，是当下 1 h 达、30 min 达等到家服务的核心战略布局；在规模上较传统配送仓库更小。每日优鲜、盒马鲜生、朴朴买菜、叮咚买菜、永辉超市等皆在全国不同区域设置了前置仓，提供生鲜食品和其他生活用品等的一站式购物服务。

图 5－16 为前置仓网络结构示意图。

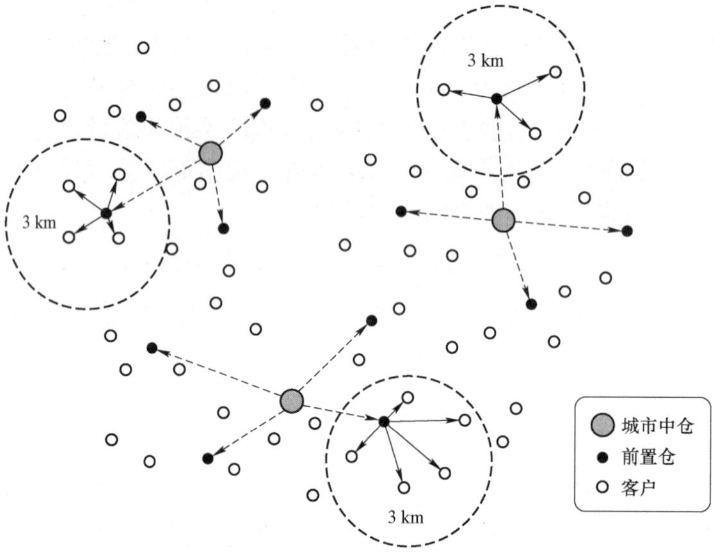

图 5－16　前置仓网络结构示意图

5.4　案例：京东物流的智慧仓配一体化运营模式

京东物流是国内智慧仓配一体化模式运营的典范。经过数年的发展，京东物流已经逐步完成了从企业物流到物流企业的转变，定位为供应链基础设施服务商。目前京东物流主要针对一体化供应链管理，面向企业客户，具有较强的 B2B 属性。仓配服务是京东物流的基础业务，快递快运、大件、冷链和跨境业务是主要产品。从物流模式看，京东物流在仓配模式的基础上融合干支线构架，形成了有层次、有分工的协同网络。京东物流依靠技术输出，构建云仓生态，扩展仓配网络，同时年研发投入超 15 亿元，存货周转和交付时效均表现卓越。

京东物流智慧仓配一体化的高度发展，一方面得益于其成熟的仓配网络结构，另一方面也离不开在物流高精尖技术和设施设备方面的努力。

1. 仓配网络结构

京东物流仓配网络自上而下分为三层：仓储网、运输网、配送网。仓储网以区域配送中心、前端配送中心及其他仓库为节点，运输网以分拣中心为节点，配送网以配送站、服务站为节点。大件、冷链、跨境业务具有更强的专业性，拥有相对独立的网络。

（1）仓储网中的区域配送中心与前端配送中心是首公里的第一站，均作为收货点，客户可于此将初始存货交付给京东物流管理。存货一经接收，算法即可根据所预测的客户需求确定如何在全国各地的区域配送中心和前端配送中心之间进一步分配存货。截至 2020 年 12 月 31 日，京东物流运营超过 300 个区域配送中心，覆盖中国 7 个地区（包括华北、华东、华中、华南、东北部、西北部及西南部）。前端配送中心属于小型仓库，储存的 SKU 较少但每个 SKU 的需求量较高，因此战略性地位于更接近终端消费者的位置，以便更快速地触达终端。京东物流主要仓储产品分层情况如图 5－17 所示。

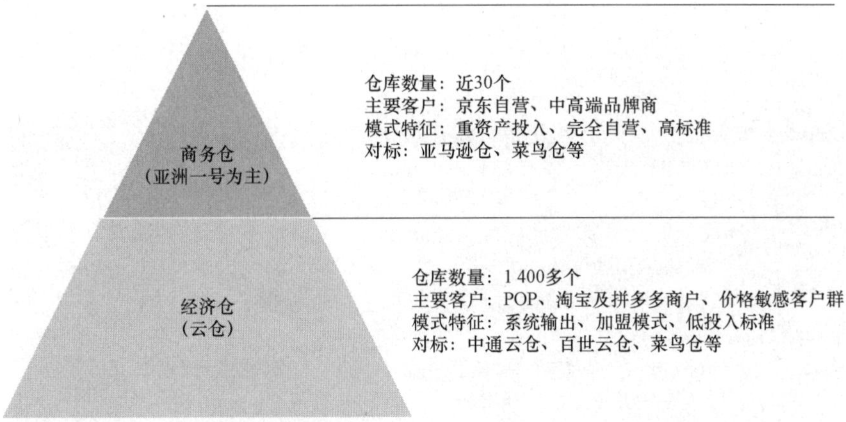

图 5－17　京东物流主要仓储产品分层情况

（2）综合运输网络的核心节点分拣中心连接仓库和配送站。京东物流掌握整个综合运输网络的路线规划和车队调度，使用自营的运输车队及第三方运输服务供货商车队承运。截至 2020 年 12 月 31 日，京东物流在中国运营约 200 个分拣中心，约 7 500 辆卡车及其他车辆。此外，京东物流通过收购物流企业、与其他企业合作等方式对自身的物流网络进行拓展，增强了网络辐射能力和服务水平。

（3）配送网由自有配送团队、配送站、服务站点及自提柜组成。目前京东物流配送网的人员、设施设备的规模均已达到较高水平，自营配送站、自提柜与合作点基本覆盖了国内 270 多个城市。

2. 仓配一体智慧化运营

京东物流的技术体现在自动化、数字化和智能化三个维度。自动化是底层硬件，京东物流的自动化技术包括自动导引车、自动移动机器人、分拣机器人、智能叉车、自动分拣系统、货到人系统、“最后一公里”自动导引车及虚拟现实技术辅助；数字化是中层管理，京东物流的数字化以仓库管理系统、运输管理系统、订单管理系统及供应链控制塔为主体；智能化是上层决策，京东物流利用大数据分析，在业务的每个层级做出智能决策，提供实时数据分析以优化网络密度和设备利用，对路线、存货进行规划。

软件、硬件、系统集成三位一体，形成切换壁垒。京东物流的三位一体指的是其供应链物流技术围绕软件、硬件及系统集成，形成了覆盖园区、仓储、分拣、运输、配送等供应链各关键环节的技术产品及解决方案。三位一体的仓储产物亚洲一号实现一体化物流助力产业发展。在亚洲一号中，京东物流利用自动导引车和机器人技术（可于物流履约高峰期扩展至全天候营运），提升速度与准确性。截至 2021 年 12 月 31 日，公司在全国 33 个城市运营了 43 个亚洲一号大型智能仓库，其中 2021 年新增设 11 个。图 5－18 所示为京东亚洲一号物流中心。

高度智慧化的技术提升了京东物流的仓储管理效率。京东物流仓储网络规模巨大，但由于仓库高度自动化且具有结合自动化、数字化、智能化的强大技术能力，公司能够高效地对其进行管理，并将技术应用于供应链的各个关键环节，将前期规划、实施、智能化决策及后期运营管理相结合，以提升客户体验和效率。凭借强大的技术能力，京东的存货周转天数仅为 36 天，集团 90%的在线零售订单能够于下单当日或次日送达。

图 5-18 京东亚洲一号物流中心

京东物流凭借上述基础构建起了强大的仓配一体化服务体系，在国内物流行业处于领先地位。结合当前的市场发展现状，其仓配服务具有以下特点。

（1）业务体系完善，时效性优良。对比京东物流和顺丰、菜鸟，三家巨头的物流体系相似，完备度较高。从单项业务的规模看，京东物流不及菜鸟，但京东在仓配领域的基础物流实力较强，其供应链一体化能力较突出。按时效性分层的产品化快递服务使消费者能够根据需求来选择，极大地提升了客户满意度。此外，京东物流在大件快运、冷链物流、跨境电商等业务板块同样进行了布局，使得其服务体系更加完善。

（2）仓网成熟，高研发投入。京东物流的仓储网络几乎覆盖全国所有区县，其中包括其自身运营的仓库 1 500 个及云仓 2 000 个，合计面积达 3 000 万平方米（截止到 2022 年末），领先同行。庞大的仓储网络，加上持续的科技投入（研发费率 3%）和数据支持下对消费者需求的洞察力和理解力，使得京东物流能够帮助客户将存货存放于合适的仓库，从而快速地响应订单需求，高效地完成配送。

（3）物流中心数量多，干线运输有提升空间。截止到 2020 年底，京东物流运营中的分拣中心数量约 200 个，一定程度上是由于各自承担的功能存在差别（一般快递公司的分拣中心起到区域集散的功能，而京东物流的部分分拣中心还需要与仓储共同配合）导致的，因而体现到单个分拣中心的日均处理量也与快递公司存在明显差异。从运输能力来看，京东物流自营运输车辆包括 7 500 辆卡车和其他车辆，在业务量快速增长阶段需要依赖外部第三方运力。2021 年，京东固定资产（主要为物流设备、车辆）价值约 89 亿元，其建筑物和自有车辆规模低于顺丰。因此，京东物流自有的运输能力仍有提升空间。

（4）第三方卖家渗透率不高。在平板电视、手机、床上用品四件套、吸顶灯、衣柜各品类中，京东物流的渗透率分别为 5.9%、0.8%、19.2%、0.5%、0.7%，较多的第三方卖家仍选择三通一达，家电龙头美的、海尔则选择使用安能物流、日日顺等。京东物流在与京东集团无深度合作第三方卖家方面，渗透率仍然有待提升。

复习思考题

1. 简述仓配一体化的含义，并简述其与传统仓储配送在业务流程上的区别。
2. 当城市物流发展智慧仓配一体化模式时，你认为需要哪些技术基础？
3. 智慧仓配一体化有哪些常见的分类模式？试阐述各自的运营模式。
4. 常见的智慧仓配一体化运营效率测度指标有哪些？具体论述各指标的内涵。
5. 思考京东在智慧仓配一体化方面的发展优势，分析其存在的问题，并提出改进建议。

第 6 章

城市智慧配送中心设计

6.1 城市智慧配送中心概述

6.1.1 配送中心的概念和功能

配送中心（distribution center）是从事货物的配备（集货、加工、分货、拣选、配货）组织和优质送货的现代化流通设施。《现代物流手册》定义配送中心为：“从供应者手中接受多种大量的货物，进行倒装、分类、保管、流通加工和情报处理等作业。然后按照众多需要者的订货要求备齐货物，以令人满意的服务水平进行配送的设施。”

配送中心与仓库的功能有较大差异，仓库的主要功能是储存货物，强调存储能力和货位管理，配送中心是供应链的重要设施，除了能提供与仓库相同的存货功能外，更注重吞吐能力和拣选管理。配送中心通常具有以下几个重要功能。

（1）调节供需关系。需求变化快于供给变化是供应链面临的主要挑战之一。当需求激增时，配送中心需要有足够的库存产品，才能在高峰期快速配送产品。而当供应商对批量采购给予价格优惠时，往往会触发大规模采购行为，配送中心也需要有能力接纳供应的突然增加，从而调节供需关系。

（2）提高客户响应性。供应链的交付过程可能跨越较大的时空距离，例如从武汉工厂出口到美国的产品，经过卡车、铁路、远洋运输到达美国，任何一个阶段都可能因拥堵、海关、天气、道路状况等原因而延迟，导致交付周期长且多变。如果产品储存在客户附近的配送中心，比如在刚才的例子中，产品提前存储在美国，则发货速度更快，交付周期差异更小，从而可以大大缩短对客户订单的响应时间。

（3）满足个性化需求，提供增值服务。配送中心还为供应链产品差异化环节后移提供了机会。比如汽车制造商将汽车配置在客户附近的配送中心，当客户对汽车内饰有要求时，可在配送中心完成内饰快速组装，这使得制造商能够从有限的一组通用物品中满足许多类型的客户需求。类似的还有给不同国家订单的产品配置相应语言的说明书等。配送中心更常见的增值服务是贴标签和改包装，比如为超市所有促销产品更改价签，或者将大包装改成小包装以适应销售需求。这些过程也可以统统称为流通加工。

（4）整合运输批量，降低运输成本。配送中心可以将多家供应商的小批量、多频次货物合并运输，以降低单个产品的运输费用。比如大型连锁超市往往有数以千计的供应商为几百家门店提供服务，由于补货频繁，如果任何一家供应商向门店直接发货都需要小批量高频送货，实载率低，配送费用高。配送中心则可以接收多家供应商的产品，对其进行分类，为每个门店合并备货，因此每个门店的货物通常可以用满载的卡车运输，从而降低了运输成本。

6.1.2 配送中心的类型

随着商业活动的发展与进步，形成了各式各样的配送中心。配送中心的分类方式有很多，可以按照配送中心目的、功能、配送货物种类进行分类。

（1）按照配送中心的目的划分，配送中心可以分为4个基本类型。

① 合并型配送中心。这种配送中心从不同供应商处接收各种产品，合并后发货给客户，如图6－1所示。

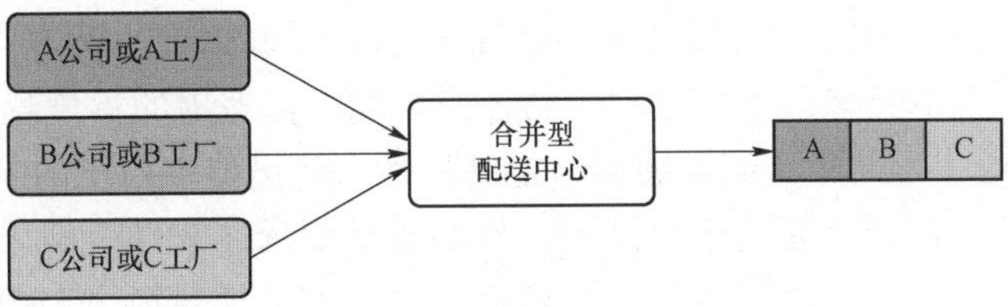

图6－1 合并型配送中心

② 散件型配送中心。这种配送中心有大量的多品种产品，可以将其部分重新分配给不同的客户，如图6－2所示。

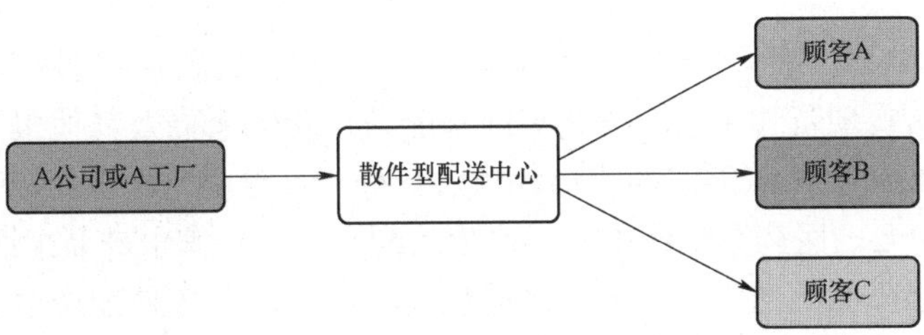

图6－2 散件型配送中心

③ 越库型配送中心。这种配送中心几乎没有库存，只是将大运量运输到达的货物重新分配、合并，最终倒装到小运量卡车上，如图6－3所示。

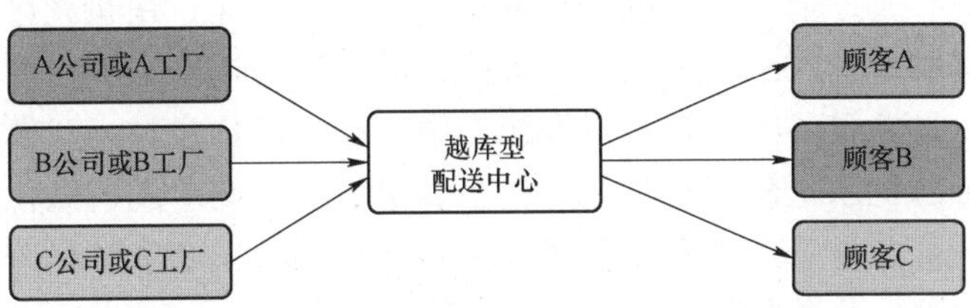

图6－3 越库型配送中心

④ 混合型或订购组装型配送中心。这种配送中心可以混合以上3种配送中心的部分或全

部功能，如图 6－4 所示。这种配送中心也是在提及“配送中心”一词时常用的类型。

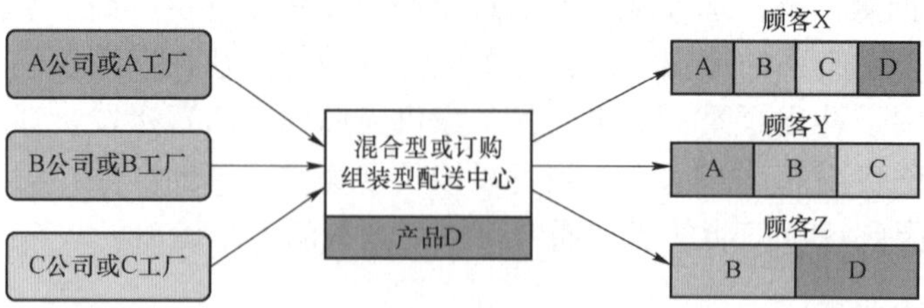

图 6－4 混合型或订购组装型配送中心

（2）按照配送中心主要功能进行分类，配送中心大致有 5 种类型。

① 制造商型配送中心。这种配送中心的目的是为生产制造环节提供上线配送，及时地将预先配齐的成组元器件运送到规定的加工和装配工位。服务零件的配送中心是最难管理的设施之一。它们持有昂贵的资本设备的备件，如汽车、飞机、计算机系统或医疗设备。因此，一个工厂可能对配送中心的库存有巨大投资：数万甚至数十万个零件，其中一些非常昂贵。

② 批发商型配送中心。这种配送中心的商品来自各个制造商，按部门或商品类别不同，把每个制造商的商品集中起来，然后以单一品种或搭配向消费地的零售商进行配送。

③ 零售商型配送中心。零售商发展到一定规模后，就可建立自己的配送中心，为专业商品零售店、超级市场、百货商店、建材商场、粮油食品商店、宾馆、饭店等服务。零售配送中心一个典型的订单可能包括数百或数千个项目，因此产品流量巨大。由于订单通常提前一天或更长时间订购，配送中心计划性大大增强。

④ 第三方物流配送中心。第三方物流供应商为多个客户提供服务，从而获得客户无法单独实现的规模经济或范围经济。第三方物流设施也可以作为溢流设施签订合同，处理产品流中的激增。

⑤ 转运型配送中心。这类配送中心是实现不同运输方式或同种运输方式联合（接力）运输的物流设施，通常实现货物中转、货物集散与配载、货物仓储及其他服务等。

（3）配送中心还可以按照配送的货物种类进行分类，这种划分就很多样，比如食品配送中心、日用品配送中心、医药品配送中心、化妆品配送中心、家电产品配送中心、电子（3C）产品配送中心、书籍产品配送中心、服饰产品配送中心、汽车零件配送中心等。

6.1.3 城市智慧配送中心

1. 配送中心智慧化层级

城市智慧配送中心通过配送中心流程数字化、作业自动化、决策程序化，人机协同完成复杂的配送任务，有助于确保配送中心的业务操作满足客户需求。城市智慧配送中心是信息技术、算法和智能化设施设备的结合，根据配送中心采用的信息技术、算法、智能化设备的类型、协同程度，智慧化水平从相对简单到相当复杂不等，简单的智慧化系统使用设备和车辆，以减少重复性任务，复杂的智慧化系统则更多地利用人工智能和机器人技术。配送中心智慧化程度可以分为以下几个层级。

（1）配送中心作业机械化：用机械化设备部分代替原本手动完成的任务，比如用传送带将产品从 A 点移动到 B 点，使用自主移动货架装载机器人，提升货架并将其运送到要检索和排序的工作台等。

（2）配送中心系统自动化：这是将软件应用于配送中心业务管理，比如引入 WMS 软件进行出入库管理、货位管理、数据分析，以自动化任务和程序。

（3）配送中心智慧化：将先进的自动化机械设备和智慧化管理、决策和控制系统相结合，不仅完全替代劳动密集型人工工作流程，而且可以为不同业务流分配任务并自动调度和执行任务。例如，使用高级人工智能、摄像头的机器人叉车车队和传感器，可为配送中心每辆叉车导航，并有序地自动执行取送货和装车任务。

2. 配送中心智慧化结构

图 6－5 表示了城市智慧配送中心流程数字化、物理过程自动化、配送智慧化之间的软硬件结构关系。这些系统和硬件构成了智慧配送中心解决方案的基础结构，并可与其他系统的解决方案集成，以有效管理和执行跨供应链的不同任务。

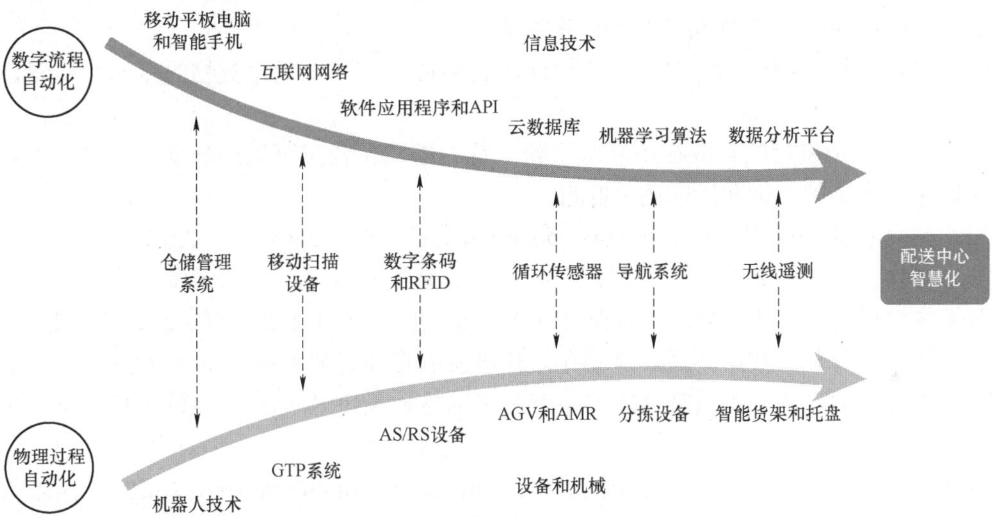

图 6－5　智慧配送中心结构图

1）数字流程自动化

配送中心自动数据处理（automated data processing，ADP）是指用于对数据执行操作的过程、程序、方法、人员、设备和工具之间的自动交互。机器相互交互以共享信息，从而实现对来自多个来源的实时数据的高级分析和可视化。配送中心自动化数据处理系统通常涉及使用各种技术和软件应用程序来收集、分析数据并根据数据做出决策。这些系统可以通过自动化库存管理、订单履行和运输等各种流程来帮助提高效率并减少对劳动力的依赖。

自动识别和数据采集（automatic identification and data capture，AIDC）技术是一组识别、跟踪、记录、存储和通信重要数据的技术。AIDC 技术是配送中心软件系统的前端，提供快速准确的数据收集和输入。在智慧配送中心，多种 AIDC 技术通常被组合在一起，包括条形码、生物识别、RFID、机器视觉、实时定位系统、语音和光学字符识别等，以创建解决方案，促进实时数据的收集、操作和共享。

软件应用程序和 API 也可以用于处理和分析这些技术收集的数据。这些工具可以帮助识别数据中的模式和趋势，从而做出更明智的决策。例如，自动化数据处理系统可能使用机器学习算法来预测机器人和采摘工在给定时间的位置，以智能地组织和排序人和机器人之间的工作，还可以预测某些产品的需求，从而使配送中心能够优化其库存水平，也可用于优化分配劳动力资源，以确保订单按时完成，同时避免人员过剩或人手不足等。这些算法可以通过自动化各种流程和实现实时决策来帮助提高配送中心的效率和有效性。

数字流程自动化的优点包括能够与企业资源规划（enterprise resource planning，ERP）系统集成，增强安全性，提高数据管理效率，降低运营和法律风险，减少手动流程和消除人为错误，增强员工体验，改善客户服务。同时，实施数字自动化技术需要大量的前期投资。这些投资包括硬件、软件、系统及员工培训，也可能增加数据丢失或损坏的风险，以及网络安全威胁。

2）物理过程自动化

智慧配送中心使用各种自动化设备提高效率，减少对劳动力的依赖。物理过程自动化是一种使用自动化设备来最大限度地减少员工劳动的高效工作流程，是从物理世界获取信息，以创建物理操作和供应网络数字记录的基础过程。

配送中心自动化物理系统包括几个组件，它们协同工作以优化货物的存储和检索。其主要组成部分包括：

（1）货架，是将货物存放在不同水平和位置的结构。货架可以是静态的，也可以是动态的，这取决于货物的类型和所需的吞吐量。

（2）自动存储和检索系统（automated storage and retrieval system，AS/RS），是由高层立体货架、堆垛机、输送系统、信息识别系统、计算机控制系统、通信系统、监控系统、管理系统等组成的自动化系统。AS/RS 能充分利用存储空间，通过计算机可实现设备的联机控制，合理地进行库存管理及数据处理。自动存储和检索机是在货架和输入/输出站之间移动货物的设备。根据货物的尺寸、重量及移动的速度和灵活性，AS/RS 可分为单位负载、小型负载、微型负载或穿梭系统。

自动导引车（AGV）和自主移动机器人（autonomous mobile robots，AMR）：两者都可以实现物料运输，它们可以承载各种尺寸和形状的货物，如托盘、集装箱或手推车。两者的核心区别在于：AGV 只是一个大型的执行器，一举一动都依赖于中央控制系统的调度，只能采用固定路线运输，遇到障碍物也无法绕行；而 AMR 本身具备强大的计算能力，它可以通过传感器感知周围环境并做出相应的决策，可以根据配送中心地图进行导航，生成最便捷的路线，遇到障碍物还可以绕行。AGV 和 AMR 可以提高配送中心的灵活性和生产力，并降低事故和受伤的风险。

机器人手臂：是可以执行各种任务的机械设备，如拾取、放置、包装或码垛物品。它们可以具有不同的自由度和配置。机器人手臂可以提高操作的质量和一致性，并减少人为失误和疲劳。

输送机系统：在 AS/RS 和输入/输出站之间运输货物的皮带、滚筒、链条或其他机构的网络。输送机系统可以是模块化的、灵活的或智能的，这取决于定制程度和对不同场景的适应程度。

仓库管理系统（WMS）：是控制和协调自动存储系统操作的软件。WMS 接收来自客户或生产线的订单，将其分配给可用资源，监控货物和设备的状态，并生成用于性能评估的报告和统计数据。

物理过程自动化的优点是增加仓库容量和效率，增强了服务的可靠性和可扩展性，并提高了性能。其缺点是需要大量的前期费用和熟练的劳动力，维护成本高，而且需要高度定制化的设备功能。

3）配送中心智慧化

数字流程自动化和物理过程自动化是配送中心智慧化的前提，配送中心的自动化提供了更优成本效益的解决方案，如节省空间和提高生产力。虽然自动化可以加快流程并降低成本，但它只能在高度规定的条件下实现，这方面特别突出的表现是自动化设备只能处理相似形状和类型的产品，并且需要高度标准化，比如放在托盘等标准化容器上。此外，出于安全考虑，许多机器人和自动化系统与工人保持隔离，限制了这些工具简化和改进仓库流程的方式。

另外，配送中心的使用方式正在发生变化，这种变化进一步推动了对更智能、适应性更强的自动化日益增长的需求。这些需求集中在以下 4 个方面。

（1）吞吐速度足够快。配送中心被要求支持更短的产品生命周期来适应更快的供应链，并尽快交付产品，因此配送中心也被称为“吞吐量中心”。

（2）能够提供关键的供应链能力，如全渠道能力、逆向物流、退货处理，以及从产品组装到产品标签、重新包装、维修等的增值服务能力。

（3）能够存储和处理更广泛的产品范围，在尺寸、温度、脆性和安全义务方面有特定要求，这增加了可处理产品的多样性。

（4）产品处理的高度灵活性，能够适应可变的需求，并在可能需要额外资源的需求高峰期与其他系统和员工互动。

随着配送中心不断发展的需求超出了简单自动化的能力，产品损坏、过期或丢失、加工过慢，以及生产力挑战也在增加，因此在自动化的基础上，配送中心需要基于数字流程自动化和物理过程自动化的协同，通过更可靠和一致的生产力和产出来消除或减少延迟并缩短响应时间，最大限度地提高资产利用率，进一步提高直接和间接劳动效率，从而提高生产力和降低风险。

因此，智慧配送中心必须实施能够管理和优化供应链网络并适应新需求的智能监控技术，能够利用独立和集成自动化及其他机器人技术来实现真正的智能系统，同时与人类一起安全工作。

比如在自动分拣流程中，自动分拣设备是一种可以根据预定义的标准（如尺寸、重量、形状、颜色、条形码等）对物品进行分拣的机器。它可以减少分拣任务中涉及的人工和人为错误，并提高配送过程的速度和吞吐量。然而，自动分拣设备有一些局限性，例如：它可能无法处理复杂或不明确的排序规则，不能根据客户偏好或产品特征对项目进行排序；在新产品、季节变化或特别促销时可能无法适应分拣标准或库存组合的变化；在物品损坏或丢失、传感器故障或停电时可能无法应对意外情况。结合机器学习算法，这些缺陷可以逐步得以解决。机器学习算法是一种人工智能，可以从数据中学习，并根据模式和趋势做出预测或决策。机器学习算法可以通过以下方式增强自动分拣设备的功能：提供更灵活和智能的排序规则，例如使用自然语言处理来理解客户请求或产品描述，或者使用计算机视觉来识别商品图像或徽标；提供动态和自适应的排序策略，例如使用强化学习来基于反馈或奖励优化排序性能，或者使用在线学习来基于新数据或事件更新排序模型；提供稳健和有弹性的分拣解决方案，例如使用异常检测来识别和处理异常项目或情况，或者使用容错来从错误或故障中恢复。通过将配送中心的自动分拣设备和机器学习算法相结合，可以在配送过程中实现更高水平的自动化和智能化。

6.2 城市智慧配送中心流程

6.2.1 智慧配送中心流程

尽管配送中心可以为不同的目的服务，但大多数配送中心都有相同的物流模式，即配送中心接收大宗货物，并将其存放起来以便快速检索，随后响应客户的请求，对产品进行检索、重组、排序、包装，最后将其发送给客户。

从产品最初到达配送中心的接收阶段到最终离开配送中心的运输阶段，构成了配送中心的流程。图 6－6 显示了智慧配送中心的一般流程。

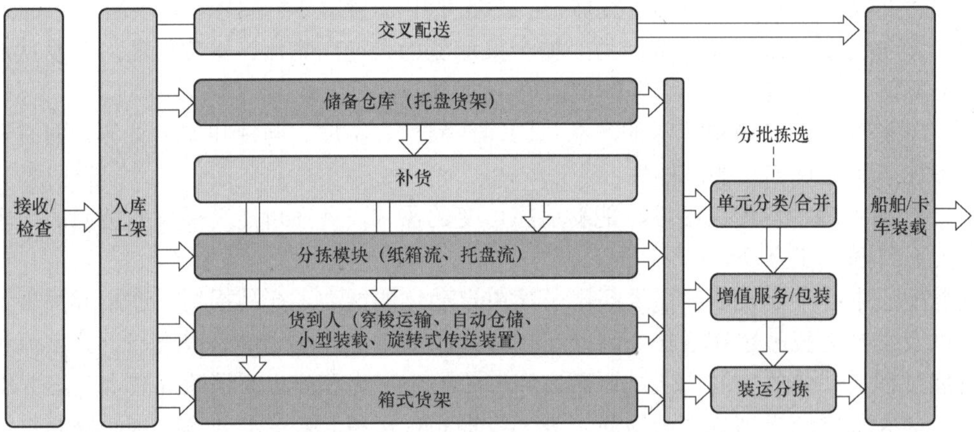

图 6－6 智慧配送中心的一般流程

配送中心的内部流程可以分为两大基本功能：入站和出站，有些配送中心还有交叉配送流程。

1. 入站

入站流程由收货和入库上架组成。

1）收货

收货环节涉及将物料带入配送中心所需的所有活动，包括拆包、检查和准备入库。收货环节从提前通知货物到达开始，准备启动收货和卸货，并与库内的其他活动有效协调。一旦货物到达，它就立即被卸载、扫描以登记其到达，进行检查并记录任何异常情况，如损坏、计数错误、描述错误等，自动更新库存数量，并根据需要触发付款等金融活动。

货物到达配送中心通常以较大的包装单元（如托盘）从上游到达，因此劳动力需求通常不高。如果是混合托盘到达，可能需要分解成单独的纸箱，松散的纸箱可能需要用托盘储存，这种情况需要的劳动力需求会增加。典型的配送中心，收货环节仅占运营成本的 10%左右。如果采用 RFID 技术，这一成本有望进一步降低。

2）入库上架

入库上架是将物料放入存储区的行为，包括确定要使用的实际存储位置、输送物料到该位置，以及确认存储已完全完成的所有动作。

在物料可以放置之前，必须确定合适的存储位置。这一点非常重要，因为将物料存放在哪里，在很大程度上决定了以后为客户取回物料的速度和成本。因此，存储位置需要被规划和管理。

物料存储的位置既可以是存放时间较长的存储货位，也可以是将被快速分拣的前向拣选位置，这需要根据物料的流动特性和配送中心功能区定义共同决定。当物料放置到相应货位时，需要扫描存储位置，这些信息随后将用于构建有效的拣货清单，以指导订单拣货员为客户检索产品。

由于物料可能需要移动相当长的距离到其存储位置，因此入库上架可能需要相当多的劳动力。该环节通常占配送中心运营费用的15%左右。

2. 出站

出站流程由订单履行和运输组成，从客户下订单并进入配送中心处理系统时开始。

1）订单处理

仓库的出库流程是由收到客户订单启动的，订单中的每个条目被称为订单行，通常由所需的项目和数量组成。配送中心中的订单处理通常由 WMS 完成，收到客户订单后，WMS 根据可用库存检查订单并识别缺货，然后生成领料单，制作必要的运输文件，并安排订单的挑选和运输。

2）订单拣选

WMS 对订单重新组织以匹配配送中心的布局和操作，从而提高效率。例如，如果客户订购了 15 件特定物品，WMS 可以检查该物品是如何包装的。如果一个纸箱包装 12 个物品，则 WMS 可以将 15 件特定物品的订单行转换为两个拣货行，一行用于对包装了 12 个物品的 1 个纸箱整体拣选，另一行用于拣选 3 个单品。在许多仓库中，每次单品分拣和纸箱分拣都是单独的过程，分拣线会适当分流这些流程。

拣货行是对订单拣货人的指示，告诉他们在哪里拣货、拣货内容、拣货数量和相应计量单位。每个拣货行代表要访问的位置，由于走行距离是典型配送中心中最大的劳动力成本，因此拣货行的数量反映了所需的劳动力工作量。

挑选单可以是一张物理纸张，或者仅仅是通过 RF 或语音传输传递的一系列请求。WMS 将拣货行按一定的规则插入到拣货列表中，比如同一个区域的订单集中在一起，这样订单拣货员就可以集中在配送中心的一个区域拣货，同时对拣货顺序进行排序，从而减少走行距离，以实现更高的效率。

订单拣选是订单履行中特别劳动密集型的部分，可占总配送中心成本的 50%～60%。其中，一半以上的成本来自拣货员的拣货时间。

3）检查和包装

拣选订单后，需要检查拣选的准确性，此步骤可以包含在包装活动中，也可以作为单独的流程完成。包装工作是确保物料状况良好，以及向包裹添加需要的运输文档和标签。包装可能是劳动密集型的，因为客户订单的每一件都必须处理，订单准确性是衡量客户服务的一个关键指标，而这正是大多数企业竞争的基础。

包装的一个复杂之处是，客户通常更喜欢将订单的所有部分装在尽可能少的包装箱中，因为这样可以降低运费和装卸费。这意味着必须尽量将订单的所有部分打包。电子商务类型的配送中心可能会对客户的订单单独发货，而不会根据同一个客户合并包装，比如你相隔30 min 在京东下了两个订单，两个订单会分期分批装运，你会收到两个包裹。这会增加包装频率，支付更多的运费，但提高了订单响应性。

包装完成后需要对包装好的产品进行扫描，以记录客户订单状态，也标志着即将离开配送中心并进入运输环节。

4）运输

运输流程包括将包裹合并发货、准备运输相关文件，以及装载货物。

运输通常比拣货处理更大的单元，因为包装将物品整合到了更少的容器（箱子、托盘）中。因此，装载的劳动力需求较少。

5）增值服务

除常规的入站、出站流程外，配送中心还承担大量增值业务。典型的增值活动包括以下几个方面。

（1）退货，零售业的退货率约为 5%；在电子商务中，退货率为 25%～30%。

（2）重新包装，即重新包装物品以形成新物品。

（3）推迟最终组装、OEM 标签，例如许多计算机设备制造商在仓库中完成组装和包装。

（4）开具发票。

3. 交叉配送

为了降低成本，配送中心也可以有交叉配送流程。该流程的特点是到达的货物直接从收货转移到发货，货物从抵达卡车上提取，分拣并装载到要离开的卡车上，而无须中间存储。因此，货物可以在配送中心更快地移动，并且可以避免配送中心劳动力中最昂贵的存储和拣选部分。

交叉配送流程需要很多搬运设备，如叉车和托盘搬运车，用于搬运货物。劳动力通常是主要成本，主要用于卸载、转移货物和卡车装载。因此，交叉配送流程主要处理的是包装材料和产品流，不是存储位置和分拣。

交叉配送流程存在的最大原因是为了降低运输成本。零担运输相对于整车运输成本要高很多倍，因此供应商可能用整车运输将大批量货物运到配送中心，然后与同一客户的来自其他供应商的货物合并，用更小型的车辆以满载方式配送到客户，这样便可以节省大量运费，同时也减少了库存成本。有交叉配送流程的配送中心比较常见于大型连锁零售配送中心为其门店配送货物，比如家得宝的配送中心就广泛采用这种方式为其门店配送。

6.2.2 物料流

本节介绍物料流，它是配送中心一切活动组织的基础，无论是规划设计，还是运营管理，都需要基于对物料流的分析和设计。

1. 库存单位

库存单位或 SKU 是组织跟踪产品的最小物理单位。在供应链的上游，产品通常以较大的单位流动，如托盘；随着其向下游移动，逐渐分解成更小的单元。因此，产品可能会以托盘装载的方式从工厂转移到区域配送中心；然后在某些情况下送往城市配送中心；最后是零售店的内包装，甚至是以最小的单件提供给消费者。图 6－7 展示了配送中心库存单位的变化。

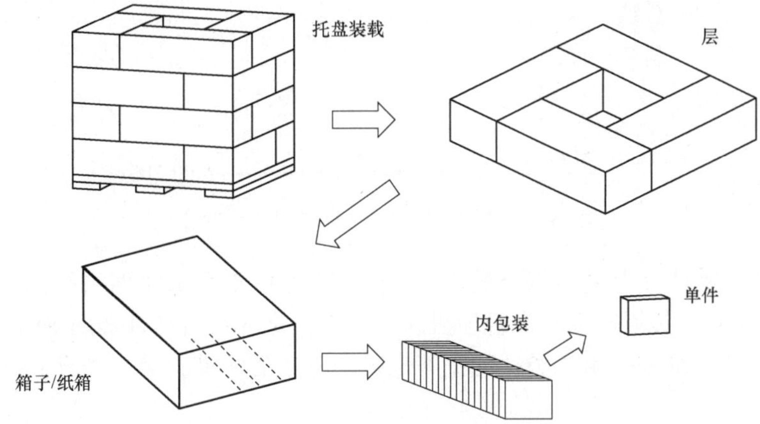

图 6－7　配送中心库存单元的变化

配送中心对产品进行重组和重新包装。产品通常以较大规模的包装到达，而以较小规模的包装离开。换句话说，配送中心的一个重要功能是分解大块产品，并以较小的数量重新分配。例如，一些 SKU 可能以托盘数量从供应商或制造商处到达，但以实际数量发货给客户；一些移动速度非常快的 SKU 可能会以托盘的形式到达，然后以单品的形式运出。

最耗费人力的订单分拣是小于一个纸箱包装数量的分拣，通常称为破箱分拣。破箱分拣是劳动密集型的，因为它需要处理配送中心里最小的计量单位，而且由于 SKU 的大小相异和种类繁多，通常难以实现自动化处理。相比之下，由于纸箱具有相对均匀性，其拾取就容易自动化。越是接近消费者的配送中心，比如为零售服务的配送中心，处理的库存单位就越小。一般来说，处理单元越小，处理成本就越高。例如，在零售店备货时，单独分拣 10 000 盒回形针与将这 10 000 盒回形针包装成 48 个纸箱，相比处理这些箱子所需的劳动力要少得多；如果将这些纸箱按 24 个堆叠到托盘上，则耗费的劳动力更少。

2. 存储空间和时间（工时）

配送中心管理是对空间和时间（工时）的谨慎使用。空间和时间都很昂贵，因此希望尽可能少地使用空间和时间来交付产品。

配送中心的每个存储位置都分配了唯一的地址，这既包括固定的存储位置，例如货架的一部分，也包括移动位置，例如叉车的货叉。存储位置代表了空间，与之相伴的是专用设备成本如货架或流动架、租金、供暖/空调、安保等成本，这些成本很昂贵，促使配送中心要尽可能有效地利用存储空间。

存储空间利用受多方面因素影响，首先是 SKU 的流动特征，其次是空间存储策略。

1）SKU 的流动特征

配送中心中 SKU 的拣选次数和 SKU 数量之间一般具有明显的长尾特征，如图 6－8 所示，仅有一小部分 SKU 十分活跃，拣选次数多，流动性强，吞吐量大，占据了配送中心大部分活动，而绝大部分 SKU 是不活跃的，拣选时间少，存储时间长。

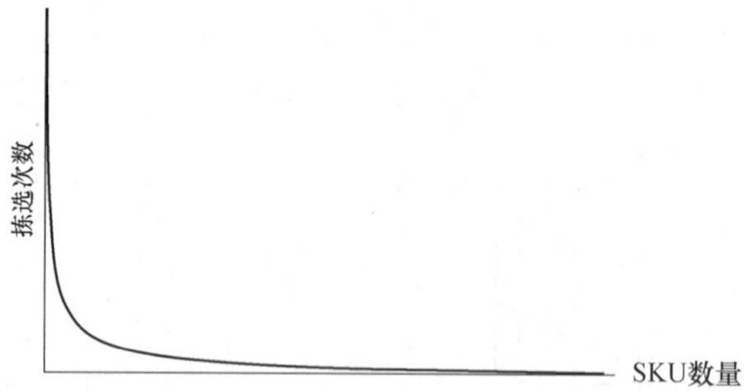

图 6-8　配送中心 SKU 拣选的长尾特征

基于此，从某种意义上说，每个配送中心的存储空间被分成了两类：第一类是围绕快速流动的 SKU 组织的，其管理重点是管理流量；另一类是针对流动性弱的 SKU 组织的，其占用空间要比第一类大得多。第一类存储空间是劳动密集的区域；第二类存储空间是消耗物理空间的区域。

2）空间存储策略

有两种主要策略用于存储产品：专用存储和共享存储。

专用存储是将每个位置指定 SKU，因为 SKU 的位置不会改变，拣选次数多的 SKU 可以存放在更方便的位置。

专用存储的问题在于它不能有效地利用空间。考虑一个理想的 SKU 需求曲线，如图 6-9 所示。在任何一个周期内 SKU 被均匀地消耗，周期末补货到最高水平。在一个周期中，存储位置最初被填满，但随着 SKU 发送给客户而清空。因此，该存储位置平均有一半是空的。

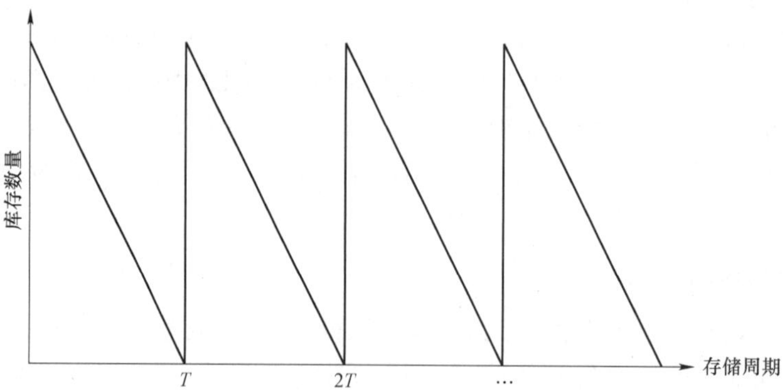

图 6-9　专用存储空间占有情况示意图

一个配送中心可能有数千或数万个存储位置。如果使用专用存储，则每个存储空间都将分配一个 SKU。每种 SKU 可能有不同的补货周期，因此，在进入这样的配送中心时，人们预计会看到有些存储空间几乎是空的、有些是半满的、有些几乎满了，平均而言，存储空间仅被利用了约 50%。

为了改进这一点，可以使用共享存储策略，其主要思想是一个存储位置可以分配给不同的 SKU，当某一存储位置被清空，就可以随时收回，分配给需要的 SKU，以充分利用存储空间。

使用共享存储可以在多大程度上提高空间利用率呢？同样考虑一个需求速率恒定的 SKU，如图 6-10 所示。

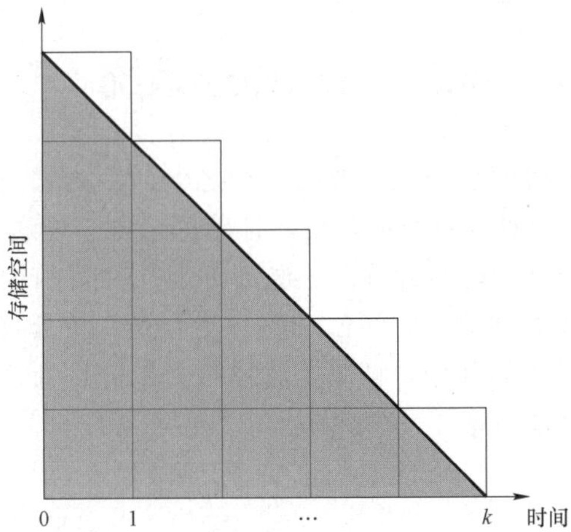

图 6-10 共享存储空间占有情况示意图

假设有两周的供应量，如果将其存储在两个大小相等的位置，并将所有订单分拣仅定向到一个位置，那么一周后，第一个位置将被清空，可重新分配。第二周后，第二个位置将被清空，可以重新分配。在第一周，第一个位置平均是半满的，第二个位置是完全满的，所以平均空间利用率是 75%。在第二周，第二个位置是半满的，平均空间利用率为 50%，两周的空间利用率是 62.5%。如果 SKU 存放在更多的位置，则可能会有更多的改进。

然而，共享存储也有一些缺点。最突出的问题有两个：一个是 SKU 的存储位置变得很随机，拣货人员很难了解到 SKU 的实际存储位置；另一个是入库后 SKU 被带到更多的存储位置，所以入库上架变得更耗时。由于这些原因，共享存储需要更大的软件支持，还需要更严格的流程。

3）存储空间和时间的权衡

共享存储的管理通常更为复杂，因为它引入了许多可能的权衡，特别是空间和时间（劳动工时）之间的权衡。例如，是将 SKU 放置在更多填满空间的位置，还是放置在上架和分拣时走行距离更短的位置？前者提高了空间利用率，后者节省了劳动时间。

来看一个简单的例子，一个配送中心，里面有大约 10 万个托盘，平均每年周转 8 次，那么该配送中心一年要处理 80 万个托盘。如果配送中心每天工作 8 h，一年有 250 个工作日，那么每年有 2 000 个工时。于是，如果每工时要处理 400 个托盘，一个劳动力的处理能力是每工时 20 个托盘，那么配送中心需要 20 个劳动力。

现在考虑两种场景。第一种场景在共享存储模式下，托盘库存位置更为分散，工人放置托盘和拣选都需要更长的距离，因此更费时间，每个劳动力的处理能力由每工时 20 个托盘，下降到每工时 18 个托盘，那么大约需要 22 个劳动力。第二种场景，处理单元不是托盘，而是更小的纸箱，因此需要对托盘拆包，每个劳动力的处理能力下降到每工时 15 个托盘，那么大约需要 27 个劳动力。因此，如何权衡存储位置、处理单元和劳动效率，是配送中心流程设计的基本问题，也是配送中心智慧化需要解决的问题。

在实践中，共享存储策略通常用于批量存储区域，其中大部分 SKU 都放在托盘上。在最活跃的分拣区域可以使用专用存储策略，这些区域比批量存储区域小得多，以便于有效地利用配送中心的大容量存储空间，同时在最便利的地方充分利用高劳动生产率。

6.3 自动拣选系统

订单拣选是配送中心所有流程中最重要的流程之一，因为它需要高昂的运营成本、货物移动、劳动密集型工作及对自动化系统的投资。订单拣选可占配送中心总成本的50%～60%。订单拣选成本如果进一步按活动时间分解，拣选订单走行时间占55%，搜索时间占15%，取货时间占10%，文书工作和其他活动时间占20%。走行是订单分拣费用的最大部分，而这也是配送中心运营费用中最昂贵的部分。订单拣选系统大部分设计都是为了减少这种非生产性时间，因为它会显著影响整体效率。

6.3.1 订单拣选方法

订单拣选有多种方法。根据配送中心的规模、客户需求、体力劳动的可用性和库存类型，选择高效的订单拣选方法可以大大提高配送中心的生产力和订单履行能力。

1. 订单拣选策略

订单拣选有4种策略，分别是离散拣选、批量拣选、区域拣选和波次拣选。

离散拣选是小型配送中心和纸质拣选的常用选择，由一名拣货员四处走动以负责拣选完成一个订单里包含的所有SKU。这是一个简单的过程，拣选时间取决于拣货员何时完成SKU的拣选，没有固定的时间表，这种策略是效率最低的订单拣选策略。

批量拣选是同时拣选多个订单的同一种SKU，拣货员只需前往拣货地点一次，便可携带所需数量的SKU返回。批量拣选节省了往返的大量时间，可以多次获得相同的SKU并优化拣选走行操作，但需要增加拣选前的拆分订单流程和拣选后的合并订单流程。

区域拣选是把配送中心划分为分配给拣货人员的不同区域，每个拣货人员只负责检索放置在其区域中的SKU，然后将拣货箱传递到另一个区域，以拣选该区域中存放的SKU。拣选完所有SKU后，完整的订单将被发送到集中位置进行包装。它适用于需要快速完成订单拣选的情况，因为一个流程下来，订单即被检索完毕，不需要拆分和合并作业。

波次拣选是批量拣选和区域拣选的组合，拣选人员接收组合订单清单，并在单个波次中拣选清单上的不同物料，其特点是一个订单仅会在一天中的特定时间拣选。它允许配送中心以更少的人员快速完成订单拣选，因为拣货员不必来回拣选物品。波次可以根据客户位置、交货日期、订单频率、订单类型等参数进行分类，适用于接收多个大批量订单的大型配送中心。

2. 自动化订单拣选方法

对于许多配送中心而言，提高运营生产力的关键是订单拣选自动化，拣选自动化最大限度地减少甚至消除了订单拣货员在过道上行走和拣选单个SKU所花费的时间和精力。

有两种主要的自动化订单拣选方法：货到人（goods to person，GTP）和人到货（person to goods，PTG）。在GTP自动化中，机器人或其他自动化机器将挑选的产品带给大多数静止的员工，机器人将几乎消除了步行和非生产时间，这种类型的系统旨在提高分拣过程的效率和准确性。在PTG自动化中，员工在过道中寻找和挑选订单，机器人技术和软件的使用减少了他们的行走，提高了拣选率。

“货架到人”和“箱到人”是两种货到人自动化方法。“货架到人”方法使用低位机器人进入整个货架的货物下方，抬起货架单元并将其运送到订单拣选站。员工会收到要拣选的物品和存放物品的适当箱子的警报。“货架到人”方法的缺点是人和机器通常以不同的速度工作。在高峰期，机器人可能会给订单拣选站带来比人能够处理的更多的货架，因此货架和货物可能会堆积起来，成为新的瓶颈。“箱到人”方法使用 AMR 带来特定的拣货箱，而不是整个货架。机器人从架子上取下拣货箱并将其带回放置墙，然后将其存放在放置墙的架子上。拣货员从拣货箱中拣选物品，拣货员的走行仅限于一个小区域，这样可以节省时间。

人到货拣选是拣货员在配送中心的过道上手动选择订单物品，然后将它们带到一个区域进行包装。市场上许多自主移动机器人解决方案都基于人到货，并与由软件驱动的智能推车相结合。订单拣货员在拣选现场与机器人会面，从货架上取出物品，将它们放入智能购物车，然后每个拣选机分别前往另一个拣选位置。人走得更少，因为他们倾向于专注于仓库区域，比如一两个过道，智能推车处理大部分行程，包括当订单中的所有物品都被拣选时返回包装站的较长路线。

如果配送中心的拣选方式全部是人到货则存在一定程度的低效率，但仓库执行系统软件和人工智能可以帮助减少步行时间并提高拣选效率。拣货员可以通过手腕显示器或智能眼镜等可穿戴设备收到下一个拣选地点的通知。灯光拾取（pick-to-light）或颜色拾取（pick-to-color）等技术将工人引导到 SKU 的确切位置，AI 软件可以显著缩短走行时间。

在一个智慧配送中心里，订单拣选方法常常是混合的，可以放置多个具有不同工作原理的存储系统，每个存储系统用于特定类型的产品，图 6－11 展示了同一配送中心混合的不同订单拣选方法，所有这些都可以在同一个配送中心被组合应用。

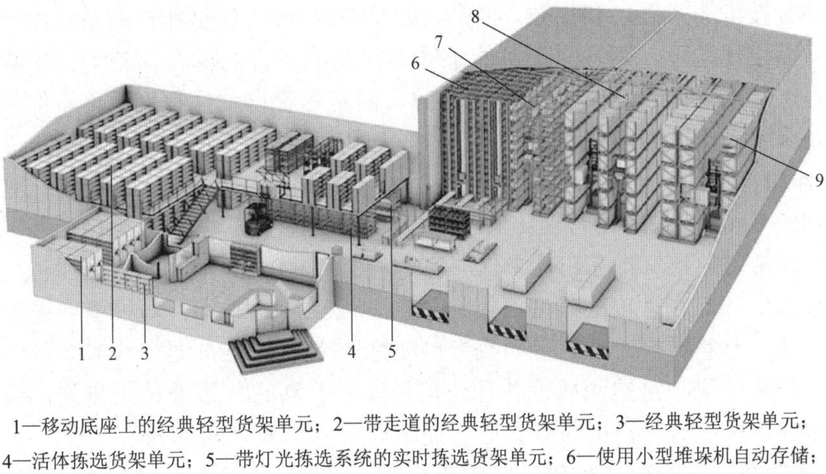

1—移动底座上的经典轻型货架单元；2—带走道的经典轻型货架单元；3—经典轻型货架单元；4—活体拣选货架单元；5—带灯光拣选系统的实时拣选货架单元；6—使用小型堆垛机自动存储；7—带散装箱拾取器的货架单元；8—带托盘拣选器的货架单元；9—带转塔式叉车的托盘货架单元。

图 6－11 同一种配送中心的不同订单拣选方法

3. 两种自动化订单拣选方法的比较

两种自动化订单拣选方法都有其优点和缺点。要确定适合业务需求的自动化订单拣选方案，需要考虑以下几个因素。

1）订单拣选走行时间

毫无疑问，消除订单拣选的走行时间可以提高生产效率，所有配送中心自动化解决方案都致力于降低走行时间。传统的订单拣选要求工作人员前往配送中心的每个SKU并逐个拣选，这种方法需要大量的配送中心走行，平均每人每天走行多达几十千米，PTG自动化至少可以将步行时间减少一半以上。GTP通过员工留在他们的工作站，每个订单的物品被带到他们那里进行分类和作业，仓库执行系统软件协调整个操作，同步使用 AMR 和其他自动化组件，将箱子或容器交付给岗位上的工人，工人只在规定的工作区域内走行，可以将走行时间降低到3%以下。显然GTP运营肯定比PTG运营更具优势，但并非每个配送中心运营都能享受同样的收益。小型设施或非常密集的拣选范围适用于PTG，因为员工需要覆盖的距离较短。设施和拣选范围越大，GTP的收益就越大。

2）订单准确率

自动化可以显著降低错误率。订单准确性是GTP系统的一个关键优势，它将正确的产品直接交付到订单拣货员的工作站，从而减少错误拣选的机会。事实上，大多数GTP系统很容易超过99%的订单准确率。

3）空间利用率

在GTP操作中，自动检索系统可以比传统的PTG拣选/订单履行系统在水平上更加紧凑。即使与最紧凑的PTG订单拣选模块或非常窄通道的等效模块相比，也允许更小的占地面积。另外，GTP操作中需要专用的拾取/放置工作站，这在一定程度上减少这种水平占用优势，但是GTP系统具有无与伦比的垂直空间利用率，从而在整体上降低了水平空间的占用，提高了单位平面的空间利用率。

4）单点故障影响

GTP AS/RS技术非常准确和高效。但是，如果GTP自动存储和检索系统由于灾难性的机械或软件故障而出现故障，则几乎不可能手动访问其中包含的库存，整个订单履行操作可能会停止。自动化PTG系统当然不能幸免于故障，但是尽管自动化程度下降，但易于接近的拣选面可以使订单履行操作继续在某种程度上发挥作用。

5）投资回报率

带有AS/RS的GTP系统比自动化PTG系统贵得多。全自动GTP系统所需的自动化、设备和软件水平通常会导致资本支出比PTG等效产品高100%。因此，采用哪种技术需要综合考虑潜在的劳动生产率、订单准确率、用地节约、生命周期成本，与投资回报权衡。通常，当订单量适中且参考差异很大时，手动或半自动拣选（带EMS）是一个有效的选择。但是，当订单量高，产品呈现一定的同质性并且公司错误率不高时，推荐使用货到人策略。在这些情况下，自动拣选系统的投资很快就会通过提高订单拣选效率来弥补。

总之，当需要在配送中心自动化订单拣选GTP和PTG之间做出决定时，没有一个单一的、明确的解决方案，而是需要考虑许多因素。首先要全面了解订单履行操作和数据，有效利用这些数据来识别运营弱点。企业必须确定哪些业务计划最符合组织的长期目标。降低劳动力成本是否比缩短客户时间更重要？建立新的销售渠道是否比SKU激增更重要？企业如何确定战略计划的优先级在确定最佳订单拣选系统方面起着重要作用。最终，运营指标为初始数据分析和运营自我评估提供了支持，战略业务计划和长期目标则提供详细的前进路线图。只有当今天的数据和明天的方向被一致分析时，才能在最佳的订单履行系统性能和最大的投资回报之间实现理想的平衡。

6.3.2 自动拣选系统的构成

自动拣选系统由三部分组成，即自动存储和检索系统、输送系统、拣选系统。

1. 自动存储和检索系统

自动存储和检索系统（AS/RS），是使用自动起重机或机器人从高密度货架上存储和检索物品的系统，是设备和控件的组合，可在定义的自动化程度下根据需要精确、准确和快速地处理、存储和检索材料。系统从较小的自动化系统到完全集成，再到制造和（或）分销过程中的大型计算机控制的存储/检索系统不等。

在典型的 AS/RS 环境中，将要存储的产品和材料放置在输入站中，操作员输入有关指定存储空间的详细信息，自动化存储系统将产品带到选定的存储位置并将其卸载。AS/RS 可以与各种仓库软件解决方案集成，包括仓库管理软件、仓库执行软件等，以帮助监控仓库操作。这些系统可用于各种领域，以支持整个工厂的处理和分拣，包括订单分拣、存储、配套、整合、组装和生产。

1）自动存储和检索系统的类型

AS/RS 可以处理各种类型的负载，如托盘、纸箱或周转箱，并在不同的环境中运行，如冷藏室或洁净室。AS/RS 技术有几种类型，包括单元负载 AS/RS、小型负载 AS/RS、转盘系统、垂直提升模块（vertical lifting module，VLM）、穿梭车。

单元负载 AS/RS 用于存储大于重量 500 kg 的存储单元，比如大重量的托盘，该设备的高度较高，可以超过 30 m。小型负载 AS/RS 用于存储重量小于 500 kg 的存储单元。

转盘系统使用旋转货架或箱子将物品带到固定的分拣站。它们可以是水平的或垂直的，这取决于货架或箱子的方向。水平旋转木马由一系列围绕轨道水平旋转的箱子组成，非常适合存放小零件和碎片。垂直旋转木马容纳一系列架子或载体，以提供高密度存储，犹如摩天轮原理。转盘系统可以减少工人的走行时间和距离，从而提高分拣效率和准确性，并可以通过利用仓库的垂直尺寸来节省空间。

垂直提升模块由模块前后的一列托盘组成，中间有一个自动机械臂/提取器，用于存储和检索所需的托盘。垂直提升模块类似于垂直转盘系统，但它使用升降机构在存储柱上上下移动物品托盘。垂直提升模块可以根据物品的大小调整托盘的高度，从而优化存储空间；还可以通过在分拣站将物品运送到符合人体工程学的高度，提供符合人体工程学和安全的物品存取。

穿梭车用于在同一系统中自动处理周转箱、托盘、纸箱。

2）自动存储和检索系统的发展趋势

自动存储和检索系统的发展是由电子商务、制造业或医疗保健等各个行业对更快、更准确、更灵活的配送中心操作的需求不断增加而驱动的，主要表现在可拓展性、智能互联性和自主协作性 3 个方面。

模块化和可扩展系统：通过添加或删除模块或组件来适应不断变化的操作需求和要求，与现有系统或基础设施集成，以增强其功能和性能。

智能互联系统：使用先进技术，如人工智能、机器学习、物联网或云计算，来收集、分析和优化来自各种来源的数据，如传感器、摄像头、RFID 标签或条形码扫描仪。它们还可以与其他系统或设备进行通信和协调，以提高配送中心操作的可见性和控制能力。

自主和协作系统：可以独立或协作运行，无须人工干预或监督，从自己的经验或其他系统中学习，以提高效率和可靠性；以安全自然的方式与人类工作者互动，以提高它们的生产力和满意度。

2. 自动物料搬运系统

自动物料搬运系统（automated material handling systems，AMHS）是一种使用各种设备在配送中心执行货物搬运、运输、存储和控制物料等任务的系统。自动物料搬运系统可以提高配送中心的运营效率、准确性、生产力和安全性。

1）自动物料搬运系统的类型

自动物料搬运系统的一些常见类型和技术包括输送机、自动导引车，以及机器人。

输送机是连续或间歇的设备，根据预定义的标准（如目的地、尺寸、重量或条形码）运输和分拣物品或包裹，可以使用皮带、滚筒、托盘、分流器、扫描仪或传感器来实现货物的高速准确移动。输送机可以处理不同类型的材料，如箱子、托盘、瓶子或散装固体，可以是水平的、倾斜的、垂直的或弯曲的，并且可以具有不同的速度和容量。

自动导引车（AGV）是一种自行推进的车辆，使用传感器、磁铁、激光或其他制导系统按照预定路线行驶。AGV 可以在其平台、货叉或拖车上装载货物，可以执行装载、卸载、分拣或分拣等任务，并可以在各种环境中运行，如仓库、工厂、机场或医院。

机器人是可编程的机器，可以使用手臂、夹具、工具或其他附件进行复杂而精确的运动。机器人可以以不同的方式操纵材料，例如组装、焊接、喷漆或检查，并可以在危险或困难的条件下工作，如高温、高压或辐射。

2）自动物料搬运系统选择的影响因素

自动物料搬运系统的种类和相关设备繁多，根据其设计、功能和性能具有不同的特性和应用领域。选择不同的自动物料搬运系统对配送中心的整体工艺设计和空间布局都有很大的影响，在选型时需主要考虑以下几个主要因素。

（1）SKU 特性。待处理的 SKU 的类型、尺寸、形状、重量、脆性和价值会影响设备及其配置的选择。例如，输送机可以更好地处理规则和稳定的 SKU；机器人在处理精细昂贵的 SKU 方面更有优势。

（2）工艺要求。物料搬运过程的速度、频率、灵活性、可靠性和安全性影响设备的选择及其操作。例如，AGV 可以更好地处理高速和高频过程，对低速和低频过程就难以发挥优势；机器人能够更好地处理灵活可靠的过程。

（3）设施布局。设施或场地的大小、形状、布局和环境会影响设备的选择及其集成。例如，输送机可以更好地处理长距离和直距离，如果配送中心占地规模较小，就不适合选用输送机，否则配送中心的面积浪费过大。

3）自动物料搬运系统的发展趋势

自动物料搬运系统的发展是由适应不断变化的客户期望、产品种类、订单量和复杂性的需求驱动的。与供应链上下游的集成、机器人技术的创新应用，以及与配送中心其他系统的集成是其发展的三大趋势。

与工业 4.0 的集成：这是自动物料搬运系统与制造和分销价值链中的其他数字和物理系统的集成，如产品设计、规划、供应链和生产。这可以在整个价值链中实现更大的连接性、互操作性和智能性。

机器人创新：这是机器人技术的创新，使自动物料搬运系统能够更灵活、适应性更强、协作性更强，能够与人类合作并处理各种产品，比如机器人的可抓握性、机器人的安全性、计算机视觉或机器学习。

软件协调：这是软件工具的协调，用于管理和优化配送中心操作的各个方面，从接收和存储到分拣、包装和运输。这些软件工具包括仓库管理系统、仓库执行系统、仓储控制系统或人工智能。

3. 拣选工作站

拣选工作站是一种设备或系统，有助于从存储位置选择物品并将其放入集装箱进行装运。拣选工作站对于配送中心内部物流至关重要，它们根据各种标准（如大小、形状、颜色、重量或目的地）对不同类型的物品进行分离、分类和分发。

1）拣选工作站的类型

拣选工作站的设计、功能和自动化水平各不相同，这取决于配送中心的需求和偏好。一些典型的拣货工作站如下。

输送机上拣选工作站：该类型的工作站自动输送机器人卸载的箱子或需要装载的箱子，实现自动存储和检索功能。它由一条输送线、视觉看板、货架和拣货系统组成。

货到人拣选工作站：这种类型的工作站将待分拣的物品直接交付给操作员，然后由操作员以符合人体工程学和用户友好的方式进行扫描、分拣和包装。它减少了步行距离、错误和循环时间，并提高了生产力和准确性。

机器人支持的拣选工作站：这种类型的工作站使用机器人执行拣货任务，而工人在必要时进行监督和干预。它提供了一种具有高性能、灵活性和可靠性的全自动分箱分拣解决方案。

2）拣选工作站的自动化和集成水平

设计和实施拣选工作站的挑战之一是确定每项任务的最佳自动化和集成水平。拣选工作站的自动化水平是指执行分拣任务所需的人工干预程度；集成则是指不同任务或系统能够相互通信和协调的程度。

拣选工作站的自动化和集成水平可分为几个级别，这取决于自动化程度及与其他系统的集成水平。最高级别的是完全自动化的拣选工作站，所有任务都由机器或机器人执行，而不需要人工干预。较高的自动化水平意味着拣选工作站可以在较少的人工输入、监督或控制下运行，而较低的自动化水平则意味着分拣工位更多地依赖于人工操作员、监督或控制器。

在集成方面，拣选工作站可以是独立的单元，也可以与其他系统集成，如输送机系统、自动存储和检索系统和仓库管理系统。集成程度可能因设施的具体需求和要求而异。例如，拣选工作站可以与输送机系统集成，自动将物品运送到工作站或从工作站运送物品，或者与 AS/RS 集成，以从库存中自动存储和取回物品。

以下 3 个因素会影响如何选择拣选工作站自动化和集成水平的决策。

（1）输入和输出货物的复杂性和可变性。例如，如果输入货物是异质的、不规则的或脆弱的，那么与同质的、规则的或稳健的货物相比，它们可能需要更多的人工参与或手动处理。

类似地，如果输出货物具有不同的目的地、规格或质量标准，则与具有单一目的地、规格或质量标准相比，它们可能需要与其他系统或过程进行更多的集成。

（2）劳动力和技术的成本和可用性。例如，如果劳动力稀缺、昂贵或不可靠，那么自动化更多的任务可能比劳动力充足、廉价或可靠更经济或高效。同样，如果技术先进、价格合理或兼容，那么集成更多的系统可能比技术过时、成本高昂或不兼容更可行或更有效。

（3）分拣过程的性能和灵活性要求。例如，如果分拣过程需要快速、准确或一致，那么与分拣过程需要缓慢、近似或适应性相比，自动化任务比例越大可能更有益或更可取。类似地，如果分拣过程需要响应性、可扩展性或弹性，那么与分拣过程需要刚性、固定性或鲁棒性相比，集成更多的系统可能更有利或更可取。

6.4 智慧配送中心集成系统

在智慧配送中心，不同的软件系统协同工作，以管理货物的流动并优化设备的性能。当人们开始试图了解智慧配送中心软件时，可能首先会被一堆比比皆是的首字母缩略词弄得眼花缭乱，这使得理解智慧配送中心的软件变得异常困难。本节主要介绍三个容易混淆，但对智慧配送中心又至关重要的软件系统，分别是仓库管理系统（WMS）、仓库控制系统（WCS）和仓库执行系统（WES）。尽管它们的缩略词仅有一个字母的差别，但这些系统中的每一个都有特定的角色和功能，同时它们也相互沟通和协调，并集成以实现最佳效果。

6.4.1 配送中心集成系统的构成

1. 配送中心软件系统的发展过程

第一阶段，WMS 带来的仓库数字化浪潮兴起。

配送中心是从普通仓库逐渐演化而成的。仓储是一个传统业务，很长时间仓库中的每个活动都是用笔和纸手动完成的，每个仓库员工计划和管理任务的能力极大地影响了结果。这当然是低效的。订单履行有时需要数周时间，履行错误也司空见惯。这导致了 WMS 的兴起，通常集成到企业资源规划（ERP）系统中。WMS 是第一波仓库数字化浪潮的关键，与传统的电子表格和电子邮件相比，这为仓库活动提供了统一的结构。20 世纪 90 年代初的一些早期参与者包括 SAP、Manhattan Associates、RedPrairie 等。WMS 的普及帮助仓储活动实现了流程标准化，显著减少了错误，提高了仓库生产力和吞吐量。

第二阶段：WCS 和 WMS 集成的仓库管理自动化阶段。

仓库管理第二阶段需要解决的重大挑战是自动化。仓库开始部署各种设备和机器人，从简单的机器（如自动打印机）到传送带和复杂的分拣机。这导致需要一个通用的控制塔，可以帮助发送指令并从每个设备检索数据。因此，仓库控制系统（WCS）成为人们关注的焦点，该系统作为所有仓库操作的单点解决方案，还可以与 ERP 和 WMS 连接。

第三阶段：WES、WMS、WCS 综合应用阶段。

2010 年以后，电子商务快速发展，网上购物不仅成为常态，而且使消费者的期望变得非常高。许多仓库没有能力处理激增的订单并及时履行订单。配送中心需要复杂的仓库管理软件，该软件可以从以前的操作中学习，创建规则和优先级，提供算法建议并优化每项活动。

这导致仓库执行系统（WES）越来越受欢迎。WES 从管理系统中了解仓库的结构，并帮助优化控制系统执行的每项活动。

第四阶段：配送中心系统集成阶段。

仓库管理系统（WMS）、仓库执行系统（WES）和仓库控制系统（WCS）是三种类型的软件解决方案，可以单独或组合部署在配送中心。由于每种类型的解决方案所提供的功能及它们之间的界限，导致三大系统往往在孤岛中工作，系统之间是封闭的生态。大型配送中心日益复杂的订单处理需求需要一套集成系统来管理大容量操作的复杂性，最大限度地提高生产力，因此该阶段是对三种解决方案的综合集成应用。

2. 三种系统的功能和关系

仓库管理系统（WMS）、仓库执行系统（WES）和仓库控制系统（WCS）是三种类型的软件解决方案，可以部署在仓库中以提高效率和准确性。这些系统可以集成在一起，以提供一种全面的方法来实现更高的效率。

1）WMS

WMS 是在宏观规模上运行的系统级别，是通过入库业务、出库业务、仓库调拨、库存调拨和虚仓管理等功能，对批次管理、物料对应、库存盘点、质检管理、虚仓管理和即时库存管理等功能综合运用的管理系统。它能够对信息、资源、库存进行精细管理，有效控制并跟踪仓储业务的物流和成本管理全过程，实现物流仓储与企业运营、生产、采购、销售智能化集成，有助于作业效率的最大化，以及企业的降本增效。

简单的 WMS 主要关注库存流和存储，它帮助仓库管理收货流程、入库、存储位置、补货，更复杂的 WMS 还可以与其他系统集成，如 ERP、运输管理、供应链管理和劳动力管理，由此 WMS 能够让用户更清楚地掌握整个订单履行的生命周期过程。

2）WCS

WCS 是位于 WMS 与物流设备之间的中间层，负责协调、调度仓库中各种类型、各个厂家的设备（如输送机、堆垛机、穿梭车、机器人、自动导引车），执行 WMS 创建的计划和活动序列，并能够计算出最优执行动作，使底层物流设备可以执行仓储系统的业务流程。其重点是无差错通信、速度和执行，监控和调整设备的速度和效率，并处理可能发生的任何异常或错误。这个过程完全是按照程序预先设定的流程执行，是保证整个物流仓储系统正常运转的核心系统。主要功能包括：任务管理、设备调度、设备监控、物流监控、故障提示、运行记录。WCS 非常适合涉及不同机械和移动部件的高度自动化和数字化的仓库和履行中心。

3）WES

WES 充当 WMS 和 WCS 之间的桥梁。WES 的主要目标是在 WMS 创建的广泛结构的基础上，提高 WCS 开展的所有活动的效率。它分析来自两个系统的数据，并使用算法和规则对不同流程和设备之间的工作负载进行优先级排序和平衡，提供更高级别的智能和优化。一些最重要的 WES 功能包括工作负载规划和分配、分析和报告、动态任务分配和订单发布、商业智能、拣选和包装优化等。随着供应链复杂性的增加，以及客户继续习惯于更快、更准确的订单交付，WES 的角色变得越来越重要。

可以这么认为，WMS 提供了配送中心在战略层面的总体规划和协调，如库存管理、订单分配和绩效衡量。WES 提供了配送中心在战术层面流程的动态优化和执行，如分拣、包装、分拣和运输。WCE 提供了配送中心在运营层面对设备的实时控制和通信。WMS、WCS 和 WES 在配送中心的集成实现了无缝高效的操作，通过结合每个系统的优势，配送中心可以实现更高的生产力、准确性、灵活性和客户满意度。

6.4.2 配送中心系统集成

1. 配送中心系统集成面临的挑战

毋庸置疑，如果将配送中心三大系统有效集成将提高配送中心过程的可见性、协调性、效率和生产力。然而，这些系统本身的设计并不是为协同工作的，集成也带来了兼容性、复杂性、成本和安全问题等挑战。

1）数据兼容性和同步问题

数据兼容性是指系统在没有错误或信息丢失的情况下交换和使用数据的能力。配送中心如果前期没有集成化的系统设计，三个系统可能来自不同的供应商，因此具有不同的数据格式、标准和协议，会导致兼容性问题、数据孤岛，增加集成的复杂性和成本。例如，RFID 扫描仪、条形码扫描仪、机器人和其他仓库设备可以在任何给定时间点生成大量数据。这些数据包含对仓库流程的宝贵见解，是优化这些流程以获得最佳结果的关键。如果这些数据缺乏标准则难以从全局收集和分析这些数据，管理人员可能很难确定需要改进的领域，并评估其工作状况。此外，系统之间的数据流需要实时同步和更新，以确保决策和执行的信息准确及时。

2）系统互操作性和功能协同问题

系统互操作性是指系统在没有冲突或故障的情况下协同工作和通信的能力。每个系统都有自己的范围、目标、功能和接口，这些可能并不总是与其他系统相匹配。例如，WMS 专注于库存管理和订单履行，WES 协调仓库内的工作和资源流，WCS 控制物理设备和设备，但它们之间的功能也存在一定程度的交叉，需要协调和集成。如果一个系统向另一个系统发送命令，它们需要有一个通用的协议和语言来相互理解。系统集成还需要确保每个系统的功能得到保留和增强，并确保整个系统的性能得到优化。

3）变更管理的成本和复杂性问题

变更管理是指管理和促进这些变更的过程，以最大限度地减少干扰并实现效益最大化。三个系统的集成可能需要对配送中心员工的流程、工作流程、角色和职责进行重大更改，这些都将极大地增加集成成本和复杂性。

2. 配送中心系统集成路径

虽然系统集成面临不少挑战，但它们也可以通过一定的集成方法以实现更高级别的效率、准确性和可见性。

1）平台化集成方法

选择单独的软件供应商通常会带来集成困难和功能限制。如果这些系统的设计不能相互补充，它们不仅无法提供库存和订单履行活动的端到端视图，而且还会带来各种多供应商软件挑战。解决这些困难的一个方法是将这些基本系统集成到一个统一的软件平台下，通过一个统一的集成平台，确保整个系统的数据质量、一致性和安全性，并支持实时通信和协作。

2）采用适当的技术和标准的互操作性和兼容性实现

WMS、WES 和 WCS 系统的集成可以通过使用各种技术和标准来实现互操作性和兼容性。例如，一些常见的技术和标准包括应用程序编程接口（API）、中间件平台、面向服务的体系结构（SOA）、web 服务、云计算、射频识别、条形码扫描和物联网。还可以通过采用确保顺利实施和运作的最佳做法和方法来促进这些系统的整合。一些常见的最佳实践和方法包括业务流程再造（BPR）、敏捷项目管理（APM）、精益六西格玛（LSS）和变更管理。

3）规范化的集成实施步骤

WMS、WES 和 WCS 系统的集成可以被视为一个涉及战略、战术和操作层面的分层决策过程，因此需要有规范化的集成实施步骤。以下总结了配送中心系统集成的六大步骤。

（1）对配送中心运营的现状和未来目标进行彻底分析，并确定差距和改进机会。

（2）评估 WMS、WES 和 WCS 系统在功能、性能、可扩展性、可靠性和互操作性方面的可用选项。

（3）设计和实施一个强大的集成架构，确保整个系统的数据质量、一致性和安全性，并支持实时通信和协作。

（4）选择最适合的系统，以满足分拨中心（distribution center，DC）的要求和目标，并与现有的 IT 基础架构和业务流程保持一致。

（5）测试和验证集成解决方案，并监控其性能及对 DC 运营和结果的影响。

（6）不断审查和更新集成解决方案，以适应 DC 不断变化的需求和需求，并利用新技术和创新。

6.5　案例：生产制造业配送中心物流智能化解决方案

郑州市某卷烟厂从原料配方库、烟叶库、烟丝库、辅料库、成品库、备品备件库等库区实现各卷烟生产环节的智慧物流，赋能生产线精细化加工，有效实现烟草均质配方、顺序投料、柔性生产。

1. 项目规模

厂房占地面积：170 000 m^2。

项目物流规划面积：33 700 m^2。

项目包含：原料配方库、烟叶库、烟丝库、辅料辅材库、成品库、备品备件库。

堆垛机高度：原料配方库堆垛机高 19 404 mm；烟叶库堆垛机高 8 074 mm；辅料辅材库堆垛机高 18 345 mm；成品库堆垛机高 19 905 mm。

2. 项目核心软硬件

设备：19 台巷道堆垛机、12 台拆码垛机器人、19 台激光自动导引车、8 台巷道直行穿梭车、1 套成品分合流系统、2 套烟箱自动清洁系统、4 套加/去盖机、1 套输送设备、13 台垂直升降货柜等。

软件：1 套智能仓库管理系统（WMS）、6 套智能仓库控制系统（WCS）、3 套无线射频系统（RFS）等。

3. 项目运行能力

原料配方库的物流系统：出入库流量为 314 托盘/h；

烟叶库的物流系统：出入库流量为 96 箱/h；

烟丝库的物流系统：出入库流量为 78 垛/h；

辅料辅材库的物流系统：出入库流量为 161 托盘/h；

成品库的物流系统：出入库流量为 339 托盘/h；备品备件库的物流系统：最大存储 689 托盘。

4. 项目特点

（1）项目体量大，集成难度高。

黄金叶生产智能制造项目共由六大部分组成，分别为原料配方物流系统、箱式储叶物流系统、箱式储丝物流系统、辅料辅材物流系统、备品备件物流系统及成品存储物流系统。基于智能化物流执行平台一体化的设计思想和功能规范化的标准，依托以 WMS 及 WCS 为核心的信息技术，综合集成软硬件设备，实现各子系统相互协调、相互配合、资源共享、统一管理等功能。

（2）设计高能高效，设备绿色节能。

物流系统遵循高效性、先进性、兼容性、安全性、可靠性及可扩展性等原则设计开发，设备选型遵循“满足功能设计要求的前提下选择能耗低产品”的原则，有效满足了出入库流量峰值要求。成品存储物流系统出库分拣采用荷兰全进口高速分拣线，分拣速度达到 7 500 件/h。另外，德国进口拆码垛机器人的引入，使物流系统可实现 10 件/min 码垛、12 件/min 拆垛功能。辅料物流系统及箱式储丝物流系统配备芬兰先进的激光 AGV 输送系统，配以 NT8000 中央处理系统及 CWay 监控系统，大大提升了物流系统的自动化、智能化水平。

（3）流程管理灵活，系统扩展性强。

考虑到业务不断增长或不断改变的情况，采用配置策略的方式，通过配置业务流程或所涉及的功能，快速满足生产变化需求，实现柔性和敏捷的生产及最小化投资，提升管理水平，降低成本。

复习思考题

1. 城市配送中心的智慧化结构由哪些部分构成？
2. 画出智慧配送中心的一般业务流程。
3. 共享存储和专用存储的优缺点是什么？
4. 配送中心可容纳 10 000 个托盘，每年 250 个工作日，每天工作 8 h，共有 20 名叉车操作员。如果从收货到储存再到发货的平均行程是 10 min，那么一个完整的仓库一年能支持多少库存周转？
5. 简述订单自动拣选方法和自动拣选系统的构成。
6. 智慧配送中心系统集成面临的挑战是什么？其集成步骤是什么？

第 7 章

城市智慧物流配送优化

城市作为经济、政治和居民活动的中心，具有复杂的人口结构、物资需求和产品消耗量，其对应的物流活动同样具备高度的复杂性和密集性，物流配送活动逐步成为影响居民生活质量的重要组成部分。随着信息技术的发展和生活水平的提高，城市智慧物流配送逐步进入大众视野。

相较于传统物流配送活动，城市智慧物流配送的发展趋势可以概括为以下几点。

（1）城市智慧物流配送对于时效性的要求更高。

近年来，当日达、次日达等业务的出现极大地满足了消费者对于物流时效性的要求。然而，物流数量的激增、海外业务的拓展及疫情等不确定因素的出现，对物流配送时效提出了更高的要求。

（2）城市智慧物流配送对于私密性的要求逐步提高。

电子商务的普及极大地带动了物流业的蓬勃发展，然而，由于物流信息通常与收货人的姓名、住址、电话等敏感信息绑定，隐私安全逐步成为物流配送行业的重中之重。除客户个人信息外，对于所购商品信息的保护也逐步提上日程。

（3）城市智慧物流配送更加注重客户的个性化需求。

除普通配送服务外，客户的个性化需求成为智慧物流服务效益提升的重要环节。夜间配送、精准达、限时达、冷链配送、专人专车专线服务等个性化需求，对城市配送活动提出了新的挑战。

（4）环保意识的觉醒逐渐融入城市智慧物流配送过程。

物流行业的高速发展可能造成环境的污染和破坏。近年来，在“绿色物流”“碳达峰”“碳中和”等政策的宣传指导下，越来越多的消费者更加重视城市物流配送的环保问题，如绿色运输、绿色包装、逆向物流等。

为满足上述城市智慧物流配送的定制化要求，本章将结合现代智慧优化方法，从城市智慧配送设施选址、城市智慧配送路径优化、城市智慧配送货物配载问题优化等角度具体阐述城市智慧配送过程中的模型、算法及相关案例。

7.1 城市智慧配送设施选址

京东物流大力打造以仓储建设为核心的物流服务升级模式。依据物流活动的频率，京东分别建立了七大物流中心，覆盖全国各省、自治区和直辖市。京东已经在 70 个城市布局大件仓库、31 个城市布置前置仓、18 个城市布局 28 个亚洲一号仓储中心，且所有亚洲一号单体仓库的订单日均处理能力都在 10 万单以上，广州、武汉、昆山、成都等智能仓库的日处理能力则达到百万量级。京东通过大量的仓储分拨设施建设，实现仓配一体化的运输模式，提升京东物流的履约效率。

那么，在城市配送服务中，这些重要设施的位置是如何确定的呢？

7.1.1 城市智慧配送设施选址问题概述

城市配送设施是指在城市配送过程中对货物进行配备（如集货、包装、分拣、配送、储备）并组织对用户的送货，以高水平实现销售和供应链服务的现代流通设施，具体可以包括大型分拨中心、城市配送中心、末端配送站等。高效的城市配送设施选址方案对于降低城市配送成本、提高配送效率具有重要意义。在优化城市配送设施选址方案时，需要对设施的位置、数量、种类、规模进行优化。城市智慧配送系统中的设施选址决策是建立在物流配送网络上的，物流网络由节点（供应商、配送中心、客户需求点）和链路（运输线路）构成，其主要目标为提高客户满意度、保持高时效、降低运营成本且保持绿色环保。

与配送网络相关的决策包括网络的层次结构、各级节点的数量及货源配置的区域划分等，其基本类型包括由消费者和供应商构成的直接配送网络［见图 7-1（a)］及由供应商、分拨中心、消费者构成的多级配送网络［见图 7-1（b)］。例如，顺丰着力打造“天网、地网、信息网”三网合一的综合物流网络体系，其中，“地网”以营业服务网点、中转分拨网点、陆路运输网络、“最后一公里”网络等为主，相关的优化决策与设施选址息息相关，这些设施设立在密密麻麻的网点之上，包括多种中转场，且中转场之上还有更高一级的中转场，也就是一级中转场、二级中转场等层层网络。这些节点构成多级配送网络结构。

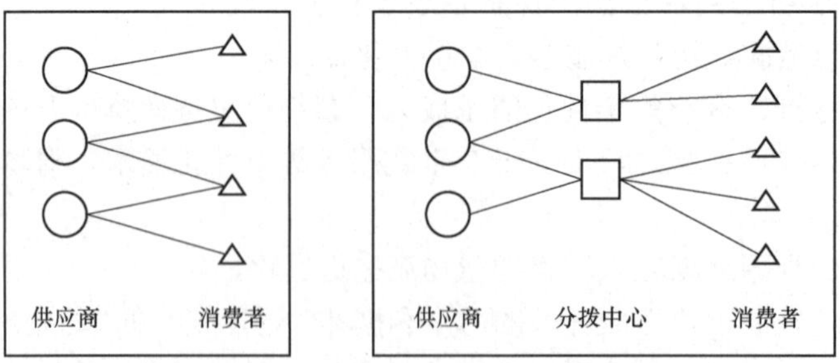

(a) 直接配送网络　　(b) 多级配送网络

图 7-1　城市配送网络结构

城市配送网络在空间上呈现出不同的结构特点，不同的企业需要不同的物流网络结构。将货物从供应商运送到消费者手中可以采用以下 3 种基本物流网络形式。

（1）从一个或者多个供应商直送到一个或多个消费者，即直送配送网络模式。

（2）从一个供应商提取的货物连续运送到多个消费者，或者从多个供应商连续收集货物配送至一个消费者，即循环取货（milk-run）式配送网络模式。

（3）多个供应商的货物通过物流枢纽节点处理后配送到多个消费者，即轴辐式配送网络模式。

1. 直送配送网络模式

直送配送网络模式要求所有货物均直接从供应商运输到消费者，每一次运输的线路都是指定的，管理者只需决定运输的数量并选择运输方式，权衡运输费用与库存费用之间的关系。此类网络配送模式主要应用于公路运输，若需求地的需求量足够大，每次运输的规模与整车的最大装载量接近，直送配送网络具有较高的效率。

2. 循环取货式配送网络模式

循环取货配送网络模式要求一辆卡车将从一个供应商提取的货物送到多个消费者，如图 7-2（a）所示；或者从多个供应商那里提取货物送至一个消费者，管理者需对每条取货路线进行规划，通过将多个供应商的货物装载在一辆卡车上降低总运输成本，如图 7-2（b）所示。循环取货式配送网络在汽车物流中被广泛使用，如丰田汽车使用循环取货式配送网络从单个供应商运送零配件到多个装配厂，或将多个供应商的零配件运往其装配厂。

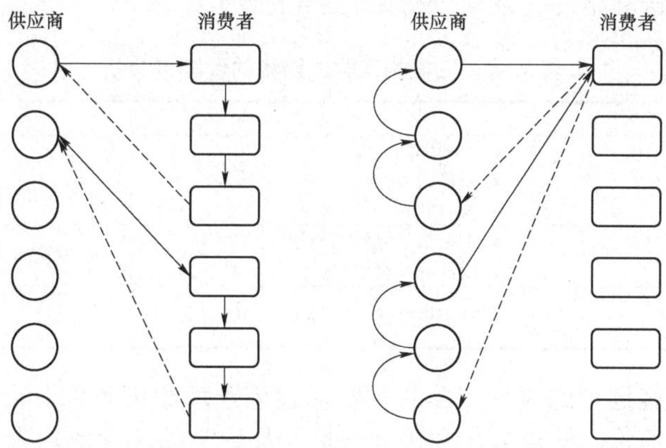

(a) 循环送货示意图　　(b) 循环取货示意图

图 7-2　循环取货式配送网络模式

3. 轴辐式配送网络模式

轴辐式配送网络模式将物流中一个或多个节点设立成为枢纽中心站，而非中心站的节点都通过中心站彼此相连，如图 7-3 所示。货物先由各节点运至枢纽中心站，再依据目的站进行集中运输，可以降低单位运输成本，在网络干线上形成规模效应，提高资源利用率，同时产生集群效益，带动所在区域及城市的经济发展。轴辐式配送网络在城市智慧物流中具有重要作用，国家发展改革委在《国家物流枢纽网络建设实施方案（2021—2025 年）》中指出，要促进国家物流枢纽互联成网，推动完善以国家物流枢纽为支撑的“轴辐式”物流服务体系。

城市配送过程通常采用轴辐式配送网络模式。以航空货运为例，顺丰以北京（首都机场）、杭州（萧山机场）、深圳（宝安机场）、成都（双流机场）为中心，分别设立了航空物流基地。以 4 个航空物流基地为枢纽中心，顺丰与全国范围内的主要城市实现了航空直发。上述 4 个航空物流基地即为轴辐式配送网络的轴点，全国其他城市为物流配送网络的辐点。

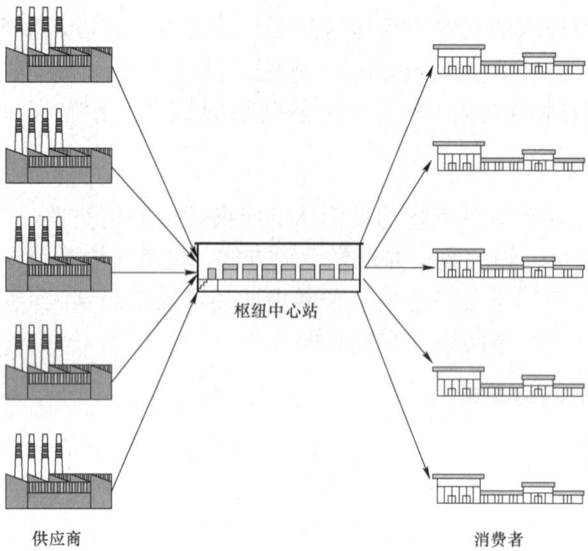

图 7–3　轴辐式配送网络模式

上述三类物流配送网络的优缺点分析如表 7–1 所示。

表 7–1　三类物流配送网络的优缺点分析

配送网络模式	优点	缺点
直送配送网络模式	• 无须中间仓库 • 简单的协作 • 灵活性高	• 库存水平高（因货物批量大） • 巨大的接收费用
循环取货式配送网络模式	• 小批量货物较低的运输成本 • 较低的库存水平	• 协调的复杂性加大
轴辐式配送网络模式	• 轴点之间的运输量大，降低成本	• 协调的复杂性加大 • 中转导致时间增加

城市智慧配送设施选址的设计步骤包括物流设施选址约束条件分析、资料收集与整理、定性定量分析、结果评价、结果复核和确定选址结果，具体包含的内容如图 7–4 所示。

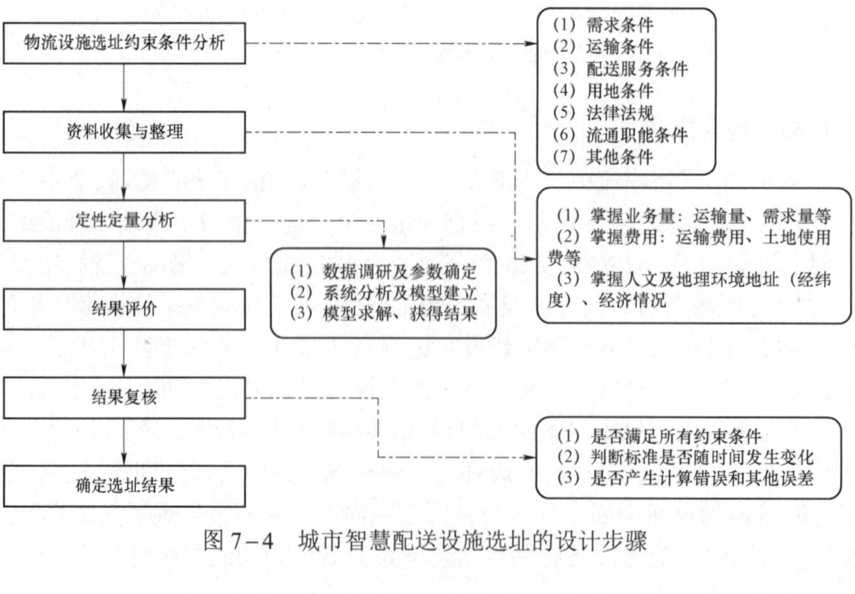

图 7–4　城市智慧配送设施选址的设计步骤

7.1.2 城市智慧配送设施选址模型

城市配送设施选址决策包括多个层次的内容，各类决策相互影响、十分复杂，因此，研究人员通常将选址、路线、库存等问题拆分成若干个子问题，进行独立研究。按照决策的时效，相关决策可以分为设施选址、设施容量设计等具有长期影响的战略性决策，供应商选择、产品范围分配、运输模式选择等可以在相对较短的时间周期内调整的战术性决策，以及库存水平、运输路线调整和车辆配置等在较短时间内自由调整的运作类决策。

设施选址是实现高效配送过程的重要决策，属于长期战略性决策。经典选址问题按照不同角度可以大致分为以下几类。

（1）按照研究方法，可以分为定性研究、定量研究及定性定量相结合的研究方法。定性方法主要根据选址时的政策因素、土地地缘、区位因素、市场条件等采用层次分析等定性方法决策配送设施的位置；定量方法通常将各类成本进行量化，采用数学模型的方法优化配送设施的位置。

（2）按照变量类型，可以分为离散模型和连续模型两类。离散模型假设可选设施属于一个可行集合，通过优化各类总成本得到最佳选址地点；连续模型认为设施点可以取平面上的任意点，不限制特定区域，例如重心法。由于并非所有点都可以作为配送设施候选位置，所以离散模型更具实际应用价值。

（3）按照网络结构，可以分为单级（single-echelon）设施问题和多级（multi-echelon）设施选址问题两类。网络中的节点结构代表了产品从供应商到消费者中间经历的设施层级，以单级设施选址问题为例，产品仅经过一层设施即可到达需求点，而对于跨国公司和大型企业，可能涉及中转仓库和多层分拨中心，具备多级特征。

（4）按照时间维度，可以分为静态选址和动态选址两类。传统选址问题大多假设设施位置在一定时间范围内保持不变，属于长期战略性决策。然而，根据需求分布和成本模式的动态变化趋势，静态选址模型无法适应复杂多变的外部环境，动态调整选址策略具有重要意义。

本节将具体介绍 6 个经典设施选址问题，这些经典选址问题均基于固定的配送网络。设施选址模型主要决策新设施的位置，以优化距离或与距离相关的指标（如配送时间、配送成本等）为主要目标。因此，可以将上述 6 个经典模型按照与距离的相关性进行分类，即关注服务响应时间的最大距离模型（maximum distance models）和关注运营成本的总距离或平均距离模型（total or average distance models），其中前者包括覆盖集模型（set covering location model）、最大覆盖模型（maximal covering location problem）和 p 中心模型（p-center problem），后者包括 p 中值模型（p-median problem）、固定成本选址模型（fixed charge location model）、枢纽选址模型（hub location problems）。

1. 最大距离模型

在此类研究问题中，配送的最大距离是预先确定的。例如，自动提货柜和自提点的位置与附近居民区的距离不能过大；又如，快餐店仅对附近居民进行外卖服务，配送时间超过半小时的将不在覆盖范围。在数学模型中，预先设定的距离被定义为“覆盖”（covering）距离。在此类问题中，最大的服务匹配距离均不得超过此阈值。

1）覆盖集模型

覆盖集模型是 1971 年由 Toregas 等人提出的，其目标函数是找到满足所有需求所需的最少设施数量。该问题假设所有需求点均需要被一个距离小于覆盖阈值的设施服务。为构建数学模型，需要用到表 7－2 所示的参数和变量。

表 7－2　覆盖集模型需要用到的参数和变量

参数	含义	决策变量	含义
I	需求点集合，索引序号为 i	x_j	0－1 决策变量，若在点 j 选址则为 1，否则为 0
J	可选设施点集合，索引序号为 j		
d_{ij}	需求点 i 到可选设施 j 的距离		
D_c	最大覆盖距离		
N_i	能够覆盖需求点 i 的所有设施点集合，$N_i=\{j\mid d_{ij}\leqslant D_c\}$		

在得到上述符号后，覆盖集模型可以被构建为

$$\max\sum_{j\in J}x_j \tag{7-1}$$

$$\text{s.t.}\sum_{j\in N_i}x_j\geqslant 1,\forall i\in I \tag{7-2}$$

$$x_j\in\{0,1\},\forall j\in J \tag{7-3}$$

其中，目标函数（7－1）为最小化构建设施个数，约束（7－2）代表每个需求点都需要被足够近的设施服务，约束（7－3）为 0－1 变量约束。注意，本模型的目标函数是最小化构建设施的个数，而不是最小化总建设而成本，因此针对不同地区建造成本不同的背景，此模型具有一定的局限性。

2）最大覆盖模型

覆盖集模型假设所有需求点均能被服务，此假设忽视了实际运作管理中的预算和成本限制。仍以自提柜的摆放位置优化问题为例。快递运营商希望在步行可达的范围内建设一个快递自提柜来服务周边居民，然而满足所有客户能够拥有步行可达的取货距离可能需要建设多个自提柜，即预设的建设数量无法满足所有居民的需求。最大覆盖模型为快递运营商提供了解决方案，该模型能够成功解决对设施数量有上限的规划问题，其目标函数是在建设规定数量（如 p）的自提柜时能够最大化被覆盖的需求。除了表 7－2 中的符号外，最大覆盖模型需要用到表 7－3 所示的参数和变量。

表 7－3　最大覆盖模型需要用到的其他参数和变量

参数	含义	决策变量	含义
p	需要建立的设施数	x_j	0－1 决策变量，若在点 j 选址则为 1，否则为 0
h_i	需求点 i 的需求量	z_j	0－1 决策变量，若需求点 i 被覆盖则为 1，否则为 0

在得到上述符号后，最大覆盖模型可以被构建为

$$\max\sum_{i\in I}h_i z_i \tag{7-4}$$

$$\text{s.t.}\sum_{j\in N_i}x_j\geqslant z_i,\forall i\in I \tag{7-5}$$

$$\sum_{j\in J} x_j = p \tag{7-6}$$

$$x_j \in \{0,1\}, \forall j \in J \tag{7-7}$$

$$z_i \in \{0,1\}, \forall i \in I \tag{7-8}$$

其中，目标函数（7–4）为最大化被覆盖的需求，约束（7–5）印证了覆盖参数与选址参数的逻辑关系，约束（7–6）表示一共建设 p 个设施，约束（7–7）和（7–8）为 0–1 变量约束。

3）p 中心模型

p 中心模型旨在最小化所有需求点到其最近服务设施的距离，且建设的设施数为 p。此模型能够保障所有需求点与固定服务设施的距离不至于过大，对于保障服务的公平性具有一定优势。结合前文提到的符号，在介绍 p 中心模型时，引入表 7–4 所示的新的决策变量。

表 7–4　p 中心模型需要用到的新的决策变量

决策变量	含义
W	连续变量，所有需求点距离其匹配设施的最大距离
y_{ij}	0–1 决策变量，若需求点 i 被设施点 j 服务则为 1，否则为 0

p 中心模型可以构建为

$$\max\ W \tag{7-9}$$

$$\text{s.t.} \sum_{j\in J} y_{ij} = 1, \forall i \in I \tag{7-10}$$

$$y_{ij} \leqslant x_j, \forall i \in I, j \in J \tag{7-11}$$

$$W \geqslant \sum_{j\in J} h_i d_{ij} y_{ij}, \forall i \in I, \tag{7-12}$$

$$y_{ij} \in \{0,1\}, \forall i \in I, j \in J \tag{7-13}$$

（7–7）

其中，目标函数（7–9）旨在最小化所有需求点到所服务设施的最大距离，约束（7–10）表示每个需求点都需要被一个设施点服务，约束（7–11）表示需求点必须被一个已经建立的设施服务，约束（7–12）定义了变量 W，约束（7–13）与其在最大覆盖模型中的含义相同。

2. 总距离或平均距离模型

基于总距离或平均距离的设施选址模型在实际运营过程中的应用十分广泛。例如，末端自提点在进行选址优化时需要最小化所有客户到该位置取货时最短距离。由于取货距离与取货时间、取货所消耗的成本等参数息息相关，系统总取货距离通常被当作系统运行效率的指标，与之相对应的是系统运行的公平性指标。与最大距离模型相比，总距离或平均距离模型更加关注效率（成本）而忽视了公平。

1）p 中值模型

p 中值模型在整个区域内找到 p 个设施，且以最小化总加权运输成本为目标函数。p 中值模型的数学表达形式为

$$\min \sum_{i\in I}\sum_{j\in J} h_i d_{ij} y_{ij} \tag{7-14}$$

s.t.（7–7）（7–10）（7–11）（7–13）

p 中值模型继承了 p 中心模型和最大覆盖模型的部分约束，旨在最小化加权的服务距离，其中距离权重为需求点的需求量。p 中值模型和 p 中心模型在 p 为固定参数时均能够在多项式时间内求得模型的最优解。当 p 为变量时，上述两个问题将成为 NP 难问题。

p 中值模型具有以下重要假设：第一，该模型假设在所有节点建造设施的固定投资成本均相等；第二，该模型假设所有设施均不含容量限制，即假设可建设施均为无限容量；最后，该模型认为系统能够建设的设施数固定且等于 p。为了解决上述三个假设带来的不合理结果，固定成本选址模型应运而生。

2）固定成本选址模型

固定成本选址模型没有考虑 p 中值模型的三个假设，其目标函数是最小化总运营成本，包括设施选址成本和运输成本。其优化结果不仅能够决策建设固定设施的具体位置，还能够结合不同区位的选址成本，自动判断出最佳的新建设施个数。同时，考虑到所建设施具有容量限制，客户的需求可能不被分配给其最近的服务设施，而被分配给距离相对较远但具有更大服务能力的设施。

根据前文提到的定义和参数，固定成本选址模型的数学表达形式为

$$\min \sum_{j\in J} f_j x_j + \sum_{i\in I}\sum_{j\in J} h_i d_{ij} y_{ij} \tag{7-15}$$

$$\text{s.t.} \sum_{i} h_i y_{ij} \leqslant C_j x_j, j \in J, \tag{7-16}$$

（7－7）（7－10）（7－11）（7－13）

与 p 中值模型不同，固定成本选址模型不预设所建设设施的总数，而是通过给出各备选设施的建设成本，最小化建设成本和加权运输成本来选取合适的设施点位置，约束（7－16）为设施储存能力约束，代表某个设施服务的所有需求量总和需要小于等于该点的最大容量。

3）枢纽选址模型

智慧城市配送设施选址一般基于轴辐式物流网络，枢纽设施选址模型的优化对象为物流配送系统中的大型分拨中心和中转节点。在轴辐式配送结构中，节点被区分为“轴点”和“辐点”两类，链路被区分为“干线”和“支线”两类。轴辐式网络被广泛应用于公路货运零担运输、航空运输、多模式运输等多种应用场景。这些系统通过设置枢纽节点（及轴点），达到集货的目的。在枢纽节点之间形成大量的运输货流，能够提高运输的规模效益，从而降低运输成本，因此，枢纽选址模型与城市配送模式更为贴近。本节将介绍 p 枢纽设施选址模型，即系统中建设的枢纽个数为 p。在建模时，首先需要引入表 7－5 所示的参数和变量。

表 7－5　p 枢纽设施选址模型需要用到的参数和变量

参数	含义	决策变量	含义
N	所有点的集合，包括需求点和备选设施点	c_{ij}	需求点 i 到可选设施之间的单位运价
α	枢纽之间的运价折扣指数	x_j	0－1 决策变量，若设施点 j 被选为枢纽则为 1，否则为 0
θ_{ij}	需求点 i 到可选设施 j 之间的货物流量	y_{ij}	0－1 决策变量，若需求点 i 被分配给枢纽节点 j 则为 1，否则为 0

p 枢纽设施选址模型的数学表达形式为

$$\min \sum_{i \in N}\sum_{j \in N}\theta_{ij}\left(\sum_{k \in N}c_{ik}y_{ik}+\sum_{m \in N}c_{jm}y_{jm}+\alpha\sum_{k \in N}\sum_{m \in N}c_{km}y_{ik}y_{jm}\right) \tag{7-17}$$

$$\text{s.t.} \sum_{j \in N}y_{ij}=1, \forall i \in I , \tag{7-18}$$

$$\sum_{j \in N}y_{jj}=p , \tag{7-19}$$

$$y_{ij} \leqslant y_{jj}, \forall i \in N, j \in N , \tag{7-20}$$

$$y_{ij} \in \{0,1\}, \forall i \in I, j \in J . \tag{7-21}$$

其中，目标函数（7－17）为最小化系统总运输成本，共由 3 项组成，包括出发辐点到达第一个枢纽节点、第二个枢纽节点到达辐点，以及两个枢纽之间的运输成本之和。约束（7－18）表示每一个需求点均需要被一个枢纽节点覆盖和服务，约束（7－19）表示该网络结构中的枢纽节点个数为 p，约束（7－20）表示需求点需要被分配给一个已经被建立的枢纽节点，约束（7－21）为 0－1 变量约束。

与 p 中值模型和固定成本选址模型不同，枢纽选址模型的需求以 O－D 对的形式表示，即从货物发出点到收货点之间的流量。此外，枢纽选址模型存在决策变量相乘（$y_{ik}y_{jm}$）的情况，属于非线性优化，更加难以求解。

7.1.3 城市智慧配送设施选址案例

近年来，依托大数据、AI 技术及运筹优化方法，智慧选址决策方案开始代替人工选址决策方案。2019 年 4 月，京东城市携手中国联通旗下大数据公司智慧足迹，发布全新产品“智能选址”。

1. 做法与经验

传统的线下选址办法是由专业人员前往实地考察，并对当地客流、周边环境定位、设施齐全程度等进行综合评估后制定。然而，纯人工评估的方式不仅周期长、人力消耗大，而且容易造成信息琐碎、缺乏多元化数据维度印证等问题，以至于不能有效洞察实际运营场景。“智能选址”产品能够通过对数据的全面挖掘，提取出有价值的信息，并有效应用于物流仓储管理领域。

“智能选址”融合了京东的商圈消费数据、移动/联通/电信三网占比数据，以及联通人口统计数据和门店数据等信息，数据维度多且与消费关联度高。该产品拥有先进的 AI 算法，其“多源数据融合技术”实现了基于多方数据的联合建模和深度学习，能够精确提取出高营收的特征，为选址评估提供可靠指引。

2. 实施效果

“智能选址”首先在山西、贵州两省九市的联通营业厅落地，利用在大数据和 AI 算法方面的优势，通过全面的客群和环境分析，为实体店经营者提供门店智能选址与优化服务。除此之外，“智能选址”已经被广泛应用于金融行业的网点选址、智能城市的规划建设、物流仓储管理等领域。

京东智能选址产品如图 7－5 所示。

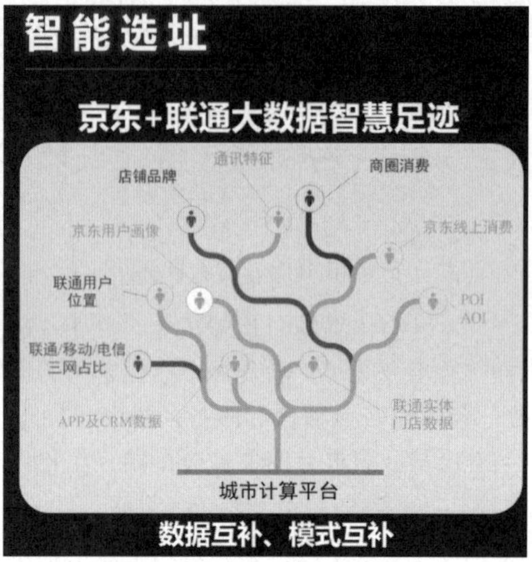

图 7-5　京东智能选址产品

7.2　城市智慧配送路径优化

美团的“美团智能调度系统”在配送环节承担了订单匹配、路径规划和时间预估等核心任务。最新的 5.0 版本实现了运筹优化与机器学习深度融合的全程柔性调度，基于轨迹大数据、运筹优化、机器学习、数据挖掘、地理计算等智能算法，为每一份订单预估送达时间、指派最合适的骑手，并为骑手设计最优的取送路线。

那么，我们应当如何对城市智慧物流配送系统的配送线路进行优化呢？

7.2.1　城市智慧配送路径优化问题概述

车辆路径规划是城市配送过程中运营决策层面的核心问题，同时也是运筹学领域的研究热点。时间、空间、成本、需求等方面的诸多因素同时影响着车辆路径方案的决策，彼此相互制约、相互影响。选取恰当的车辆路径可以加快对客户需求的响应速度、提高服务质量、增强客户对物流环节的满意度、降低服务商运作成本。

配送路径优化模型可以描述为：在供需管理系统中，存在若干辆车、若干个配送中心和客户，要求合理安排车辆的行车路线和出行时间，将客户需要的货物从配送中心送达客户，并使得目标函数最小，如图 7-6 所示。

配送路径问题主要包括货物、道路网络、客户、配送中心和配送车辆几类要素。

（1）货物。货物是配送的对象。可以将每个客户需求（或者供应）的货物视为一批货物，每批货物都包括品名、包装、重量、体积、要求的配送时间和地点、能否分批配送等属性。

（2）道路网络。道路网络是货物运输和配送的基础，由节点和连线组成。道路网络中的节点代表配送中心和客户需求点；连线代表客户需求点之间或者需求点与配送中心之间的链接关系，不同连线的权重可以和道路拥挤程度、运输距离、运输费用、运输时间等参数有关。

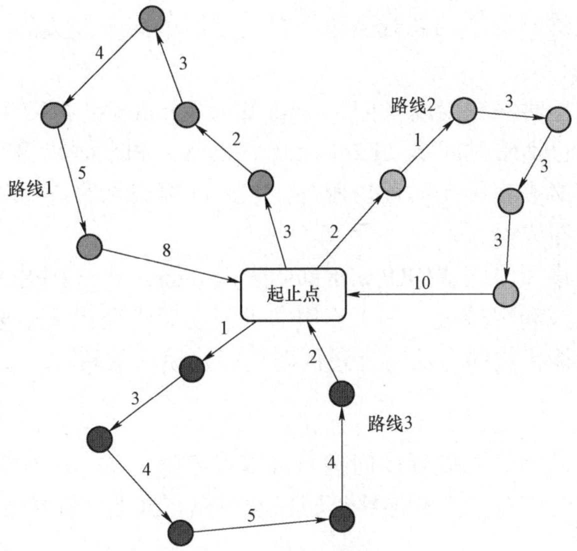

图 7-6 车辆路径规划问题示意图

（3）客户。客户是在配送过程中需要被提供服务的节点，不同客户需求点的需求量、服务时间窗需要被个性化满足。通常来说，大部分配送路径优化问题均假设每个客户仅能接受一辆车的单次服务。

（4）配送中心。配送中心也是货物的储存地点和车辆的起止点。根据运营场景需要，配送中心的运营时间、配送中心的规模和配送中心的位置均可以作为配送路径相关问题的衍生变量。

（5）配送车辆。配送车辆是为客户提供服务的车辆，配送车辆的容量、配载顺序、车型种类、车辆来源等不同属性可以与路径规划问题进行联合优化，并进行合理拓展。

7.2.2 城市智慧配送路径优化模型

城市配送路径优化问题的建模方法大致可以分为两类：第一类是基于边流量的模型，其核心决策是利用 0-1 整数变量表征车辆是否经过某条边或者某条线路；另一类建模方式是把问题构建成集划分（set partitioning）或者集覆盖（set covering）模型，此类模型的核心是利用 0-1 整数变量表示最终的优化路径中是否包含某条路径。已有研究表明，任意集划分或覆盖集模型均可以转化为边流量模型。

城市配送路径优化模型通常以最小化总运输成本为目标，通过 0-1 变量刻画车辆和路径之间的匹配关系。根据车辆数量的不同，可以分为仅有一辆配送车辆的旅行商问题（traveling salesman problem，TSP）和具有多辆配送车辆的车辆路径规划问题（vehicle routing problem，VRP）。不难看出，TSP 问题是 VRP 问题的一个特例，由于已有研究表明 TSP 是 NP 难问题，因此，VRP 也是 NP 难的。

车辆路径规划问题在研究领域广泛受到学者的关注，在 VRP 问题的基础上延展出以下几个新的研究问题。

（1）考虑能力约束的车辆路径规划问题（capacitated vehicle routing problem，CVRP）。在城市配送过程中，配送车辆的容量存在上限，将车辆的容量约束作为限制条件引入优化问题，使得任意车辆在城市配送过程中的总载重量不得超过该车的最大负荷，更加符合城市配送的实际背景。

（2）考虑时间窗的车辆路径问题（VRP with time windows，VRPTW）。时间窗是指客户可以被服务的时间段，包括硬时间窗（hard time window）和软时间窗（soft time window）两类。硬时间窗表示客户必须在限定时段内服务，软时间窗表示客户可以在超过规定的时间段服务但会产生相应的惩罚成本。

（3）随机需求车辆路径问题（VRP with stochastic demand，VRPSD）。以外卖配送为例，客户需求随时间变化且波动性较大，为了克服需求波动对路径优化结果的影响，可以采用随机规划、模糊规划、鲁棒优化的方法对上述问题进行建模和求解

1. TSP 模型

单车配送路线优化问题又称旅行商问题，可以表述为：某一旅行商需要从网络中的一个节点出发，遍历网络中的所有节点并最终返回出发节点。经典 TSP 问题的数学模型所涉及的参数如表 7－6 所示。

表 7－6　经典 TSP 问题的数学模型所涉及的参数

参数	含义	决策变量	含义
N	所有节点的集合	x_{ij}	0－1 变量，若点 i 到点 j 之间的连线在最优路径上
c_{ij}	节点 i 到节点 j 的距离		

TSP 模型的数学表达形式为

$$\min \sum_{i\in N}\sum_{j\in N} c_{ij}x_{ij} \tag{7-22}$$

$$\text{s.t.} \sum_{i\in[N]} x_{ij} = 1, \forall j \in N, \tag{7-23}$$

$$\sum_{j\in N} x_{ij} = 1, \forall i \in N, \tag{7-24}$$

$$\sum_{i,j\in S} x_{ij} \leqslant |S|-1, \forall S \subset N \tag{7-25}$$

$$x_{ij} \in \{0,1\}, \forall i \in N, j \in N \tag{7-26}$$

其中，目标函数（7－22）为最小化总配送里程/距离，约束（7－23）和（7－24）表示每个节点的流入和流出边数守恒且为 1，约束（7－25）为破圈约束，|S|为子集中点的个数，即保证最终形成的配送路径不能存在回路，约束（7－26）为变量的整数约束。

图 7－7 展示了破圈约束的性质。假设在一个有 6 个节点的网络中优化 TSP 的最佳路径，其中带有黑色箭头的线路对应的 x 等于 1。显然，图 7－7（a）为一个可行的路径，而图 7－7（b）展示了具有回路的解。不难看出，图 7－7（b）的解满足节点流入流出唯一约束，即式（7－23）和式（7－24），但不满足破圈约束（7－25）：以图 7－7（b）中的子圈 1→4→3 为例，$S=\{1,3,4\}$ 是所有节点 N 的一个子集，其对应的破圈约束为

$$x_{14}+x_{43}+x_{31} \leqslant 3-1$$

而图 7－7（b）中的解中边的个数为 3，因此该解不符合 TSP 模型，不是可行解。

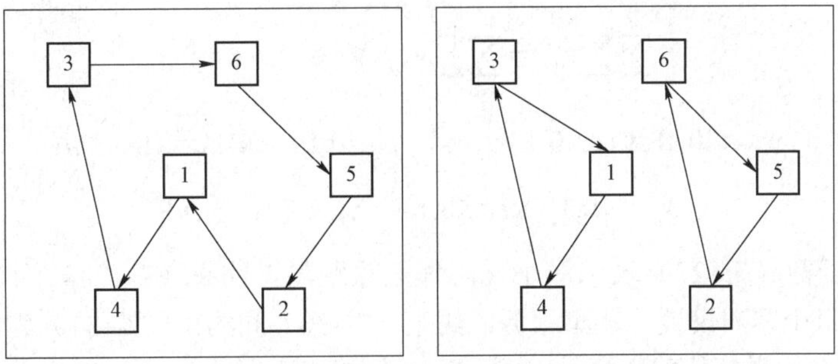

(a) 可行的路程　　(b) 具有回路的解

图 7-7　破圈约束

2. VRP 模型

自 1959 年 Dantzig 和 Ramser 教授提出 VRP 模型，与之相关的研究在学术界和工业界均得到了足够的重视。VRP 可定义为：给定一个配送中心、一组位于不同位置的客户需求点及多台车辆，在满足客户需求和相关约束的基础上，为每一辆车规划服务客户需求点的次序（路径），使得方案的总运输成本最少。经典 VRP 问题的数学模型所涉及的参数如表 7-7 所示。

表 7-7　经典 VRP 问题的数学模型所涉及的参数

参数	含义	决策变量	含义
M	车辆集合，用 k 表示序号，最大值为 m	$\boldsymbol{y}_{ijk}$	0-1 变量，若车辆 k 经过客户 i 到客户 j
N	客户集合，用 i 或者 j 表示序号，最大值为 n	$\boldsymbol{x}_{ik}$	0-1 变量，若客户 i 被车辆 k 服务
$\boldsymbol{g}_i$	客户 i 的需求量		
$\boldsymbol{c}_{ij}$	客户 i 到客户 j 的距离		
$\boldsymbol{w}$	车辆载重量		

经典 VRP 假设车辆仅具有一种车型，且车辆都从同一车场出发并回到出发点车场，引入序号 0 表示车场，序号 1, 2, ⋯, N 为客户。经典 VRP 的模型为

$$\min \sum_{i=0}^{n}\sum_{j=0}^{n}\sum_{k=1}^{m} c_{ij} y_{ijk} \tag{7-27}$$

$$\text{s.t.} \sum_{i=1}^{n} q_i x_{ik} \leqslant w, \forall k \in \{1,\cdots,m\} \tag{7-28}$$

$$\sum_{k=1}^{m} x_{ik} = 1, \forall i \in \{1,\cdots,n\} \tag{7-29}$$

$$\sum_{i=0}^{n} y_{ijk} = x_{jk}, \forall j \in \{0,1,\cdots,n\}, k \in \{1,\cdots,m\} \tag{7-30}$$

$$\sum_{j=0}^{n} y_{ijk} = x_{ik}, \forall i \in \{0,1,\cdots,n\}, k \in \{1,\cdots,m\} \tag{7-31}$$

$$\sum_{i=0}^{n}\sum_{k=1}^{m} y_{0ik} = \sum_{j=0}^{n}\sum_{k=1}^{m} y_{j0k}, \forall k \in \{1,\cdots,m\} \quad (7-32)$$

$$y_{ijk} \in \{0,1\}, \forall i \in \{0,1,\cdots,n\},\ j \in \{0,1,\cdots,n\}, k \in \{1,\cdots,m\} \quad (7-33)$$

$$x_{ik} \in \{0,1\}, \forall i \in \{0,1,\cdots,n\}, k \in \{1,\cdots,m\} \quad (7-34)$$

其中，目标函数（7－27）表示最小化总体运输距离，约束（7－28）为车辆载重约束，约束（7－29）保证每个客户仅被一辆车服务，约束（7－30）和约束（7－31）为流守恒约束，约束（7－32）保证每辆车均需要从配送中心出发，并最终回到配送中心，约束（7－33）和约束（7－34）为0－1 变量约束。

7.2.3 城市智慧配送路径优化案例

UPS 公司利用大数据分析打造了道路优化与导航集成系统，可以在约 3 s 内找出快递配送司机的最佳路线。

1. 做法与经验

该系统依靠 UPS 多年的客户积累、司机和车辆数据，以及每个包裹使用的智能标签，充分与配送车辆的 GPS 导航仪结合，实时分析车辆、包裹信息、用户喜好和送货路线数据，能够实时分析下一条线路的 20 万种可选方法，并能在 3 s 内找出从 A 点到 B 点的最佳路线。这种动态调整方法能够不断根据天气变化和实时路况随时改变策略，达到降低成本、减少时间、降低碳排放量的效果。道路优化与导航集成系统一个著名的应用案例是通过大数据分析实现配送末端最优路径的规划，提出了尽量“连续右转环形行驶”的配送策略。提出上述策略的原因是左转会导致货车在左转道上长时间等待，不但增加油耗，而且提高发生事故的比例。

2. 实施效果

从道路优化与导航集成系统开始投入应用到 2013 年末的这段时间里，有大约 10 000 条 UPS 的配送路线被纳入优化应用范围。这项规划每年为 UPS 节省燃油成本 5 000 万美元，增加包裹配送量 35 万件。2017 年，UPS 在北美 5.5 万条线路上实现了道路优化与导航集成系统的应用。据统计，道路优化与导航集成系统每年为 UPS 节省约 1.61 亿 km 和 4 550 万 L 的油耗，减少约 10 万 t 二氧化碳排放。

7.3 城市智慧配送货物配载问题优化

青岛港董家口矿石码头有限公司在国内率先实现集装箱型火车的自动装车。针对更为复杂的 C_{60}～C_{80} 混编车厢全自动装车，该公司解决了车厢流量自适应调节和粉尘、光线、雨雾干扰等技术难题，确保控制放料时机精准，车厢物料前后均匀，有效避免偏载。经过一年多的反复实践完善，目前实现了整列 40 节以上车厢连续全自动作业，称重计量误差为 0.1%，并能适应铁牛最高牵引速度，单节车厢作业在 50 s 以内，极大地降低了人工劳动强度和设备损耗，而且将装车精度与效率都提高了 10%以上。

那么，城市智慧配载是如何实现的呢？

7.3.1 城市智慧配送货物配载问题概述

货物配载是城市配送活动的重要环节，是指运输部门根据车、船和物资情况，合理调配装载位置和重量的一项组织工作，对于城市物流服务降本增效具有重要意义。在实际城市配送活动中，货物来源多、目的地不同、重量差别大、体积小且分散，极易形成虚载、配载效率低下等现象。随着人工成本的升高，智慧化城市货物配载方案逐步成为科学研究和工业实践的重点。

货物配载问题就是将多个小体积物品根据实际尺寸装载到相关容器（如货车车厢）中，属于典型的装载问题，具体可以描述为：在已知车辆长、宽、高、最大载重量和载重体积的基础上，通过数值计算，将所运输的货物进行装载，以实现车辆载重率和载重体积的最大化。

1. 城市智慧配送货物配载的原则

在进行货物配载时，需要遵循的主要原则包括以下几个。

1）重量合理分配原则

城市配送货物种类多、差异大，在配载时需要从配载安全程度和经济效益两方面考虑。在安全维度上，遵循“上轻下重”的原则，同时注意货物重心有无偏离；在经济维度上，需优化重货和泡货的配比，在满足载重限制的基础上优化货物配载方案。

2）体积合理分配原则

应考虑城市配送过程中的货物体积和外形差异对最终配载方案的影响，先装载体积较大的货物，然后再利用空隙装载体积较小货物，并注意车况、路况、天气情况等随机因素对安全配送的影响。

3）最大化运输工具利用率原则

在进行货物配载时，需在满足载重和体积限制的基础上，遵循重量及体积的合理分配原则，以空间利用率最高为目标，提高配载效率。

4）合规合法原则

在配载和运输过程中，需要严格遵循国家相关法律法规，不得超高、不得超重、不得运载违禁货物和危险品，严禁存在侥幸心理，同时注意不同省市地区特定的物流配送制度。

5）最大化利润原则

在满足重量合理分配、体积合理分配、运输工具利用率最大化及合规合法等原则的基础上，企业应该以最大化利润或最小化成本为原则，创造更多的价值。

2. 城市智慧配送货物配载问题的分类

按照问题的实际情况和侧重点，城市配送过程中的货物配载问题可以分为多种不同类型，具体而言，可以按照装载维度、车辆数量、车辆种类和目的地进行分类。

1）按照装载维度分类

按照装载维度分类，可以分为一维配载问题、二维配载问题和三维配载问题。

（1）一维配载问题只考虑一种约束，可以为货物的重量或体积限制，适用范围包括砂石、煤炭、钢材或汽车等标准化货物。例如，滚装船（如商品车滚装船）一般采用一维配载优化方法，即将船舱划分为若干车道，以车长为依据指导配载。

（2）二维配载问题主要考虑货物的长和高两个维度，类似于平面切割问题。例如，在对客货滚装船进行配载且配载车辆为货车、小车和客车等多车型时，由于车辆尺寸变化大，配载时需同时考虑车辆的长和宽，以追求更高的面积利用率，此时利用二维配载模型更为有效。

（3）三维配载问题是在二维配载问题的基础上，将平面切割问题转化为空间切割问题。由于三维配载问题更贴近于实际运作流程，其应用范围最广，例如交通运输行业的物品集装箱式运输、商贸物流中的货物打包与整理等。

2）按照车辆数量分类

按照车辆数量分类，可以分为单车配载问题和多车配载问题。单车货物配载问题将所有货物装入同一辆车中，在城市配送过程中较为少见。相对地，多车配载问题更为普遍。

3）按照车辆种类分类

按照车辆种类分类，可以分为单车型配载问题和多车型配载问题。单车型货物配载问题假设所有车辆均为同一尺寸或同一车型，在大型企业中较为常见；多车型配载问题是指配载车辆的尺寸、车型、载重或载货体积存在区别，适用于中小企业。

4）按照目的地分类

按照目的地分类，可以分为单一目的地配载问题和多目的地配载问题。单一目的地货物配载问题假设所有货物同时到达同一目的地，只需考虑货物配载过程；多目的地货物配载问题在装载时需要考虑装车顺序及货物的优先级，并需要和车辆路径规划问题联合优化，更加复杂。

7.3.2 城市智慧配送货物配载模型

货物配载问题可以抽象为装箱问题（bin packing problem）或者背包问题（knapsack problem），属于组合优化的范畴。装箱问题是NP难的，在多项式时间内无法找到该问题的最优解，因而，考虑牺牲最优性并寻找与最优解相差不大的近似解是一个不错的选择。本节将从传统一维装箱问题入手，逐步将其拓展到多维。

1. 一维货物配载模型

一维货物配载问题假设被装货物只有一个维度（如重量和体积），装入货物使得箱子的剩余空间最少。

1）一维单箱配载——背包问题（knapsack problem）

背包问题是经典的组合优化和整数规划问题，其主要目的是求得一种能够将 I 个货物装载到箱子中的组合，同时保证装入货物的总价值最大且满足容量限制。模型中唯一的0-1决策变量 x_i 代表是否将货物 i 装入箱子，参数 a_i 代表货物 i 所占据的空间，c_i 表示装载货物 i 带来的收益，b 代表箱子的容量。

$$\max \sum_{j \in N} c_i x_i \tag{7-35}$$

$$\text{s.t.} \sum_{j \in N} a_i x_i \leqslant b, \forall i \in I, \tag{7-36}$$

$$x_i \in \{0,1\}, \forall i \in I, \tag{7-37}$$

其中，目标函数（7-35）为最大化所装物品收益，约束（7-36）限制了所装货物容量不得超过箱子最大体积，约束（7-37）为变量的整数约束。

2）一维多箱配载——装箱问题（bin packing problem）

在经典背包问题的基础上，将箱子个数拓展到 N 个，得到一维多箱问题的装配计划。定

义 x_{ij} 为 0－1 决策变量，若货物 i 放在箱子 j 中则为 1，否则为 0；y_j 为 0－1 决策变量，若箱子 j 被使用则为 1，否则为 0。由于存在多个箱子，每个箱子的容量上限为 b_j，使用箱子 j 的成本为 f_j。在给定上述符号的基础上，可以得到以下整数规划模型

$$\min \sum_{j\in N} f_j y_j \tag{7-38}$$

$$\text{s.t.} \sum_{j\in N} x_{ij} = 1, \forall i \in I, \tag{7-39}$$

$$\sum_{i\in I} a_i x_{ij} \leqslant b_j y_j, \forall j \in N \tag{7-40}$$

$$y_j, x_{ij} \in \{0,1\}, \forall i \in I, j \in N \tag{7-41}$$

其中，目标函数（7－38）旨在最小化使用箱子的总成本，约束（7－39）表示每种货物只能放在一个箱子中，约束（7－40）限制了货物只能装载在已经被选中的箱子中，且总装载量不能超过该箱的容量，约束（7－41）为变量的整数限制。

2. 多维货物配载模型

1）多维单箱配载——多维背包问题（multi-dimensional knapsack problem）

多维背包问题在经典背包问题的基础上，引入了货物的多重维度，例如基于长和高的二维背包问题及基于长、宽、高的三维背包问题。图 7－8 展示了二维背包问题可行解的示意图，不难看出，二维背包问题需要满足以下假设和约束。

（1）假设货物和箱子均为标准长方形，二维背包问题旨在求得效益最大的堆放方案。

（2）货物不能倾斜放置。

（3）货物之间不可重叠。

（4）堆放好的货物不得超过箱子的最大尺寸。

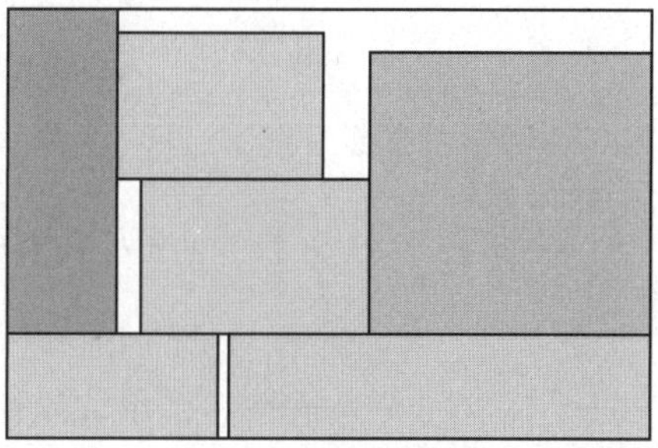

图 7－8　二维背包问题可行解的示意图

本节以二维背包问题为例，详细阐述对应的数学模型。通过引入新的决策变量和约束，二维模型可以方便地推广到三维。假设共有 I 个货物，每个货物的左下角坐标为（x_i, y_i），对应的长和高分别为 w_i 和 h_i，装载入箱所带来的收益为 p_i，本模型需要将货物装进长为 W、高为 H 的箱子，并使得总装载价值最大。模型的决策变量如表 7－8 所示。

表 7－8　二维背包问题数学模型的决策变量

s_i	0－1 变量，若货物 i 被装进箱子则为 1，否则为 0
l_{ij}	0－1 变量，若货物 i 在货物 j 左边则为 1，否则为 0
r_{ij}	0－1 变量，若货物 i 在货物 j 右边则为 1，否则为 0
u_{ij}	0－1 变量，若货物 i 在货物 j 下方则为 1，否则为 0
o_{ij}	0－1 变量，若货物 i 在货物 j 上方则为 1，否则为 0
x_i, y_i	连续变量，货物 i 左下角的坐标

图 7-9 更好地展示了本模型的符号体系。

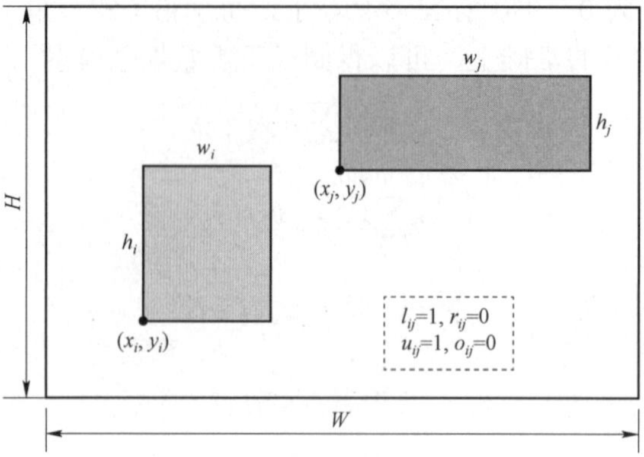

图 7-9　二维背包问题符号示意图

据此，二维背包问题的数学模型可以汇总为

$$\max \sum_{i=1}^{I} p_i s_i \tag{7-42}$$

$$\text{s.t.} l_{ij} + r_{ij} + u_{ij} + o_{ij} = s_i + s_j - 1, \forall i \in [I], j \in [I], i < j \tag{7-43}$$

$$x_i + w_i \leqslant W(1 - l_{ij}) + x_j, \forall i \in [I], j \in [I], i < j \tag{7-44}$$

$$x_j + w_j \leqslant W(1 - r_{ij}) + x_i, \forall i \in [I], j \in [I], i < j \tag{7-45}$$

$$y_i + h_i \leqslant H(1 - u_{ij}) + y_j, \forall i \in [I], j \in [I], i < j \tag{7-46}$$

$$y_j + h_j \leqslant H(1 - o_{ij}) + y_i, \forall i \in [I], j \in [I], i < j \tag{7-47}$$

$$0 \leqslant x_i \leqslant W - w_i, 0 \leqslant y_i \leqslant H - h_i, 0 \leqslant z_i \leqslant D - d_i, \forall i \in [I] \tag{7-48}$$

$$l_{ij}, r_{ij}, u_{ij}, o_{ij} \in \{0,1\}, \forall i \in [I], j \in [J] \tag{7-49}$$

$$s_i \in \{0,1\}, x_i, y_i, z_i \geqslant 0, \forall i \in [I] \tag{7-50}$$

其中，目标函数（7-42）为最大化装箱收益，约束（7-43）通过引入表征位置的决策变量保证所有货物不能交叉和重叠，约束（7-44）～约束（7-47）限制了位置和坐标之间的逻辑关系，式（7-48）为箱子坐标约束，式（7-49）～约束（7-50）为决策变量的整数和非负约束。

2）多维多箱配载——多维装箱问题（multi-dimensional bin packing problem）

多维多箱问题在多维单箱问题的基础上将模型进行进一步拓展，将所有货物分别装载到不同的箱子中，在满足不重叠、不越界、不超重的前提下，最小化箱子的使用成本，如图 7-10 所示。

在二维装箱问题中，本模型同样假设所有货物均为长方形，将 I 个货物装载到 J 个箱子内，每个货物的左下角坐标为（x_i, y_i），对应的长和高分别为 w_i 和 h_i，每个箱子的长和高分别为 W_j 和 H_j，对应的使用成本为 f_j，箱子容量为 b_j 。M 为一个很大的数。模型的决策变量如表 7-9 所示。

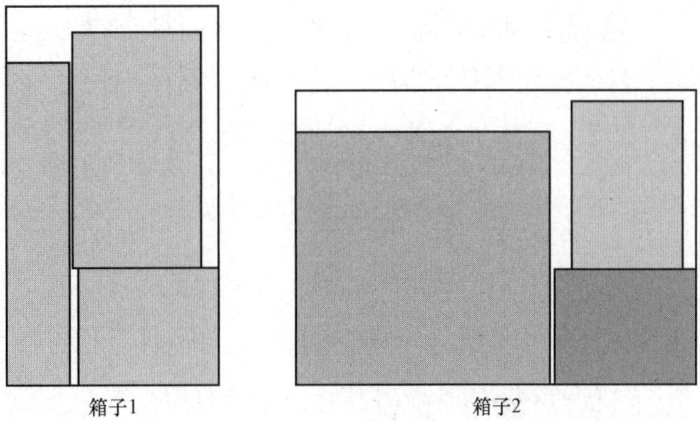

图 7-10　二维装箱问题示意图

表 7-9　二维装箱问题数学模型的决策变量

z_j	0-1 变量，若箱子 j 被使用则为 1，否则为 0
s_{ij}	0-1 变量，若货物 i 被装进箱子 j 则为 1，否则为 0
l_{ik}	0-1 变量，若货物 i 在货物 k 左边则为 1，否则为 0
r_{ik}	0-1 变量，若货物 i 在货物 k 右边则为 1，否则为 0
u_{ik}	0-1 变量，若货物 i 在货物 k 下方则为 1，否则为 0
o_{ik}	0-1 变量，若货物 i 在货物 k 上方则为 1，否则为 0
x_i, y_i	连续变量，货物 i 左下角的坐标

图 7-11 更好地展示了本模型的符号体系。

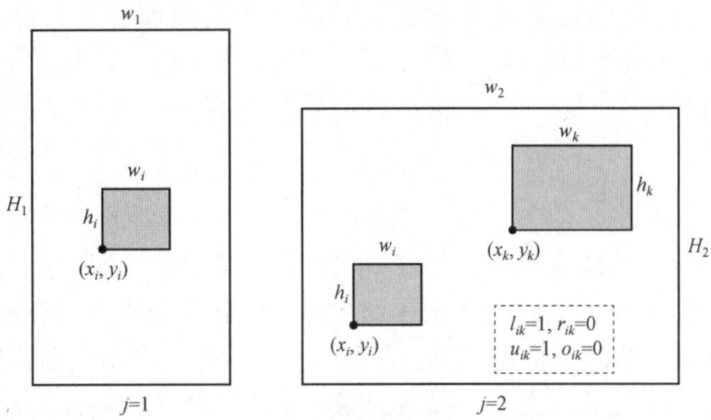

图 7-11　二维装箱问题符号示意图

据此，二维装箱问题的数学模型可以汇总为

$$\min \sum_{j=1}^{J} f_j z_j \tag{7-51}$$

$$\text{s.t. } l_{ik} + r_{ik} + u_{ik} + o_{ik} = s_i + s_k - 1, \forall i \in [I], k \in [I], i < k \tag{7-52}$$

$$x_i + w_i \leqslant M(1 - l_{ik}) + x_k, \forall i \in [I], k \in [I], i < k \tag{7-53}$$

$$x_k + w_k \leqslant M(1 - r_{ik}) + x_i, \forall i \in [I], k \in [I], i < k \tag{7-54}$$

$$y_i + h_i \leqslant M(1-u_{ik}) + y_k, \forall i \in [I], k \in [I], i < k \tag{7-55}$$

$$y_k + h_k \leqslant M(1-o_{ik}) + y_i, \forall i \in [I], j \in [I], i < k \tag{7-56}$$

$$\sum_{j \in [J]} p_{ij} = 1, \ \forall i \in [I], \tag{7-57}$$

$$\sum_{i \in [I]} p_{ij} \leqslant Mz_j, \quad \forall j \in [I] \tag{7-58}$$

$$x_i + w_i \leqslant W_j + M(1-p_{ij}), \quad \forall i \in [I], j \in [\mathrm{J}] \tag{7-59}$$

$$y_i + h_i \leqslant H_j + M(1-p_{ij}), \forall j \in [I], j \in [J] \tag{7-60}$$

$$l_{ik}, r_{ik}, u_{ik}, o_{ik} \in \{0,1\} \ \forall i \in [I], k \in [I], i < k \tag{7-61}$$

$$p_{ij} \in \{0,1\} \quad \forall i \in [I], j \in [I] \tag{7-62}$$

$$z_j \in \{0,1\} \quad \forall j \in [I] \tag{7-63}$$

$$x_i, y_i \geqslant 0 \quad \forall i \in [I] \tag{7-64}$$

其中，目标函数（7－51）为最小化箱子使用成本，约束（7－52）～约束（7－56）保证货物不允许重叠，约束（7－57）限定了每个货物只能放在一个箱子内，约束（7－58）保证货物只能放在一个已经被选中的箱子内，约束（7－59）～约束（7－60）表示每个货物不能超出箱子的最大范围，式（7－61）～式（7－64）为变量的整数和非负约束。

7.3.3 城市智慧配送货物配载案例

厦门远海集装箱码头有限公司（以下简称“厦门远海码头”）成立于 2008 年，是中远海运港口有限公司下属控股码头，主要从事投资建设、经营码头及与码头业务相关的堆场等港口设施。码头配载作业是集装箱码头装船过程的重要环节，是承前启后的枢纽，衔接着前方岸桥和后方场桥的作业过程，直接影响着码头的生产运营效率。在 5G 商用的大背景下，智慧港口的信息化、自动化、智能化日益提升，港区全面精益化管理更是迫在眉睫。

1. 做法和经验

为提升厦门远海码头的软实力，在智慧港口行列继续前行，厦门远海码头智能配载系统正式上线。该系统通过采用人工智能技术和优化算法，结合船舶箱量分布、箱型比例、挂靠港、货物堆存、机械设备状态、班轮航线、泊位、发箱次序、自动化和传统箱区混合等信息，自动完成最优配载图，实现货物安全、高效装船，有效提升了船舶装载效率。

针对超大型船舶，配载员可从反复重复的“操作者角色”转化成为“规则的制定者”，借助智能配载，优化配载取箱顺序，加快船舶开工前的配载确认时效，从而大幅降低员工劳动强度，有效避免了员工因夜间疲劳导致的配载质量下降等不良情况。

图 7－12 为船舶智慧配载示意图。

2. 实施效果

经统计，智能配载的效率约是人工配载效率的 10～12 倍。以装船 1 000 自然箱为例，智能配载的速度平均为 5 min，人工配载则需要大约 1 h。历经 60 天的实船操作运用及同步优化，厦门远海码头通过对空箱出箱次序、重量分布、自动化箱区优先出箱等细节进行打磨及精进，目前码头智能配载的实船操作人工调整量低于5%，翻箱率达到预期效果，提升了岸桥作业效率，降低了装卸成本，推进了降本增效。

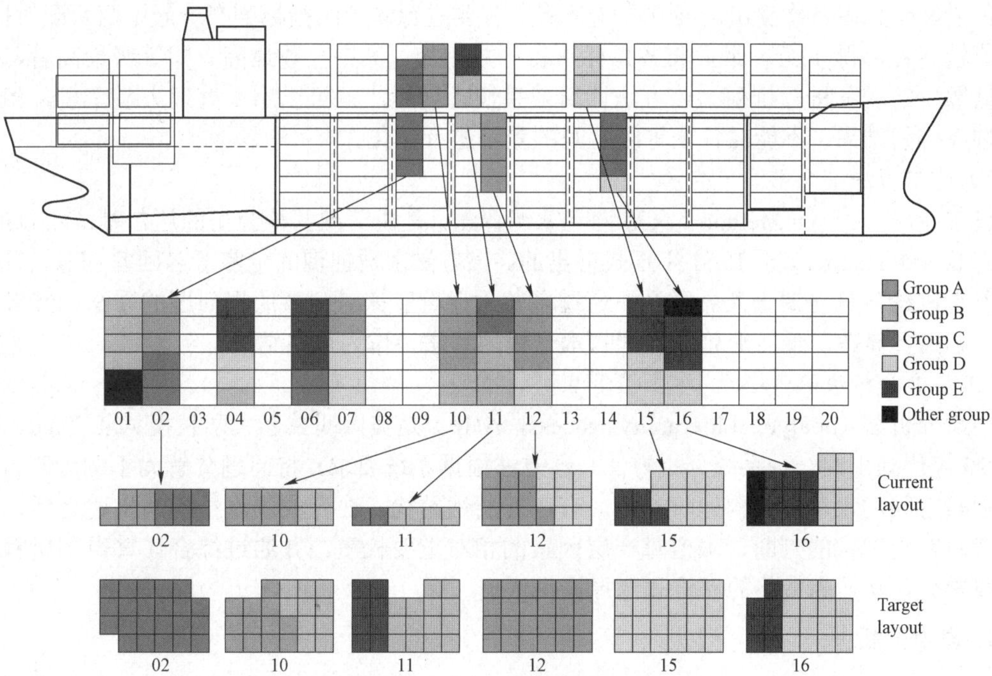

图7－12 船舶智慧配载示意图

7.4 城市配送优化算法

在决策城市配送相关优化结果的过程中，系统分析法、数学规划方法、启发式算法、人工智能等现代化技术手段成为智慧城市配送决策优化的主线。其中，系统分析法主要包括层次分析法、模糊综合评价法等；数学规划方法包括线性规划、非线性规划、整数规划、动态规划等；启发式算法包括贪婪算法、遗传算法、蚁群算法、禁忌搜索、模拟退火算法等。

7.4.1 系统分析法

1. 系统分析法概述

系统分析法是根据具体目的，在实地调研和可行性分析的基础上，对决策过程中的各种可行方案，从经济、文化、交通、技术等各个方面综合评价、权衡利弊，最终确定最优决策的方法。在城市配送领域，系统分析法可以通过定性、定量或二者相结合的方式，快速确定相关决策，在配送设施选址及网络布局、配送方式选择、车辆路径选择规划等问题中具有广泛的应用前景。

本节所介绍的物流系统分析方法以定性分析和定性定量相结合的方式为主，在确定城市配送过程中的设施选址、车型选择及末端配送模式等决策，或对相关区域的货物需求进行预测时被广泛应用。基本系统分析方法包括以下几种。

1）配对比较法

配对比较法也称相互比较法、两两比较法、成对比较法或相对比较法，由科恩（J. Cohen）在颜色爱好研究中首次提出。该方法就是将所有要进行评价的指标列在一起，两两配对比较，其价值较高者可得 1 分，最后将各指标所得分数相加，其中分数最高者即等级最高者，按分数高低顺序将职务进行排列。该方法计算效率快、用途广，可以用来处理大量变量，但只能得到顺序排列结果，不能对各个等级之间的差距进行量化。

2）德尔菲法

德尔菲法（Delphi Method）又称为专家调查法，是由美国兰德公司的达尔基（N. Dalkey）和赫尔默（O. Helmer）于 1964 年正式提出的。该方法由被征询的专家匿名回答问卷，且相互之间不得讨论，只与调查人员联系，通过多轮次调查专家对问卷所提问题的看法，经过反复征询、归纳、修改，最后汇总成专家基本一致的看法，作为最终结果。

3）层次分析法

层次分析法（analytical hierarchy process，AHP）是美国匹兹堡大学教授 A. L. Saaty 于 20 世纪 70 年代提出的一种系统分析方法。该方法根据系统要求，将问题分解为不同因素，按照各个因素之间的隶属关系构建阶梯的、有序的层次结构。在完成层次结构的构建之后，依据决策者对客观现实的判断，确定每一层因素的相对重要权重，并通过综合计算得到所有指标的最终得分，从而为最终的评价和选择提供依据。

2. 算例分析

对于物流企业而言，在进行城市末端配送方案选择时，需要权衡不同方案在经济性、时效性和服务体验上的利弊。层次分析法能够通过定性和定量相结合的方式，量化不同方案的综合得分，得出合理的选择结果。例 7－1 详细介绍了利用层次分析法选择合理末端配送方式的过程和计算结果。

【例 7－1】结合公司战略，某物流企业需要在 A 市开发区增设物流网点，需决策该区域的末端配送方式，具体包括送货上门、自提柜、站点自提和无人车配送 4 种。管理层决定从配送的经济性、时效性和客户服务体验三个角度进行综合评估，试用层次分析法最终确定末端配送模式。

解：在使用层次分析法时，首先需要确定层次结构模型，确定目标层 A、准则层 C 和方案层 P，如图 7－13 所示。

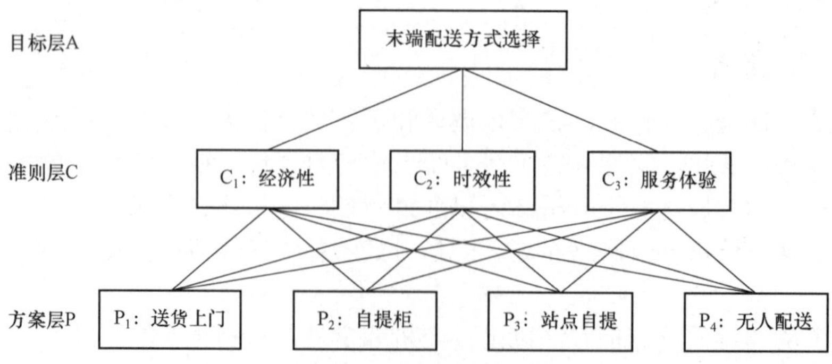

图 7－13　层次结构模型

随后，需要对各个因素进行排序，构建判断矩阵，对比各准则和方案之间的相对重要性。构造矩阵的第（i，j）个元素，表示准则 C_i 对 C_j 的相对重要性，通常取 1～9 及其倒数。其中，1 代表 C_i 与 C_j 一样重要、3 代表 C_i 比 C_j 重要一点（稍微重要）、5 代表 C_i 比 C_j 重要（明显重要）、7 代表 C_i 比 C_j 重要得多（强烈重要）、9 代表 C_i 比 C_j 极端重要（绝对重要），它们之间的数 2、4、6、8 及其倒数具有相应的类似意义。判断矩阵是根据心理学实验、社会调查和科学考察来综合决策的。据此，可以得到准则层和各个方案层的判断矩阵，分别如表 7－10 和表 7－11 所示。

表 7－10 准则层的判断矩阵

A	C_1	C_2	C_3
C_1	1	7	5
C_2	1/7	1	1/3
C_3	1/5	3	1

表 7－11 各个方案层的判断矩阵

C_1	P_1	P_2	P_3	P_4	C_2	P_1	P_2	P_3	P_4	C_3	P_1	P_2	P_3	P_4
P_1	1	1/5	1/3	5	P_1	1	5	5	3	P_1	1	5	5	1/3
P_2	5	1	3	9	P_2	1/5	1	3	1/3	P_2	1/5	1	1/3	1/7
P_3	3	1/3	1	7	P_3	1/5	1/3	1	1/3	P_3	1/5	3	1	1/7
P_4	1/5	1/9	1/7	1	P_4	1/3	3	3	1	P_4	3	7	7	1

为了验证判断矩阵的准确性，需要提取判断矩阵的特征根和特征向量。对于判断矩阵 $\boldsymbol{B}$ 来说，计算满足 $\boldsymbol{BW}=\lambda_{\max}\boldsymbol{W}$ 的特征根与特征向量，并通过计算一致性指标 CI，确定检验矩阵的一致性，其中

$$\mathrm{CI}=\frac{\lambda_{\max}-n}{n-1}\text{，}n\text{ 为矩阵维度}$$

显然，当判断矩阵具有完全一致性时，CI=0；$\lambda_{\max}-n$ 愈大，CI 愈大，矩阵的一致性愈差。

为了检验判断矩阵是否具有满意的一致性，需要将 CI 平均随机一致性指标 RI 进行比较。对于 1～9 阶矩阵，RI 分别如表 7－12 所示。

表 7－12 1～9 阶矩阵的 RI

阶数	1	2	3	4	5	6	7	8	9
RI	0.00	0.00	0.58	0.90	1.12	1.24	1.32	1.41	1.45

判断矩阵的一致性指标 CI 与同阶平均随机一致性指标 RI 之比称为判断矩阵的随机一致性比例，记为 CR。当 CR＜0.1 时，判断矩阵具有满意的一致性，否则就需要对判断矩阵进行调整。

下面利用和积法计算准则层矩阵的最大特征值 $\lambda_{\max}$ 及其对应的特征向量 $\boldsymbol{W}$ 。

步骤 1：按列归一化矩阵$\begin{pmatrix} 1 & 7 & 5 \\ 1/7 & 1 & 1/3 \\ 1/5 & 3 & 1 \end{pmatrix}$，得矩阵$\boldsymbol{B}=\begin{pmatrix} 0.7447 & 0.6364 & 0.7895 \\ 0.1064 & 0.0909 & 0.0526 \\ 0.1489 & 0.2727 & 0.1579 \end{pmatrix}$。

步骤 2：按行相加矩阵 $\boldsymbol{B}$，得$\begin{cases} \bar{W}_1 = 0.7447+0.6364+0.7895=2.1706 \\ \bar{W}_2 = 0.1064+0.0909+0.0526=0.2499 \\ \bar{W}_3 = 0.1489+0.2727+0.1579=0.5795 \end{cases}$。

步骤 3：将向量$\bar{\boldsymbol{W}}=(2.1706 \quad 0.2499 \quad 0.5795)^{\mathrm{T}}$正规化可得

$$\sum_j \bar{\boldsymbol{W}} = 2.1705+0.2499+0.5796=3$$

$$W_1 = \bar{W}_1 / \sum_j \bar{W}_j = 2.1706/3 = 0.7235$$

$$W_2 = \bar{W}_2 / \sum_j \bar{W}_j = 0.2499/3 = 0.0833$$

$$W_3 = \bar{W}_3 / \sum_j \bar{W}_j = 0.5795/3 = 0.1932$$

步骤 4：计算最大特征值。

$$\boldsymbol{AW}=\begin{pmatrix} 1 & 7 & 5 \\ 1/7 & 1 & 1/3 \\ 1/5 & 3 & 1 \end{pmatrix}\begin{pmatrix} 0.7235 \\ 0.0833 \\ 0.1932 \end{pmatrix}=\begin{pmatrix} 2.2726 \\ 0.2511 \\ 0.5878 \end{pmatrix}$$

$$\lambda_{\max} = \sum_{i=1}^{n} \frac{AW_i}{nW_i} = \frac{2.2726}{3\times0.7235} + \frac{0.2511}{3\times0.0833} + \frac{0.5878}{3\times0.1932} = 3.0658$$

在得到$\lambda_{\max}$之后，可以计算相应的 CI=0.032 9，RI=0.58，CR=0.057。

按照上述步骤，可以得到各个准则层的检验判断矩阵所对应的关键指标和特征向量 $\boldsymbol{W}$，如表 7-13 所示。

表 7-13 各个准则层的检验判断矩阵所对应的关键指标和特征向量 $\boldsymbol{W}$

	准则 C_1	准则 C_2	准则 C_3
$\lambda_{\max}$	4.174 7	4.204 5	4.237 9
CI	0.058 2	0.068 2	0.079 3
RI	0.90	0.90	0.90
CR	0.064 7	0.075 7	0.088 1
W	（0.133，0.558，0.268，0.042）	（0.543，0.136，0.076，0.245）	（0.280，0.055，0.099，0.565）

各检验矩阵的 CR 值均小于 0.1，符合一致性原则。

最后进行总排序，可得所有方案的权重。以方案 P_1 为例，其最终总排序权重为 $0.724\times0.133+0.083\times0.543+0.193\times0.280=0.1965$。其余方案的总权重及方案排序结果如表 7-14 所示。

表 7-14 其余方案的总权及方案排序结果

层次	C_1	C_2	C_3	层次 P 总排序权重	方案排序
	0.724	0.083	0.193		
P_1	0.133	0.543	0.280	0.195 6	3
P_2	0.558	0.136	0.055	0.425 5	1
P_3	0.268	0.076	0.099	0.219 1	2
P_4	0.042	0.245	0.565	0.159 8	4

综上所述，选择方案 2——自提柜作为最终的末端配送网络运营模式。

7.4.2 数学规划方法

1. 数学规划方法概述

数学规划方法是一类通过建立数学模型解决实际问题的方法。该方法能够在一定限制条件的前提下优化一个或多个目标，从而达到提升系统性能的目的。数学规划一般包含三大要素：目标函数、约束和决策变量，其一般表示形式为

$$\min_{X\in\mathcal{X}} f(X) \tag{7-65}$$

$$\text{s.t. } g_i(X)\leqslant 0, \forall i\in[I] \tag{7-66}$$

$$h_j(X)=0, \forall j\in[J] \tag{7-67}$$

其中，式（7-65）为目标函数，表示本模型旨在寻找一个最优的决策变量 $X\in\mathcal{X}$ 使得目标函数 $f(X)$ 最小。式（7-66）和式（7-67）分别为模型的不等式约束和等式约束，用来表示最优化问题的实际限制条件。

根据目标函数、约束和决策变量的不同，数学规划问题可以分为多种不同的类型，包括线性规划、非线性规划、整数规划等。

1）线性规划

若规划模型的决策变量为连续变量，且目标函数和约束均为决策变量的线性函数，则此类问题为线性规划。线性规划是运筹学中研究较早、发展较快的重要分支，被广泛应用于军事、经济、管理和工程技术等领域，其经典的求解方法为 1947 年由 G. B. Dantzig 提出的单纯形法。若线性规划存在最优解，则其最优值必然在可行域的顶点上得到。

城市配送领域的经典线性规划问题为运输问题，也称产销平衡问题。该问题主要解决商品的运输匹配和调度决策，具体可以描述为：假设某商品有 m 个产地 $A_1,\cdots,A_i,\cdots,A_m$，各产地的产量为 $a_1,\cdots,a_m$，该商品有 n 个销地 $B_1,\cdots,B_j,\cdots,B_n$，各个销地的需求量分别为 $b_1,\cdots,b_n$，若从产地 A_i 到销地 B_j 的单位产品运价为 c_{ij}，求最小化总运输成本的货物调运计划。基于上述描述，定义模型的决策变量为 x_{ij}，代表从产地 i 到销地 j 的货物运量，得到以下模型的数学形式。

$$\min \sum_{i=1}^{m}\sum_{j=1}^{n} c_{ij}x_{ij}$$

$$\text{s.t.} \sum_{j=1}^{n} x_{ij} = a_i, \forall i\in[I]$$

$$\sum_{i=1}^{m} x_{ij} = b_j, \forall j \in [J]$$

$$x_{ij} \geqslant 0, \forall i \in [I], j \in [J]$$

其中，两个约束的含义限制了产量和销量的守恒，目标函数为最小化总运输成本。由于上述模型中仅包含连续变量 x 和线性目标函数及约束，此问题属于线性规划问题。

2）非线性规划

非线性规划是一种求解目标函数或约束条件中有一个或几个非线性函数的最优化问题的方法。非线性规划具体包括无约束非线性规划、带约束的非线性规划等。与线性规划不同，非线性规划的最优解可以存在于定义域的非顶点处，其求解过程更为复杂。

城市配送领域的连续型设施选址问题可以用非线性规划模型表示。该问题可以描述为：假设某公司在坐标平面 $X \cdot Y$ 的长方形内分布着 n 个零售店（序号用 j 表示），各个零售店的坐标分别为(a_j, b_j)、需求量为 q_j。该公司拟在平面内建设一个仓库为其下属零售店供货，试确定仓库位置，使得总运输距离与需求量的乘积最小。

在求解此问题时，假设仓库的位置为（x, y），则该仓库到第 j 个需求点的距离为 $d = \sqrt{(x-a_j)^2 + (y-b_j)^2}$，对应的数学模型为

$$\min \sum_{j=1}^{n} q_j \sqrt{(x-a_j)^2 + (y-b_j)^2}$$

$$\text{s.t. } x \in [0, X],\ y \in [0, Y]$$

3）整数规划

整数规划是数学规划的一个重要分支，其主要特点是部分或者全部决策变量的取值必须为整数，若不考虑决策变量的整数约束，会得到一个松弛后的线性规划问题，因而整数规划比线性规划具有更小的可行域和更多的约束，求解更加复杂。按照整数变量的形式，整数规划可以分为以下几类：决策变量均为整数的纯整数规划、部分决策变量为整数的混合整数规划（mixed integer linear programming）和决策变量只能取 0 或 1 的 0–1 规划（binary programming）。

整数规划被广泛应用于城市配送领域，例如本章提到的选址模型、路线优化模型、货物配载模型均包含 0–1 决策变量。此外，根据城市配送过程的实际限制，运输货物量、库存数量、仓库容量等决策变量也可以被定义为整数变量。

2. 数学规划求解方法

自 20 世纪 40 年代以来，数学规划作为运筹学的重要组成部分已经得到足够的重视，各类规划问题均具有相对成熟的求解体系。例如，单纯形法能在多项式时间内得到线性规划问题的最优解。整数规划问题的经典求解方法为分支定界法和割平面法，非线性规划问题的精确求解方法包括 Karush-Kuhn-Tucker（KKT）条件及内点法。

近年来，规划求解器得以高速发展，各类求解器综合集成了包括单纯形法、分支定界法、内点法在内的多种精确算法，能够在短时间内求解大规模数学规划问题。目前主要的规划求解器包括有以下几种。

1）IBM CPLEX Optimizer

CPLEX 是 IBM 公司开发的一款的高性能数学规划求解器，能够求解实际业务问题对应

的数学模型，生成符合逻辑的精准决策。该软件的优点可以概括为以下几个方面。

（1）具备解决大型现实优化问题所需的能力，满足当今交互式决策优化应用所需的运行速度，能够求解具有百万个约束和变量的优化模型。

（2）不仅可以使用自身优化编程语言（OPL）求解实际问题，还具有良好的外部接口，能够使用 C、C++、Python、Java、C#等语言调用求解器。

（3）能够解决线性规划、混合整数规划、二次规划（quadratic programming，QP）和约束规划等多种模型，具备良好的兼容性。

（4）是唯一一款支持自动 Benders 分解算法的求解器。

2）Gurobi

Gurobi 是由美国 Gurobi Optimization 公司开发的新一代大规模优化器，广泛应用在金融、物流、制造、航空、石油石化、商业服务等多个领域，为智能化决策提供了坚实的基础，成为上千个成熟应用系统的核心优化引擎。该软件的优点包括以下几个方面。

（1）可以求解大规模线性规划、二次规划、混合整数规划等多种模型，具备良好的兼容性。

（2）提供了方便轻巧的接口，支持 C++、Java、Python、.Net、Matlab 和 R，内存消耗少。

（3）独立第三方优化器评估报告显示，Gurobi 以卓越的性能跻身大规模优化器新领袖地位，成为性价比最为优秀的企业大规模优化器。

3）MOSEK

MOSEK 是由丹麦 MOSEK ApS 公司开发的一款数学优化求解器，也是公认的求解二次规划、二阶锥规划（second-order cone programming，SOCP）和半正定规划（semidefinite programming，SDP）问题最快的求解器之一，广泛应用于金融、保险、能源等领域。

4）COPT

杉数求解器（COPT cardinal optimizer）是杉数自主研发的针对大规模优化问题的高效数学规划求解器套件，也是支撑杉数端到端供应链平台的核心组件，是目前中国唯一一个同时具备大规模线性规划（单纯形法和内点法）、混合整数规划及二阶锥规划问题求解能力的综合性数学规划求解器，为企业应对高性能求解的需求提供了更多的选择。

除上述求解器之外，还存在许多不同类型、不同规模的数学规划求解器，用来求解不同类型的数学规划问题，具体汇总如表 7－15 所示。

表 7－15 数学规划问题与求解器对应关系表

规划问题	开源求解器	商业求解器
线性规划	CDD、CLP、GLPK、LPSOLVE、QSOPT、SCIP	CPLEX（学术界免费）、GUROBI（学术界免费）、LINPROG、MOSEK（学术界免费）、FICO Xpress（提供大量社区试用许可证）、COPT
混合整数规划	CBC、GLPK、LPSOLVE、SCIP	CPLEX（学术界免费）、GUROBI（学术界免费）、MOSEK（学术界免费）、XPRESS（提供大量社区试用许可证）、COPT
二次规划	OSQP、CLP、OOQP、QPC、QPOASES、QUADPROGBB（非凸 QP）	CPLEX（学术界免费）、GUROBI（学术界免费）、MOSEK（学术界免费）、QUADPROG、XPRESS（提供大量社区试用许可证）
混合整数二次规划		CPLEX（学术界免费）、GUROBI（学术界免费）、MOSEK（学术界免费）、XPRESS（提供大量社区试用许可证）

续表

规划问题	开源求解器	商业求解器
二次锥规划	ECOS、SCS、SDPT3、SEDUMI	CPLEX（学术界免费）、CONEPROG、GUROBI（学术界免费）、MOSEK（学术界免费）、XPRESS（提供大量社区试用许可证）、COPT
混合整数二次锥规划		CPLEX（学术界免费）、GUROBI（学术界免费）、MOSEK（学术界免费）、XPRESS（提供大量社区试用许可证）
半定规划	CSDP、DSDP、PENLAB、LOGDETPPA、SCS、SDPA、SDPLR、SDPT3、DPNAL、SEDUMI	MOSEK（学术界免费）、PENBMI、PENSDP（学术界免费）
一般非线性规划和其他求解器	BARON、BONMIN、FILTERSD、FMINCON、GPPOSY、IPOPT、KNITRO、LMIRANK、MPT、NOMAD、PENLAB、SNOPT、SPARSEPOP	

3. 算例分析

本节将结合网络设计问题中的固定设施选址问题，介绍利用求解器在MATLAB环境下直接求解该问题的具体实现方法。在调用求解器求解上述模型时，需要用到 Yalmip 工具箱。Yalmip 是由 Johan Löfberg 教授开发的一种免费的优化求解工具，其最大特色在于集成多种外部优化求解器，形成一种统一的建模求解语言，提供了 MATLAB 的调用 API，减少了学习者的学习成本。为了成功安装 Yamlip 工具箱，开发人员需要登录 https://github.com/yalmip/yalmip/archive/master.zip 下载其封装好的软件包，解压之后将其关键组件添加至 MATLAB 的默认路径（addpath），这些路径包括：

->/YALMIP-master

->/YALMIP-master/extras

->/YALMIP-master/solvers

->/YALMIP-master/modules

->/YALMIP-master/modules/parametric

->/YALMIP-master/modules/moment

->/YALMIP-master/modules/global

->/YALMIP-master/modules/sos

->/YALMIP-master/operators

在安装好 Yalmip 工具箱后，可以将已经安装好的不同求解器对应的 MATLAB 接口路径按照同样的方法添加到 MATLAB 的默认路径中，例如：激活 Gurobi，找到 Gurobi 软件安装根目录，将链接->/gurobi903/win64/matlab 添加至默认路径中，即可完成 MATLAB 调用 Gurobi 求解各类模型的操作。

【例 7-2】 选址领域的奠基人 Mark Daskin 教授总结了由美国 48 个内陆州首府和首都华盛顿组成的离散网络，假设这 49 个点可以同时作为配送中心的备选点和需求点，且已知各点经纬度、固定建设成本和需求量，如表 7-16 所示。试构建固定选址模型，选择出合适的配送中心位置。

表 7-16 参数列表

序号	城市名	州缩写	经度	纬度	固定建设成本	需求量
1	Sacramento City	CA	121.47	38.57	115 800	297.60
2	Albany City	NY	73.80	42.67	101 800	179.90
3	Austin City	TX	97.75	30.31	72 600	169.87
4	Tallahassee City	FL	84.28	30.46	72 400	129.38
5	Harrisburg City	PA	76.88	40.28	38 400	118.82
6	Springfield City	IL	89.64	39.78	59 200	114.31
7	Columbus City	OH	82.99	39.99	66 000	108.47
8	Lansing City	MI	84.55	42.71	48 400	92.95
9	Trenton City	NJ	74.76	40.22	71 300	77.30
10	Raleigh City	NC	78.66	35.82	96 600	66.29
11	Atlanta City	GA	84.42	33.76	71 200	64.78
12	Richmond City	VA	77.47	37.53	66 600	61.87
13	Boston City	MA	71.02	42.34	161 400	60.16
14	Indianapolis City	IN	86.15	39.78	60 800	55.44
15	Jefferson City	MO	92.19	38.57	61 500	51.17
16	Madison City	WI	89.39	43.08	75 200	48.92
17	Nashville-Davidson City	TN	86.78	36.17	74 400	48.77
18	Olympia City	WA	122.89	47.04	77 800	48.67
19	Annapolis City	MD	76.50	38.97	138 500	47.81
20	St. Paul City	MN	93.10	44.95	70 900	43.75
21	BatonRouge City	LA	91.13	30.45	67 900	42.20
22	Montgomery City	AL	86.28	32.35	62 200	40.41
23	Frankfort City	KY	84.87	38.19	61 500	36.85
24	Phoenix City	AZ	112.07	33.54	77 100	36.65
25	Columbia City	SC	80.89	34.04	72 600	34.87
26	Denver City	CO	104.87	39.77	79 000	32.94
27	Hartford City	CT	72.68	41.77	133 800	32.87
28	Oklahoma City	OK	97.51	35.47	54 900	31.46
29	Salem City	OR	123.02	44.92	60 300	28.42
30	DesMoines City	IA	93.62	41.58	49 500	27.77
31	Jackson City	MS	90.21	32.32	54 600	25.73
32	Topeka City	KS	95.69	39.04	48 800	24.78
33	LittleRock City	AR	92.35	34.72	64 200	23.51
34	Charleston City	WV	81.63	38.35	66 100	17.93
35	SaltLake City	UT	111.93	40.78	67 200	17.23
36	Lincoln City	NE	96.69	40.82	61 700	15.78
37	SantaFe City	NM	105.95	35.68	99 000	15.15
38	Augusta City	ME	69.73	44.33	79 500	12.28
39	Carson City	NV	119.74	39.15	99 300	12.02
40	Concord City	NH	71.56	43.23	112 400	11.09
41	Boise City	ID	116.23	43.61	67 700	10.07
42	Providence City	RI	71.42	41.82	113 000	10.03
43	Helena City	MT	112.02	46.60	63 200	7.99
44	Pierre City	SD	100.32	44.37	59 500	6.96

续表

序号	城市名	州缩写	经度	纬度	固定建设成本	需求量
45	Dover City	DE	75.52	39.16	88 700	6.66
46	Bismarck City	ND	100.77	46.81	67 900	6.39
47	Washington City	DC	77.02	38.91	123 900	6.07
48	Montpelier City	VT	72.57	44.27	94 100	5.63
49	Cheyenne City	WY	104.79	41.15	68 700	4.54

解：假设设施候选点和需求点的集合分别用 J 和 I 表示，各点需求量为 h_i，建造设施的固定成本为 f_j，设施点 j 到需求点 i 的运输距离为 d_{ij}（根据表 7－16 中的经纬度计算），0－1 决策变量 x_j 代表是否在点 j 建立分拨中心，0－1 决策变量 y_{ij} 决策需求点 i 是否被分拨中心 j 服务。引入一个足够大的数字 M，构建数学模型如下。

$$\min \sum_{j\in J} f_j x_j + \sum_{i\in I}\sum_{j\in J} h_i d_{ij} y_{ij}$$

$$\text{s.t.} \quad \sum_{j\in J} y_{ij} = 1, \forall i \in I$$

$$\sum_{i\in I} h_i y_{ij} \leqslant M x_j, \forall j \in J$$

$$x_j \in \{0,1\}, \forall j \in J$$

$$y_{ij} \in \{0,1\}, \forall i \in I, j \in J$$

在配置好 Yalmip 工具箱和 Gurobi MATLAB API 并将表 7－16 中的参数输入内存后，可以通过表 7－17 所示的代码实现模型的求解。

表 7－17　模型术解代码示释义

MATLAB 代码	释义
Y = binvar(I,J,'full');	构建 0－1 决策变量 Y 为 I*J 的矩阵
X = binvar(J,1,'full');	构建 0－1 决策变量 X 为 J*1 的向量
obj = f'*X + h'*sum(d.*Y,2);	定义目标函数
con = [ ];	定义初始约束集合 con 为空集
con = con + [sum(Y,2) = = 1];	将第一类约束（I 个）加入集合 con
for j = 1:J	通过循环将第二类约束加入集合 con
con = con + [h'*sum(Y(:,j))<= 10 000*X(j)];	
end	
result = optimize(con,obj);	利用求解器求解
value_X = value(X);	获取决策变量 X 的值确定选址位置

通过 MATLAB 绘图语句，可以得到最终的选址布局和匹配关系，如图 7－14 所示。其中，三角形为选中的设施点，实心圆点为需求点，实线为匹配关系。

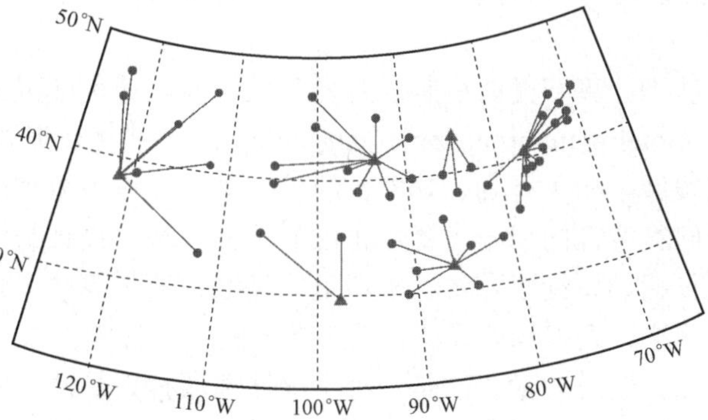

图 7-14 固定费用选址模型计算结果

7.4.3 启发式算法

1. 启发式算法概述

启发式算法（heuristic algorithm）是相对于最优化算法提出的，是以一定的经验和对问题的直观理解为基础而构造的算法，此类算法能够在可接受的花费（指计算时间和空间）下给出待解决组合优化问题的一个可行解，该可行解与最优解的偏离程度一般不能被预计。一个问题的最优算法能够求得该问题每个实例的最优解，而启发式算法是一种求近优解的技术。这种技术使得在可接受的计算费用内去寻找最好的解，但不一定保证所得解的最优性，因为这种问题的最优解在大部分情况下是无法明确知道的。元启发式算法（meta heuristic algorithm）是启发式算法的改进，它是随机算法与局部搜索算法相结合的产物。常见的启发式算法包括遗传算法、模拟退火算法、禁忌搜索算法及神经网络算法等。

启发式算法和元启发式算法的区别在于是否存在“随机因素”：对一个同样的问题，启发式算法只要给定了一个输入，那么算法执行的步骤就固定下来了，输出也因此固定，多次运算结果保持一致。

1）*启发式算法*

启发式算法通常能够基于个人经验及理解给出问题的可行解，此类算法的计算时间短、可操作性强，在工程实践领域具有广泛的应用前景。本节以装箱问题为例，具体阐述基于贪婪算法的启发式算法求解方式。

【例 7-3】（背包问题）假设有一个最大载重为 50 kg 的背包，有三个不可切割的物品 A_1、A_2、A_3，已知这三个物品的重量分别为 10 kg、20 kg 和 30 kg，价值分别为 60 元、100 元和 120 元，试给出一种合适的装包方案。

解：采用贪婪算法，优先向背包中放入单位重量下价值最大的物品。通过简单的数值计算，A_1、A_2、A_3 的单位重量价值分别为 60/10 元/kg、100/20 元/kg、120/30 元/kg，因此得到放入商品的单位重量价值分别为 6 元/kg、5 元/kg 和 4 元/kg。因此，此问题的装载顺序为 $A_1 \rightarrow A_2 \rightarrow A_3$，即在重量限制为 50 的前提下，最多放入产品 A_1 和 A_2，获得的总价值为 160 元。

显然，例 7-3 中的贪婪算法并未得到最优解，一个明显的反例是将物品 A_2 和 A_3 装入背包，不仅可以满足限重 50 kg 的约束，而且可以将背包总价值扩展到 220 元。不难看出，贪婪算法虽然能够得到原问题的一个可行解、操作速度快、计算方法简单，但无法保证解的优越性。

2）*元启发式算法*

元启发式算法是基于计算智能的机制求解复杂优化问题最优解或满意解的方法，有时也被称为智能优化算法（intelligent optimization algorithm）。智能优化通过对生物、物理、化学、社会、艺术等系统或领域中相关行为、功能、经验、规则、作用机理的认识，揭示优化算法的设计原理，在特定问题特征的引导下提炼相应的特征模型，设计智能化的迭代搜索型优化算法。元启发式算法包括禁忌搜索算法、模拟退火算法、遗传算法、蚁群优化算法、粒子群优化算法、人工鱼群算法、人工蜂群算法、人工神经网络算法等。

（1）禁忌搜索算法。禁忌搜索算法是一种全局性邻域搜索算法，它模拟了人类具有记忆功能的特征。禁忌搜索算法最早是由 Glover 在 1986 年提出的，随后很多学者对这个算法进行了完善，形成了一套完整的算法。禁忌搜索算法主要是针对一般下降算法的缺点而提出来的。一般的下降算法在搜索到某个局部最优解时，很容易自动停止，而禁忌搜索算法采用禁忌策略尽量避免再次筛选已搜索过的对象，从而保证了对不同搜索路径的探索。禁忌搜索算法不是搜索到局部最优解就停止搜索，而是引导算法跳出局部最优解，进而转向全局最优解。禁忌搜索算法是人工智能的一种体现，其最重要的思想是记住以往已搜索过的局部最优解，并在进一步迭代搜索中尽量避开这些局部最优解（而不是绝对禁止循环），进而使得搜索途径多样化，以此跳出局部最优解。

（2）模拟退火算法。模拟退火算法属于一种通用的随机探索算法，最初是由 Metropolis 在 1953 年提出的。该算法的基本思想是把某类优化问题的求解过程与统计热力学中的热平衡问题进行对比，试图通过模拟高温物体退火过程来找到优化问题的全局最优解或者近似最优解。1983 年，Kirkpartrick 成功地将模拟退火算法应用于组合优化问题。模拟退火算法来源于固体退火原理，将固体加温至充分高，再让其徐徐冷却，加温时，固体内部粒子随温升变为无序状，内能增大，而徐徐冷却时粒子渐趋有序，在每个温度都达到平衡态，最后在常温时达到基态，内能减为最小。

（3）遗传算法。遗传算法是由美国密歇根大学的 John Holland 教授于 1975 年首次提出的，它的基本思想是基于达尔文的进化论和孟德尔的遗传学，即生物的遗传和变异在生物的进化过程中起着重要的作用，它使得生物不仅能够保持自身固有的特性，同时还能够不断地改变自身以适应新的生存环境。遗传算法是一种基于群体进化的计算模型，它通过群体的个体之间繁殖、变异、竞争等方法进行的信息交换来实现优胜劣汰，从而一步步地逼近问题的最优解。对个体的遗传操作主要通过选择（繁殖）、交叉和变异这三个基本的遗传算子来实现。

生物的进化是以群体的形式进行的，而群体的进化是通过个体的信息遗传与交叉来完成的。与之相对应，遗传算法的运算对象也是群体，它由多个个体组成一个集合，通过对该集合进行遗传操作来模拟生物的进化过程，遗传算法中的个体就是模拟生物的染色体，称为人工染色体。为了完成对个体的遗传操作，需要将个体的表现型转换成基因型，这一个过程称为编码；反之，将基因型转换成表现型的过程称为解码。

（4）蚁群算法。蚁群算法是由意大利学者 Marco Dorig 于 1992 年在其博士论文中提出来的一种仿生进化算法。它产生于对蚁群行为的研究：蚁群中的蚂蚁以“信息素”为媒介，间接异步地相互联系，蚂蚁在寻找食物或巢穴的路径过程中，会在它们经过的地方留下一些化学物质，称之为“信息素”，这些物质能被同一蚁群中后来的蚂蚁感受到，并作为一种信号使后到的蚂蚁选择有这些物质的路径的可能性比选择没有这些物质的路径的可能性大得多，后到的蚂蚁也会留下信息素对原有的信息素进行加强。这样，寻找最优选址变现为一种正反馈过程，蚂蚁到过次数多的地点，后来的蚂蚁选择到此处的可能性就越大。

2. 启发式算法的求解

在了解了几类元启发式算法的基本原理后，本节将结合配送过程中的TSP问题具体阐述模拟退火算法和遗传算法的求解过程。

1）模拟退火算法

模拟退火算法是一种通用概率演算法，用来在一个大的搜寻空间内找寻命题的最优解。与传统贪婪算法不同，模拟退火算法在搜索解的过程中引入了随机因素。该算法以一定的概率来接收一个比当前解更差的解，能够跳出局部最优，从而达到全局最优。在求解TSP模型时，令解空间S是访问每个城市恰好一次的所有路径，$\{w_1,w_2,\cdots,w_n\}$是一个可行解，表示从城市w_1出发，依次经过城市w_2～w_n，再返回城市w_1，初始解为$\{1,2,\cdots,n\}$。模拟退火算法的目标函数为访问所有城市的路径总长度。

模拟退火算法可以分为以下几个步骤。

步骤1：设置初始温度、初始解及每个温度下产生解的个数。初始温度T_0与降温系数α、终止温度T_{end}息息相关，其中$\alpha \in (0,1)$。对于小规模问题而言，一般$T_0 = 1\,000$，$T_{\text{end}} = 0.000\,1$，$\alpha = 0.9$。令初始的迭代次数$n=1$，当前系统温度$T_n = T_0$。

步骤2：按照随机方式产生新的解，并计算不同解的目标函数。

步骤3：计算代价函数差，即把最新解与当前最优解作差，得到增量df。

步骤4：Metropolis判别。定义判别公式为

$$P=\begin{cases} 1, & \mathrm{d}f < 0 \\ \mathrm{e}^{-\frac{\mathrm{d}f}{T}} & \mathrm{d}f \geqslant 0 \end{cases}$$

当代价函数df小于0（最新解的目标函数比最优解小）时，以概率1接受最新解为最优解；当代价函数不小于0时，以概率$\mathrm{e}^{-\frac{\mathrm{d}f}{T}}$接受当前解。不难看出，温度越高，劣解接受率越高，即全局搜索能力越强。

步骤5：降温，令$T_{n+1} = \alpha T_n$。

步骤6：判断温度T_{n+1}是否小于T_{end}，如果小于，则停止迭代；否则跳转到步骤2，更新$n = n+1$。

2）遗传算法

遗传算法是一种自适应全局优化概率搜索算法，能够按照大自然中“物竞天择、适者生存”的规律选择出优化的解。遗传算法中的主要概念包括以下几个。

（1）种群：由一定数量的个体组成，不同种群对应的目标函数值不一致。

（2）个体：也可以用染色体表示，是遗传算法中用来表示个体属性的基本单位。个体一般与优化模型的可行解存在对应关系，某个独立个体可以用来表述优化问题中的一个解。

（3）基因：基因是组成染色体的基本单元，能够通过不同的排列组合方式合成不同的个体。

（4）复制、交叉、变异：是产生新个体的几类方式。复制代表子代（新产生的解）将继

续保留父代（已有解）的基因，交叉表示父代之间部分基因存在交换，变异表示子代基因按照随机原则产生突变。交叉和变异是产生不同于当前种群已覆盖解的两种重要方式。

（5）适应度函数：代表个体对于当前种群的适应度，一般认为当目标函数更优时，种群适应度越大。

（6）自然选择：当个体具有更高的适应度时，该个体将以更大的概率存活到下一代。自然选择的常用方法包括轮盘赌策略、随机遍历抽样法、锦标赛选择法等。

（7）编码和解码：一般采用二进制编码或者实数编码法则，将模型的可行解与数字结构进行相互转换，数字结构的基因和染色体在计算中更加便捷和高效。

用遗传算法求解的基本步骤如图 7－15 所示。

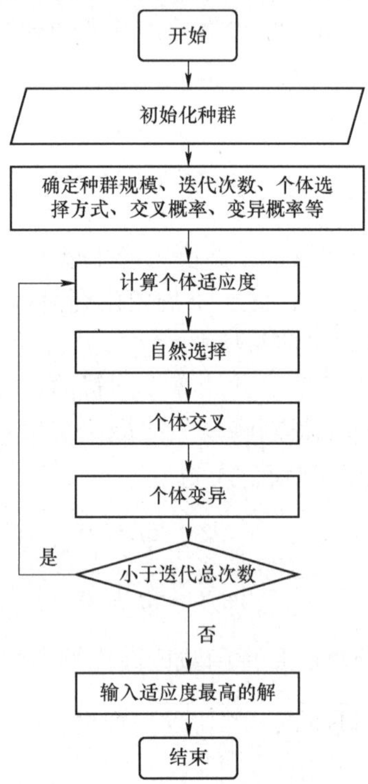

图 7－15　遗传算法流程图

假设在配送过程中需要遍历 n 个站点，在求解 TSP 问题时，各个子步骤的具体操作方式如下。

步骤 1：初始化种群。令 $w_i(i=1,\cdots,n)$ 为城市编号，个体 $\{w_1,w_2,\ldots,w_n\}$ 为 1～n 随机排列的向量，个体中的各个基因不相互重复。例如，在 n=10 时，一个可行个体可以为 $\{1,2,3,4,5,6,7,8,9,10\}$。

步骤 2：计算个体适应度。定义为该个体遍历所有城市最短路径的倒数。

步骤 3：自然选择。采用轮盘赌策略选择较优的路线，删除较差的路线，用选择出的较优路线代替已经删除的较差路线。轮盘赌选择是一种回放式随机采样方法，每个个体进入下一代的概率等于它的适应度值与整个种群中个体适应度值和的比例。假设当前种群共有 5 个个体，其适应度分别为 5、8、3、7、2，则总适应度为 5+8+3+7+2=25，相应地，各个个体被选中的概率如表 7－18 所示。

表 7－18 各个个体被选中的概率

个体编号	选中概率	累计概率
1	$\alpha_1=(5/25)*100\%=20\%$	$F_1=20\%$
2	$\alpha_2=(8/25)*100\%=32\%$	$F_2=52\%$
3	$\alpha_3=(3/25)*100\%=12\%$	$F_3=64\%$
4	$\alpha_4=(7/25)*100\%=28\%$	$F_4=92\%$
5	$\alpha_5=(2/25)*100\%=8\%$	$F_5=100\%$

在进行自然选择时，产生 0～1 之间的随机数 β，令 $F_0=0$，若随机数 $\beta\in(F_{i-1},F_i)$，则复制个体 i 进入下一轮迭代。

步骤 4：个体交叉。采用部分映射杂交，将父代样本两两分组，每组重复操作。假设配送站点数为 10，在进行交叉操作时，随机生成两个［1,10］区间内的整数 r_1 和 r_2，确定两个位置，对两位置中间的中间数据进行交叉，如 $r_1=4$、$r_2=7$，初始的两个染色体如图 7－16 所示。

父代①：9 5 1 | 3 7 4 2 | 10 8 6

父代②：10 5 4 | 6 3 8 7 | 2 1 9

图 7－16 父代示意图

在进行交叉操作时，只更换第 4～7 位的四个元素，首先更换第 $i=4$ 位的元素，得到两个新的染色体中间结果①和中间结果②。显然，新生成的两个染色体中均存在重复元素，为了避免此类情况的出现，定义辅助决策变量 x 为重复变量的序号，以中间结果① 为例，第 4 位和第 10 位的元素出现重复（都是 6），即 $x=\{4,10\}$。已知当前更换元素在父代中的位置 $i=4$，令 $y=x\backslash\{i\}=\{4,10\}\backslash\{4\}=\{10\}$，为了避免重复，将中间结果② 中的第 i 个元素（$i=4$）替换到中间结果① 中的第 y（$y=10$）个元素，即可得到不重复的子代，如图 7－17 所示。

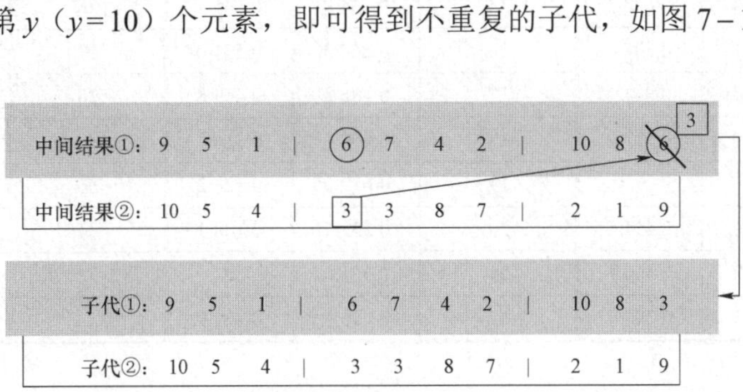

图 7－17 子代示意图

同理，对于中间结果②来说，出现重复（重复值为 3）的位置 $x=\{4,5\}$，$i=4$，$y=\{4,5\}\backslash\{4\}=5$，

将中间结果①中的第 i 个元素（i=4）替换到中间结果②中的第 y（y=5）个元素，即可得到不重复的子代。

步骤 5：个体变异。变异操作在同一个个体中随机选取两个点，将其对换位置即可。

复习思考题

1. 简述城市智慧配送与传统城市配送过程的区别。

2. 比较 p 中值模型和固定费用模型的异同，说明其各自的优缺点。

3. 假设快递只需要到从北京交通大学南门到思源楼、图书馆和体育馆送快递，哪种配送方案最短？根据表 7－19 所示的参数，构造相应的数学模型，并利用数学规划方法求解。

表 7－19 距离矩阵

	南门	体育馆	思源楼	图书馆
南门		203	239	208
体育馆	250		151	199
思源楼	220	142		119
图书馆	233	181	110	

4. 在城市 CBD、农村、高校三个场景中，分析合适的末端配送方式。

5. 假设某快递员需要在表 7－20 所示的 31 个地点配送货物，试利用遗传算法求得一条合适的配送路径。

表 7－20 配送地点坐标

地点编号	横坐标	纵坐标	地点编号	横坐标	纵坐标	地点编号	横坐标	纵坐标
1	0.739 8	0.771 1	12	0.760 8	0.457 5	23	0.422 6	0.412 4
2	0.760 2	0.739 3	13	0.814 0	0.234 5	24	0.488 5	0.256 7
3	0.691 1	0.698 9	14	0.725 7	0.335 7	25	0.388 1	0.194 3
4	0.640 7	0.692 2	15	0.754 9	0.645 4	26	0.090 5	0.373 1
5	0.620 1	0.807 5	16	0.668 3	0.571 0	27	0.548 0	0.552 3
6	0.920 3	0.844 9	17	0.685 8	0.409 8	28	0.416 7	0.622 0
7	0.968 9	0.922 9	18	0.650 6	0.318 1	29	0.363 9	0.643 6
8	1	1	19	0.659 0	0.120 2	30	0.478 3	0.716 1
9	0.870 0	0.434 5	20	0.533 1	0.108 1	31	0	0.923 2
10	0.801 2	0.466 7	21	0.583 6	0			
11	0.836 1	0.397 4	22	0.486 5	0.369 9			

第 8 章

城市智慧物流车辆调度

8.1 城市智慧物流车辆调度的特征、模式与技术应用框架

8.1.1 城市智慧物流车辆调度的特征

车辆调度是指制定行车路线，使车辆在满足一定的约束条件下，有序地通过一系列装货点和卸货点，达到路程最短、费用最小、耗时最少等目标。城市物流车辆调度主要面向城市内货物的配送，包括终端门店和终端用户。城市智慧物流车辆调度是信息技术与车辆调度问题的有机融合，是指以互联网、云计算、大数据等现代技术为支撑，以优化算法等方法为手段，整合并优化配置车辆资源与货运需求，在一定的时间内制定车货匹配方案和行车路线等，使车辆在满足一定的约束条件下，快速完成城市内的取货、送货作业，达到既定目标。

在城市物流系统中，智慧车辆调度占有非常重要的地位，属于城市智慧物流管理运营层面的核心问题。随着新零售业态的兴起和电商自建物流的全面开放，城市物流配送需求逐年升高，呈现出“多品种、小批量、多批次、短周期”的特点，智慧车辆调度问题变得越来越复杂，形成以下几个特征。

1. 数据化

在互联网、大数据等技术的发展下，数据规模呈现爆发式增长，数据已纳为智慧车辆调度的生产要素，主要包括与用户、车辆、订单相关的业务数据和运营数据。这些数据将车辆调度的整个过程进行数字化记录，通过数据挖掘、分析和运用等手段，对车辆调度中各要素、各环节进行定量分析、预测、判断和评估，如司机接单行为分析、需求热点预测、车辆异常状态判别和价格指数评估等，为调度前–中–后过程提供数据化管理，形成数据生产力，使调度决策更加精准高效且具有前瞻性。

2. 智慧化

在“互联网+货运”的快速发展下，城市物流车辆调度从以人工为主的被动调度转为以

技术驱动的主动智能调度。在全链路数据的基础上，通过“大数据+人工智能+运筹优化”算法，综合考虑当前和未来一定时间内的多约束和多目标，智能生成车辆调度方案，并根据不同城市物流场景，配置不同优化策略，合理配置运力资源，实现“多仓调度”“分区配载”“多车型多车队”“司机工作量均衡”“送货时间窗”“货车限行”“人工干预调整”等各类复杂场景与约束下的调度需求。做到车辆配置最优、装载最优和路径最优，保证运输的时效性，提供更加个性化、高质量、响应及时的物流服务。

3. 集约化

城市物流系统中的物流车辆主要以个体业户为主，车辆资源较为分散，具有随机性和不稳定性。在新零售时代“线上线下一盘货，服务产品一体化”的格局下，依托互联网平台和组织模式创新，碎片化的运力都有可能参与到城市物流环节中。通过网上下单、线上智能匹配、线上线下一体化发展，可以有效促进分散化货主和各类车辆资源的集约化组织，将车货匹配时间由过去的小时级缩短至分钟级或秒级，实现物流的网络化和规模化运营。城市智慧物流车辆调度有效化解了传统城市车辆调度中货主和零散车辆之间信息不对称，配送组织化程度不高，车辆停驶率、空驶率居高不下等问题，提高车辆周转率，降低配送成本。

8.1.2 城市智慧物流车辆调度的模式

随着城市物流与信息化技术的不断融合，传统城市配送也发生了变革，更加智慧化、共享化。面向不同城市智慧配送组织形式，车辆调度模式也有所差异，根据运营主体、服务客户类型、控货情况、运力持有情况等，可分为以下几类。

1. 面向第三方物流企业的计划性调度模式

在面向第三方物流企业的计划性调度模式下，第三方物流企业服务的客户为大型企业，个性化要求高，货运需求批量大、频率高且具有计划性，部分第三方物流企业掌控订单分配权，具有规模化的稳定运力，可以基于计划性需求和稳定运力，进行一点对多点的计划性车辆调度。

以唯捷城配为例，其主要服务客户是西贝、呷哺呷哺、合力超市等大型餐饮客户和商超客户，一些城市每日配送需求可达上千家门店且具有配送时间要求。唯捷城配通过仓库管理方式掌握订单的分配权，拥有自有常温与冷藏各式城市配送运输车辆和稳定的合约运力。考虑到客户对车辆满载率和交付时效有较高要求，唯捷城配开发智能调度模块，在客户订单触发后，快速实现从仓库到多个门店的计划性车辆调度。

2. 面向同城网络货运平台的即时性调度模式

在面向同城网络货运平台的即时性调度模式下，同城网络货运平台服务的客户为中小型企业或个体客户，货运需求主要针对 30 kg 以上、非标准化品类，以偶发性需求为主，服务及时性要求较高。同城网络货运平台的运力形式为社会化运力，随机且不稳定，平台基于实时货运需求和运力分布，进行以点对点为主的多车型即时性车辆调度。

以货拉拉为例，作为典型的网络货运平台，其主要服务客户是个体商铺、传统制造业、家具建材、餐饮零售等中小型企业和以搬家、运物等为需求的个体客户。当客户有需求时才会下单，多为临时性需求。货拉拉整合了大量社会运力资源，在秒级时间内进行车货匹配，快速响应需求，完成从用车点到目的地的多车型即时车辆调度。

3. 面向即时配送平台的即时性调度模式

在面向即时配送平台的即时性调度模式下，即时配送平台服务的客户为众多个体客户，货运需求以外卖、生鲜、日用百货等小件、单件货物为主，频率高且集中，具有极速、准时要求。即时配送平台的运力形式为自有运力和社会化运力，平台在履约时效内对时变供给和需求进行点对点、一点对多点或多点对多点的车辆调度。

以蜂鸟即配为例，作为典型的即时配送平台，其主要服务客户是饿了么平台个体商户，配送需求主要集中于 11:00—14:00 和 17:00—19:00 两个时段，属于临时性需求。蜂鸟即配除了一部分自有运力外，还吸纳了社会化运力，平台以商圈为单位快速匹配，进行从一个商家取货到一个客户送货、一个商家取货到多个客户送货和多个商家取货到多个客户送货的车辆调度。

8.1.3 城市智慧物流车辆调度的技术应用框架

城市智慧物流车辆调度的技术应用框架可以简化为如图 8－1 所示的分层设计，主要包含数据层、模型层、算法层和方案层这四个相互依赖的层次。数据层收集并处理数据后传输至模型层和算法层，经过模型层和算法层的处理与计算，形成方案层中的具体调度方案。

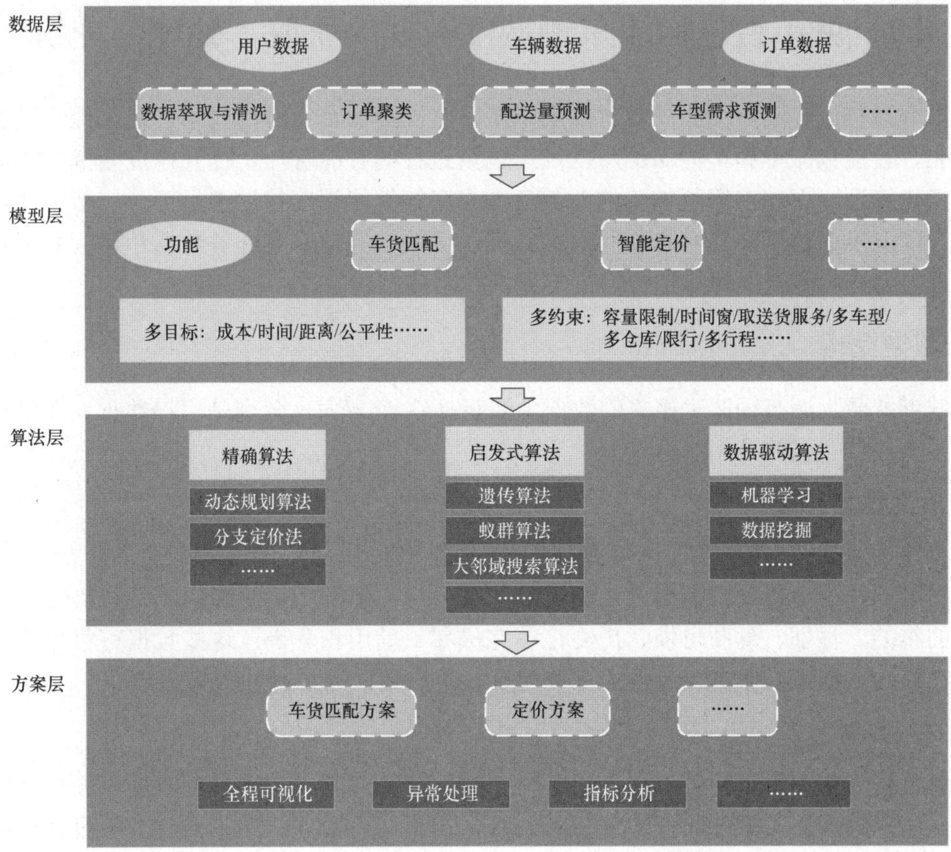

图 8－1 城市智慧物流车辆调度的技术应用框架

在数据层，以平台和 App 等方式为媒介，实时获得并存储与用户、车辆、订单相关的业务数据和运营数据。通过大数据、机器学习等方法对订单进行聚类整合，并预测未来的需求和运力分布。数据层是城市智慧物流车辆调度的核心和起点，对数据的处理、分析和响应直接决定了车辆调度的效率。

在模型层，根据车辆调度中对车货匹配和智能定价等功能的需求，以实际运营中的容量限制、时间窗、取送货服务、多车型、多仓库、限行、多行程等为约束，考虑成本、时间、距离、公平性等目标，构建核心业务模型。模型层是城市智慧物流车辆调度的决策中枢，对业务模型的构建直接决定了车辆调度的质量。

在算法层，根据业务模型设计算法，支撑模型层的模型求解，主要包括精确算法、启发式算法和数据驱动算法。由于车辆调度的实效性要求较高，通常采用启发式算法和数据驱动算法进行求解，获得车辆调度方案。算法层是城市智慧物流车辆调度的引擎，对算法的智能升级直接决定了车辆调度的成本。

在方案层，输出由模型层和算法层获得的车货匹配方案和智能定价方案等，并通过车载终端等设备对每笔订单的运输全过程进行车辆位置、货物状态、配送进展等信息实时在线可视、实时可管控、随时可查找，在运输完成后，还可以回溯历史运输轨迹。方案层是城市智慧物流车辆调度的最终呈现。

8.2 城市智慧物流车辆调度数据的获取、处理与分析

城市智慧物流车辆调度能高效对接上下游，全面降低企业运输成本，提高经营效益。通过自动化、智能化派单和车辆调配，以及运输全过程的智能管控，提升作业效率，实现透明化、智能化管理。而城市智慧物流的高效运作与车辆智能调度技术密不可分，数据是城市智慧物流车辆调度的基础，依靠物联网、大数据、区块链等技术对业务数据和运营数据进行采集和处理，为车货匹配、智能定价等决策提供数据基础。

8.2.1 数据结构

与城市智慧物流车辆调度相关的数据主要包括 3 个方面，分别是用户数据、车辆数据和订单数据，各类数据的具体信息如下。

1. 用户数据

用户数据包括客户数据和司机数据两部分，其中客户数据一般包括性别、年龄、身份等，这些数据可以作为运价动态调整的依据，从而实现运力资源的调配和优化。司机数据一般包括司机的年龄、性别、驾驶习惯、历史订单完成率、信用积分等，这些数据可以作为激励策略动态调整的依据，以便实现运力的有效配置。用户数据主要通过 App 获得。

2. 车辆数据

车辆数据包括实时车辆数据和历史车辆数据两部分，其中实时车辆数据一般包括当前车辆位置、车辆速度、车型及尺寸、载货状态等，历史运力数据一般包括过去一段时间的车辆位置、车辆速度、车型及尺寸、载货状态等。车辆数据一般按照一定规则划分好的子区域进

行统计，可以作为车辆实时特性与历史特性统计、车货匹配、配积载、车辆路径设计的依据。车辆位置、车辆速度、载货状态可以通过车载定位设备、车载称重设备等采集，通过物联网、区块链等传输至调度平台。

3. 订单数据

订单数据包括当前订单数据和历史订单数据两部分，其中当前订单数据包括货物起终点、数量、体积、重量、包装、预估运费、预估时间、订单状态等，历史订单数据包括过去一段时间的货物起终点、数量、体积、重量、包装、运费、接单距离、运输时间、取消记录、使用车型等。订单数据一般按照一定规则划分好的子区域进行统计，可以作为订单实时特性与历史特性统计、车货匹配、配积载、车辆路径设计的依据。货物数量、体积、重量数据可以通过货物条形码与二维码、RFID、称重设备、视觉测量设备等采集，通过物联网、区块链等传输至调度平台。

8.2.2 数据清洗

数据采集中可能会包含一些错误、无用及互相冲突的数据，需要对数据进行清洗。数据清洗是对数据进行重新审查和校验的过程，目的在于删除重复信息、纠正存在的错误，并提供数据一致性。

（1）补全缺失数据。缺失数据包括行缺失、列缺失、字段缺失三种情况。大多数情况下，缺失的值可以通过手工填入或利用规则填充。如某些缺失值可以从本数据源或其他数据源推导出来，这就可以用平均值、最大值、最小值或更为复杂的概率估计代替缺失的值，从而达到清理的目的。

（2）纠正错误数据。错误数据主要包括数据值错误、数据类型错误、数据编码错误、数据格式错误、数据异常错误、依赖冲突等。可以用统计分析的方法识别可能的错误值或异常值，如偏差分析、识别不遵守分布或回归方程的值，也可以用简单规则库（常识性规则、业务特定规则等）检查数据值，或使用不同属性间的约束、外部的数据来检测和清理数据。

（3）删除重复数据。数据中属性值相同的记录被认为是重复记录，通过判断记录间的属性值是否相等来检测记录是否相等，相等的记录合并为一条记录（合并/清除）。其基本思想是将记录按一定规则排序，然后通过比较邻近记录相似度来检验是否重复。

（4）统一不一致数据。从多数据源集成的数据可能有语义冲突，可定义完整性约束用于检测不一致性，也可通过分析数据发现联系，从而使得数据保持一致。

8.2.3 数据分析

1. 数据分析的目的

在智慧车辆调度中产生了海量的多维数据，这些数据背后蕴藏着有价值的信息。数据分析是实现数据服务化的一种手段，通过对数据进行挖掘、探索和智能分析，实现用户画像、订单热区预测、订单精准推送等，使智慧车辆调度决策更加高效。数据分析的主要目的如下。

（1）分类。分类是将数据分成几个类别或群体，需要使用训练数据集来构建分类器，并使用测试数据集来评估分类器的性能，发现数据集中潜在的关系和现象，帮助理解和优化数据，如实现用户画像，通过对用户信息进行分类和分析，了解用户的需求和偏好，为用户提供更好的服务和支持，增加用户满意度和业务转化率。

（2）预测。预测是使用历史数据来预测未来趋势或结果的过程。需要使用训练数据集来构建预测模型，并使用测试数据集来评估模型的性能，如实现订单热区预测，基于历史订单对未来订单的时空分布进行预测，从而可以提前对车辆资源进行调度，提高配送效率。

（3）推荐。推荐是发现供需数据之间的关联关系并进行建模和协同信息过滤的过程。如实现订单精准推送，根据历史订单对用户的偏好和行为进行分析和定位，实现个性化推荐和筛选，提高用户体验和决策的效率。

2. 数据分析的方法

1）分类方法

数据分析中的分类方法主要包括机器学习和深度学习。

（1）机器学习：

① 有监督学习：利用已有的带标签数据来训练一个分类模型，然后利用这个模型对新的未知数据进行分类。监督学习的常见算法包括决策树、支持向量机、逻辑回归、朴素贝叶斯等。

② 无监督学习：利用没有标签的数据进行分类，通过数据聚类等方法对数据进行分组。无监督学习的常见算法包括 K 均值聚类、谱聚类、层次聚类等。

③ 半监督学习：结合了监督学习和无监督学习，通过使用有标注数据的信息指导无标注数据的分类。半监督学习的算法包括混合贝叶斯、矩阵填充等。

（2）深度学习：利用多层神经元的组合和训练，可以自动提取数据的特征，并对数据进行分类。深度学习的常见算法包括卷积神经网络、循环神经网络、自编码器等。

2）预测方法

数据分析中的预测方法主要包括时间序列、回归分析和神经网络。

（1）时间序列：适用于由时间序列组成的数据集，例如车辆行驶速度、行驶时间等。时间序列预测方法基于历史数据对未来走势进行预测，常用的方法包括自回归（AR）、移动平均（MA）、自回归移动平均（ARMA）和自回归积分移动平均（ARIMA）等。

（2）回归分析：适用于连续值的预测，通过建立自变量和因变量之间的映射关系来实现预测，例如运价预测等。回归分析方法包括多元线性回归、逐步回归、岭回归、Lasso 回归等。

（3）神经网络：适用于存在非线性关系的数据集，通过很多人工神经元构成网络结构模型，例如预测订单热区等。神经网络模型包括前馈神经网络、卷积神经网络和循环神经网络等。

3）推荐方法

数据分析中的推荐方法主要包括基于内容的推荐方法和基于协同的推荐方法。

（1）基于内容的推荐方法：基于用户评价对象的特征、学习用户的兴趣，考察物流服务的特征和用户兴趣之间的匹配度。基于内容的推荐方法主要是基于单一用户的兴趣特征进行物流服务推荐，存在“冷启动”问题。

（2）基于协同的推荐方法：通过分析多个用户的历史行为，找出用户之间的共性，从而实现个性化推荐，可以避免“冷启动”问题，即在没有任何用户行为数据的情况下仍然能够给用户推荐合适的服务。协同过滤包括基于用户的协同过滤和基于服务的协同过滤。

8.2.4 数据分析案例

数据分析可以揭示城市智慧物流车辆调度中存在的问题，是制定合理调度决策的依据。以数据分析中的预测部分为例，结合城市智慧物流车辆调度中的订单冷热区问题，可以采用深度学习方法对订单热区进行预测。

1. 订单冷热区

如果将城市进行栅格化，订单在时空分布上通常呈现不均衡，可以分为订单冷区和订单热区，如图 8-2 所示。司机在订单冷区可能需要等待较长时间才能接到一个订单，而在订单热区可能十几分钟就可以接到一个订单。基于车辆和订单历史数据，对未来订单热点进行预测，可以提前对车辆进行调度，有利于提高车辆利用率，降低车辆空驶距离和等待时间。订单热区预测主要有 3 种方法：时空统计、物理建模和人工智能。

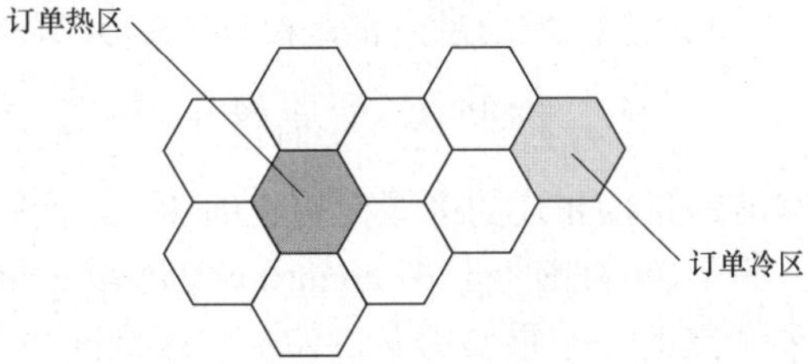

图 8-2 城市栅格化及订单冷热区示意图

2. 订单热区预测框架

订单热区预测实际上是输入过去 T 个时间步的订单量，通过学习一个函数，实现预测未来第 $T+1$ 时间步的订单量。时空多图卷积网络预测框架如图 8-3 所示。

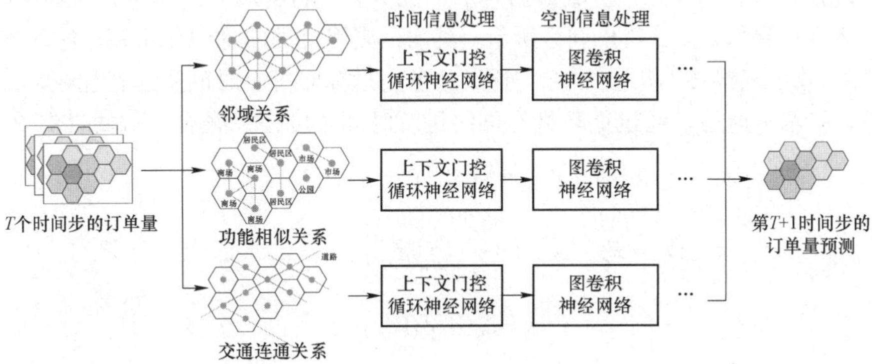

图 8-3 时空多图卷积网络预测框架

步骤 1：将城市进行栅格化，一个栅格代表一个区域 $v\in V$，区域间的邻域关系、功能相似关系、交通连通关系表示为多个图，图的顶点表示区域，图的边表示区域间的关系。

步骤 2：应用上下文门控循环神经网络汇总 T 个时间步信息，融合为一个时间步，学习时间依赖关系。

步骤 3：应用多图卷积捕捉区域间不同类型的相关性，学习空间依赖关系，通过全连接层将特征转化为第 $T+1$ 时间步的订单量预测。

1）区域关系图

根据区域间的邻域关系、功能相似关系、交通连通关系，构建邻域图、功能相似图、交通连通图，如图 8-3 所示。

邻域图指将一个区域与其紧密相邻的区域相连而构建的图，表示为$G_N=(V,A_N)$。当区域v_i和区域v_j紧密相邻时，边$A_{N,i,j}$等于 1，否则等于 0。如一个六边形区域，与其 6 个边紧密相连的 6 个区域具有邻域关系。

$$A_{N,i,j}=\begin{cases}1, & \text{区域 } v_i \text{ 与 } v_j \text{ 紧密相邻}\\ 0, & \text{其他}\end{cases} \tag{8-1}$$

功能相似图指连接具有相似信息点的区域而构建的图，表示为$G_F=(V,A_F)$。在预测一个区域订单时，可以参考与该区域功能相似的其他区域，区域功能可以用信息点（point of interest，POI）表示。P_{v_i}、P_{v_j}表示区域v_i、v_j的信息点相量。当区域v_i和区域v_j功能相似时，边$A_{F,i,j}$等于 1，否则等于 0。如两个区域信息点都是商场，那么两个区域具有功能相似关系。

$$A_{F,i,j}=\mathrm{sim}(P_{v_i},P_{v_j})\in\{0,1\} \tag{8-2}$$

交通连通图指连接具有道路直接相连的区域而构建的图，表示为$G_T=(V,A_T)$。当区域v_i和区域v_j交通连通时，边$A_{C,i,j}$等于 1，否则等于 0。conn(u,v)是区域v_i和区域v_j的连通指数函数。交通系统是时空预测中需要考虑的一个重要因素，如一些区域间虽然距离较远，但是有道路可达，因此也具有交通连通关系。

$$A_{C,i,j}=\max(0,\mathrm{conn}(v_i,v_j)-A_{N,i,j})\in\{0,1\} \tag{8-3}$$

2）时间相关建模

上下文门控循环神经网络是处理序列信息的一种有效方法，可以对不同时间步的观测值相关性进行建模。首先，以相关区域数据为上下文信息，利用对应的图拉普拉斯矩阵，通过k阶图卷积运算进行卷积，如式（8-4）所示。其次，应用全局平均池化将每个时间步的观测值信息进行汇总，如式（8-5）所示。再次，通过注意力运算对每个时间步进行加权，如式（8-6）和式（8-7）所示。最后，通过循环神经网络进行时间维度信息融合，如式（8-8）所示。

$$\hat{X}^{(t)}=[X^{(t)},F_G^{K'}(X^{(t)})] \quad t=1,2,\cdots,T \tag{8-4}$$

$$z^{(t)}=F_{\mathrm{pool}}(\hat{X}^{(t)})=\frac{1}{|V|}\sum_{i=1}^{|V|}\hat{X}_{i,:}^{(t)} \quad t=1,2,\cdots,T \tag{8-5}$$

$$s=\sigma(W_2\delta(W_1 z)) \tag{8-6}$$

$$\tilde{X}^{(t)}=X^{(t)}\circ s^{(t)} \quad t=1,2,\cdots,T \tag{8-7}$$

$$H_{i,:}=\mathrm{RNN}(\tilde{X}_{i,:}^{(1)},\cdots,\tilde{X}_{i,:}^{(T)};W_3) \quad t=1,2,\cdots,|V| \tag{8-8}$$

其中，$X^{(t)}\in\mathbb{R}^{|V|\times P}$表示第$t$个观测值，$P$是特征维数，当特征仅包含订单数量时，$P$等于 1。$F_G^{K'}$表示图卷积运算。$s$是注意力运算。$W_1$、$W_2$和$W_3$是权重，$\delta$和$\sigma$是激活函数。$H_{i,:}$是向量。

基于循环神经网络的时间相关建模如图 8-4 所示。

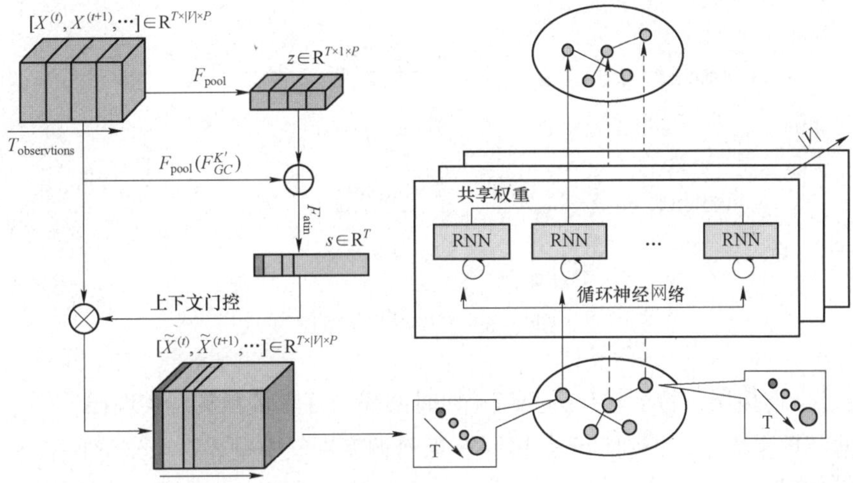

图 8-4 基于循环神经网络的时间相关建模

3）空间依赖关系建模

卷积神经网络是处理空间信息的一种有效方法，利用卷积神经网络对邻域图、功能相似图、交通连通图 3 种图进行卷积，如式 8-4 所示。$X_l \in \mathbb{R}^{|V|\times P_l}$ 和 $X_{l+1} \in \mathbb{R}^{|V|\times P_{l+1}}$ 是区域在 l 层和 $l+1$ 层的特征向量；σ 表示激活函数；$\sqcup$ 表示汇聚函数，如求和或者均值；$\mathbb{A}$ 表示图的集合；$f(A;\theta_i)$ 选为拉普拉斯算子 L 的 k 阶多项式函数；W_l 表示特征转换矩阵。

以图 8-5 中的单个节点为例对图卷积进行说明。节点●是中心节点，节点○是 1 阶邻居节点，节点⊕是 2 阶邻居节点。随着图的拉普拉斯矩阵的度数增加，感受野增加（节点⊗），实现 k 阶邻域的信息交互。

$$X_{l+1} = \sigma\left(\bigsqcup_{A\in\mathbb{A}} f(A;\theta_i)\, X_i W_i\right) \tag{8-9}$$

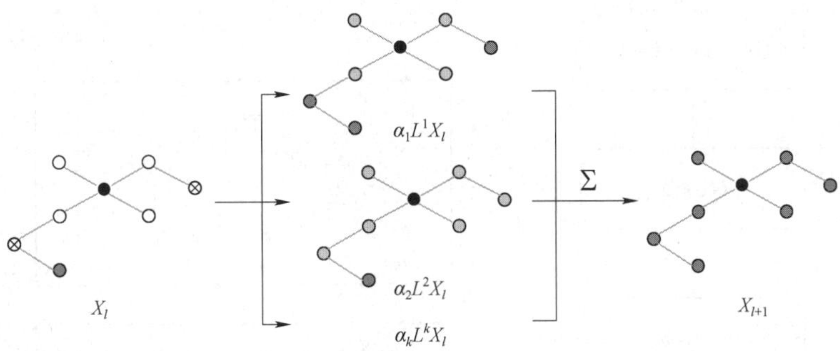

图 8-5 图卷积层示意图

接下来对多图信息进行汇聚，以单个节点为例进行说明，如图 8-6 所示。节点●先在邻域图、功能相似图和交通连通图中分别进行图 8-5 中的信息汇聚，然后对该节点在三个图中的汇聚信息进行加和或平均，实现多图信息汇聚。

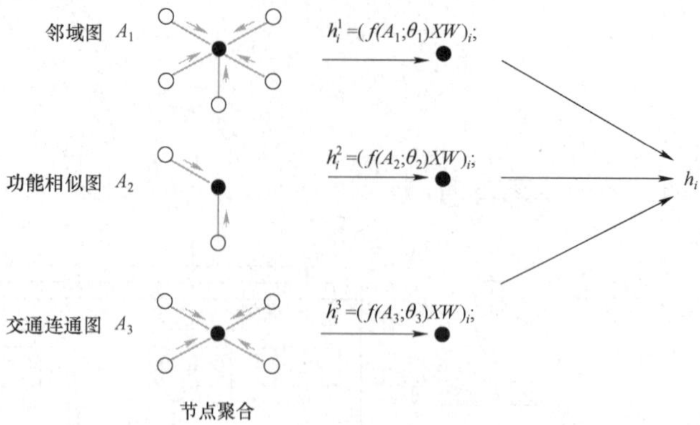

图 8-6　多图卷积示意图

最后通过全连接层将特征转化为第 $T+1$ 时间步的订单量预测，实现 $[X^{(t-T+1)},\cdots,X^{(t)}]\xrightarrow{f(\cdot)}X^{(t+1)}$，根据订单量大小，识别订单热区，在当前调度决策中融入对未来订单需求的考量，提前进行车辆预调度。

8.3　城市智慧物流车货匹配优化

车货匹配指利用互联网技术，通过将用户、车辆、订单等信息在手机应用软件等上进行实时更新，将订单信息与车辆信息进行最优的匹配选择，达成货物运输交易。车货匹配作为一种新兴的运输模式，可以解决传统城市货运业务模式下信息不对称、时效性差、车货不匹配等问题，正在逐渐受到市场的认可和接受。车货匹配模式可以分为抢单模式、派单模式和反选模式。

8.3.1　抢单模式

抢单模式指系统按订单需求过滤并推送给一定时间或距离范围内的司机，司机表达抢单意愿，形成抢单司机候选集，由系统以一定的规则代替客户决策，选择最优司机中单。抢单模式主要依靠订单推送这一关键环节，提高匹配效率和公平性。抢单模式的技术框架如图 8-7 所示。

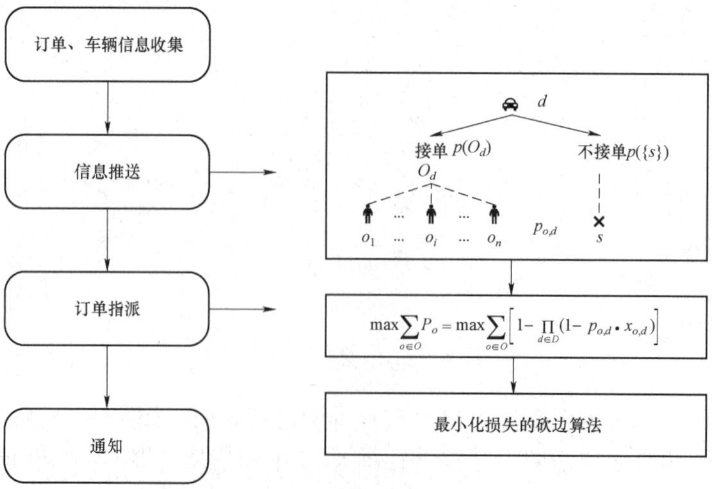

图 8-7　抢单模式的技术框架

1. 司机选择订单预测

订单推送的范围直接影响了订单被响应的效率，推送范围小，客户等待服务时间增加，推送范围大，过多司机竞争，引起司机不满。而订单推送的范围与司机的选择行为息息相关。对于司机来说，其选择决策行为包括两部分：接单或不接单，如果选择接单，决策接哪一单。司机选择决策可以通过巢式多项式 Logit 模型预测，具体如式（8－10）～式（8－18）所示。

首先，计算司机 d 选择订单 o 时的效用 $\tilde{U}_{o,d}$，包括确定效用 $U_{o,d}$ 和随机项 $\varepsilon_{o,d}$，其中确定效用考虑了预估车费（包含距离和时间）f_o、起点、终点、接单距离 $\tau_{o,d}$ 多个属性，β_0、β_1、β_2 是参数，O_d 是订单集合，s 表示不接单，如式（8－10）和式（8－11）所示。

$$\tilde{U}_{o,d}=U_{o,d}+\varepsilon_{o,d},\forall o\in O_d\cup\{s\} \tag{8-10}$$

$$U_{o,d}=\beta_0+\beta_1\cdot f_o+\beta_2\cdot\tau_{o,d},\forall o\in O_d \tag{8-11}$$

然后，计算司机 d 选择订单 o 的概率 $p_{o,d}$，如式（8－12）所示，包括选择接单概率 $p(O_d)$ 或不接单概率 $p(\{s\})$，如式（8－13）～式（8－15）所示，所示接单或不接单情况下选择一个订单的概率 $p(o|O_d)$、$p(s|\{s\})$，如式（8－16）和式（8－17）所示。V_{O_d} 是包容效用；α 是 logsum 参数，体现各订单间的相关性，当其为 1 时，订单间零相关。

$$p_{o,d}=\begin{cases}p(o|O_d)\cdot p(O_d),o\in O_d\\ p(s|\{s\})\cdot p(\{s\}),o\in s\end{cases} \tag{8-12}$$

$$p(O_d)=\frac{\exp(\alpha\cdot V_{O_d})}{\exp(U_d^0)+\exp(\alpha\cdot V_{O_d})} \tag{8-13}$$

$$p(\{s\})=\frac{\exp(U_d^0)}{\exp(U_d^0)+\exp(\alpha\cdot V_{O_d})} \tag{8-14}$$

$$V_{O_d}=\ln\left(\sum_{o}^{O_d}\exp\left(\frac{U_{o,d}}{\alpha}\right)\right) \tag{8-15}$$

$$p(o|O_d)=\frac{\exp(U_{o,d})}{\sum_{o_i}^{O_d}\exp(U_{o_i,d})} \tag{8-16}$$

$$p(s|\{s\})=1 \tag{8-17}$$

最后，通过最大似然函数对参数 α,β 进行估计。

$$\log L(y|\alpha,\beta)=\sum_{d\in D}\sum_{o\in O_d\cup\{s\}}y_{o,d}\log(p_{o,d}) \tag{8-18}$$

2. 订单推送模型构建

订单推送模型的目标函数是最大化被响应订单数量，如式（8－19）所示。假设存在两个集合：未服务订单 O 和未接单司机 D，$x_{o,d}$ 是 0－1 决策变量，当订单 o 推送给司机 d 时为 1，否则为 0。P_o 表示订单 o 至少被一个司机响应的概率。

$$\max\sum_{o\in O}P_o=\max\sum_{o\in O}\left[1-\prod_{d\in D}(1-p_{o,d}\cdot x_{o,d})\right] \tag{8-19}$$

3. 最小化损失的砍边算法

由于 $p_{o,d}$ 不是确定的，它会随推送给司机 d 的订单不同而发生改变，因此砍掉带来增益最大的边以实现目标（8－19）。$\varDelta$ 表示砍掉订单 o 和司机 d 间的边时，目标函数所获得的收益。$\varDelta$ 为正数时，意味着砍掉订单 o 和司机 d 间的边可以提高目标函数。$P_{o'}^{\text{update}}$ 表示砍掉订单 o 和司机 d 间的边时（$x_{o,d}=0$），$P_{o'}$ 的更新值。式（8－21）为损失函数，式（8－22）表示找到对于订单 o 来说最小损失的边。具体算法流程如表 8－1 所示。

$$\Delta=\sum_{o'\in O_d/\{o\}}(P_{o'}^{\text{update}}-P_{o'})+P_o^{\text{update}}-P_o \tag{8-20}$$

$$L=P_o-P_o^{\text{update}} \tag{8-21}$$

$$d^*=\arg\min_d(\{p_{o,d}\,|\,x_{o,d}=1,\forall d\in D\}) \tag{8-22}$$

表 8－1　最小化损失的砍边算法的具体算法流程

最小化损失的砍边算法：	
1	未服务订单 O 和未接单司机 D
2	初始化 $X=\{x_{o,d}=1\,\vert\,\forall o\in O,\forall d\in D\}$ 为每个订单 o 选择边 x_{o,d^*}，并放入 X_c 中 找到 X_c 中 $\varDelta_{\max}$ 最大的边 x_{o^*,d^*}
3	while $\varDelta_{\max}>0$ do
4	砍掉边 x_{o^*,d^*}
5	更新 $p_{o,d}$
6	为每个订单 o 选择边 x_{o,d^*}，并放入 X_c 中
7	找到 X_c 中 $\varDelta_{\max}$ 最大的边 x_{o^*,d^*}
8	End while
9	$X^*\leftarrow X$
10	返回 X^*

为了对优化框架进行说明，设计包含 3 个订单和 3 个司机的小规模算例，如图 8－8 所示。在第一次迭代中，$\varDelta_{\max}$ 为 0.289，砍掉边 $x_{1,3}$；在第二次迭代中，$\varDelta_{\max}$ 为 0.002，砍掉边 $x_{2,1}$；在第三次迭代中，$\varDelta_{\max}$ 为 0.401，砍掉边 $x_{2,3}$；在第四次迭代中，$\varDelta_{\max}$ 均小于 0，优化终止。订单 1 推送给司机 1，订单 2 推送给司机 2，订单 3 推送给司机 1、2、3，最终订单 1、2、3 分别由司机 1、2、3 服务。

8.3.2 派单模式

派单模式指系统基于订单信息和司机信息，在一段时间的择优后，对附近司机做全局最优匹配，直接匹配订单给司机。在派单模式下，司机服务的订单是通过算法进行最优匹配的，订单响应由局部最优变为全局最优。实际上，司机在不同时间和地点时，其未来的期望收益是不同的，这与 8.2 节中的订单热区预测紧密相关，因此在派单时还需考虑未来收益，通过平衡供需以提高系统派单效率。派单模式的技术框架如图 8-9 所示，车货匹配执行中产生了轨迹数据，由这些数据学习状态价值（派单策略下的折算累积回报），并转化为匹配权重，进行下一时间段的车货匹配。

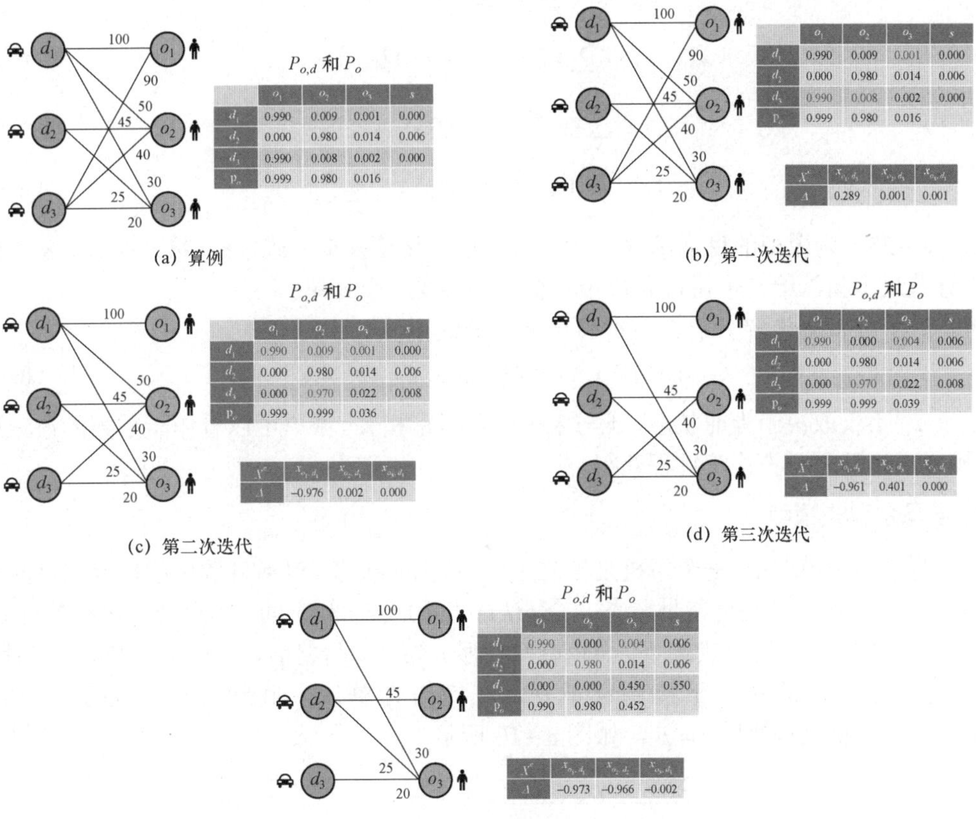

(a) 算例　(b) 第一次迭代　(c) 第二次迭代　(d) 第三次迭代　(e) 第四次迭代

图 8-8　小规模算例

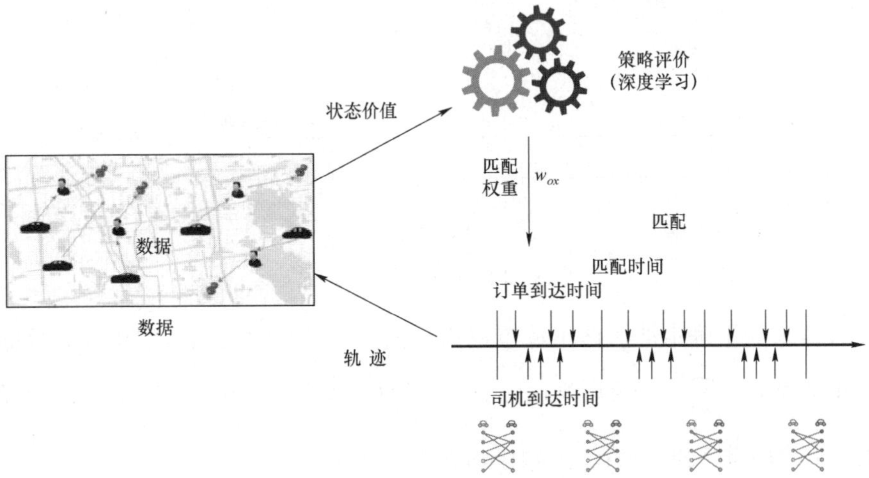

图 8-9　派单模式的技术框架

1. 经典派单模式建模

经典派单模式建模如式（8－23）～式（8－26）所示。

$$\max_{z}\sum_{o\in O}\sum_{x\in X}w_{ox}z_{ox} \tag{8－23}$$

$$\text{s.t.}\sum_{x}z_{ox}\leqslant 1,\quad \forall o\in O_{\text{disp}} \tag{8－24}$$

$$\sum_{o}z_{ox}\leqslant 1,\quad \forall x\in X_{\text{disp}} \tag{8－25}$$

$$z_{ox}\in\{0,1\},\quad \forall o\in O_{\text{disp}},x\in X_{\text{disp}} \tag{8－26}$$

式（8－23）为模型的目标函数，其含义是最大化总权重。式（8－24）和式（8－25）表示每个订单最多指派给一个司机和每个司机最多接受一个订单。

求得以上模型最优解 z^* 后，可得最优派单策略 π 。

$$\pi(o)=x,\forall o\in O_{\text{disp}},x\in X_{\text{disp}},z_{ox}^{*}=1 \tag{8－27}$$

权重 w_{ox} 不仅取决于当前状态，还与未来收益紧密相关。派单可以看作一系列的决策过程，w_{ox} 的确定由半马尔科夫决策过程获得。

2. 半马尔科夫模型

在半马尔科夫模型中，每个司机是独立个体，司机的状态 s 包括离散化的地点和时间 (l,t)，当时间 $t=T$ 时，司机状态为终结状态。令 $g(l,t)$ 表示地点 l 和时间 t 的组合。司机的行动 a 为接某个订单或空驶。在给定状态下，司机行动奖励 r 为订单价格 p，当司机空驶时，奖励为 0。例如，司机在空驶的状态下接到订单 o，在完成订单后，其状态由 $s=g(\tilde{l}_o,\tilde{t}_o)$ 转移为 $s'=g(l_d,t_d)$，司机获得奖励 $r=p$，如图 8－10 所示。

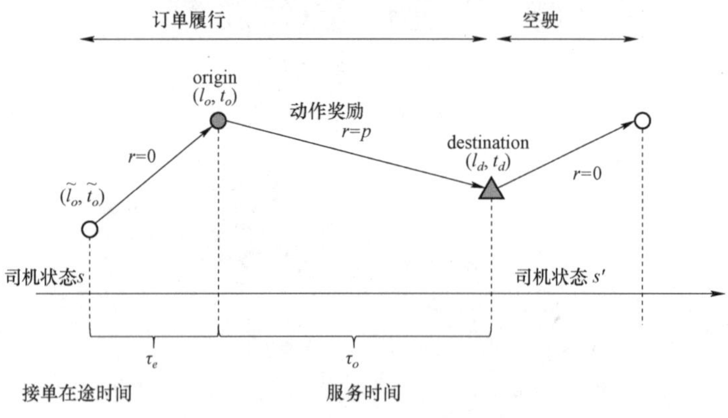

图 8－10 司机轨迹示意图

考虑未来需求的不确定性而做出派单决策，是一个具有随机动作的集合。目标是最大化司机 x 的累计奖励 $J_x=\sum_{k=1}^{K}r_{t_k}$ ，可以表达为式（8－28）和式（8.29）。其中，t_k 表示第 k 个动作的决策时间，t_K 为 T 时刻前最后一个动作的决策时间。

$$J_x(\pi)=\sum_{k=1}^{K}r_{t_k}=\sum_{i=1}^{N}p^{(i)}(\pi)\bigg|_{\pi\left(o^{(i)}\right)=x} \tag{8－28}$$

$$J(\pi)=\sum_{x} J_x(\pi) \tag{8-29}$$

累积奖励如式（8－30）所示，这里考虑了接单在途时间 τ_e 和服务时间 τ_o 。

$$\hat{r}=\gamma^{\tau_e}\left(\frac{r}{\tau_o}+\gamma\frac{r}{\tau_o}+\cdots+\gamma^{\tau_o-1}\frac{r}{\tau_o}\right)=\frac{\gamma(\gamma^{\tau_o}-1)\gamma^{\tau_e}}{\tau_o(\gamma-1)} \tag{8-30}$$

其中， $\gamma\in[0,1),\tau_o\geqslant 1$ 。司机策略 $\pi_d(s):S\to O$ ，即系统将订单 $o^{(i)}$ 指派给司机 x 时，司机策略是接受订单 $o^{(i)}$ ，如式（8－31）所示。S 是状态空间时，O 是选择空间。

$$\pi_d(s(x))=o^{(i)}\ \text{iff}\quad \pi(o^{(i)})=x \tag{8-31}$$

令 $P^{(x)}=\{s_{t_0},o_0,r_0,\cdots,s_{t_k},o_k,r_k,s_{t_{k+1}}\cdots,s_{t_K}\}$ 为司机 x 一天的轨迹数据，状态价值函数如式（8－32）所示。o_k 表示决策时间 t_k 的第 k 个选项。

$$V^{\pi_d}(s):=E\left[\sum_{i=1}^{K-k}\gamma^{(t_{k+i}-t_k-\tau_{o_k}-\tau_{e_k})}\hat{R}_{k+i}\middle|s_{t_k}=s\right] \tag{8-32}$$

其中， $\hat{R}$ 是随机变量，值为 $\hat{r}$ 。π_d 的贝尔曼公式为

$$V^{\pi_d}(s)=E_{O_{\text{disp}}(s)\sim\text{O}}[\hat{R}(s,\pi_d(s;O_{\text{disp}}(s)))+\gamma^{(\tau_e+\tau_o)}V^{\pi_d}(s')] \tag{8-33}$$

其中， $O_{\text{disp}}(s)$ 是状态 s 时可派订单集合。O为需求分布，可由 8.2 节中的订单热区预测获得。$V^{\pi_d}(s)$ 可通过时序差分学习获得，即 $V^{\pi_d}(s)\leftarrow V^{\pi_d}(s)+\alpha[\hat{r}]+\gamma^{(\tau_o^{(i)}+\tau_e^{(i)})}V^{\pi_d}(s')-V^{\pi_d}(s)$ 。

在 V^{π_d} 下改进的系统派单策略 π' 是由匹配过程的算子 $\Pi(w):w\to\pi$ 生成的。边的权重 w_{ox} 如式（8－34）所示，其中考虑了目的地价值和当前位置价值。

$$w_{o^{(i)},x^{(j)}}(V^{\pi_d}):=\hat{p}^{(i)}+\gamma^{(\hat{\tau}_o^{(i)}+\hat{\tau}_e^{(i)})}V^{\pi_d}(g(l_d^{(i)},\hat{t}_d^{(i)}))-V^{\pi_d}(s(x^{(j)})) \tag{8-34}$$

3. 算法设计

派单策略的迭代如表 8－2 所示。

表 8－2 派单策略的迭代

派单策略的迭代：	
1	输入：派单策略 π 及轨迹数据 $\{P^{(x)}\}$ ，存储器缓冲区 B
2	For $t=1,2,\cdots$ do
3	基于 B 中数据，通过时序差分学习获得价值函数 V^{π_d}
4	根据式（8－28）计算 $w(V^{\pi_d})$ ，得到 $\pi'=\Pi(w)$
5	根据 π' 匹配订单和司机
6	收集新的出行和司机轨迹数据，加入 B 中
7	$\pi\leftarrow\pi'$
8	End for

8.3.3 反选模式

传统的抢单或派单模式，由于没有充分考虑供需双方的需求，导致匹配后双方不满意而取消订单，服务体验不稳定。为了提高匹配的成功率，一些车货匹配平台推出基于 Gale-Shapley

算法的反选模式。在客户和司机的需求挖掘的基础上，建立双方对彼此的偏好后排序，考虑双方偏好后进行车货匹配，使得每个客户和司机配到当前能够获得的最优匹配对象。反选模式的技术框架如图 8-11 所示。

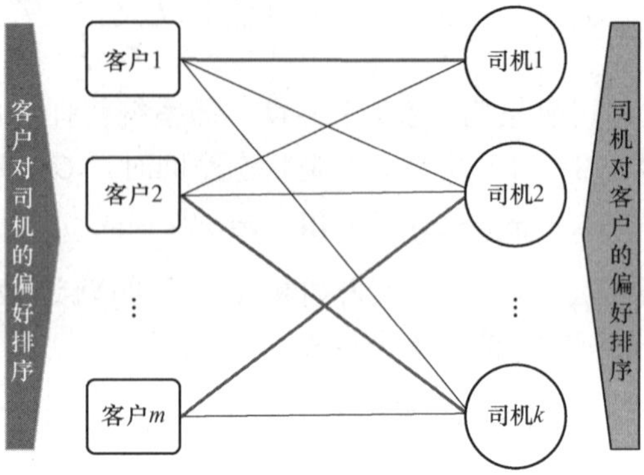

图 8-11　反选模式的技术框架

1. 可行车货匹配对描述

由于时间、地理位置、载重和体积等因素的限制，并不是所有的客户和司机间都能建立匹配关系。如果客户 p 和司机 d 组成一个匹配对 (p,d) 后，能够满足式（8-35）～式（8-39）所示的时间窗约束、载重约束、体积约束和成本约束，那么这个匹配对是可行的，客户和司机称彼此为可行匹配对象。

$$e_p \leqslant T_{O_p} \tag{8-35}$$

$$T_{G_p} \leqslant l_p \tag{8-36}$$

$$\omega_p \leqslant W_d \tag{8-37}$$

$$\vartheta_p \leqslant \upsilon_d \tag{8-38}$$

$$C_p(p,d) \leqslant \bar{C}_p \tag{8-39}$$

式中：

e_p——客户 p 的最早发货时间；

O_p——客户 p 的起点；

G_p——客户 p 的终点；

T_i——司机到达 i 点并开始服务的时间；

l_p——客户 p 的最晚到达时间；

w_p——客户 p 的货物重量；

W_d——司机 p 的车辆额定载重；

ϑ_p——客户 p 的货物体积；

υ_d——司机 p 的载货空间；

$C_p(p,d)$——客户 p 在可行匹配对 (p,d) 中的运输费用；

$\bar{C}_p$——客户 p 的最大可接受运输费用。

由此，为了便于表述，现对客户和司机的可行匹配对进行说明。集合 $\varepsilon^D(p)$ 表示所有可以和客户 p 组成可行匹配对的司机集合。同理，集合 $\varepsilon^P(d)$ 表示所有可以和司机 d 组成可行匹配对的客户集合。

2. 双方偏好排序

在客户与司机的匹配中，客户和司机对彼此存在偏好。忽略参与人的偏好信息会影响参与人的服务体验。客户通常期望运输费用越少越好。假设客户根据在不同可行匹配对中的总运输费用，形成对司机的偏好排序（客户将最喜欢的司机排在偏好列表的首位，序值为1，其他以此类推）。

客户的总运输费用如式（8–40）所示，包括了客户货物的在途时间成本和支付的运费。在实际运营中，运营商可以根据具体情况设置不同的时间价值相关参数，这不影响公式的适用性。式（8–41）表示运费的计算，即里程乘以单位价格。

$$C_p(p,d)=(T_{G_p}-e_p)\times\gamma+f_{pd}\quad \forall p\in P,d\in\varepsilon^D(p) \tag{8–40}$$

$$f_{pd}=S_p\times\varepsilon\quad \forall p\in P,d\in\varepsilon^D(p) \tag{8–41}$$

式中：

γ——货物在途时间成本系数；

f_{pd}——客户 p 支付给司机 d 的运费；

S_p——客户 p 从起点到终点的出行距离；

ε——单位里程价格。

对于客户 p 来说，如果其在可行匹配对 (p,d) 中的总运输费用小于在可行匹配对 (p,d') 中的总运输费用，那么称客户 p 更偏好司机 d，用 $d\succ_p d'$ 表示。此时，这种偏好关系是严格的。如果客户 p 在可行匹配对 (p,d) 中的总运输费用不大于在可行匹配对 (p,d') 中的总运输费用，那么称客户 p 偏好司机 d 的程度不少于司机 d'，用 $d\succeq_p d'$ 表示。此时，客户 p 的偏好是不严格的。

式（8–42）和式（8–43）具体描述了客户对司机的偏好关系。客户根据偏好关系，形成对司机的偏好排序。

$$d\succ_p d',\ C_p(p,d)<C_p(p,d') \tag{8–42}$$

$$d\succeq_p d',\ C_p(p,d)<C_p(p,d')\text{ or }C_p(p,d)=C_p(p,d') \tag{8–43}$$

同理，司机通常期望在一次服务中获得的收益越高越好。因此，司机根据在不同可行匹配对中的收益，形成对客户的偏好排序（司机将最喜欢的客户排在偏好列表的首位，序值为1，其他以此类推）。

司机的收益计算如式（8–44）所示，司机的收益等于收取的车费减去运营发生的成本。

$$R_d(p,d)=f_{pd}-S_d\times\alpha\quad \forall d\in D,p\in\varepsilon^P(d) \tag{8–44}$$

式中：

$R_d(p,d)$——司机 d 在可行匹配对 (p,d) 中的收益；

S_d——司机 d 服务客户时的走行距离；

α——司机 d 每单位距离的运营成本。

对于司机 d 来说，如果其在匹配对 (p,d) 中的收益大于在匹配对 (p',d) 中的收益，那么司机 d 更喜欢客户 p，用 $p \succ_d p'$ 表示。此时，偏好关系是严格的。如果司机 d 在匹配对 (p,d) 中的收益不小于在匹配对 (p',d) 中的收益，那么司机 d 喜欢客户 p 的程度不少于客户 p'，用 $p \succeq_d p'$ 表示。此时，司机 d 的偏好是不严格的。

式（8－39）和式（8－40）具体描述了司机对客户的偏好关系。司机根据偏好关系，形成对客户的偏好排序。

$$p \succ_d p',\ R_d(p,d) > R_d(p',d) \tag{8-45}$$

$$p \succeq_d p',\ R_d(p,d) > R_d(p',d) \text{ or } R_d(p,d) = R_d(p',d) \tag{8-46}$$

3. 匹配模型构建

网络货运平台的本质是基于运输的服务产品。因此，客户和司机的参与对网络货运平台的发展尤为重要。因此，以最大化匹配客户数量为目标函数，构建客户与司机的双边匹配模型。模型中的决策变量解释为：X_{pd} 为 0－1 变量，当客户 p 与司机 d 匹配时，X_{pd} 为 1，否则为 0。

$$\max \sum_{p\in P} \sum_{d\in \varepsilon^D(p)} X_{pd} \tag{8-47}$$

$$\sum_{d\in \varepsilon^D(p)} X_{pd} \leqslant 1, \forall p\in P \tag{8-48}$$

$$\sum_{p\in \varepsilon^P(d)} X_{pd} \leqslant 1, \forall d\in D \tag{8-49}$$

$$X_{pd} + \sum_{d':d' \succ_p d} X_{pd'} + \sum_{p':p' \succ_d p} X_{p'd} \geqslant 1, \forall p\in P, \forall d,d'\in \varepsilon^D(p), \forall p'\in \varepsilon^P(d) \tag{8-50}$$

$$X_{pd} \in \{0,1\}, \forall p\in P, \forall d\in \varepsilon^D(p) \tag{8-51}$$

式（8－47）为模型的目标函数，其含义是最大化服务客户订单数量。式（8－48）～式（8－51）为模型的约束条件。其中，式（8－48）表示一个客户最多只能和一个司机匹配。本书中客户偏好序列的末位是其本身，客户和自己匹配表示客户在该匹配解中，没有司机为其提供服务。同理，式（8－49）表示一个司机最多只能服务一个客户，司机和自身匹配表示在该匹配解中，司机没有被指派客户。式（8－50）是稳定性约束。确保在一个匹配中，不存在任意一对客户和司机，他们相互偏好，却没有被匹配到一起。

4. 算法设计

为了求解上述客户与司机的匹配模型，一些网络货运平台基于 Gale-Shapley 算法思想进行算法设计。Gale-Shapley 算法起源于婚配市场。在 Gale-Shapley 算法中，主要有请求和拒绝两个操作。所有男性先向自己最心仪的女性求婚，所有女性在当前的求婚者中，选择最心仪的一位，并拒绝其他人。然后，所有被拒绝的男性向没有拒绝过自己的最心仪的女性求婚，所有女性从新的求婚者和暂时订婚的男性中，选择自己最心仪的，并拒绝其他人。当不再有男性被拒绝时，该算法结束。

和婚姻匹配市场相似，客户与司机匹配的稳定解可能并不是唯一的，也存在晶格结构。因此需要引入扰动操作以获得所有的稳定匹配解，如图 8－12 所示。扰动操作的步骤是选择稳定匹配解 μ 中的客户 p，然后强迫其接受次于在 μ 中的匹配对象。此时，原来和客户 p 匹配的司机 d 有机会选择到更好的客户。一旦客户与司机的稳定匹配被打破，执行传统婚姻匹配中的请求和拒绝操作。当司机 d 匹配到了比客户 p 更好的匹配对象或者某个客户已经向所有的可行司机提出过请求时，该算法结束。如果当司机 d 匹配到了比客户 p 更好的匹配对象时，称为扰动操作成功，得到一个新的稳定匹配解。如果某个客户已经向所有的可行司机提出过请求时，称为扰动失败，不会产生一个新的稳定匹配解。

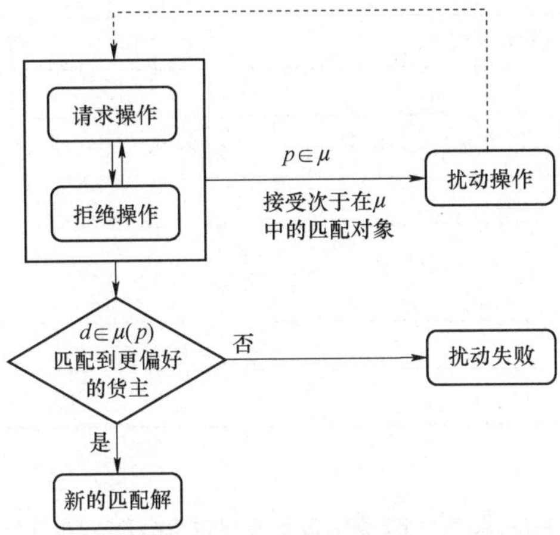

图 8－12　扰动操作

然而，对不同稳定匹配解中的不同客户使用扰动操作会导致重复性地得到同一个稳定匹配解。为了避免这个问题，节约计算时间，需要引入以下两个规则对扰动操作进行限制。

规则 1：如果一个稳定匹配解是通过扰动客户 p 而得到的，那么对它执行扰动操作时，需要从序号 $\geqslant p$ 的客户开始。

规则 2：当扰动操作从客户 p 开始时，只有序号 $\geqslant p$ 的客户可以提出请求。比如在扰动客户 p 的匹配时，干扰了序号 $<p$ 客户的匹配，那么停止扰动操作，即扰动失败。

算法设计中应用到的参数解释如下：客户集合为 $P=\{p_1,p_2,\cdots,p_n\}$；司机集合为 $D=\{d_1,d_2,\cdots,d_k\}$；所有客户的偏好排序集合为 $V_P=\{v_{p_1},v_{p_2},\cdots,v_{p_n}\}$，其中 v_{p_n} 表示客户 p_n 的偏好排序；同理，所有司机的偏好排序集合为 $V_D=\{v_{d_1},v_{d_2},\cdots,v_{d_k}\}$，其中 v_{d_k} 表示司机 d_k 的偏好排序；稳定匹配解集合用 U 表示，初始化的解集合 U 中，包含了由 Gale-Shapley 算法得到的一个初始解 μ_1。p_τ 表示 μ_i 是通过扰动客户 p_τ 的匹配而得到的新稳定匹配解。对于 μ_1 来说，p_τ 等于 p_1。

算法的具体步骤如表 8－3 所示。

表 8－3　算法的具体步骤

算法设计：	
1	输入 P、D、V_P、V_d 和 $U=\{\mu_1\}$
2	For each i in $\|U\|$
3	If μ_i 没有执行过扰动操作 Then
4	For $p=p_\tau$ to p_n
5	p_1 至 $p_{\tau-1}$ 保持在 μ_i 中的匹配对象不变
6	p_τ 的偏好排序中删掉 $\mu_i(p)$ 及其前面的司机

续表

算法设计：
p_τ 至 p_n 执行请求和拒绝操作
If 在任意一步执行请求和拒绝操作中，干扰了 p_1 至 $p_{\tau-1}$ 的匹配 Then
扰动失败，不能获得新的稳定匹配解
Else
获得新的稳定匹配解 $\mu_{\lvert U\rvert+1}$，更新稳定匹配解集合 $U=U\bigcup\mu_{\lvert U\rvert+1}$
End if
Next
End if
Next
输出 U

8.4　城市智慧物流车辆智能价格优化

价格是引导车辆进行市场化调度的重要手段。车货匹配中的智能定价，是指通过借助人工智能和数据算法来确定货物运输的价格，以提高匹配的效率和准确性。这种价格方式可以根据不同的因素，例如货物品类、起点和终点、运输距离、车型等因素来进行计算，并在市场竞争的基础上自动调整价格，使得价格更加合理和实惠。智能价格能够提高车货匹配的效率和准确性，降低中间环节的成本和时间，具体策略包括智能定价、智能补贴和智能优惠。

8.4.1　智能价格策略

1. 智能定价

智能定价指监控、收集和处理定价相关数据，以供需关系为基础，结合运价基础和定价算法，进行价格优化，以实现保持和增加利润的过程。在机器学习算法的助力下，智能定价可以在保证客户和司机双方接受度下，确定最优化价格，有利于调节供需，增加收益，降低空驶里程。

一些网络货运平台基于累积的大量数据，对线性成本（如油费、车辆折旧费等）和非线性成本（如供需关系、周期因素等）分别计算，得出运输价格，为客户和司机提供价格保障，避免价格虚高或恶意竞价。

定价公式如下，其中 **X** 代表线性因素和非线性因素的特征向量。

$$\begin{aligned}&\mathrm{Price}\,(\mathbf{X})=(\rho^*+(\rho_0-\rho^*)\,\mathrm{e}^{-r(d-b)t}\big|\rho=x^0)*(\mathrm{LSTM}(x^{(1)}+x^{(2)}))+\\&\mathrm{PCA}\,(F(x^{(3)}))+\mathrm{Wavlet}\,(x^{(4)}))\sum_{k=0}^{m}x^{(5)}w_k\end{aligned}\qquad(8-52)$$

为了达成最高的匹配率，根据供需环境调整价格预测范围，采用了 Walras-Samuelson 过程为假设，来预测平衡价格，即 $\rho^*+(\rho_0-\rho^*)\,\mathrm{e}^{-r(d-b)t}\big|\rho=x^0$，$\rho$ 表示所有价格供需相关特征，b、d 为系数，r 为供需差值的比例参数。

装卸费用和附加费用基于长短时记忆循环神经网络进行处理，即 $\mathrm{LSTM}(x^{(1)}+x^{(2)})$，$x^{(1)}$ 表示装卸费相关特征，$x^{(2)}$ 表示附加费用相关特征。

周期因素是经过周期模型，采用用于降维的主成分分析法，将一组信号或者特征分离成若干非独立彼此不相关的成分及成分对应的特征值，在各个主成分间找出周期性的主成分，实现傅里叶变换得到原相，即 $\mathrm{PCA}\,(F(x^{(3)}))$，$x^{(3)}$ 表示周期性相关特征。

系统噪声通过滤波模型采用小波分析法来处理高斯白噪声，即 $\mathrm{Wavlet}\,(x^{(4)})$，$x^{(4)}$ 表示噪声相关特征。

线性成本，包括了油费和车辆平均寿命折旧，可以独立叠加，即 $\sum_{k=0}^{m} x^{(5)} w_k$ 。

该定价公式考虑了可变价格和不可变价格，同时加入了供需关系对价格的影响，并根据不同时空供需环境对价格进行调整。此外，还考虑了装卸费、附加费、周期因素、系统噪声，分别采用基于时间序列的循环神经网络回归 LSTM、主成分分析 PCA 和傅里叶变换 F、小波分析和处理 Wavlet。智能定价计算方案框架如图 8－13 所示。

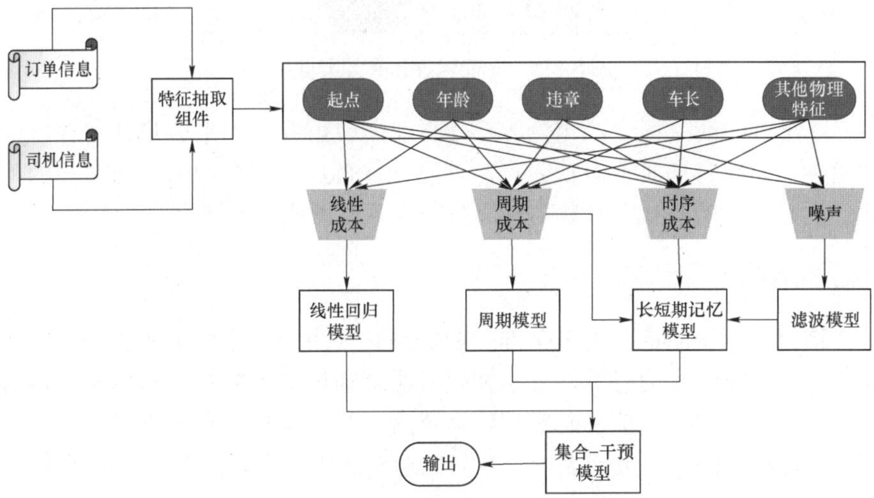

图 8－13 智能定价计算方案框架

2. 智能补贴

由于订单和司机具有时空分布不均衡性，一些订单由于目的地偏远等原因，导致没有司机愿意接单。为了保证订单能够被完成，一些平台通常会在已有定价基础上给司机一些补贴，以激励更多司机抢单，实现在保证抢单率的同时最大限度地降低补贴。智能补贴计算方案框架如图 8－14 所示。

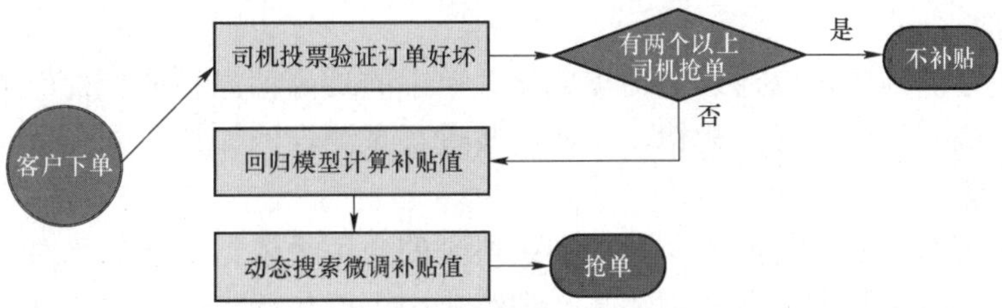

图 8－14 智能补贴计算方案框架

客户下单后，平台根据历史相似订单预测抢单司机的数量。如果有两个以上司机抢单，平台不需要对司机进行补贴。如果抢单司机少，通过回归模型计算补贴值，并利用动态搜索微调补贴值，最后将补贴发放给接受这个订单的司机，促成订单完成。

3. 智能优惠

客户在网络货运平台的活跃度具有周期性，存在"加入期—成熟期—衰减期"这一过程，最终会出现客户流失现象。为了保证客户能够一直使用平台服务，在客户开始流失时，平台及时给客户提供优惠券、折扣等优惠，提高客户保留在平台上的概率。智能优惠计算方案框架如图 8－15 所示。

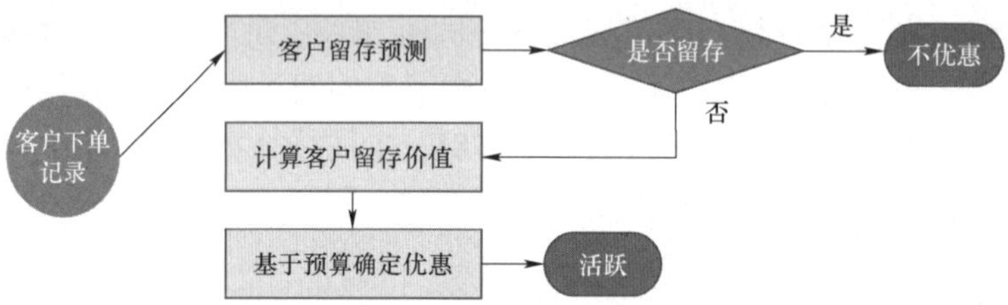

图 8－15　智能优惠计算方案框架

根据客户在平台的活跃程度，预测客户是否在平台留存，如果客户会留存，则不需要为该客户提供优惠。如果客户属于沉默客户，首先计算客户的留存价值，与客户的下单频率相关，然后基于预算确定优惠额度，激励客户在平台下单，成为活跃客户。

8.4.2　智能定价案例

城市智慧物流车辆智能定价由多个维度的信息共同决策，通过融入货物维度信息、客户维度信息和供需与环境维度信息等，分别捕捉货物运输价值、客户选择偏好、供需动态变化及外部环境特征，在基于货源信息确定初始运价后，利用客户信息和供需与环境信息分别进行运价调整，实现精准定价，灵活调价，在降低运营成本的同时，提高交易效率。

1. 基于货源信息的初始运价确定

1）货源信息

针对城市物流中待运的货源，客户会在客户端发布货源信息，可以包括货源重量、尺寸、类型、出发地与到达地及其详细的经纬度、运输时间等基础信息，还可以包括路途中是否包含限行区、是否需要押车、是否需要司机协助装卸货物、是否超载、危险品、贵重物品等特殊信息，这些信息对定价都有着不同程度的影响。例如，运送贵重物品的难度必然会比运送普通物品难度大，因此对贵重物品的价值预测可以高一些。

2）初始运价

目标货源的运价预测可以通过对历史成交订单中的货源信息和成交价值进行统计，找出各种类型货源的成交价值的分布规律，从而对其进行预测，例如按照同类货源历史成交价均值的方式进行预测。

运价模型是根据机器学习的方法预先训练得到的，用于依据货源信息对初始运价进行预测。例如，可以从历史数据中获取训练集，训练集中可以包括大量的成交订单中的货源信息及最终成交运价，并利用该训练集对运价模型进行训练，得到的运价模型在实际使用时，便可以根据目标货源的货源信息对其进行预测，输出目标货源的初始运价。

2. 基于客户信息的一次运价调整

1）客户信息

客户信息用于从客户维度描述客户的属性及行为信息，可以包括客户注册地、活跃度、注册时长和客户历史成交信息等。客户历史成交信息可以包括历史成交订单中客户偏好的运送车型或对司机的要求偏好等信息，还可以包括历史成交订单中客户与司机之间沟通、传达的信息等。

2）一次运价调整

一次运价调整模型利用机器学习的方法进行训练，例如，可以预先获取用于训练的训练集，训练集中可以包括历史成交订单数据，进一步包括历史成交订单中的客户信息、初始运价及最终的成交运价。然后，将各历史成交订单中的客户信息作为模型输入，将各历史成交订单中最终的成交运价相对于初始运价的浮动情况作为模型输出，以训练得到一次运价调整模型。

该模型可以根据客户信息识别出与客户有关的特征，并且具备对客户特征如何影响运价的感知能力，将客户的特征对运价的影响进行量化，从而输出一次运价调整策略。例如，当客户信息中反映出客户倾向于高价值货源时，则一次运价调整策略可以是上浮 5%，实现运价的个性化，在提高预测准确度的同时，进一步提高匹配效率。

3. 基于供需与环境信息的二次运价调整

1）供需与环境信息

供需信息部分可以包括当前的平台在线人数、平台在线待运货源量、前 24 h 成交货源量、前 24 h 平均成交时长、前 24 h 线路反馈率等反映供给需求的数据；环境信息部分可以包括当前时段是否有重大事件发生、是否为节假日等信息。

2）二次运价调整

二次运价调整模型也是利用机器学习的方法进行训练，用于训练的训练集中可以包括历史成交订单数据，进一步包括历史成交订单中的供需与环境信息、初始运价及最终的成交运价。然后，将各历史成交订单中的供需与环境信息作为模型输入，将各历史成交订单中最终的成交运价相对于初始运价的浮动情况作为模型输出，以训练得到二次运价调整模型。

该模型可以根据供需与环境信息识别出与当前的环境和市场有关的特征，并且具备对客户特征如何影响运价的感知能力，将供需与环境的特征对运价的影响进行量化，从而输出二次运价调整策略。例如，当供需与环境信息中反映出供不应求时，或者天气恶劣时，则二次运价调整策略可以是上浮 5%，从而实现运价的合理化，在提高预测准确度的同时，也能够使预测价值更加符合实际情况，实现在初始价值基础上的动态调整，进一步提高匹配效率。

4. 融合多元信息的智能定价

根据上述一次运价调整策略和二次运价调整策略对初始运价进行调整，得到目标货源的目标运价。例如，当一次运价调整策略和二次运价调整策略均为上浮 5%时，则最终的目标运价则为在初始运价的基础上上浮 10%。

该智能定价方法通过对运价的影响因素进行细分，从货源、客户、供需和环境多个维度进行考量，并利用机器学习的方法训练出一次运价调整模型和二次运价调整模型，在根据货源信息确定目标货源的初始运价后，再根据客户信息和供需与环境信息提取特征，从不同影响因素的角度进行量化，实现对初始运价的动态调整，得到最终的目标运价。智能定价在提高对运价预测的准确性的同时，还能够提高运价的公正性和透明性，继而提高客户与司机的匹配效率。

8.5 案例：货拉拉的智能调度平台

货拉拉专注于同城货运或即时整车货运 O2O 领域，致力于整合社会运力资源，为个人、商户、企业提供高效的物流解决方案，搭建专业的互联网物流服务平台。货拉拉是以服务城市物流为核心的网络货运平台的典型代表。本节将以货拉拉为例，进行案例分析。

8.5.1 基本情况

货拉拉于 2013 年创立，成长于粤港澳大湾区，是一家从事同城/跨城货运、企业版物流服务、搬家、零担、汽车租售及车后市场服务的互联网物流商城。货拉拉通过共享模式整合社会运力资源，完成海量运力储备，并依托移动互联、大数据和人工智能技术，搭建"方便、科技、可靠"的货运平台，实现多种车型的即时智能调度，为个人商户及企业提供高效的物流解决方案。截至 2021 年 10 月，货拉拉的业务范围已覆盖 352 座城市，月活司机达 66 万，月活用户达 840 万。

货拉拉是轻资产的众包平台，企业的运力来自社会的闲散运力，具有随机性和不稳定性，订单的取消率较高，占平台总订单的 15%左右，其中车货不匹配是司机取消订单的主要原因之一，如车辆、货物不标准导致空间或载重不足。电子地图是另一个主要原因，由于限高限行和路权问题导致车辆无法顺利到达目的地。因此，如何通过调度来实现运力和用户之间的匹配，在松散的运力情况下保证整体的效率，同时达到友好的服务，是货拉拉面临的关键问题。

8.5.2 智能调度平台

1. 智能匹配

智能匹配主要通过两种方法实现：一种是路径优化，即遍历所有车和路径的组合得到最优匹配，通常以最小化车辆数、最小化总耗时/里程为目标函数，以时间窗口（预约单、搬运耗时）、装卸顺序（先上后下）、单量限制（拆单）和承载量限制构建模型，同时解决出车、推送和路径规划问题；另一种是地图匹配，即行车轨迹的经纬度采样序列与数字地图路网匹配的过程，实时确定车辆准确位置，做出调度决策。但地图匹配方法无法对司机进行路径规划，只能决策匹配。

面对不同时效性（实时、当日、次日）和范围（商圈、城市、跨城）的货物运输需求，两种智能匹配方法交替使用。当订单需要在 30 min 内完成，需要算法能够实时进行订单匹配，而且分给最优的司机，此时宜采用地图匹配方法。当配送范围大如 10～20 km 时，时间敏感性不高，但对匹配准确率的要求较高，此时宜采用路径优化方法。

2. 抢单率/不取消率建模

由于司机可以取消订单，为了保证把订单匹配给最优的司机后，司机接单而不取消，货拉拉平台采用了取消率预测方法。类似于电商场景，用户看到广告后，可以点击，但并不意味着最后会购买，相当于将空间分为退单–点击–转化三层。货拉拉将订单推送给周围50个司机，司机打开订单后进行抢单，当司机到达需求点，能够准确判断路径是否熟悉，能否接单，这一过程可分为退单–抢单–完单三个层面，进而进行数据预测。

3. 资源优化配置

对于货拉拉平台，本质上是车辆、用户和订单三种资源的优化配置。利用统一框架打造供需匹配、营销、定价等多个引擎，通过建立多目标优化模型，获得帕累托曲线。实践中多分解为多维分组背包问题，实现动态定价、智能匹配、运力调度、用户拉新的效率提升，如表8–4所示。以动态定价（规模导向）和运力调度为例，先以最大化单量为目标，以保持毛利率下限为约束，优化订单动态折扣。然后，以最小化区域供需失衡比例为约束，以调度人次和订单折扣为约束，决策是否需要调度及调度区域位置。

表8–4 货拉拉资源优化配置方案

	目标	约束	配置方案
营销新用户促活	最大化新用户下单量	控制营销成本 （总券量、券额）	用户发券方案 （是否发券，发多少）
动态定价 （利益导向）	最大化毛利率	保持下单量与交易总额下限	订单动态折扣
动态定价 （规模导向）	最大化单量/交易总额	保持毛利率下限	订单动态折扣
广告分发	最大化首页广告点击价值	满足各业务方投放量比例	展现方案 （是否展现/展现哪个广告）
运力调度	最小化区域供需失衡比例	调度人次少/范围小	司机调度策略 （是否调度及调度区域）

4. 车辆状态监控

货拉拉运用车联网设备获取更多的车辆实时信息，通过计算机视觉等方法，辅助完成业务智能审核、视频抽查、车内状态识别，提升驾驶和货物的安全性。业务智能审核包括司机车贴审核、传单识别服务、签到照片审核，司机形象穿戴审核。视频抽查包括车辆检测、跟踪、分类，自动识别视频中的货拉拉车辆，分析货拉拉车辆的占比。车内状态识别主要包括判断司机开车状态、货箱空满状态、有无违禁品及是否载人。

5. 车辆应急保障

在规模化发展的同时，货拉拉注重服务质量和用户体验，提供可追溯的、规范的、可监管的城市货运服务。为了提高应急处置能力，在出车前通过天气、道路通报及车辆点检等手段，对车辆进行安全检查；在装货、卸货过程中，检查货损、车辆积载；在运输中进行中途道路、车辆、天气异常监控。各环节发生异常，及时上报，根据情况进行车辆维修、换车等处置方式。通过风险与应急管理贯穿运输服务全过程，有效控制运输风险与异常，保障货物运输的及时性和安全性。

8.5.3 数智化升级

货拉拉通过共享模式整合社会运力资源，完成海量运力储备，依托移动互联、大数据和人工智能技术，搭建“便捷、平价、安全、专业”的货运平台。在2020年，货拉拉交易总额为195亿元，市场份额为54.7%。而位居行业第二的快狗打车，市场份额为5.5%。为了实现更高的效率，货拉拉从人、车、货、路四个方面进行数字化、智能化升级。

在人的方面，以手机作为数据传感设备，通过手机个人的用户画像、下单行为、订单的起终点、货物的分析，得到个人的使用习惯。在车的方面，货拉拉车载设备“安心拉”智能行驶记录将覆盖50%以上的业务，对车辆进行实时监控。在货的方面，研发三维视觉技术实现货物的品类辨别和体积、重量测量，破解依赖传统经验估计误差大的难题。在路的方面，融合传统的地图技术和深度学习技术，利用自身丰富的货运导航数据，打造货拉拉的地图能力，比如定位、POI检索、路径规划、导航和前端封装等。

复习思考题

1. 什么是城市智慧物流车辆调度？
2. 城市智慧物流车辆调度有哪些模式？
3. 简述城市智慧物流车辆调度的技术应用框架。
4. 简述城市智慧物流车辆调度中车货匹配的模式及关键模型。
5. 思考货拉拉智能调度平台的发展优势及特点，分析其存在的缺点及问题，并提出改进建议。

第 9 章

城市智慧物流信息平台

随着物联网、无线传感网、5G及虚拟化存储等技术的发展和普及，尤其是大数据、云计算、人工智能等技术在城市物流中的广泛应用，传统城市物流正在不断向智慧型物流转变。城市智慧物流信息平台作为城市智慧物流的支撑大脑，集成整合了先进的管理理念、决策方法和现代智能技术，推动着城市物流的大变革。本章介绍城市智慧物流信息平台的发展动因、内涵、特征、作用、类型、结构组成、功能、运营模式、关键技术、技术架构、拓扑结构、发展趋势等内容。

9.1 城市智慧物流信息平台的发展动因、内涵与作用

城市物流涉及工业企业、物流企业、银行、保险、海关、税务、检验检疫等众多单位与部门，其显著特点是信息的集成和先进信息与智能技术的应用，其有效运作离不开城市智慧物流信息平台的支撑。本节阐述城市智慧物流信息平台的发展动因、内涵、特征与作用。

9.1.1 城市智慧物流信息平台的发展动因

政府的高度重视、学术界的广泛关注和企业的积极推动，使得城市智慧物流及其信息平台建设迎来了爆发式发展，新技术、新业态、新模式不断涌现，实现了从概念设想到落地应用的根本性转变。城市智慧物流信息平台的发展动因主要包括政府部门和企业两大方面，如表9-1所示。

表9-1 城市智慧物流信息平台的发展动因

主体	发展动因	典型平台
政府部门	国家政策推动； 城市物流监管与追溯需要； 政府部门及企业之间信息共享与协作需要	国家交通运输物流公共信息平台（LOGINK）
企业	即时物流对企业配送调度的挑战； 城市物流需求加速升级的挑战； 离散的第三方物流资源整合需求	美团“超脑”即时配送系统 京东智慧物流系统 菜鸟网络平台

1. 国家政策推动

当前，我国正处于新一轮科技革命和产业变革的关键时期，数字经济、互联网+、中国智造、工业4.0等快速发展，为传统生产和物流产业注入智慧基因。城市物流作为畅通国民经济循环的重要环节之一，国家予以高度重视，相继出台了许多政策，大力推动城市物流的信息化和智慧化建设，如表9-2所示。2019年3月，国家发展改革委等24部门联合发布《关于推动物流高质量发展促进形成强大国内市场的意见》，推进国家交通运输物流公共信息平台完善工作，提升制造业供应链智慧化水平，实施物流智能化改造行动。2019年11月，国家发展改革委等15部门联合发布《关于推动先进制造业和现代服务业深度融合发展的实施意见》，大力发展“互联网+”，突破数字孪生等关键技术，发展面向重点行业和区域的工业互联网平台。2020年5月，国家发展改革委和交通运输部联合发布《关于进一步降低物流成本实施意见的通知》，研究加快发展数字化、智能化、全球化的现代供应链，提高仓储、运输、分拨配送等物流环节的自动化、智慧化水平。2020年8月，国家发展改革委等13部门联合发布《推动物流业制造业深度融合创新发展实施方案》，促进工业互联网在物流领域融合应用，建设物流工业互联网平台，积极探索和推进区块链、5G等新兴技术在物流信息共享和物流信用体系建设中的应用。2021年3月，十三届全国人大四次会议通过《中华人民共和国国民经济和社会发展第十四个五年规划和2035年远景目标纲要》，培育壮大人工智能、大数据、区块链、云计算、网络安全等新兴数字产业，构建基于5G的应用场景和产业生态，在智能交通、智慧物流、智慧能源等重点领域开展试点示范。2021年10月，交通运输部发布《数字交通“十四五”发展规划》，构建全国一体化协同综合交通运输信息平台，加强数据资源的整合共享、综合开发和智能应用，打造综合交通运输“数据大脑”。2021年11月，交通运输部发布《综合运输服务“十四五”发展规划》，加强大数据、云计算、人工智能、区块链、物联网等在运输服务领域的应用，大力发展“互联网+”高效物流。2021年12月，国家发展改革委等8部门联合发布《“十四五”智能制造发展规划》，推进制造业数字化转型、网络化协同、智能化变革，实现泛在感知、数据贯通、集成互联、人机协作和分析优化；国家邮政局发布《“十四五”快递业发展规划》，提升末端服务规范化、标准化和信息化水平，推动快递企业提高跨境服务信息化、标准化水平。2022年9月，交通运输部和国家标准化管理委员会联合发布《交通运输智慧物流标准体系建设指南》，立足智慧物流相关标准，形成结构合理、层次清晰、系统全面、先进适用、国际兼容的交通运输智慧物流标准体系。2022年11月，工业和信息化部办公厅发布《中小企业数字化转型指南》，助力中小企业科学高效推进数字化转型，提升为中小企业提供数字化产品和服务的能力。2022年12月，国务院办公厅发布《“十四五”现代物流发展规划》，深度应用第五代移动通信（5G）、北斗、移动互联网、大数据、人工智能等技术，推进物流智慧化改造。

表9-2 城市智慧物流信息平台的相关政策

发文机构	发布时间	文件名称
国务院办公厅	2022年12月	“十四五”现代物流发展规划
工业和信息化部办公厅	2022年11月	中小企业数字化转型指南
交通运输部、国家标准化管理委员会	2022年9月	交通运输智慧物流标准体系建设指南

续表

发文机构	发布时间	文件名称
国家发展改革委、工业和信息化部等 8 部门	2021 年 12 月	“十四五”智能制造发展规划
国家邮政局	2021 年 12 月	“十四五”快递业发展规划
交通运输部	2021 年 11 月	综合运输服务“十四五”发展规划
交通运输部	2021 年 10 月	数字交通“十四五”发展规划
十三届全国人大四次会议	2021 年 3 月	中华人民共和国国民经济和社会发展第十四个五年规划和 2035 年远景目标纲要
国家发展改革委、工业和信息化部等 13 部门	2020 年 8 月	推动物流业制造业深度融合创新发展实施方案
国家发展改革委、交通运输部	2020 年 5 月	关于进一步降低物流成本实施意见的通知
国家发展改革委、工业和信息化部等 15 部门	2019 年 11 月	关于推动先进制造业和现代服务业深度融合发展的实施意见
国家发展改革委、中央网信办等 24 部门	2019 年 3 月	关于推动物流高质量发展促进形成强大国内市场的意见

2. 城市物流监管与追溯需要

城市物流监管与追溯事关货品安全，也影响着仓储与运输等物流作业的运作效率。在客户对物流体验要求日益趋高之际，城市物流的安全性和效率及对异常操作的管控提到了新的高度。传统物流监管主要采用人工值守和摄像头监控的基础模式，依靠人工观看监控视频来进行监管，存在诸多明显的弊端。

首先，监管效率低，监控视频冗余且无效内容多，人工排查视频的方式监管效率低下。其次，被动监管，只能事后进行追责，无法实现事前预防和事中干预，处理紧急突发情况时反应速度慢，风险控制能力低。最后，监管价值有限，仅能解决基本安防、偷盗问题，缺乏对物流作业的业务监管能力，无法为仓配等业务的改进提供更多的支撑。

其次，传统城市物流监管的隐性成本偏高。首先，传统城市物流监管的管控水平提升有限，业务风险难以降低，使得物流暴力作业等不规范行为导致货品破损时有发生，赔付成本高。其次，对意外事故、非法闯入、运输盗窃等风险不可控，且追责效率低。另外，无法监控货品动态及流向，丢失、调换风险大。最后，设备投入产出比低，仅依靠人力和硬件设备持续投入增强监管力度，成本支出大。

因此，传统城市物流监管亟须摆脱方式单一、效能不足、无法有效支撑业务的现状，迫切需要新型智能监管与追溯解决方案，给行业带来新的变革。以物联网、无线传感网、人工智能为基础，充分利用现有监控硬件设备，通过城市智慧物流信息平台的支撑，摆脱传统依靠人防而转为技防为主、人防为辅的智能监管模式，实现城市物流监管的可视、可知、可控、可追溯，以及预警、预测与决策。

3. 政府部门及企业之间信息共享与协作需要

城市物流业务涉及运输、仓储、口岸服务、贸易、信息处理等多个领域，具有跨区域、跨部门、跨行业的特征。城市物流业的管理涉及多个监管部门，不同环节归属不同部门监管，包括交通运输、公安、公路、民航、工商、税务、海关、银行、保险等，各个部门之间的监管规定又各不相同，信息互不共享，使得城市物流监管体系不具有凝聚力，监管权力过于分散，难以形成规模化、一体化的监管效能，多方监管、多方不管，无法实现统一领导、协同监管。其次，城市物流涉及运输、仓储、配送、装卸搬运、包装、流通加工等物流作业，采购、生产、销售、零售等供应链节点企业，以及粮食、塑料、汽车、煤炭等不同行业，企业类型众多，不同企业之间缺乏统一的数据交换标准，信息互联互通和业务协作存在效率低、集成能力低、成本高等难题。

因此，城市物流业的管理以及政府部门和企业之间的信息共享与协作，迫切需要新型智能化协同解决方案。以 RFID、无线传感网、移动联网、物联网、人工智能等技术为基础，以城市智慧物流信息平台为支撑，构建政府部门之间及政府部门与企业之间的沟通交流平台，通过信息的智能化采集、信息交换与共享，实现政府部门及相关企业之间的协同合作，提升城市物流业的监管效能和运作效能。例如，国家交通运输物流公共信息平台通过物流信息基础交换网络和国家平台门户，实现了公共平台与相关政府部门和企业之间可靠、安全、高效、顺畅的信息交换，提供公正、权威的物流相关公共信息服务，有效促进了政府部门及相关企业之间的信息互通、共享与协作。

4. 即时物流对企业配送调度的挑战

即时物流是通过实时数据驱动、精准匹配供给、动态智能调度多元运力以满足用户的差异化、多元化、分散化即时消费需求的快捷物流服务。即时物流作为城市配送物流的新业态，最近几年以年均超 30%的增速迅速发展，2021 年订单量达 294 亿单，同比增速为 38%。其次，消费者对于商家服务的要求越来越高，无论是响应的时效、问题的解决，还是流程的便捷、需求的保障，消费者在服务上从被动服务变得更加自主选择。另外，即时物流的需求场景变得更为多元，从最初以服务餐饮外卖行业为主，经过数年的发展，已经拓展出更多品类与业务类型，逐步向满足全场景、全距离、全时段发展，已囊括如餐饮外卖、即时零售、智慧药店、跑腿服务、电商仓储配送、快递落地配、同城货运等细分领域。

即时物流的迅猛发展，对企业的配送调度提出了严峻挑战。首先，即时物流的多元化需求场景和千万级以上的订单量，使得大量涌现的新订单与周围骑手的实时匹配需要庞大的计算量；其次，外卖等服务涉及骑手、商家和用户三方，路线规划相对复杂；最后，对即时物流而言，配送效率和用户体验至关重要，因此要兼顾用户体验、骑手体验、商家体验，追求体验、效率和成本间的最佳平衡。

面对新问题、新形势，即时物流行业借助人工智能、大数据、云计算等前沿技术创新物流解决方案，数字化程度和能力不断提升，成为数字物流发展中突出的一极。例如，美团配送凭借着自主研发的“超脑”即时配送系统，有效地解决了运力网络规划调度问题。

5. 城市物流需求加速升级的挑战

物流行业具有规模经济效应和网络经济效应，规模经济效应指业务规模、人员数量和网点规模的扩大将显著降低物流企业的单位营运成本，并有效提升单位收益；网络经济效应指随着企业经营网点规模的扩大，通道线路和多元服务的边际成本显著下降。随着城市物流基础设施的完善及企业规模的扩张，物流行业的规模经济效应和网络经济效应已经达到拐点。现代信息技术和人工智能的发展，使得智能化的网络控制成为可能，可以在物流网络上嵌入更多的资源和服务。

其次，与消费升级趋势一致，城市物流行业的客户也在不断提高自己的期望，希望以更低的价格和更透明的流程，获得更高效便捷的物流服务。在工业物流领域，工业 4.0、中国制造 2025 等工业互联网的发展，重新定义了供应链物流的方式，制造革命引发流通革命，制造业与物流业将深度融合发展。在消费物流领域，更快、更便宜、更灵活的收货方式更受欢迎，物流服务提供商在降低成本的基础上，更关注消费市场和用户体验，提高可追溯性和可预测性，以智慧技术为支撑的城市物流信息平台解决方案不可或缺。

最后，电子商务使快递物流需求持续扩大，人工物流碎片化已成为亟待解决的问题。近年来，网络零售市场不断发展壮大，2021 年全网零售额 13.1 万亿元，较 2020 年增加了 1.30 万亿元，同比增长 11.02%。以过去物流人员的劳动效率，恐怕需要增付不止几倍的人力成本。每逢购物节就有因物流爆仓而导致的快递延误问题，经常遭到消费者吐槽。同时，C2M 和新零售的兴起，使得个性化、数字化和体验式消费更加流行，消费者对物流配送的时效性和用户体验要求比以往更高，迫切需要物流加速升级改造。以智慧技术为支撑的城市物流信息平台，正是解决效率和成本不平衡难题的有效手段。例如，随着京东从 3C 品类向日用、生鲜百货等全品类战略的业务拓展，大量的商品、订单积累，迫切需要在物流建设上做出调整。京东凭借自己研发的智慧物流系统，将商品流通成本降低了 70%，物流运营效率提升了两倍以上。

6. 离散的第三方物流资源整合需求

首先，我国物流市场供给零散、需求分散，存量资产的使用效率不高，蕴含着巨大的资源整合红利。供给方面，物流市场产业集中度不高。零散的物流市场供给，使得现有存量资源利用效率偏低，车均实载率只有 60%左右。需求方面，社区、乡村的物流需求崛起，需求分布更广且不均匀，碎片化发展态势将更为严重。

其次，电子商务快速发展，网络零售市场不断壮大，但大部分电商平台的物流环节依旧通过第三方快递企业进行配送，不同快递企业的运作水平良莠不齐，难以形成统一的形象及口碑。第三方快递主要有两种模式：加盟型，如三通一达等；自营型，如顺丰、EMS 等。两种模式各有利弊，加盟型快递的品质无法统一，自营型快递的价格过高。物流环节成为制约电商发展的关键环节，物流不畅成为电商平台的心病。如何发挥电商平台网络化、平台化的优势，有效整合第三方快递物流资源，形成统一的形象及口碑，为电商平台服务，是电商企业急需解决的问题。

因此，迫切需要以智慧技术为支撑的城市物流信息平台解决方案，通过互联互通、数据赋能和协同共享，实现第三方物流分散需求的集中整合和闲置供给的有效利用，促进物流组织化和集约化，提高市场效率。例如，阿里巴巴为解决电商平台物流不畅问题，联合其他企业成立菜鸟网络，打造了一个数据驱动、开放、协同、共享的社会化物流平台，利用物联网、人工智能、大数据、无人技术等物流科技，为电子商务企业、物流企业、仓储企业、第三方物流服务商、供应链服务商等各类企业提供服务，支持物流行业向高附加值领域发展和升级，最终整合离散的社会化物流资源，为消费者与卖家提供标准化、规范化的服务。

9.1.2 城市智慧物流信息平台的内涵

城市智慧物流信息平台是沟通城市物流活动各环节的桥梁，是一个面向整个城市物流系统、集成化、智能化的物流信息管理中心，借助集成化技术，利用大数据、物联网、云计算及其他先进信息技术将各层面的物流信息进行整合，把城市物流活动中的各方有机地联系起来，形成物流企业及相关部门之间进行信息交互的一种公共架构，引导供应链结构的变动和城市物流布局的优化，实现城市物流各业务运行及服务质量的管理控制，协调人、财、物等城市物流资源的配置，促进城市物流资源的整合和合理利用，提高城市物流运作效率。

因此，城市智慧物流信息平台的内涵可以理解为，将物联网技术、互联网技术、数据通信技术、智能传感技术、计算机处理技术等综合应用于城市物流信息平台的构建中，通过智能传感技术实时采集城市物流运作过程中的海量数据，通过对共用物流数据的融合、处理和挖掘，实现城市物流信息的智能化采集、传输、存储、组织、处理、发布与共享，提供智慧仓储管理、智慧配送管理、物流过程控制、货物跟踪、物流信息服务与发布、分析与优化决策等城市物流服务，以及电子支付、电子商务、电子政务、EDI 等应用服务和智能决策支持，以达到整合城市物流信息资源、降低城市物流成本和提高城市物流运作效率的目标。

与传统的城市物流信息平台相比，城市智慧物流信息平台具有以下特征。

（1）全程感知。通过 RFID、传感技术、物联网技术和相关设备，全面、准确、实时地感知城市物流全过程中货物、运载工具、驾驶人员和外部环境的状态、位置、路线及相关附属信息，为基于城市智慧物流信息平台的物流服务提供海量、有效的物流数据支撑。

（2）自主自治。由于物联网、无线传感网等由数量庞大的异构接入网络组成，任何运营商都不能事无巨细地管理和控制如此大量的设备，所以城市智慧物流信息平台应当具有更多的自主性，能够最大限度地自管理、自配置、自修复。

（3）自适应。作为一个通用的信息支撑平台，城市智慧物流信息平台面临更多的变化。这种变化既包括下层基础网络能力的变化，又包括上层应用开发需求的变化。同时，城市智慧物流信息平台还需要应对供应链的不同环节，以及不同部门、不同行业、不同物流信息系统间的信息交换与共享。因此，为了延长信息平台的生命周期，城市智慧物流信息平台的内部结构需要具备适应环境变化的能力。

（4）安全可信。城市智慧物流信息平台所处的网络是以多种无线和有线网接入方式实现的异构集成网络，开放的无线网更可能遭遇恶意攻击。城市智慧物流信息平台中存储着大量的隐私及保密性很强的商业和非商业信息，这些信息被恶意散布或利用都会给城市安全和社会稳定带来强烈的冲击和影响。因此，城市智慧物流信息平台应提供基于认证和信任的安全机制、隐私保护机制等安全保证。

（5）服务智能化。城市智慧物流信息平台有效整合城市区域范围内的物流资源，重塑、优化城市物流相关业务及流程，实现城市物流信息的高效传递与共享。基于大数据、云计算、物联网和无线传感网等技术，为平台用户提供智慧仓储管理、智慧配送管理、物流过程控制、货物跟踪、物流信息服务与发布、分析与优化决策等城市智慧物流服务和智能决策支持。

9.1.3 城市智慧物流信息平台的作用

城市智慧物流信息平台是现代信息技术、通信技术和智能技术在城市跨组织物流运作中的一种应用形态，满足城市物流系统中各个环节、不同用户、不同层次的信息需求和业务需求，改进城市物流业务过程中组织间的协调机制，提高城市物流运作效率。其具体作用如下。

（1）增强城市物流智能化水平，提高城市物流运作效率。

基于大数据、云计算、物联网、RFID 和无线传感网等技术，以及智能优化算法和模型，城市智慧物流信息平台实现仓储管理的智慧化、城市配送管理的智慧化、城市物流过程的智能化控制、智能决策支持等功能，极大地增强了城市物流业务运作和管理的自动化和智能化水平，有效提高了城市物流的整体效率。

（2）优化城市物流业务协作，提高物流企业对市场的反应灵敏度。

城市物流流程中的业务环节很多，包括采购、仓储、包装、装卸搬运、配送、流通加工、销售、信息服务等。物流企业的业务流程相互交织和衔接，很复杂，且同时伴随着多种数据流，包括信息流、商流、资金流和物流等。城市智慧物流信息平台借助 RFID、无线传感网、GPS、GIS 等技术，在对城市物流进行实时跟踪、管理与控制的基础上，实现对城市物流业务全流程的无缝衔接和优化，提高物流企业对市场的反应灵敏度。

（3）协调城市物流运作，增强企业市场竞争能力。

城市智慧物流信息平台通过电子商务接口、电子政务接口、电子支付接口、EDI 接口等，实现与物流企业、供应企业、生产企业、零售企业等企业用户，以及海关、商检、税务等政府部门和银行、保险等服务机构的信息系统的对接，实现企业级协同工作与服务，促进城市物流相关企业与组织部门之间的业务协同，消除城市物流业务环节之间的衔接障碍，增强企业的市场竞争能力。

（4）整合城市物流信息资源，降低城市物流整体成本。

资源整合与共享是智慧物流信息平台达到整体效益最高的必要手段和途径。城市智慧物流信息平台通过对城市物流过程中的货物、运载工具、人员和外部环境的状态、位置、路线及相关附属信息的实时采集、处理、集成与共享，使得供应链上的企业都可以获得需求信息、库存状况、配送状况、生产计划、销售计划、市场预测及配送计划等信息，有效地减小了牛鞭效应，降低了城市物流整体成本。

9.2　城市智慧物流信息平台的类型、结构组成、功能与运营模式

城市智慧物流信息平台的建设，首先需要确定平台的类型、结构、功能、运营模式等整体性问题。本节介绍城市智慧物流信息平台的主要类型，分析平台的结构组成、主要功能和运营模式。

9.2.1　城市智慧物流信息平台的主要类型

城市智慧物流信息平台可以划分为产品服务型、物流一体化型、交易信息服务型、园区节点型、联盟型等五类。

1. 产品服务型平台

产品服务型平台依托信息化产品服务，将生产企业、商贸企业、电商企业、零售企业、物流企业、司机、骑手、客户等联系起来，生产企业、商贸企业通过平台呼叫中心快速寻找车源，平台车联网系统将需求信息传输给最合适的物流企业和司机，实现车货对接；或者商贸企业、电商企业通过平台寻找快递配送服务，平台将需求信息传输给最合适的快递人员，实现快速配送；或者零售企业通过平台快速寻找骑手，平台最优匹配订单和骑手，实现即时配送。平台通过货运物流或快递服务产品，为物流需求和供给双方提供专业化的信息服务和管理服务，提升企业的运作效率和用户体验、降低物流成本。平台集合了大量生产企业、商贸企业、电商企业或零售企业作为货源方，另一端则整合了大量运力或配送资源。平台提供

在线支付、网上投保、在途订单跟踪、可视化监控等综合服务。代表性平台有美团外卖（waimai.meituan.com）、京东物流（www.jdl.com）、顺丰速运（www.sf-express.com）、易流云（loginpro.e6yun.com）等。

美团外卖是美团旗下的网上订餐平台，以 O2O 模式为基础，致力于“互联网+外卖”模式，通过为商家和消费者搭建线上线下连接平台，促成信息流、资金流、物流及商流的流通。目前美团外卖全国合作商户超百万，业务已覆盖全国 2 800 个县区市，已成为国内领先的外卖巨头。

京东物流是京东集团旗下的物流平台，通过 211 限时达等时效产品和上门服务，重新定义了物流服务标准，客户体验持续领先行业。京东物流通过一套自研的全面智能物流系统，实现了服务自动化、运营数字化及决策智能化。

顺丰速运是国内的快递物流综合服务平台，已形成拥有“天网+地网+信息网”三网合一、可覆盖国内外的综合物流服务网络。顺丰速运为客户提供时效快递、经济快递、同城配送、仓储服务、国际快递等多种快递服务，以零担为核心的重货快运等快运服务，为生鲜、食品和医药领域的客户提供冷链运输服务，以及保价、代收货款等增值服务。

易流云是易流科技推出的软硬一体物流透明协同平台，立足物流透明 3.0 理论，运用互联网前沿技术对物流场景中的人、车、货、仓、厢实施透明管控。通过软硬一体化的管理方式，帮助企业连接物流全要素，协同业务上下游，透明管车和管货，不仅实现对物流运输的全程把控，同时实现订单物流全程透明管理。

2. 物流一体化型平台

物流一体化型平台以电商平台和物流平台为依托，把物流的运营、场景、设施和互联网技术深度融合，通过为电商企业、物流企业、仓储企业、第三方物流服务商、供应链服务商等各类企业提供服务，最终整合离散的社会化物流资源，为消费者和商家提供普惠优质的一站式服务。代表性平台有阿里物流（56.1688.com）、菜鸟（www.cainiao.com）等。

阿里物流由阿里巴巴投资运营，主要业务包括线路查询、物流企业查询、运费查询、网点查询和物流跟踪等。阿里物流是电商平台+物流平台的雏形，两个平台实现对接。未来发展是商品交易和物流交易实现合二为一，商品购买和物流服务实现一笔付费、一站式运达。

菜鸟由阿里巴巴联合三通一达等企业共同组建，致力于打造一个数据驱动、开放、协同、共享的社会化物流平台，借助自建、共建、合作、改造等多种模式，形成一套开放的社会化仓储设施网络；同时打造智能物流骨干网，对生产流通的数据进行整合运作，实现信息的高速流转，而生产资料、货物则尽量减少流动，以提升效率。

3. 交易信息服务型平台

交易信息服务型平台以 20 世纪 90 年代末出现的货运配载信息中心为雏形，将原先通过电话、寻呼机、传真等方式传递交易信息的服务，放在了互联网上面。平台的投资运营方一般为网络信息企业，采用会员制管理。会员多为中介机构和货代，以及货源方（货主）和车源方（司机、物流企业）。平台不承担信息的有效性，撮合交易但不保证交易的成功，平台只是信息发布的场所，对于信息所造成的后果平台也不承担任何责任，车货双方线下进行谈判、交易。代表性平台有锦程物流网（www.jctrans.com）、物流汇（www.56hui.com）、好多车（www.hdc56.com）等。

锦程物流网成立于2003年，为货代贸易提供营销揽货、线上交易、支付结算、合作风险保障、线上保险等综合服务。平台会员覆盖全球200个国家和地区，每月平均访客30万以上，月均活跃企业用户量达3万家，在线支付结算量累计突破百亿美元。平台以物流交易为核心，构建产业互联网生态，致力于成为集数字化、生态化、全球化于一体的科技型物流交易及服务平台。

物流汇是一个基于物联网的中小型物流企业公共服务与管理平台，由上海新跃物流企业管理有限公司运营。物流汇为物流企业提供物流管理解决方案、物流企业电调系统、呼叫中心和客户服务系统、车辆定位系统、综合营销方案和货物即时保险等服务。

好多车是一个致力提升公路运输产业链整体运行效率的互联网平台，基于移动互联网技术提升物流运输行业的车货匹配效率，让司机找货更容易，减少等待时间，让物流企业用车更便捷、可靠且价格更合理。平台为物流企业及货运司机提供车货匹配、信用管理、金融等服务。

4. 园区节点型平台

园区节点型平台依托物流园区、货运场站建立物流信息平台，服务于入驻园区站场内的专线业户和司机。平台投资方一般为物流园区管理企业，由园区管理企业或专门成立的运营公司负责运营。入驻园区的专线业户、司机为平台会员，通过园区一卡通记录会员在园区内的活动并传送到平台中。平台为会员提供车货信息、停车信息、专线信息、招标信息、信用信息等，一些园区平台还为会员提供专属定制信息。平台保证信息的真实有效性，会员在园区内的成交信息将被记录，根据车货双方评价作为其信用记录。代表性平台有林安物流网（www.0256.cn）、传化物流公路港（www.etransfar.com）等。

林安物流网是一个基于林安物流园的物流综合信息交易平台，由广东林安物流集团创办，通过建设线下的物流信息交易市场和线上信息化交易平台，实现“线上+线下”的有机结合。平台为制造商、批发商、物流企业、个体司机等物流供应链的企业和个人提供物流信息发布、查询、交易、手机定位与查询、GPS导航与监控、物流政策与咨询、供应链管理、金融、保险、财务结算等服务。

传化物流公路港是传化物流在全国首创的公路港物流服务平台，线下构建以实体公路港为核心的公路港实体网络，线上打造以易配货、易货嘀、运宝网为核心的互联网物流平台，通过线下与线上融合联动的运营方式，为货主企业、物流企业及个体货运司机等公路物流主体提供综合性物流及配套服务。

5. 联盟型平台

联盟型平台依托信息平台“天网”和枢纽节点“地网”，统一品牌、统一管理、统一标准，采用加盟制吸纳社会专线和运力资源，开展网络化运输和配送。平台投资运营方为平台核心企业，通过提供统一的智能信息系统和结算体系，让运输服务在线上实现全程可视化，使得平台成员之间协同完成的服务结算更便捷。平台提供统一的运输产品服务，为社会提供标准化的、一站式的运输服务。代表性平台有卡行天下（www.iz56.net）、天地汇（www.56pingtai.net）等。

卡行天下是一个物流集约化服务平台，通过标准化、产品化、信息化实现公路运输的集约化整合，为物流需求者打造高性价比的零担物流网络，为客户提供省钱、省事、省心、有保障、价格透明的货运、仓储等物流服务。

天地汇是一个公共承运网络平台，以互联网和技术手段赋能公路物流行业，聚焦公路货运整车及大票零担市场，整合零散货源及运力，联合上游物流企业会员和下游司机会员，组织其按照规定的服务规范和标准，为制造业和商贸流通业的货主提供天地优卡（数字网络货运）、天地快车（快车货运外包）、天地卡航（高级干线网络运输）、天地大票（零担拼货产品）、数智生态赋能等服务。

9.2.2 城市智慧物流信息平台的结构组成

城市智慧物流信息平台的结构组成要满足政府管理部门、职能部门、物流企业、生产企业、商贸企业、电商企业、零售企业等不同层次参与者的信息需求和功能需求，应通过对城市物流公共数据的自动化采集、人工智能处理和信息交换，为相关参与企业完成各类业务和决策功能提供支撑，为相关政府部门的信息沟通和行业监管通提供信息枢纽功能，为政府部门的宏观规划与决策提供支持。因此，城市智慧物流信息平台的结构组成应包括电商/智能政务平台、综合信息服务平台、物流交易支持平台、货物跟踪追溯平台、数据交换平台、IoT平台、智能决策支持平台、行业应用托管服务平台等，如图 9－1 所示。

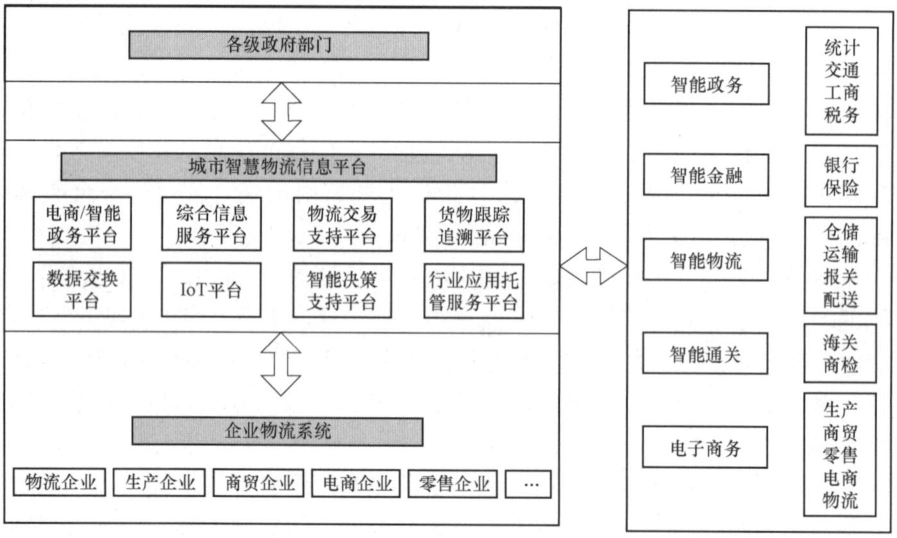

图 9－1 城市智慧物流信息平台的结构组成

1. 电商/智能政务平台

电商平台是建立在互联网上进行商务活动的虚拟网络空间和保障商务顺利运营的平台，是协调、整合信息流、物质流、资金流进行有序、关联、高效流动的重要场所。相关企业、商家可充分利用电商平台提供的网络基础设施、支付平台、安全平台、管理平台等共享资源有效地、低成本地开展自己的商业活动。

智能政务平台是一个高质量、高效率、智能化的办公系统，将政务服务与互联网、大数据、云计算、人工智能等技术深度融合，建设网上办事大厅，实现线上线下融合办事、统一办事、高效办事。例如，基于语音、理解与交互技术（understanding and interaction technology，UNIT）等实现智能问答/咨询功能，方便用户通过语音、文字方式咨询问题，快速获得相关解答；通过语音、文字识别、人脸识别等技术，进行资料采集、身份认证等操作，提高政务办事效率和便民性；依托城市智慧物流信息平台，汇聚城市物流、交通、工商、税务、公安、环保等政务领域的自有数据及互联网公开数据，提供一站式大数据解决方案，发挥政务大数据力量。

2. 综合信息服务平台

城市智慧物流信息平台连接了各级政府管理部门和职能部门、物流企业、生产企业、商贸企业、电商企业、零售企业、物流运作设施，是城市物流信息资源的汇集中心，也是了解城市物流资源的重要窗口。平台应具有信息自动化采集、发布、查询、推送等功能，满足不同政府部门和企业的信息需求和功能需求。例如，对于物流企业、生产企业、商贸企业、电商企业和零售企业，要发布、查询和订阅推送物流供求、物流跟踪、物流运作成本、物流服务质量、物流政策等实时信息；对于政府部门，要发布政策法规等行业信息，实时监管和预警城市物流运输、仓储、配送及各类商品供给和需求等各方面的运作情况，查询一定时期、一定区域范围，甚至是一定物流功能范围内的反映城市物流活动的历史数据，分析挖掘其发展趋势，以辅助政府部门进行决策。

3. 物流交易支持平台

电子物流交易应对交易双方进行身份确认和资质审核，确保交易者信息的唯一性和不可抵赖性，以保护交易各方的利益，实现安全交易。例如，基于人脸识别、视网膜识别、活体检测等技术，实现远程身份真实性验证，以及依托城市智慧物流信息平台的大数据，实时审核企业资质。另外，制约电子物流交易发展的另一个主要问题是网上支付的安全性。依托城市智慧物流信息平台与银行、保险等金融机构的实时对接，可以极大地提升网上支付的速度和安全性。因此，物流交易支持平台的主要功能应包括物流综合信用认证、安全认证、网上采购招标、电子订舱、电子支付与结算、网上保险、智能报关、智能办税、智能检验检疫等。

4. 货物跟踪追溯平台

货物跟踪追溯平台基于电子码追溯、区块链、大数据与人工智能等技术，依托一企一档和一码到底的管理方案，落实多主体、多方参与的货物安全责任，通过一网、一链、一平台、一手机应用的支撑体系实现政企合作、消费者参与的数据开放和良性互动监管模式，借助货物进销存大数据量化分析、关联风险预警、违法线索智能推荐等智能算法支持日常经营监管评估、突发事件应急管理、点穴式移动执法与闭环管理等业务。政府部门通过对企业主体信息核验、企业重点行为监测、货物流通检测等功能，对企业“本体、需求、供给、关系”进行实时监测，实现企业主体监督检查、货物安全管理、严重违法失信企业管理、企业联合惩戒等监管职能。企业通过平台记录商品或服务的采购、仓储及流通等信息，降低索证索票负担。消费者通过扫描二维码获取货物的物流处理进度、预计送达时间、上游来源、生产日期等信息，也可通过平台对问题产品进行投诉举报。

5. 数据交换平台

由于接入到城市智慧物流信息平台的信息系统往往是由各主管部门或企业单位在不同时期各自承建的，很难要求这些系统的软硬件在结构上完全一致。数据交换平台通过对城市物流公共信息的标准化和规范化定义，提供数据交换的标准化接口和交换引擎，完成异构系统间数据的采集、传输、组织、存储和处理，解决异构系统和异构数据格式之间的数据交换和格式转换问题，实现城市物流不同管理部门及企业之间的跨平台连接和交互，提供“一站式”接入服务。数据交换平台由一系列中间件、服务、Web Service 接口及中心数据库组成，其核心组件包括数据交换引擎、安全管理、系统管理、Web 服务管理及 Web Service 接口等。

6. IoT 平台

IoT 平台以智能电动车/汽车、AGV、可穿戴设备、无线传感器等智能装备为载体，进行城市物流信息的实时自动化采集，通过多样化网络连接手段，将状态信息和互联网联通起来，形成人与物、物与物相联，快速实现对货物、资产、库存、运载工具、物流过程和基础设施等的智能化感知、自动识别和远程管理，并通过大数据挖掘、机器学习、自然语言处理等技术，具备复杂场景精准识别、服务智能推送、智能引导、语音操作等能力。

7. 智能决策支持平台

智能决策支持平台充分利用城市智慧物流信息平台上的海量数据优势，通过大数据、人工智能算法、云计算、物联网等技术的深度融合，在符号计算和神经计算相结合的基础上，提供多种智能化的分析、预测和决策方法，支持定性与定量分析相结合的决策过程。例如，销售预测，利用用户消费特征、商家历史销售等海量数据，通过大数据预测分析算法，对大订单、促销、清仓等多种场景下的销量进行精准预测，为仓库商品备货及运营策略制定提供依据；网络规划，利用历史大数据和销量预测，通过成本、时效、覆盖范围等多维度的优化分析算法，对仓储、运输、配送网络进行优化布局；库存部署，在多级物流网络中科学部署库存，智能预测补货，实现库存协同，加快库存周转，提高现货率，提升整个供应链的效率；行业洞察，利用大数据技术，挖掘分析不同行业及仓配、快递、城配、即时配等的物流运作特点及规律，为企业提供完整的决策方案。

8. 行业应用托管服务平台

虽然企业的信息化水平不断提高，但仍有部分中小企业由于缺乏资金、人才等无法自建和维护企业内部的信息系统。其次，一些快速增长的非互联网公司也不希望为公司的运作设立专门的 IT 部门。因此，城市智慧物流信息平台不仅要为政府部门和大中型企业提供一体化沟通和协作的桥梁，还应承担为中小企业提供信息化服务的职责。行业应用托管服务平台通过对接应用服务提供商（ASP），为中小企业提供一站式的应用托管服务，快速将应用系统发布上线，并提供云原生架构的优化服务方案。中小企业在无须管理底层基础设施的情况下，即可简单、高效、安全而又灵活地对应用进行部署、伸缩、调整和监控，并通过智能化的方式来解放生产力。

9.2.3 城市智慧物流信息平台的主要功能

随着城市物流业务的发展，如何方便快捷地满足客户的需求，是每个物流企业首要解决的问题，那些只是发布基本物流信息的信息平台已经不能满足物流企业及相关企业的需求。城市智慧物流信息平台的构建必须通过精心设计信息采集、信息处理、信息发布、业务决策等方案，为企业提供详细、实时、高效的信息服务，为企业物流服务智能化提供强有力的支持，达到提高核心竞争力的目的。城市智慧物流信息平台的核心功能主要包括数据交换、在线交易、智能仓储、智能配送、货物追踪、信息服务、资源整合、智能决策、会员服务、金融服务等功能。

1. 数据交换功能

城市智慧物流信息平台提供与第三方进行电子数据交换的途径，可灵活配置数据导入导出方式，支持 TXT、XML、EXCEL 等多种文件格式。数据交换功能通过电子单证的翻译、转换、通信和存储，完成网上报关、报检、许可证申请、结算、缴（退）税、客户与商家的业务往来等与信息平台连接的用户间的信息交换。图 9-2 为数据交换主体联系示意图。

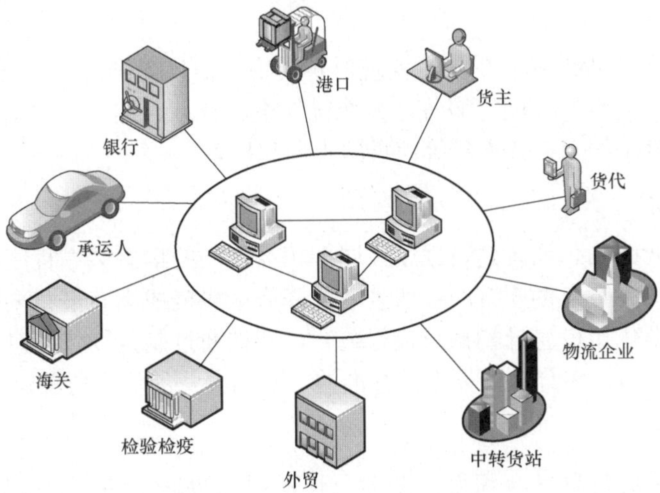

图 9-2 数据交换主体联系示意图

2. 在线交易功能

在线交易功能为供需双方提供一个虚拟的交易平台，双方可发布和查询供需信息，对感兴趣的信息可与发布者进一步洽谈。交易平台还可以通过大数据分析功能，为用户推荐或匹配最合适的供方或需方，进行交易撮合，并提供物流、结算、保险等一站式服务。在线交易功能有利于规范城市物流市场运作，整合物流资源，为 B2B 和 B2C 在 Web 上的安全协作提供保障。在线交易的主要功能有网上报价、网上下单、网上交易、网上配载、信息外包、项目招标、网上结算、智能推荐等，实现线上购物/采购与城市配送/运输的有机结合。

3. 智能仓储功能

通过城市智慧物流信息平台对整个供应链业务和信息的整合，使企业库存量能在满足实际需求的条件下达到最低库存。最低库存量的获得需要大量历史交易数据和市场数据的积累和分析，要综合考虑客户服务水平、库存成本、配送运输成本、市场需求、采购能力、季节性等诸多因素，最终使总成本尽量降低。同时，通过智能分仓、智能货位布局、仓库动态分区、作业资源匹配与路径规划等手段，为平台用户提供智能仓储管理服务。

4. 智能配送功能

智能配送功能通过感知识别、网络通信、自动运行、统计与智能数据分析等手段，为平台用户提供配货、提货、送货、退货、车辆调度、路线规划、跟踪监控等智能化配送服务。智能配送功能涉及车货匹配、车辆配载、路线优化、配送协同、配送流程优化等决策优化问题，需要大数据、云计算等现代信息技术的支持。

5. 货物追踪功能

货物追踪功能通过条码、RFID、无线传感器、GPS/GIS、智能车载终端、手机智能终端、AGV 等手段，实时监控货物、运载工具和驾驶人员的状态和位置。状态和位置数据存放在数据库服务器中，平台用户可通过智能终端、呼叫中心或 Web 站点追踪货物的物流处理进度、预计送达时间、上游来源等信息，便于后续工作的安排。

6. 信息服务功能

信息服务功能是以 Web 站点的形式实现对各类物流信息提供自动化采集、录入、组织、维护、发布、查询、交流、订阅等服务，如配送价格、货源、运力、空车配载、企业交易、货物跟踪、车辆调度及综合公共信息等信息的查询和检索。

7. 资源整合功能

供应链节点企业的信息系统建设程度不同，相互之间的信息共享程度也不同，而企业之间的信息交互对于提高整个供应链的运作效率、降低供应链成本有着重要的作用。资源整合功能通过平台的标准化接口将异构系统进行整合，例如通过制定物流信息标准，提供开放式的物流应用系统或接口，将分散的、不同标准的、不同企业的信息资源进行整合。

8. 智能决策功能

基于城市智慧物流信息平台积累的全面、长期的大数据，通过建立物流业务的优化模型，采用智能分析算法，对历史数据进行分析和挖掘，为用户在预测、规划、调度、方案评估等方面提供决策支持，帮助管理人员鉴别、评估和比较物流战略和策略上的可选方案。智能决策功能包括全局或局部物流优化、各级客户地理分析、配送运输能力分析、交通物流资源优化、配送中心能力分析、配送网络方案分析、门到门服务分析优化、联运优化方案分析、代理网点设置优化、仓储能力分析、仓库选址优化分析、中转仓库方案优化分析等。

9. 会员服务功能

会员服务功能指城市智慧物流信息平台为注册会员提供的个性化服务，主要包括会员单证管理、货物状态与位置跟踪、交易跟踪、交易统计、会员资信评估等。

10. 金融服务功能

城市智慧物流信息平台通过对接保险、银行、税务、外汇等金融机构，为用户提供安全的金融服务。在此类业务中，平台起到信息传递的中介作用，具体业务在相关金融机构内部完成，处理结果通过信息平台返回客户。

9.2.4 城市智慧物流信息平台的运营模式

城市智慧物流信息平台作为公共服务平台，根据投资主体、运营机制和运作方式的不同，其运营可以分成 3 种模式：政府主导模式、企业主导模式、委托第三方模式。

1. 政府主导模式

政府主导模式是城市智慧物流信息平台的规划、建设和运营维护均由政府相关部门直接负责，政府在整个平台中起主导作用，例如由交通运输部和浙江省人民政府牵头建设的国家交通运输物流公共信息平台（LOGINK 平台）。在政府主导模式中，政府的力量很强，具有易于获取政府资源、易于与政府部门之间实现协作等优势。但也存在很多弊端，如容易造成与市场结合的紧密度不够、需要政府长期投入等，最突出的问题是不利于平台的市场化运作。政府主导模式的主要特点如下。

（1）易获取政府资源。城市智慧物流信息平台建设及运营的前期需要大量的资金，政府主导模式可为平台的建设和运营提供稳定的保障。相比于企业，政府更易于融资，获得国家或地区的专项资金和政策性援助等。

（2）易于与政府部门之间实现协作。城市智慧物流信息平台服务的对象是城市物流行业，涉及政府行政管理的多个领域，因而平台的有效运营也需要相关行政部门的参与。政府直接对平台运营管理为与相关部门的协作提供了天然的便利。

（3）不利于平台的市场化运作。在政府对平台的运营管理下，在服务上易缺乏为客户提供多元化服务的意识，在价格制定上易缺乏以市场需求为引导的联动机制，在组织机构上容易产生层级冗余、不够扁平化等现象，在战略决策上受政府干预影响较大，不利于施行现代化的企业管理。从长远来看，随着竞争者的加入，不利于与企业主导模式的平台进行市场化竞争。

2. 企业主导模式

企业主导模式是城市智慧物流信息平台的投资建设及运营完全由企业负责，企业可以成立下属部门或独立法人对物流信息平台自主运营、自负盈亏。例如，由阿里巴巴等牵头建设的菜鸟物流网络平台，着力打造物流数据形成的“天网”和各物流公司现有配送网络的“地网”。

企业主导模式的优势在于企业自主运营，实现市场化运作，便于建立现代企业制度，而且平台在运营管理方面比较灵活，可以依据市场需求及时调整和改善平台的服务水平。但企业行为有一定的局限性，运营初期企业压力较大，整体规划性不强，实现预期规模难度较大。企业主导模式的主要特点如下。

（1）市场化运作，便于建立现代企业制度。作为市场主体的城市智慧物流信息平台，产权关系明确，按照市场规则进行运营；依据现代企业建设理论并结合自身的实际情况，设置完整有序的组织机构、先进的管理规章制度，可很好地适应市场需要，满足业务发展需求，从而建立起完善的现代企业制度，提高企业竞争能力。

（2）运营管理较为灵活。企业主导的运营模式由于既没有政府主导模式下保守的管理体制，也没有委托第三方运营模式下运营者与所有者之间复杂的对立统一关系，因而其运营管理限制性因素不多，根据实际情况调整起来也较为灵活，加上现代企业制度的保障，有利于通过灵活变化追求企业整体利益最大化。

（3）运营初期压力较大。从相关物流信息服务平台的建设运营经验来看，初期投入将远大于产出，这将给运营主体带来巨大的财务压力。只有投资单位具有充足的资金流，并具备特殊的行业背景、强大的影响力和广阔的辐射面，做好市场营销且能为平台提供足够的初始业务量，才能保证平台运营的可持续发展。

3. 委托第三方模式

委托第三方模式是由政府或企业出资，自行建设并将运营管理全部或部分外包给能提供优质运营服务的第三方企业。委托第三方运营的模式可以减少投资方运营初期的投资，资金压力较小，但存在业务组织体系复杂、利益关系对立统一等问题。委托第三方模式的主要特点如下。

（1）减少投资方初期运营投资。委托第三方模式将有效减少投资方在运营初期的成本费用。因为在运营过程中，业务外包使得被委托方承担了委托业务的运营费用，包括人力成本、日常杂项开支、维养费用、市场推广费用、研发与扩张费用等，因而极大地缓解了投资方的资金压力。

（2）业务组织体系复杂。委托第三方模式的业务开展涉及平台投资方、第三方运营企业和服务客户等。平台投资方与第三方运营企业间的利益关系既对立又统一，需要明确各方的权责利，商定核算内容、清算办法等问题。

（3）利益关系对立统一。对投资方来讲，如不进行运营外包，需要自行组织运营团队建设、积累运营经验、建立客户关系，而这需要花费一定的时间和财力。而把平台运营服务委托给有一定实力的第三方企业，可利用第三方企业已建立好的完善的运营机制，使平台快速步入良好的运作轨道。第三方企业也可通过与投资方的合作，发挥自身的经验优势，拓宽自身的服务领域。另外，投资方与第三方企业合作，实际上是与第三方企业分享了物流信息平台的利润，不利于长远利益的最大化。

综上所述，城市智慧物流信息平台的三种运营模式各有特点，适用范围也存在较大差别。运营模式的选择应根据政策环境、行业特点及市场需求来进行。

3 种运营模式的对比分析如表 9–3 所示。

表 9–3 3 种运营模式的对比分析

运营模式	优势	劣势	适用范围
政府主导模式	易于获取政府资源；易于与政府部门协作	不利于平台的市场化运作	具备良好政策环境的地区
企业主导模式	市场化运作，便于建立现代企业制度；运营管理较为灵活	平台运营初期压力较大	资金、技术等资源具有明显优势的企业
委托第三方模式	有利于减少投资方运营初期的投资	业务组织体系复杂；利益关系对立统一	投资方资金、技术、客户资源受限的情况下

9.3 城市智慧物流信息平台的关键技术

城市智慧物流信息平台是一个大型的分布式应用系统，该平台安全需求高、数据流关系复杂，所以必须针对城市智慧物流的业务特点和技术特性进行架构建设。城市智慧物流信息平台的架构技术需要解决平台内大量异构系统间的高度集成问题，并实现异构硬件平台之间的互操作，以及业务的可伸缩性。本节结合城市智慧物流信息平台建设的功能需求，对物联网、无线传感网、大数据、云计算、人工智能、面向服务的体系结构（service-oriented architecture，SOA）、中间件等平台架构关键技术进行分析。

9.3.1 物联网技术

物联网是继计算机、互联网与移动通信网之后的信息产业新方向，其价值在于通过感知技术实现人与物、物与物之间的互联互通。从狭义的角度来看，只要是物品之间通过传感介质连接而成的网络，不论是否接入互联网，都属于物联网的范畴。而从广义的角度来看，物联网不仅仅局限于物与物之间的信息传递，还包括与现有信息网络的无缝融合，最终形成物与物的信息交互。

物联网技术是城市智慧物流发展的重要基础，城市智慧物流是基于物联网技术在城市物流中的应用而提出的。物联网技术架构一般分为感知层、网络层和应用层 3 个层次。感知层负责信息的采集和初步处理；网络层负责信息的可靠传输；应用层负责数据的统计分析与应用，如图 9－3 所示。

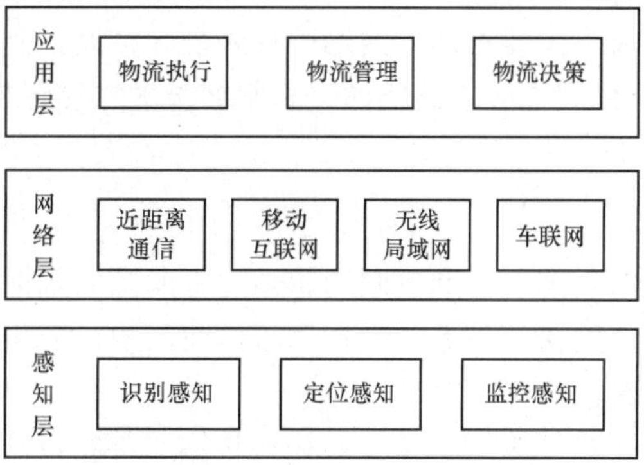

图 9－3 物联网技术架构示意图

1. 感知层

感知层是物联网实现对货物、运行环境、物流设施设备感知的基础，是城市智慧物流的起点，包括识别感知、定位感知、监控感知等功能。

识别感知主要解决城市物流信息的数字化管理问题。传统方式下多采用单据、凭证等为载体，以手工记录、电话沟通、人工计算、邮寄或传真等方法，对城市物流信息进行采集、记录、处理、传递和反馈，极易出现差错且信息滞后，使得物资在流动过程中的各个环节难以统筹协调，无法实现系统优化和实时控制，造成效率低下和人力、运力、资金、场地的大量浪费。在物联网环境下，借助条码、RFID、无线传感器等技术可以快速对货物进行识别感知。

定位感知主要解决城市货物运输和配送过程中的透明化问题。城市物流对货物和运载工具或骑手位置的感知需求越来越迫切，只有知道了货物和运载工具或骑手的确切位置才能进行更加有效的物流运输和配送调度。

定位感知技术根据定位需求和应用场景，有室外定位和室内定位两类。北斗、GPS 是室外定位技术的典型代表，已经在城市物流中得到广泛应用。卫星定位技术由于受建筑物对信号的干扰甚至阻断，无法对室内进行准确定位。因此，Wi-Fi（无线局域网技术）定位、UWB（超宽频无线通信技术）定位、RFID（射频识别技术）定位等室内定位技术已经成为弥补卫星定位技术功能缺陷的有效手段。

监控感知为城市智慧物流安全提供了有效的支撑手段，是城市物流监控的重要组成部分。通过实时获取城市物流过程中的视频、运营数据，与物流视频监控、报警设备有机结合，实时掌握城市物流环节的运行状况，分析物流过程状况，及时发现问题、解决问题，从而实现对城市物流过程的无缝监管。

2. 网络层

网络层是物联网的神经网络，连接着感知层和应用层，其主要功能是通过通信网络进行信息传输。通信层由各种私有网络、互联网、有线和无线通信网等组成，负责将感知层获取的信息安全可靠地传输到应用层，然后根据不同的应用需求进行信息处理。

网络层包含接入网和传输网，分别实现接入功能和传输功能。传输网由公网与专网组成，典型传输网络包括电信网（固网、移动通信网）、广电网、互联网、专用网（数字集群）。接入网包括光纤接入、无线接入、以太网接入、卫星接入等各类接入方式，实现底层的传感器网络、RFID 网络等网络的接入。随着城市智慧物流的发展，网络层承载着巨大的数据量，并且面临更高的服务质量要求，需要对现有网络进行融合和扩展，利用新技术以实现更加广泛和高效的互联功能。目前，使用比较广泛的通信和网络技术主要有 5G、车联网、Wi-Fi、蓝牙、ZigBee 等。

3. 应用层

应用层是物联网的应用系统，借助物联网感知技术，感知到前端的物流活动运作状态，在应用层执行物流操作或产生决策指令。根据物流作业层次，应用层可划分为物流执行、物流管理和物流决策 3 个层次。

物流执行层由物流执行系统组成，主要是通过传输层与物流感知设备进行数据接收和控制。通过数据集成功能接收来自物流管理层的调度控制指令，并及时反馈物流设备的指令执行情况和设备故障信息。在物流设备的支持下，通过控制总线连接各种物流设备控制器，提供与物流设备集成的基础界面。物流设备通过专有的或标准的设备总线与设备控制器进行连接。

物流管理层由物流管理系统组成，主要是针对具体的城市物流活动进行管理和控制，如仓储管理系统、分拣管理系统、运输管理系统等，具有承上启下的作用。应用层通过应用流程集成功能与上层决策系统进行集成，通过数据集成功能与各种物流设备控制器进行数据交换，实现对具体物流活动的管理和控制。

物流决策层面向物流高层决策人员，主要是以物流系统为应用背景，对物流系统进行智能化整合，为物流决策提供有力支持。

应用层常用的智能技术有智能分析与控制技术、云计算技术、移动计算技术和数据挖掘技术等。

9.3.2 无线传感网技术

在城市智慧物流信息平台的部署中，需要感知节点及时、准确地获取城市物流活动的各种数据，如电、热、力、光、声音、位移等，因此必须合理地选择传感器，以期获得对应的感知数据。无线传感网是目前世界上普遍重视并大力发展的新技术，也是城市智慧物流信息平台建设中必不可少的关键技术之一。

1. 传感器技术

传感器是指那些对被测对象的某一确定的信息具有感受和检出功能，并按照一定规律转换成与之对应的有用信号的元件或装置。现在使用的传感器一般是无线传感器，包括敏感元件和转换元件两大部分，以及转换电路及辅助电路等辅助部分，还集成微处理器和无线通信芯片等，能够对感知的信息进行分析处理和无线传输。

传感器种类繁多，原理也各式各样。

按工作原理分类，传感器可以分为物理型传感器、化学型传感器和生物型传感器。物理型传感器利用敏感元件的物理性质或某些功能材料的特殊物理性质制成；化学型传感器利用电化学反应原理，把无机或有机化学的物质成分、浓度等转换为电信号；生物型传感器利用生物活性物质选择性来识别和测定生物化学物质。

按被测量（输入信号）分类，传感器可以分为温度、压力、流量、加速度、速度、位移、转速、力矩、湿度、黏度、浓度等传感器。

按能量关系分类，传感器可以分为能量转换型传感器和能量控制型传感器。能量转换型传感器直接由被测对象输入能量使其工作，如热电偶、光电池等。能量控制型传感器从外部获得能量使其工作，由被测量的变化控制外部供给能量的变化，如电阻式传感器、电感式传感器等。

按作用形式分类，传感器可以分为主动型传感器和被动型传感器。主动型传感器能对被测对象提供一定的探测信号，能检测探测信号在被测对象中所产生的变化，或者由探测信号在被测对象中产生某种效应而形成信号。被动型传感器只是接受被测对象本身产生的信号，如红外辐射温度计、红外摄像装置等。

按输出信号形式分类，传感器可以分为模拟传感器和数字传感器。模拟传感器是输出为连续模拟信号的传感器。数字传感器是输出为数字信号的传感器，例如双金属温度开关等。

传感器技术是城市智慧物流发展的基础技术之一，是实现智能化管理的关键。传感器技术已经在城市物流的各个环节广泛应用，例如：无人仓系统应用正不断增加，其依靠的核心技术之一便是传感器技术；在输送分拣环节，采用光电传感技术或光幕传感技术对输送线上的货物进行信息读取、检测与复核已得到广泛应用。

2. 无线传感网

无线传感网基于无线通信、数字电子学、微机电系统等技术，集信息感知（sensing）、信息处理（processing）、信息传送（transmitting）和信息提供（provisioning）等功能于一体，通常包括一个或多个汇聚节点（sink）、网关及大量微型化传感节点，彼此间互相协作，其位置不必预先确定，协议和算法支持自组织。无线传感网的典型结构如图 9–4 所示。

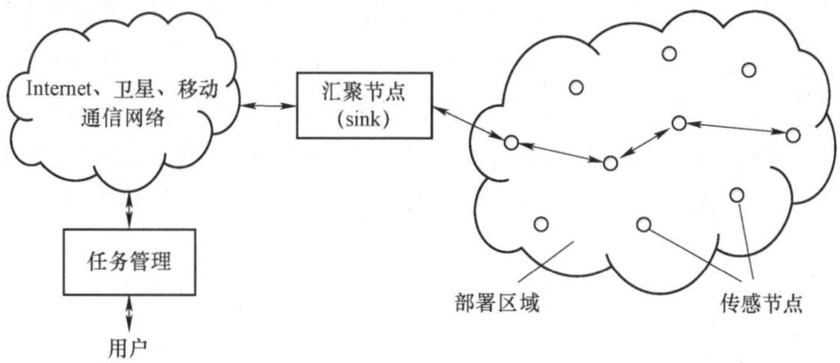

图 9–4 无线传感网的典型结构

（1）传感节点是具有一定感知、计算与无线通信能力，并具有独立电池模块的嵌入式设备。

（2）传感节点通过自组织的方式形成多跳无线网络系统，通过协作的方式收集数据，通过数据处理获得低冗余信息，经过多跳的方式传送给汇聚节点。

（3）汇聚节点承担网关功能，网关通过多种方式（如以太网、Wi-Fi、移动公网等）与外界进行数据交互，负责连接无线传感网与其他外部网络（如 Internet、卫星、3G/4G/5G 通信网络等），并最终为用户提供服务。

无线传感网的通信系统按照功能可划分为 3 个层面：能量管理、移动管理、任务管理。能量管理主要管理节点如何利用能量，如节点收到消息后可断开接收器；当节点能量较低时，节点对邻点广播，报告不能路由信息；剩余能量保留做传感用。移动管理主要监测和注册节点的移动，维持到用户的路由，节点可跟踪它的邻节点。任务管理主要平衡和调度在给定区域的传感任务，根据能量水平决定哪些节点执行传感任务。

物流领域是无线传感网技术发展最快的应用领域。在城市智慧物流系统中，无线传感网技术已经在仓储管理、仓库安防、库存管理、配送调度和运输监控等领域得到广泛应用，例如即时配送管理、大粒度商品物流管理、集装箱和集卡车的智能化管理、封闭仓库中的货物定位等。

9.3.3 大数据技术

大数据是由数量巨大、结构复杂、类型众多的数据构成的数据集合，是基于云计算的数据处理与应用模式，通过数据的整合共享、交叉复用形成的智力资源和知识服务能力。大数据的核心思想是数据样本到全数据的扩展及数据因果关系到相关关系的转变。大数据同传统数据有显著区别，其基本特征可以用 5V 来总结，即体量巨大（volume）、类型繁多（variety）、价值密度低（value）、处理速度快（velocity）及真实性（veracity）。

大数据技术是从多种类型数据构成的大数据集合中快速“加工”出有价值信息的技术。大数据技术的战略意义不在于掌握庞大的数据，而在于对这些数据进行专业化处理。如果把大数据比作一种产业，那么这种产业实现盈利的关键，在于提高对数据的加工能力，通过加工实现数据的增值。大数据领域已经涌现出了大量新的技术，它们成为大数据采集、存储、处理和展现的有力武器。大数据技术一般包括大数据采集技术、大数据预处理技术、大数据存储与管理技术、大数据分析与挖掘技术、大数据展现与应用技术等。

大数据在城市物流中的应用贯穿了物流系统的各个环节，如物流决策、物流管理、客户管理及智能预警等。

在物流决策中，大数据技术应用涉及竞争环境的分析与决策、物流供给与需求匹配、物流资源优化与配置等。在竞争环境分析与决策方面，为了达到利益的最大化，需要与适合的物流或电商等企业合作，对竞争对手进行全面分析，预测其行为和动向，在某个区域或在某个时期，选择应该合作还是竞争。在物流供给与需求匹配方面，需要分析特定时期、特定区域的物流供给与需求情况，从而进行合理的配送/运输管理。在物流资源配置与优化方面，主要涉及配送资源、运输资源、存储资源等。城市物流市场有很强的动态性和随机性，需要实时分析市场变化，从海量数据中提取有用的信息，同时对已配置和将要配置的资源进行优化，实现对物流资源的合理利用。

在物流管理中也同样需要应用大数据技术。例如，在人力资源方面，在招聘人才时，通过大数据技术，对人才进行个性分析、行为分析、岗位匹配度分析，从而选择合适的人才；对在职人员同样也可通过大数据技术进行忠诚度、工作满意度等方面的分析。

在客户管理中，大数据技术的应用主要表现在客户对物流服务的满意度分析、老客户的忠诚度分析、客户的需求分析、潜在客户分析、客户的评价与反馈分析等方面。

在智能预警方面，城市物流业务具有突发性、随机性、不均衡性等特点，通过大数据技术，可以有效了解消费者偏好，预判消费者的消费可能，提前做好货品调配，合理规划物流路线方案，提高物流高峰期间的运送效率。

9.3.4 云计算技术

云计算（cloud computing）的概念由 Google 首席执行官埃里克 • 施密特（Eric Schmidt）在 2006 年的搜索引擎大会上首次提出，随后微软、亚马逊、IBM、思科、惠普、甲骨文、EMC 等众多巨头企业跟进，把它看作是未来的“决战之地”。云计算的定义有多种说法，至少可以找到 100 多种解释。目前广为接受的是美国国家标准与技术研究院（NIST）的定义：云计算是一种按使用量付费的模式，提供可用、便捷、按需的网络访问和可配置的计算资源共享池，资源包括网络、服务器、存储、应用软件、服务等，这些资源能够被快速提供，且只需投入很少的管理工作，或与服务供应商进行很少的交互。通俗地讲，云计算就是一种基于互联网的超级计算模式，在远程的数据中心里，成千上万台计算机和服务器连接成一片计算机云，用户可以通过台式计算机、笔记本、手机等方式接入数据中心，体验每秒超过 10 万亿次以上的运算能力。

云计算技术将计算分布在大量的分布式计算机上，而非本地计算机或远程服务器中，这使得云计算能够将资源切换到最需要的应用上。云计算数据中心的运行与互联网相似，根据需求访问计算机和存储系统等资源，这好比是从古老的单台发电机模式转向电厂集中供电模式。这意味着计算能力也可以作为一种商品进行流通，就像煤气、水电一样，取用方便，费用低廉，不同之处在于它是通过互联网进行传输的。因此，云计算技术具有服务资源池化、资源利用最大化、高可靠性、按需付费、服务便捷、自由配置等特征。

云计算作为一种新型的超级计算方式，以数据为中心，是一种数据密集型的超级计算。其关键技术主要包括虚拟化技术、分布式海量数据存储技术、海量数据管理技术、分布式并行编程技术、云计算平台管理技术等。

云计算是城市智慧物流应用发展的基石之一。首先，云计算具有超强的数据处理、数据存储和并行计算等能力；其次，城市智慧物流系统中无处不在的数据采集和智能决策，需要大规模实时计算的支撑平台，以满足其需求。

基于云计算技术，城市智慧物流信息平台可以满足政府部门、生产企业、商贸企业、电商企业、零售企业、物流企业和普通用户对物流信息的个性化需求。围绕从生产要素到消费者之间时间和空间上的需求，能够实时处理采购、制造、运输、销售、装卸、包装、仓储、加工、拆并、配送等各个环节中产生的海量数据，成为政府部门和企业所依赖的智慧化工作平台。同时，云计算技术的应用，也大大加快了中小型企业的信息化效率，吸引企业及其合作伙伴将其应用系统建立在云计算平台之上，将其日常数据存储在云存储中心。例如，菜鸟物流云是一个云平台，其底层借助阿里云稳定和强大的部署，向物流合作伙伴和物流生态提供一个非常稳定和强大的公有云；中间层提供电子面单、地址和数据池等服务；应用层提供仓储物流、快递行业等一系列的行业解决方案。

9.3.5 人工智能技术

人工智能是研究、开发用于模拟、延伸和扩展人的智能的理论、方法、技术及应用系统的一门新的科学技术。人工智能技术的发展将彻底改变人类的生产和生活，重复性的、简单的工作（如数据整理、校对、录入、自动驾驶、无人控制等），将会很快被人工智能技术替代，这将对各个行业带来巨大的变革。2016 年人工智能在围棋项目中战胜人类顶尖高手，标志着人工智能技术的初步成熟，也迎来了人工智能技术的快速发展。人工智能被认为是未来的技术，可以解决机器人、物流、制造、互联网、金融、医学等众多领域的众多问题，并提供更多的工业公用服务。

人工智能技术是一个庞大的研究领域，由多个子领域组成，最基本的应用可分为两大部分：感知能力和认知能力。

在感知能力方面，人工智能技术帮助智能体学习获得与人类相似的感知能力，并最终完成相关的工作，例如机器视觉，图像识别，人脸识别，视网膜识别，语音识别，文字识别，自然语言处理、理解与交互，自然语言生成，语音生成，数字嗅觉，数字味觉等。

在认知能力方面，人工智能技术通过模仿与学习人类认知来了解消息、获取知识，例如数据挖掘、机器学习、深度学习、自动驾驶、智能搜索、智能控制、产品推荐、信用风险分析、消费行为分析等。

人工智能技术的应用，给城市物流带来了革命性的改变。以智能机器人、智能拣选车、无人机、自动驾驶汽车为代表的智能硬件，极大地改变了现有的仓储、运输、配送等物流作业的模式，并将带来更多的改变。以机器视觉、自然语音处理、大数据挖掘、深度学习为基础的智能软件，为城市物流所涉及的信息识别、存储、管理、利用开辟了更加高效的途径，让数据驱动物流成为现实。

9.3.6 SOA 架构技术

SOA 是一个组件模型，通过在服务（应用程序的不同功能单元）之间定义良好的接口和契约，将应用程序的不同功能单元联系起来。接口采用中立的方式进行定义，独立于实现服务的硬件平台、操作系统和编程语言。这种具有中立接口定义（没有强制绑定到特定实现上）的特征称为服务之间的松耦合。一个应用程序的业务逻辑或某些单独的功能被模块化并作为服务呈现给消费者或客户端，这些服务的关键是它们的松耦合特性，即服务的接口和实现相互独立。因此，可以通过组合一个或多个服务来构建应用架构而无须理解服务的底层实现。图 9-5 为 SOA 参考架构示意图。

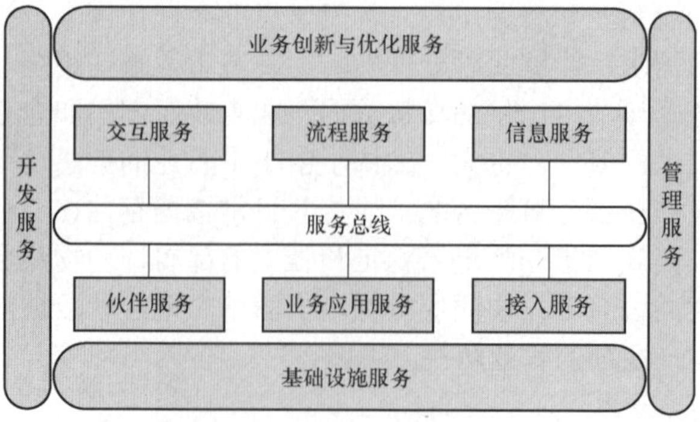

图 9-5　SOA 参考架构示意图

SOA能够在最新的和现有的应用之上创建应用，能够使客户或服务消费者免受服务实现的改变而带来的影响，能够升级单个服务而无须重写整个应用程序，也无须保留已经不再适用于新需求的现有系统。因此，SOA架构具有以下优点。

（1）SOA可通过互联网服务器发布，从而突破企业内网限制，实现与供应链上下游伙伴业务的紧密结合。通过SOA架构，企业可与其业务伙伴直接建立新渠道，从而降低建立新伙伴关系的成本。

（2）SOA与平台无关，减少了业务应用实现的限制。SOA要求将企业的业务伙伴整合到平台的“大”业务系统中，对其业务伙伴具体采用什么技术则没有限制。

（3）SOA具有低耦合性特点，增加和减少业务伙伴对整个业务系统的影响较低。在企业与各业务伙伴关系不断发生变化的情况下，SOA节省的费用会越来越多。

（4）SOA 具有可按模块分阶段实施的优势。当企业业务发生缓慢变化并可预见到将来需要重构业务系统时，由于可以按模块、分阶段、逐步实施SOA以适应变化的需求，企业无须一次性投入一大笔经费进行系统改造，而是可以根据企业业务发展和资金情况逐步投入，缓解了资金投入的压力。

城市智慧物流信息平台上接入的是不同企业的不同种类的业务系统，而且物联网环境下需要接入更多新的应用系统和软件。因此，在城市智慧物流信息平台建设过程中，不同应用软件、系统软件和应用基础结构相互交织，一些现存的应用程序被用来处理当前的业务，重新建立一个新的基础环境是不太可能的。所以，平台要能对业务的变化做出快速反应，利用现有应用程序和应用基础结构来解决新的业务需求，为客户、商业伙伴及供应商提供新的互动渠道，并呈现一个可以支持业务需求的构架。SOA凭借其松耦合的特性，可以按照模块化的方式来添加新服务或更新现有服务，以解决新的业务需求。这使得构建在城市智慧物流信息平台中的服务可以一种统一和通用的方式进行交互，从而可以通过不同的渠道提供服务，并可以把现有的或已有的应用作为服务，充分利用现有的基础建设投资。总之，SOA以组合现有应用来产生新服务的敏捷方式，提供了更大的灵活性来构建应用程序和业务流程。

9.3.7 中间件技术

中间件技术是自20世纪90年代发展起来的一种专业化程度高、开发效率高的软件开发生产方式，也是软件技术未来发展的一个趋势。其意义在于改变传统的生产与部署方式，从个别生产发展到基于构件的标准化分工协作，从根本上提高软件生产的效率和质量，提高开发大型软件系统尤其是商用系统的部署效率与实施成功率。因此，中间件技术是软件构件化的一种表现形式，是对典型应用模式的抽象，应用软件开发者可以基于标准的中间件进行二次开发。可见，中间件是分布式计算机系统中集成各个组成的软件黏结剂，是在操作系统之上建立的一套完整的服务，并为应用提供高层的抽象机制。图9－6为中间件的架构示意图。

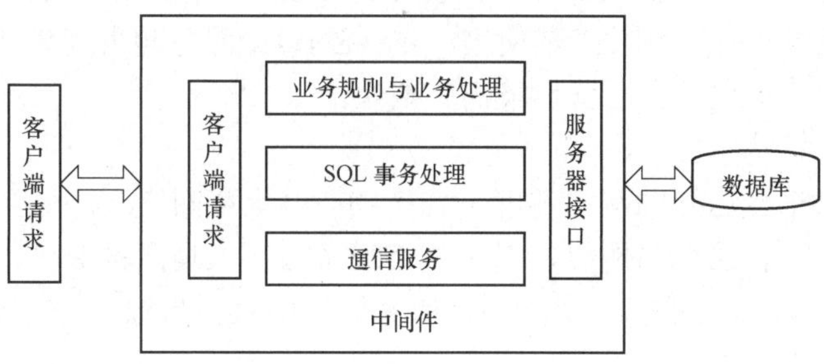

图9－6 中间件的架构示意图

中间件不仅是一个实际的软件产品，而且包含一组标准或技术。一般地，中间件产品可从不同的角度进行分类。例如，从功能上可以分为数据中间件、消息中间件等，从应用上可以分为领域应用中间件、与设备相关的嵌入式中间件等。通信和事务处理中间件是中间件层次划分中最基本的中间件，它们在网络协议的支持下，为高层应用提供基础服务。因此，可根据功能将中间件分为通信处理中间件、事务处理中间件、数据存取中间件、分布式对象中间件、安全中间件、网络服务中间件、专用平台中间件等。

城市智慧物流信息平台是一种基于分布式处理的软件平台，因此中间件在应用终端和服务器端发挥着重要的作用，是 RFID 等硬件与应用程序之间的桥梁，是城市智慧物流应用解决方案的中枢。城市智慧物流信息平台中应用的中间件技术主要包括企业集成应用（EAI）中间件、无线应用中间件（如 RFID 中间件）、自适应中间件和嵌入式中间件等。其中，无线应用中间件是目前城市智慧物流信息平台建设的基础，是必不可少的平台架构技术之一。

9.4 城市智慧物流信息平台的技术架构与拓扑结构

城市智慧物流信息平台是支持和提供城市物流服务供需信息的智慧化交互平台，以政府监管为基础，将分散在各个政府部门（如统计、交通、工商、税务等）和企业（如物流、生产、商贸、电商、零售等）的信息资源整合在同一平台上，并通过大数据、云计算、人工智能算法等技术进行充分挖掘、加工、分析和利用，实现信息的自动交换与共享、业务的有机衔接与协调配合，成为开展城市物流活动的智慧化信息载体。因此，应在分析城市智慧物流业务特点和企业需求的基础上，对应用问题进行总结与归纳，从个性化中抽取典型和共性需求，确定城市智慧物流信息平台的技术架构和拓扑结构。

9.4.1 城市智慧物流信息平台的技术架构

结合城市智慧物流的特性和物流信息平台的传统功能，采用物联网、无线传感网、大数据、云计算、人工智能、SOA、中间件等技术有机融合的架构模式，设计城市智慧物流信息平台的技术架构。该架构划分为基础环境层、物联网集成应用层、应用支撑层和企业应用层等 4 个层次，如图 9－7 所示。

1. 基础环境层

1）支撑环境层

支撑环境层包括城市智慧物流信息平台的运营环境、操作系统环境、数据库及数据仓库环境等，为企业级系统运行、开发工具使用、Web Service 服务和大规模数据采集与存储等提供环境支持，保障整个信息平台运营环境的完整性。

2）网络层

网络层主要提供平台运行的网络环境，包括物联网承载网络、广域互联网络、局域互联网络、移动通信网络、行业专用网络，以及网络设备与接入隔离设备等。网络层与相关系统的接口可为 Web Service 信息服务、资源寻址服务等提供服务基础，用以支持企业内、外部进行相关业务的信息传输。

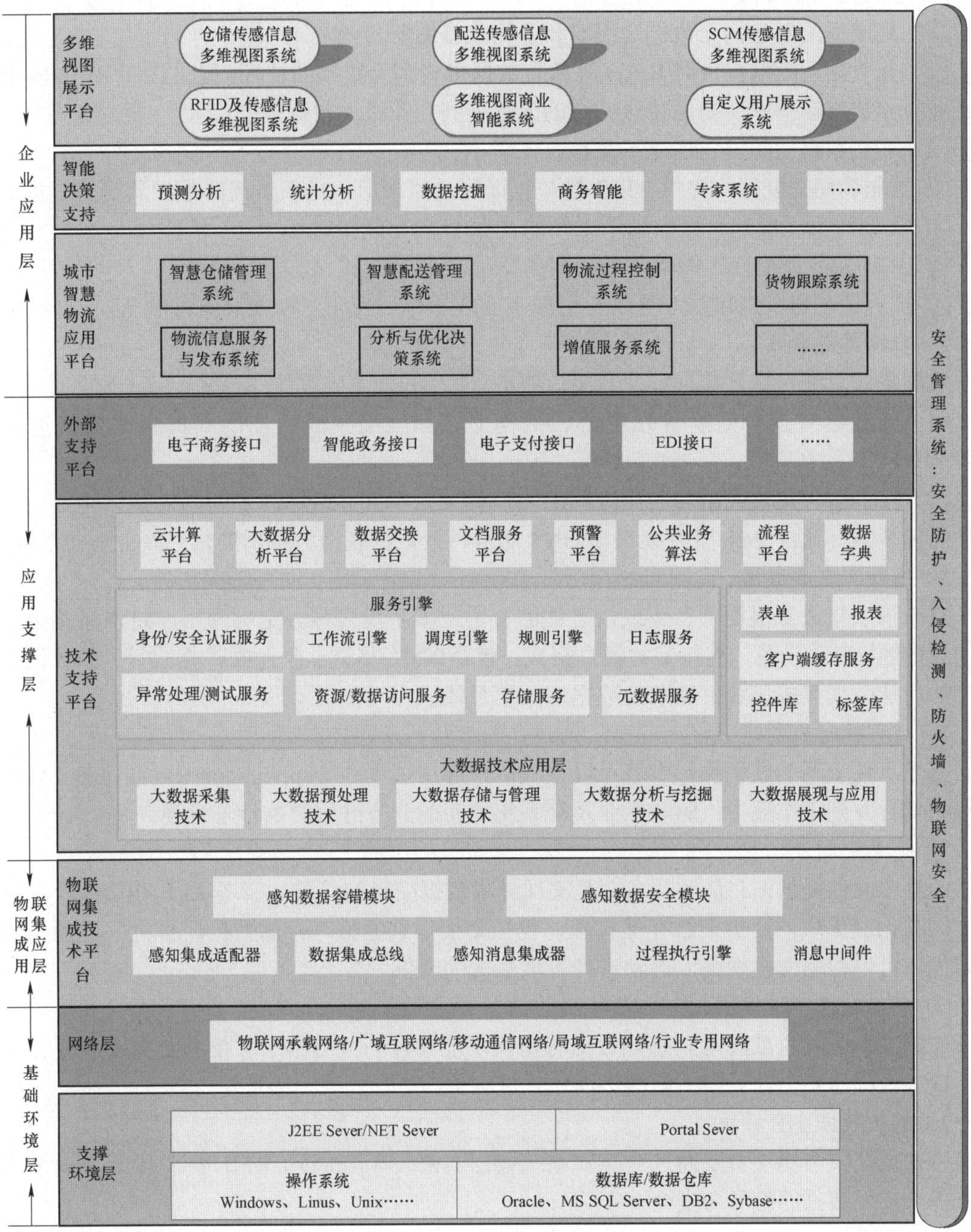

图 9－7　城市智慧物流信息平台的技术架构

2. 物联网集成应用层

物联网集成应用层是实现城市物流信息自动化采集功能的核心组成，通过感知设备的相关信息处理模块和数据集成处理模块，实现消息队列服务、信息管理，以及对数据管理中心、数据交换和应用集成所需的数据格式定义进行统一管理等。

1）感知集成适配器

感知集成适配器包括元数据适配器和非元数据适配器两类。

（1）元数据适配器提供对 RFID 等私有数据格式到元数据的转换，提供注册 RFID 等数据到企业级元数据模型库，提供注册特定的元数据到企业级元数据模型库。

（2）非元数据适配器包括以下几种。

① 数据读写适配器，提供 RFID 等数据读写功能接口，提供访问时数据聚合等功能。

② 发布/订阅适配器，提供基于主题的发布/订阅功能接口。

③ 发布/接收适配器，提供基于队列的发送/接收功能接口。

④ 流程适配器，提供从业务执行引擎中获取工作列表和工作项等流程信息。

2）数据集成总线

数据集成总线包括元数据管理和接口服务。

（1）元数据管理对数据管理中心、数据交换和应用集成所需的数据格式定义进行统一管理。

（2）接口服务提供应用与应用之间的接口标准、不同接口标准之间的转换、企业内部各项功能的搜索、通过 Web 服务接口与 ONS 通信、搜索物联网上可用的信息及业务等功能。

3）感知消息集成器

感知消息集成器根据消息头或消息体的一个或多字段内容。定制规则，将消息路由到不同的目的地；转换消息，支持多种消息格式，包括 XML 格式、平面文件格式等；修改消息内容，如将从数据集成总线中抽取的数据加入消息体。

4）过程执行引擎

基于事件驱动的过程执行引擎可以接收多个应用层事件（application level event，ALE），并将它们合并到工作流中，驱动企业及跨系统之间的业务过程的执行与管理。

5）消息中间件

消息中间件提供消息队列服务，是实现异步数据交换的基础。实现 ALE 在边缘层和集成层之间的无缝集成；提供信息存储管理，包括交换信息的临时存储数据；提供基于规则的信息转换，可以根据交换规则，自动进行各项数据的交换。

6）感知数据容错模块

当感知系统发生故障时，感知数据容错模块能够自动检测出来并使系统自动恢复正常运行，或者说程序不会因系统中的故障而中止或被修改。

7）感知数据安全模块

感知数据安全模块主要通过对感知系统数据加密、信息认证、RFID 标签阻止不安全程序进入等来实现数据的隐私与安全。

3. 应用支撑层

1）技术支持平台

技术支持平台一方面通过服务引擎与资源、数据访问服务、大数据技术与感知技术相关功能的有机结合，以身份/安全认证服务、工作流引擎、调度引擎、规则引擎、日志服务、异常处理/测试服务、资源/数据访问服务、存储服务、元数据服务等关键功能为基础，实现系统的数据管理、业务过程执行引擎等功能。另一方面，通过云计算平台、数据交换平台、数据字典等对感知数据在业务应用等方面提供传输、处理、转换等功能支持。此外，应用支撑层还引入了相关开发工具集，为各种复杂的企业及商业应用系统提供专业、安全、高效、可靠的开发、部署和运行企业管理应用软件的开发工具平台。

2）外部支持平台

外部支持平台为物流企业、供应企业、生产企业、零售企业等企业用户，以及海关、商检、税务等政府部门和银行、保险等服务机构，提供完成各项业务所需的平台接口，主要包括电子商务接口、智能政务接口、电子支付接口、EDI 接口等，实现与平台用户信息系统的对接，实现企业级协同工作与服务，以及动态联盟间有效的信息共享和业务协同。

4. 企业应用层

1）城市智慧物流应用平台

城市智慧物流应用平台是将智慧物流技术应用到城市物流的业务过程中，通过业务体系、信息技术体系的再造，实现智慧物流技术在城市物流业务中的应用。该应用平台主要包括智慧仓储管理系统、智慧配送管理系统、物流过程控制系统、货物跟踪系统、物流信息服务与发布系统、分析与优化决策系统和增值服务系统等。

（1）智慧仓储管理系统。智慧仓储管理系统是集仓库管理、货物管理、进出库管理、货物分拣、统计分析等功能于一身的综合性智慧化仓储管理系统。利用智能终端、电子平台随时监控仓储情况，进行数据分析，形成仓储产品指数，指导仓储及上下游企业业务合理化运行；利用数据共享和数据挖掘，解决货物频繁的不必要的出入库行为，为企业节省大量物流费用，提高工作效率；通过智能分仓、智能货位布局、仓库动态分区、作业资源匹配与路径规划等手段，提供智能仓储管理服务。

（2）智慧配送管理系统。智慧配送管理系统是直接面向具体的城市物流配送指挥和操作层面的智慧化系统，通过综合考虑货物的种类、数量、配送时间、配送组织形式及配送采用的模式等因素，在利用调度优化模型生成智能配送计划的基础之上，采用多种先进技术对城市物流配送过程进行智慧化管理，提供配货、提货、送货、退货、车辆调度、货物分装及路线规划等功能，有效降低物流配送的管理成本，提高配送过程中的服务质量，保障车辆和货品安全。

（3）物流过程控制系统。物流过程控制主要通过 RFID、无线传感技术与 GPS/GIS、智能车载终端、手机智能终端等技术相结合来实现货物、运载工具、驾驶人员和工作环境的实时信息采集，运用模式识别、信息融合、数据挖掘等技术对车辆和货物建立状态评估模型，实现对车辆和货物安全状态的评估和预测。当发现车辆或货物存在安全隐患时，及时向车辆的智能车载终端、司机的手机智能终端等发送矫正数据和语音提示等信息，保证车辆和货物的安全。

（4）货物跟踪系统。货物跟踪系统对城市物流全过程进行动态跟踪监控，自动记录货物和运载工具的出发时间、出发地点、行驶路线、行驶状态、地理位置、货物状态、到达时间、停放位置等信息，为客户提供全面的物流信息服务，使得客户能够随时跟踪货物的作业状态，做到城市配送运输全程的安全、准时、透明，有利于后续工作的组织安排。

（5）物流信息服务与发布系统。物流信息服务与发布系统将物流、生产制造和商贸等各类企业的信息汇集到平台数据库进行综合管理；通过统一的信息交换系统接口，组织有效的数据对接，实现物流信息的实时发布。城市智慧物流信息平台依托物流信息服务与发布系统，聚集与整合平台内外相关企业的物流资源，为各类企业提供货物与车辆动态信息、物流供求信息等的浏览与查询等功能，帮助企业获得全面的行业动态信息，提高企业的运营效率。

（6）分析与优化决策系统。分析与优化决策系统主要利用云计算和大数据技术，通过对海量终端感知信息、订单信息及客户分布数据等进行智能分析，挖掘潜在客户及物流规律，发现城市物流作业活动中的漏洞，实现城市物流智慧化。在智能分析的基础上，依据城市物流的时间、成本、服务、物流数据、客户需求等决策因素对风险进行有效预测和评估，辅助客户制定出更加合理、准确和科学的决策。

（7）增值服务系统。增值服务系统包括电子支付与结算、第三方认证、合同与协议管理及违约处理管理等功能。电子支付与结算功能提供网上支付、移动支付、终端支付等支付手段，如支付宝、微信、银联等第三方支付手段。第三方认证功能用于对用户身份的验证及外部平台接入的认证，保障交易双方能够安全地进行货币支付和资金流转。合同与协议管理及违约处理管理功能提供标准化的协议条款，用以加速交易双方的谈判效率，并以第三方的角色监督城市智慧物流服务在协议的约束下履行。

2）智能决策支持平台

智能决策支持平台将决策支持系统与人工智能相结合，运用云计算、大数据等相关技术，为决策者提供分析问题、建立模型、模拟决策过程和方案的环境。充分利用各层次的信息资源和分析工具，辅助决策者进行预测分析、统计分析和数据挖掘等工作，提高企业的智能决策水平和服务质量，帮助企业实现智能化管理。

3）多维视图展示平台

多维视图展示平台主要实现企业端数据的汇集与展示，将仓储传感信息、配送传感信息、SCM 传感信息、商业智能、智能决策结果及用户查询模型等以多维、立体的形式进行汇集、分析与展示。

5. 安全管理系统

安全管理系统是城市智慧物流信息平台安全运营的重要保障。在传统入侵检测、防火墙技术的基础上，与智慧物流信息安全技术密切结合，保证信息感知、数据采集、传输和应用过程中的安全，保障平台的安全性和可靠性。

9.4.2 城市智慧物流信息平台的拓扑结构

典型的城市智慧物流信息平台一般采用星形拓扑结构，传输协议采用 TCP/IP 协议，硬件部分包括网络安管区、服务器区、数据区、城市智慧物流信息平台中心机房等部分，如图 9-8 所示。

（1）硬件设备中，主机及存储系统涉及的硬件包括服务区和数据区，数据区包括光纤交换机、磁盘阵列与磁带库等。网络安管区中存放系统安全硬件，区内具有网络审计、扫描漏洞、入侵检测等功能。城市智慧物流信息平台中心机房存放网络相关硬件，包括核心交换机、宽带管理、防病毒网关、防火墙、路由器、DDoS 网关等固定设备。

（2）平台硬件通过主线路和备份线路与外部网络连接，采用星形拓扑结构，与货运联盟、站场联盟、工商企业、物流企业、相关政府管理部门、社会公众等进行数据交换及信息共享。

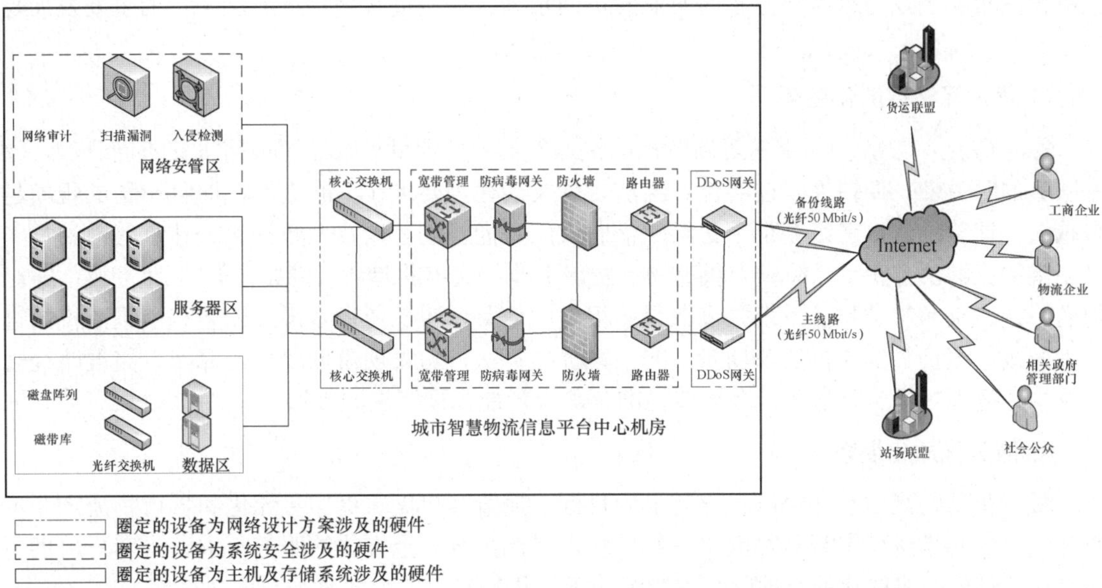

图 9－8　典型的城市智慧物流信息平台拓扑示意图

9.5　城市智慧物流信息平台的发展趋势

随着物联网、大数据、云计算、无线传感网、人工智能等技术的提升、经济全球化的发展和数字经济的兴起，作为支持和提供城市物流服务供需信息交互和资源整合的支撑平台，城市智慧物流信息平台将迎来大发展的时代，未来将向无人化、协同化、优化算法智能化、服务优质化、物流服务云化、安全管理一体化迈进，促进城市物流综合竞争力的提升，真正实现城市物流功能更加全方位、立体化和客户服务更加优质化。

1. 无人化趋势

城市智慧物流信息平台的无人化已经成为一个必然的发展方向。无人搬运车、无人叉车、机器人堆码、自动分拣系统、AGV、无人车、无人机、无人仓、无纸化办公系统等现代物流技术的快速发展，以及虚拟仓库、虚拟银行、云物流服务等服务模式，将极大地提高城市物流的机械化、自动化和智能化水平。随着智能化技术的不断发展成熟，城市智慧物流信息平台的无人化水平也会得以全面提升。

2. 协同化趋势

城市智慧物流信息平台的用户涉及城市物流业务运作的众多相关企业和组织，包括物流企业、生产企业、商贸企业、零售企业、电商企业等企业用户，以及海关、商检、税务等政府部门和银行、保险等服务机构，这些企业和组织之间的业务交互和衔接日趋庞大和复杂，严重影响城市物流运作的效率。以无线传感网、物联网、可穿戴设备等技术为基础，实现对不同企业和组织及它们之间业务活动的信息采集和实时感知，基于人工智能算法、大数据、云计算、区块链等技术，实现不同企业和组织之间的业务协同流程、机制和智能调度，提高城市物流相关企业与组织部门之间的业务协同水平，是城市智慧物流信息平台的重要发展趋势之一。

3. 优化算法智能化趋势

即时物流、C2M 和新零售等新业态的快速发展，使得城市物流服务需求在不断升级，物流服务的时效性、便捷性、透明性、经济性、灵活性等要求在不断提高，而且市场的规模越来越大，订单量达百亿级甚至千亿级。借助人工智能算法，以及大数据、云计算等前沿技术来创新物流解决方案，已经成为城市物流发展中非常突出的趋势。例如，美团“超脑”即时配送系统、京东智慧物流系统等已取得了很好的效果。随着消费者服务期望和市场规模的进一步升级，迫切需要支持复杂场景下的柔性优化算法、超大规模调度优化算法、集群路径规划算法、超大规模实时计算、全环节精准预测等智能优化算法的支撑。

4. 服务优质化趋势

城市智慧物流信息平台以客户需求为目标，随着客户需求更加多元化和城市物流产业不断升级，势必推进城市智慧物流服务优质化，以满足客户全方位的服务需求，为客户提供更加专业、细致、多样化的个性化智慧物流服务，提升平台的服务水平及服务效率。

5. 物流服务云化趋势

物流云服务是在网络技术支持下，将大量分散物流资源整合并虚拟成各种物流云，按照客户需求智能管理和调配物流云，为客户定制和提供安全高效、优质廉价、灵活可变的个性化物流服务。城市物流云服务将现有的城市物流服务、云计算、云安全、服务工程、物联网、RFID 等技术融于一体，为城市物流智慧化提供了新的思路和解决方案，是城市智慧物流信息平台的一个重要发展方向。

6. 安全管理一体化趋势

一体化安全管理是指将仓储安全管理、配送安全管理、运输安全管理、供应链安全管理和安全预警管理等统一为一个有机整体进行管理。由于 RFID、无线传感网等开放的无线网络容易遭受恶意攻击，且平台中存储着大量隐私性及保密性很强的业务信息，城市智慧物流信息平台的安全一直受到广泛关注。如何解决城市物流信息平台安全管理中出现的各种问题，提高城市物流信息平台安全管理的工作效能，满足城市物流的机密性、真实性、完整性、抗抵赖性等安全要求，解决好用户隐私保护与信任管理问题，是未来城市智慧物流信息平台建设需要提升的一个重要方面。

9.6 案例：典型的城市智慧物流信息平台

9.6.1 国家交通运输物流公共信息平台

1. 概述

国家交通运输物流公共信息平台（LOGINK，又称物流电子枢纽）是交通运输部和浙江省人民政府牵头，管理部门、行业协会、软件开发商、物流供应商多方共建的一个开放、共享的物流单据和服务电子交换基础网络。浙江省交通运输厅牵头成立运行中心，负责 LOGINK 的建设和运维。LOGINK 代表中国参加东北亚物流信息服务网络（NEAL－NET）建设。

LOGINK 是以提高社会物流效率为宗旨，以实现物流信息高效交换和共享为核心功能，由交通运输部和省级交通运输主管部门共同推进，连通各类物流信息平台、企业生产作业系统，统一信息交换标准，消除信息孤岛，面向全社会的公共物流信息服务网络。LOGINK 一词由 logistics 和 link 两个单词组合而成。LOGINK 的标志由三个 L 组成，意为推进物流信息化的链接，致力建设围绕物流信息服务的物流电子枢纽。

数据交换是 LOGINK 基础交换网络的核心服务。它为物流产业链上的企业与其上下游合作企业、公共信息服务系统、企业服务商等物流活动参与方提供信息互联与共享服务。图 9－9 为 LOGINK 数据交换示意图。

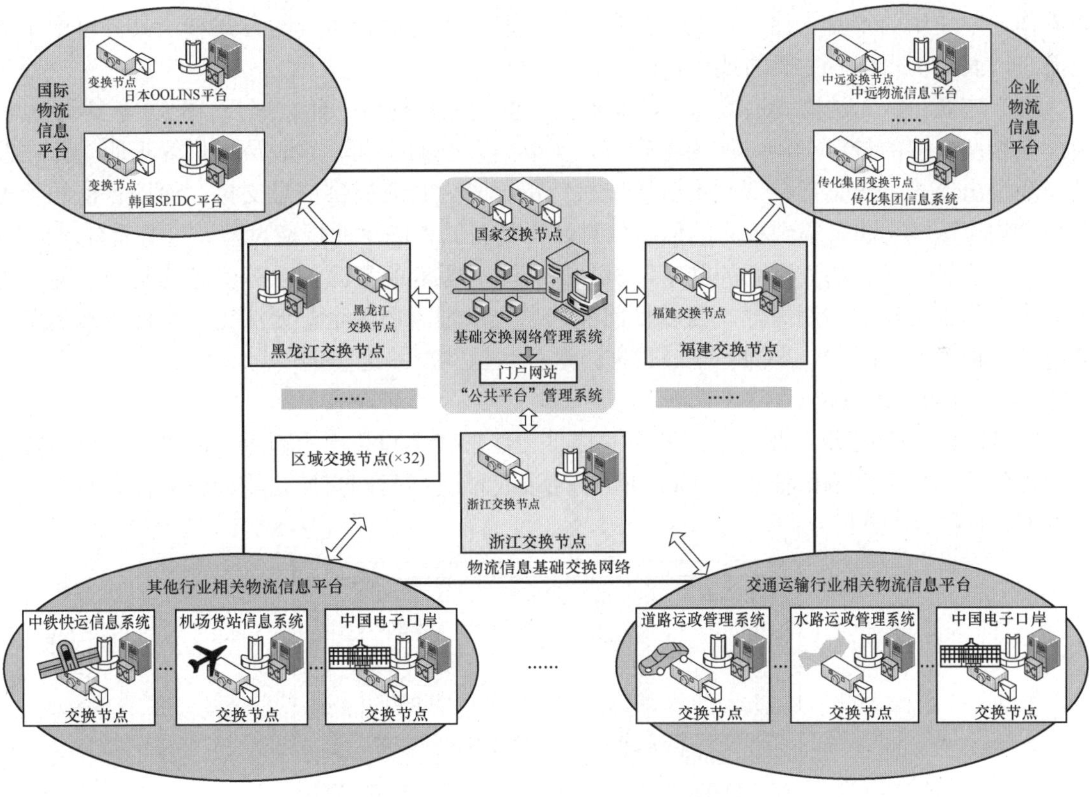

图 9－9　LOGINK 数据交换示意图

1）平台的基本特征

（1）公益性：不以营利为目的，主要为各物流信息服务需求方提供基础性公共服务。

（2）开放性：向全社会提供服务，不局限于特定行业、特定作业环节和特定服务对象。

（3）共享性：实现不同部门、不同行业、不同地区、不同物流信息系统间信息交换与共享，减少信息孤岛和重复建设。

2）平台的总体建设目标

构建覆盖全国、辐射国际的物流信息基础交换网络和国家平台门户，实现“公共平台”与相关物流信息系统和平台之间可靠、安全、高效、顺畅的信息交换，实现行业内相关信息平台交换标准统一，提供公正、权威的物流相关公共信息服务，有效促进物流产业链各环节的信息互通与资源共享。

2. 解决方案

1）企业需求分析

物流企业面临的问题主要包含以下 3 个方面。

（1）物流基础设施的配套性、兼容性差，物流技术装备水平低。在条块分割、多头管理的传统模式下，不同地区运输系统之间相互衔接的枢纽建设缓慢，物流基地、物流园区的规划落后，制约了物流企业的现代化发展。另外，我国物流业内各经营组织所拥有的物流设施、设备为数不少，但利用率却普遍偏低。据统计，物流业仓库的使用率一般只有 50%左右。在物流作业中使用的物流仓储、运输、搬运等工具基本上是比较传统的方式和工具。对中小企业而言，人力仍占据着主要的地位。

（2）违规事故无法监测追溯。物流企业为入驻的业户提供仓储、配合、配送等多项服务，因此会涉及众多的货运车辆。作为管理方，需要为入驻的企业、驾驶员提供管理职能，在发送车辆进出违规、偷骗货、驾驶员资质造假等情况时为企业提供信息支持。而以目前的管理水平，物流基地无法采集到相应的信用信息，不能帮助入驻企业规避风险、区分责任。

（3）信息孤岛。物流资源的共享，例如回程车、零散的货源信息等资源的整合，能够为物流企业带来可观的利润提升。而以目前的信息化水平，物流企业无法完全掌握本地的车辆信用、车辆动态、流向、货物吞吐等数据，进行数据共享缺乏基础。

2）平台的总体功能

LOCINK 为物流企业及其上下游企业提供了信息交换和共享的通道，同时为大量的物流企业提供了信息化产品和服务。LOGINK 的主要功能包括基础交换功能、公共信息服务功能两方面，如图 9－10 所示。

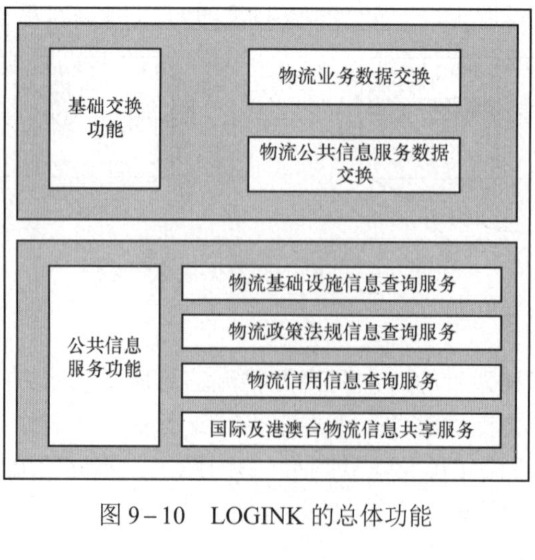

图 9－10　LOGINK 的总体功能

（1）基础交换功能。主要解决跨国、跨行政区域、跨行业、跨部门的各类物流公共信息平台和物流产业链上下游企业之间缺乏统一数据交换标准，以及信息孤岛、信息传递效率低、集成能力低、成本高等问题。其具体功能包括物流业务数据交换、物流公共信息服务数据交换等。

（2）公共信息服务功能。主要解决国家层面物流公共信息服务资源零散，物流行业信息服务需求难以得到满足的问题。LOGINK 按照“统一标准、互联互通、共享服务”的理念，主要依托交通运输部及行业已有的相关政务系统，通过多种技术手段实现物流信息服务统一渠道提供，后台多个系统共同支撑。LOGINK 发展过程中可不断扩展新的服务内容，现阶段可提供的公共信息服务主要包括物流基础设施信息查询服务、物流政策法规信息查询服务、物流信用信息查询服务、国际及港澳台物流信息共享服务等。

任何加盟 LOGINK 的物流企业，都可以与 LOGINK 连接并将此商标放在它们的名片、网站和市场营销工具上，以表示它们已经与 LOGINK 连接，并能通过 LOGINK 与它们的贸易伙伴交换电子文件。

3. 实施效果

LOGINK 在交通运输部的领导下，各省份步调一致，科研单位、物流企业、IT 企业等多方联合共同建设，解决物流信息交换、服务共享问题，满足物流行业信息化发展的要求，有效避免重复建设带来的资源浪费和信息孤岛，提升行业的建设和管理水平。总体来说，平台的直接作用如下。

（1）提供免费应用软件，促进中小型物流企业信息化水平的提高。

（2）通过政府投资实现物流公共信息交换的公益性和公用性，消除信息孤岛。

（3）统一全国各省市交通运输主管部门、科研单位、物流企业、IT 企业等多方资源，有效避免重复建设。

（4）能够尽快形成物流信息交换的标准体系，提高物流信息交换效率，降低交换成本。

同时，LOGINK 的建设还将带来巨大的社会效益和经济效益，推动传统运输行业向现代物流转型，具体如下。

（1）LOGINK 的建设将减少企业和各省行业管理部门物流信息化重复建设。全国拥有货运经营户 543.3 万户，如按 10%的经营户使用平台，每个企业建设物流信息平台平均花费人民币 2 万～4 万元，加上各省行业管理部门的物流信息化投入，则全国需要上百亿的信息化建设费用。LOGINK 的建设节约了大量费用。

（2）LOGINK 的建设可以提高物流效率，加快单证传递，减少差错，提高管理效率；可以整合物流信息服务，提高车货交易、货物跟踪等效率。2022 年我国拥有营运货车 1166.66 万辆，LOGINK 的建设可有效提高车辆运输组织水平，降低货车空驶率，节约能源。据测算，浙江省每年可带来效益 18 亿元人民币，全国每年可带来超过 400 亿元人民币的效益。

（3）LOGINK 的建设可带来外部效益超 300 亿元。LOGINK 的建设不仅降低道路运输行业的成本支出，为社会节约能源，而且给工商业带来成本的节约和效益的提高。2023 年全国社会物流总费用为 18.2 万亿元人民币，占 GDP 的 14.4%，与发达国家社会物流总费用占 GDP 小于 10%相比还有很大的差距。按 LOGINK 的建设每年可降低社会物流总费用占 GDP 的 0.03 个百分点计算，浙江省每年可减少社会物流总费用约 24 亿元人民币，全国每年可减少社会物流总费用超 300 亿元人民币。

9.6.2 美团“超脑”即时配送系统

1. 概述

美团外卖于 2013 年 11 月在北京上线，以 O2O 模式为基础，致力于“互联网+外卖”模式，通过为商家和消费者搭建线上线下连接平台，促成信息流、资金流、物流及商流的流通，如图 9－11 所示。目前美团外卖全国合作商家超百万，业务已覆盖全国 2 800 个县区市，成为国内领先的外卖巨头。

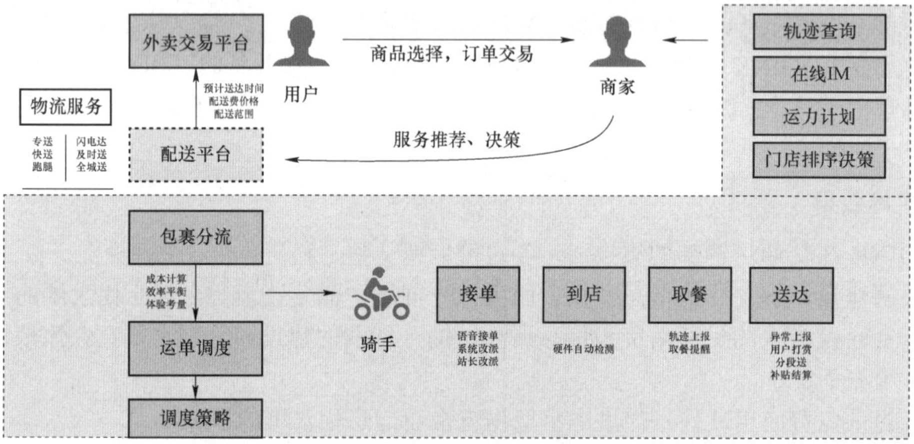

图 9－11 美团外卖即时配送服务

随着行业竞争的加剧和美团外卖的业务扩展，美团外卖由最初的以服务餐饮外卖为主，已逐步扩展到即时零售、智慧药店、跑腿服务、电商仓储配送、快递落地配、同城货运等其他细分领域。这使得美团的订单数量达千万级以上，且具有高并发的特点，同时外卖服务涉及骑手、商家和用户三方，路线规划相对复杂，以及新冠疫情期间线下防控的不确定性，这些都对美团即时配送的物流调度提出了严峻的挑战。

2. 主要问题

在外卖配送领域，配送调度一直都是外卖行业的一大痛点。美团外卖物流调度面临的问题主要包含以下 5 个方面。

（1）发展初期，配送主要使用骑手抢单和人工派单两种模式。抢单模式存在较严重的挑单、拆单、乱抢单等问题，既不能保障商家和用户体验，又不能保障资源合理分配，造成运力浪费和效率低下。人工派单对调度员个人能力要求高，既不利于业务快速扩展，又无法应付高单量，同时人力成本也很高。

（2）O2O 外卖订单的实时调度问题是一个强随机环境下的超大规模复杂组合优化难题，在国内外学术界和工业界都没有成熟的解决方案，必须通过自主研发来解决。

（3）美团外卖的订单规模、骑手规模大。2021 年年报显示，美团外卖日订单峰值 5 000 万单，月活跃用户超过 7 000 万，平台注册骑手超过 400 万。如此庞大规模的供需匹配过程，需要解决超大规模的计算问题。

（4）外卖服务涉及骑手、商家和用户三方，供需匹配及路线规划相对复杂。例如，遇到节假日或者恶劣天气，订单聚集效应明显，流量高峰是平常的十几倍。同时，物流履约是线上连接线下的关键环节，故障容忍度极低，不能宕机，不能丢单，可用性要求极高。其次，数据实时性、准确性要求高，对延迟、异常非常敏感。

（5）与物流领域的其他分支不同，美团即时配送具有以下特点。

① 时效快：美团外卖要求平均送达时间在 28 min 内。

② 距离短：配送距离多数为 3～5 km 范围，一般不超过同城范围。

③ 随机性强：取货点、交付点具有时间与空间的随机性，预测与规划难度相对较高。

面对上述问题，美团外卖积极响应国家号召，自主研发“超脑”即时配送系统，解决企业内部外卖配送实时调度这一复杂难题。同时，将打造一个线上线下一体化的综合 O2O 配送平台作为未来的努力方向，实现互联网整合末端配送。

3. 解决方案

如何提升美团这一超大规模配送网络的整体配送效率，改善用户体验，是一项非常困难的挑战。美团历时三年，自主研发“超脑”即时配送系统，借助机器学习、运筹优化和 IoT 等关键技术手段，突破复杂地理数据精准识别、千亿级骑手轨迹挖掘、城市级全局并行优化调度、毫秒级配送路径规划、骑手智能助手等关键技术难题，提出创新性强、应用价值大的多项即时配送优化模型和算法，构建完整、高效的即时配送技术体系，最终实现即时配送全链路的精准感知、智能决策和高效执行，显著提升了配送效率和用户体验。

配送网络核心三要素是效率、成本和体验，其中效率又是最核心的部分，决定用户体验和配送成本能否达到均衡。这是一项非常困难的挑战，美团凭借自主研发的“超脑”即时配送系统，有效解决了即时配送在规划、调度、运营三方面的问题。美团“超脑”即时配送系统的主要功能如图 9－12 所示。

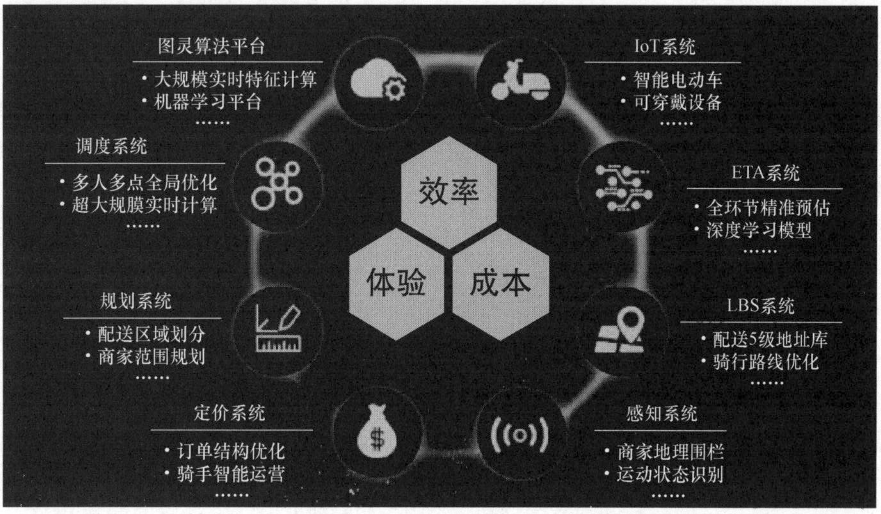

图 9－12 美团“超脑”即时配送系统的主要功能

1）图灵算法平台

图灵算法平台是美团搭建的一站式算法平台，主要聚焦于机器学习和深度学习在线服务模块，覆盖数据预处理、特征生成、模型训练、模型评估、模型部署、在线预测、AB 实验、算法效果评估全流程，为模型和算法策略的线上部署和计算提供统一的平台化解决方案。图灵算法平台支撑美团配送及闪购、骑行、买菜、地图等事业部的调度、时间预估、配送范围、搜索、推荐等各类 AI 应用，算法迭代周期由天级别降至小时级别，大幅提升配送算法的迭代效率，降低算法工程师的使用门槛，帮助他们脱离烦琐的工程化开发，把有限的精力聚焦于业务和算法逻辑的迭代优化。图灵算法平台主要包括机器学习平台、大规模实时特征计算、图灵在线服务等功能。

（1）机器学习平台：提供模型训练、任务调度、模型评估和模型调优等功能，基于 DAG（database availability group，数据库可用性组）实现拖拽式的可视化模型训练。

（2）大规模实时特征计算：提供在线和离线特征生成、特征抽取和特征聚合等功能，并推送到在线的特征库，提供高性能的特征获取服务。

（3）图灵在线服务：为特征获取、数据预处理、模型和算法策略的线上部署及高性能计算提供统一的平台化解决方案。

2）IoT 系统

IoT 系统以智能电动车、可穿戴设备等智能装备为载体，通过大数据挖掘、机器学习、自然语言处理等技术，具备复杂场景精准识别、服务智能推送、智能引导、全语音操作等能力，通过骑手 App 联动和智能语音助手的交互控制，形成 IoT 立体协同，以人机耦合的方式全面赋能骑手。IoT 系统包括智能电动车、智能安全头盔等可穿戴设备、智能语音助手、智能配送餐箱、室内定位基站、自动配送车等。

（1）智能电动车：针对外卖骑手的痛点和超高频使用场景，将骑手 App 与车载运动传感和智能控制模块进行系统化集成。骑手可将手机屏幕化身为仪表盘，实时获取导航、订单、电量等关键信息，通过智能语音助手和仪表盘进行快速操作，无须边开车边操作手机，提高驾驶安全性。同时，智能电动车还加入自动解锁/锁车、远程防盗、车辆故障报案、电池安全检测、车辆行驶安全检测等功能。

（2）智能安全头盔：在安全头盔的基础上，加入语音控制探照灯、安全大灯及戴盔检测等功能。语音探照灯通过语音口令快速开关，解决楼道等暗光场景的照明问题；安全大灯智能辨识骑手制动动作，并开启频闪，对后车进行警示；戴盔检测功能自动辨识骑手是否佩戴头盔，并对骑手进行戴盔提醒。

（3）智能语音助手：基于大数据和 AI 技术，自动辨识场景并主动发起一系列的播报、提醒、引导类对话，使骑手可脱离手机完成接受派单、取餐上报、拨打电话、送达上报、订单改派等操作，实现全方位护航。

（4）智能配送餐箱：采用控温环保、安全辅助、创新交互三大设计理念，餐箱外置紫外线消毒灯；搭载智能控温模块对箱内温度进行自动控制，保持恒温；底部太阳能电板辅助供电。同时，智能配送餐箱还加入安全警示灯，在地面投射安全距离线，提高骑手驾驶安全性；语音控制餐箱开启，让骑手装箱和取货愈发方便。

（5）室内定位基站：采用蓝牙技术，自动辨识骑手是否已抵达指定商家取餐并完成上报，解决室内环境下难以获取 GPS 定位信号的问题，同时简化骑手操作步骤，提升到店环节效率。

（6）自动配送车：自动配送车是美团自动配送的智能配送终端之一，满足公开道路场景下的即时配送需求。自动配送车是对运力的有效补充，能够在极端天气下协助配送员完成配送。采用人机协同的配送模式，骑手将是重要的运营人员，从纯体力服务工作转化成技术协同服务工作。

3）调度系统

智能调度系统通过大数据、人工智能算法、云计算、物联网等诸多高新技术的融合，基于业内首创的城市级万人万单秒级匹配调度技术，综合审视是否顺路、天气、路况、消费者预计送达时间、商家出餐时间、超时风险、配送时长、行程距离、到店等餐时长、未来出单情况等诸多因素，在数以万计的消费者、骑手及海量商家三者中实现最优匹配，秒级时间内给出最优解，给最合适的配送骑手发送最优配送指令，确保平均配送时长不超过 30 min。智能调度系统包括多人多点全局优化、超大规模实时计算等功能。

（1）多人多点全局优化：将模式创新和技术升级相结合，实现跨商圈级别的全城全局柔性调度。基于轨迹大数据，通过运筹优化、机器学习、数据挖掘、地理计算等人工智能算法，为每一份订单指派最合适的骑手，并为骑手设计最优的取送路线，同时向用户预估餐品送达时间。通过多个场景之间的柔性运力调配，全域柔性调度应用效果显著，围绕商超、买菜、茶饮等多个场景的定制化配送模式和算法，解决了商家和骑手的配送痛点，显著提升配送效率和体验。

（2）超大规模实时计算：全域柔性调度是跨商圈级别的全城调度，计算复杂性有了指数级的上升。美团创新性地研发多级分布式计算引擎，来支撑超大规模实时计算，在行业内首次实现万人万单的全城秒级匹配。同时，通过升级人工智能算法，有效识别各个配送场景下瞬息万变的供需状况，动态地进行多场景之间的柔性运力匹配，实现整个城市范围内全局最优。

4）ETA 系统

ETA（estimated time of arrival，送达时间预估）预测的结果，将会以预计送达时间的形式展现在用户的客户端页面上，是美团配送中非常重要的参数，直接影响用户的下单意愿、运力调度和骑手考核，与用户体验、配送成本有直接关系，会直接影响调度系统和定价系统的最终决策。对于整个配送系统而言，ETA 既是配送系统的入口和全局约束，又是系统的调节中枢。ETA 系统关联调度系统和定价系统，对所有时间环节都进行预测，告知用户大约的送达时间，主要包括全环节精准预估、深度学习模型等功能。

（1）全环节精准预估：只有高精度的 ETA 预估，才能比较全面和精细地刻画骑手的配送过程，更加准确地预测骑手的行为。全环节精准预估综合考虑商圈、商家、用户等维度的 100 多个变量，从平面的配送时长、上下楼时长及商家出餐时长等维度进行精细预估。例如，商圈有寒潮天气、商家订单较多、用户所在小区有门禁等就会造成预计送达时间延长；反之，系统会将预估时间缩短。

（2）深度学习模型：ETA 一旦展示给用户，就意味着对用户做出了承诺，系统调度和骑手都要尽力保证准时送达。所以，ETA 的准确性要求非常高，过短的 ETA 会给骑手带来困难，并降低调度合单能力、降低配送效率；过长的 ETA 又会很大程度影响用户体验。深度学习模型在特征抽取及特征组合方面具有明显优势，可以学习到多层次的抽象特征表示，为复杂非线性系统提供优秀的建模能力。因此，ETA 系统通过深度学习模型，并结合机器学习平台和精细的配送知识图谱，兼顾“单量–运力–用户体验”之间的平衡，大幅提高 ETA 预估的准确性。

5）规划系统

在订单匹配过程中，每一种匹配方案的可行性测算都需要规划骑手的配送路线，来评估该方案是否合理。规划系统基于路径优化算法，对复杂环境的配送网络进行动态规划决策，例如站点如何划分、运力如何运营等。规划系统主要包括配送区域划分、商家范围规划等功能。

（1）配送区域划分：配送区域划分涉及美团配送的运营管理过程，例如每个骑手需要尽量固定熟悉一片商家或者配送区域；同时，站点的管理范围也比较明确，方便站长管理。另外，如果有新商家上线，也很容易确定由哪个配送站来提供服务。配送区域划分根据商家聚合度、订单聚合度、订单重心和商家重心的偏离程度等指标，对配送区域进行划分，以优化骑手的单均行驶距离。

（2）商家范围规划：商家配送范围划分对于外卖商家来说非常重要，决定了商家的覆盖范围，而这是商家订单的来源与基础。但商家范围的规划又是影响末端配送效率的关键点，商家不聚合，则无效跑动多；形状不规则，则空驶率高；大小不合理，则运力管理难。商家范围规划考虑大量复杂的强约束，以及各种管理的诉求和骑手的体验，对商家配送范围进行合理划分，既满足管理的需求和商家的诉求，又优化骑手的行驶路径。

6）LBS 系统

LBS（location-based services，基于位置的服务）系统早在美团配送业务的起步阶段就开始实施，随着算法场景的不断发展、GPS 的快速发展和 GIS 厂商技术的不断开放，LBS 不断深化点、线、面空间能力，为配送调度、时间预估、定价等业务场景提供支撑，提供正确位置（用户、商家、骑手）及两点之间正确的骑行导航。LBS 系统主要包括配送 5 级地址库、骑行路线优化等功能。

（1）配送 5 级地址库：地址对配送来说是非常重要的信息，通过 NLP 和地图搜索等方法，解析成层次结构，对分析商圈、楼宇维度的画像非常有帮助。配送 5 级地址库把一个地址分解为 5 个层次——街道、小区、楼号、单元号和楼层等。其中，要解决很多实际问题，比如用户填写的地址信息不标准、存在歧义等问题。

（2）骑行路线优化：这是智能调度系统中非常重要的一个环节。例如，系统派单、系统改派等核心模块，都依赖路径规划算法；在骑手端，给每个骑手推荐任务执行顺序；用户点了外卖之后，美团会实时展示骑手当前任务还需要执行几分钟，给用户提供预估信息。骑行路线优化服务于上述应用场景，提供高时效、短时间、高稳定性的骑行路线规划方案。

7）定价系统

定价系统通过实时动态定价或者营销手段，对市场进行调节，使供需达到一个相对理想的平衡状态。定价系统主要包括订单结构优化、骑手智能运营等功能。

（1）订单结构优化：供需匹配的动态均衡通过定价机制进行市场调节，包括两个方面。第一个方面是基础定价，比如一个订单来了，向用户收多少钱、向商家收多少钱、给骑手多少补贴，需要考虑很多因素，以保证定价的合理、公平。第二方面是供需平衡，当遇到恶劣天气等突发情况，通过动态调价方式，实时调节用户需求和运力供给，保证整个系统的稳定与用户体验。

（2）骑手智能运营：对骑手全生命周期进行数字化运营，提升运营效率和安全。面向履约系统的应用场景支持，将骑手诸多属性抽象为运力模型，基于人工智能对骑手能力进行精确评估，加强对配送骑手的管控能力。以智能可穿戴设备和语音交互等为载体，提供骑手完整履约过程中的辅助决策，如复杂场景精准识别、服务智能推送、智能引导和语音操作、路径推荐、到店提醒等，在智能、安全、便捷、精准等多个维度上，全面提升骑手配送能力，提升整体配送效率和用户体验。

8）感知系统

感知系统基于高精度、低成本、低时延的时空信息感知技术和地理信息挖掘技术，实现弱 GPS 环境下室内感知技术的低成本规模化落地。通过感知技术，精准定位骑手的位置和运动方式，比如是停留、步行、骑行、爬楼，还是坐电梯等。这些信息不但可以判断骑手在做什么，而且能够精细刻画配送难度，在定价和调度上非常有价值。感知系统主要包括商家地理围栏、运动状态识别等功能。

（1）商家地理围栏：地理围栏技术是一种基于位置的营销策略，使用 GPS 等信号来确定目标骑手何时进出边界。通过商家地理围栏，能够对骑手的配送行为进行约束，同时可以据此对纠纷订单判责。

（2）运动状态识别：基于 Wi-Fi、加速度计、陀螺仪、GPS、气压计、磁力计等传感技术，对骑手的运动状态进行识别，实时监测骑手运动状态，形成高精度地理信息画像；通过智能手机终端步态特征的生物识别，实现骑手身份认证和安全实时保护。

4. 实施效果

目前分钟级的美团“超脑”即时配送系统已经覆盖全国 2 800 个县市区，形成一套完整的城市调度系统，在连接用户与商家之外，更是成为城市基础设施建设的一部分，协同政府共同助力城市效率提升。总体来说，美团“超脑”即时配送系统的实施效果如下。

（1）平均配送时长显著减少。基于全局最优用户体验，给最合适的骑手派单；实时运算和仿真给出改派建议，最小化延误影响；订单立即指派给最快骑手，确保送达体验；平均配送时长从 40 min 以上降至 28 min 以内。

（2）优化算法效果优越。目前美团外卖的订单规模和骑手规模非常庞大，外卖订单超过 5 000 万，用户超过 4 亿，商家超过 360 万，骑手超过 400 万。在超大规模的配送员、订单、商家等复杂情景下的路径优化算法，能够在 99.5%的情况下几十毫秒内得到最优解，显著优于目前学术界和工业界已公开报道的同类优化算法。超大规模实时优化算法支撑每日千万订单的秒级实时调度，有效实现配送员行驶路径和订单指派方案的高效优化，显著提升配送调度的整体应用效果。

（3）特征指标预估精准。依托配送过程亿级的历史订单数据、百亿级的骑手轨迹数据和上千万用户/商家的特征数据，针对配送调度精准建模所需要的多类参数（如出餐时间、预计送达时间、用户交付难度参数、骑手预期位置等），实现出餐时间、送达时间等关键配送特征指标的准确估计，为高效配送调度提供有力支持。经过几年的版本迭代，目前对订单完成时间的预估偏差和路径维度计算的行驶距离平均偏差均得到了显著缩小。

（4）仿真精度高。通过订单产生和骑手配送行为的概率密度估计模型、骑手/商家/用户的行为模型及配送区域个性化的仿真参数自适应机制等综合应用，支持对实际配送过程进行准确的快进式模拟，准确重现和预估配送过程。在配送过程的关键 KPI 指标（如平均配送时长、准时率、单均行驶距离等）上，分布式仿真和实际配送指标的总偏差很小，达到物流仿真领域的先进水平。

（5）关键效率指标显著提升。人均日单量和用户体验指标同步提升，意味着配送效率的显著提高和配送成本的降低。通过配备智能可穿戴设备，骑手在送餐全过程中，可简化近 80%的手机操作，订单派发后接单速率提高 50%。据初步核算，通过该系统的应用，配送效率提升 50%，配送成本降低 20%以上，为用户提供了更优质的配送服务。

（6）企业综合竞争实力显著增强。“超脑”即时配送系统实施后，配送效率和人均配送单量都大幅增长，各项指标均领先于竞争对手，取得竞争优势。配送成本的降低，也有利于节约运营成本，将资金用于其他方面，进一步扩大竞争优势。更重要的是，即时配送系统产业化后，不仅能为美团带来效益提升，还能为美团外卖体系的加盟商带来每年数十亿的经济效益，增强了外卖体系的综合竞争实力。

复习思考题

1. 什么是城市智慧物流信息平台？
2. 城市智慧物流信息平台有哪些作用？
3. 简述城市智慧物流信息平台的类型及主要功能。
4. 简述城市智慧物流信息平台的运营模式，并说明其各自的优缺点。
5. 简述城市智慧物流信息平台的技术架构。
6. 简述物联网技术的基本架构。
7. 什么是无线传感网？
8. 简述大数据的特征及其关键技术。
9. 简述云计算的概念及其特征。
10. SOA 架构的优点是什么？
11. 简述城市智慧物流信息平台的主要发展趋势。
12. 思考 LOGINK 的发展优势及特点，分析其存在的缺点及问题，并提出改进建议。

第 10 章

城市绿色智慧物流

城市绿色智慧物流是城市物流的新型发展模式，具有低碳、高效、可循环、可持续等特点，通过绿色智慧技术的应用，有效降低城市物流活动对环境的影响，并提高城市物流系统运行的效率。本章介绍城市绿色智慧物流的发展动因、内涵、作用、系统构成、业务体系、评估核算方法和发展趋势等内容。

10.1 城市绿色智慧物流的发展动因、内涵与作用

城市绿色智慧物流能够在更大程度上解决城市物流发展带来的与环境有关的负面问题。在满足城市物流发展需求上，它比其他方式更有利于保护环境、节约资源，可以更快速、更高效地促进物资在城市的有效流动。本节介绍城市绿色智慧物流的发展动因、内涵与作用。

10.1.1 城市绿色智慧物流的发展动因

城市物流的迅速发展带来极大的经济效益和社会效益，给人们的生活带来极大的方便，但与此同时，其带来的环境问题也不容小觑，全行业的物流纸箱、塑料袋、胶带等尚未形成有效回收和利用，几十万配送车辆也产生大量的污染物排放。因此，城市物流的绿色化、减量化势在必行。同时，随着现代信息技术的快速发展，积极推进人工智能、物联网、大数据、云计算等新兴智能技术在城市物流绿色化中的应用，是非常有效的手段。城市绿色智慧物流的发展动因主要包括国家政策和法律的推动、客户环保意识的推动、企业提升竞争力的需要等方面。

1. 国家政策和法律的推动

首先，城市物流绿色化作为生态文明建设的重要组成部分，受到国家和社会的高度重视，践行绿色低碳发展已成为企业发展的内在需求。快递包装等产生的环境问题引起多方关注，节能环保越来越多地被纳入城市物流业发展相关规划、条例和指导意见等文件中，特别是全社会、全行业、相关部门均已将城市物流绿色高质量发展作为工作重点。近几年来，国家陆

续出台了一系列与城市绿色智慧物流相关的政策措施，如表 10－1 所示。

表 10－1 城市绿色智慧物流的相关政策

发文机构	发布时间	文件名称
国务院办公厅	2022 年 12 月	“十四五”现代物流发展规划
国务院办公厅	2022 年 9 月	关于进一步加强商品过度包装治理的通知
国家发展改革委、国家能源局	2022 年 1 月	关于完善能源绿色低碳转型体制机制和政策措施的意见
国家邮政局	2021 年 12 月	“十四五”快递业发展规划
交通运输部	2021 年 11 月	综合运输服务“十四五”发展规划
中共中央、国务院	2021 年 9 月	关于完整准确全面贯彻新发展理念做好碳达峰碳中和工作的意见
十三届全国人大四次会议	2021 年 3 月	中华人民共和国国民经济和社会发展第十四个五年规划和 2035 年远景目标纲要
国家发展改革委、工业和信息化部等 13 部门	2020 年 8 月	推动物流业制造业深度融合创新发展实施方案
国家发展改革委、交通运输部	2020 年 5 月	关于进一步降低物流成本实施意见的通知
国家发展改革委、中央网信办等 24 部门	2019 年 3 月	关于推动物流高质量发展促进形成强大国内市场的意见

2019 年 3 月，国家发展改革委、中央网信办等 24 部门联合发布《关于推动物流高质量发展促进形成强大国内市场的意见》，加快绿色物流发展，持续推进柴油货车污染治理力度。2020 年 5 月，国家发展改革委、交通运输部联合发布《关于进一步降低物流成本实施意见的通知》，深入推动货物包装和物流器具绿色化、减量化，鼓励企业研发使用可循环的绿色包装和可降解的绿色包材。2020 年 8 月，国家发展改革委、工业和信息化部等 13 部门联合发布《推动物流业制造业深度融合创新发展实施方案》，推动产品包装和物流器具绿色化、减量化、循环化，促进资源循环利用。2021 年 3 月，十三届全国人大四次会议通过《中华人民共和国国民经济和社会发展第十四个五年规划和 2035 年远景目标纲要》，大力发展绿色经济，推动城市公交和物流配送车辆电动化，加快发展方式绿色转型。2021 年 9 月，中共中央、国务院印发《关于完整准确全面贯彻新发展理念做好碳达峰碳中和工作的意见》，加快推进低碳交通运输体系建设，推广节能低碳型交通工具，把碳达峰、碳中和纳入经济社会发展全局，对绿色物流的发展提出了更高的要求。2021 年 11 月，交通运输部发布《综合运输服务“十四五”发展规划》，深入推进城市绿色货运配送、大力发展清洁化运输装备，打造清洁低碳的绿色运输服务体系。2021 年 12 月，国家邮政局发布《“十四五”快递业发展规划》，构建绿色发展体系，推广应用绿色包装，加强行业碳排放管理，促进绿色低碳发展。2022 年 1 月，国家发展改革委、国家能源局联合发布《关于完善能源绿色低碳转型体制机制和政策措施的意见》，推进交通运输绿色低碳转型，完善交通运输领域能源清洁替代政策。2022 年 9 月，国务院办公厅发布《关于进一步加强商品过度包装治理的通知》，防范商品生产环节过度包装，避免销售过度包装商品，推进商品交付环节包装减量化，加强包装废弃物的回收和处置。2022 年 12 月，国务院办公厅发布《“十四五”现代物流发展规划》，推动绿色物流发展，推进物流领域节能减排，加快健全逆向物流服务体系。

其次，由于能源和环境问题日益突出，各级政府出台了大量关于环境保护方面的法律法规，以限制企业的污染排放行为，鼓励企业在运作过程中采用节能环保的生产方式，并对环保不达标的企业予以惩罚或强制关闭。城市物流企业要想生存和发展，首先必须遵守这些法律法规。同时，随着经济全球化进程的加快，许多国家为了保护自己的利益，采用绿色贸易壁垒。企业想要走出国门，参与全球竞争，就必须绿色化，满足甚至超越其要求。因此，城市物流业加快发展绿色物流，是应对挑战并在竞争中取得先机的重要举措。

2. 客户环保意识的推动

近年来，全球能源危机和环境问题日益突出，人们从来没有像今天这样关注能源和环境问题，建设低消耗、高利用、低排放的资源节约型和环境友好型社会已经成为共识。随着物流业的快速发展，城市物流带来的环境问题不可能再被忽视，企业发展的绿色化逐渐深入人心。消费者也越来越多地关注企业的环境声誉和产品或服务的绿色性，有些消费者甚至愿意为环境友好型产品或服务支付超额溢价。据统计，国内有超过 50%的消费者乐意购买绿色产品或服务。因此，企业物流和物流企业的经营者所感受到的环境规制和能源约束越来越强烈。为了满足客户的绿色化、多样化、个性化需求，企业必须对市场做出快速准确的响应，加快发展绿色物流是大势所趋。

3. 企业提升竞争力的需要

城市绿色物流的核心在于实现企业物流活动与社会和生态效益的协调，进而实现企业的可持续发展。企业以全新的管理理念实施绿色物流，能够在激烈的市场竞争中获得竞争优势。首先，城市绿色物流强调的是低投入、高产出的物流方式。企业通过合理设计物流流程，通过人工智能和物联网等技术的深入融合，使运输、配送和仓储的布局更加科学，运作规划与调度更加高效合理，对客户需求的反应速度更快，实现企业降本增效。其次，企业通过向客户提供高质量的绿色物流服务，一方面可以提升企业形象，提高消费者忠诚度，在消费者心目中确立良好的声誉，增加品牌价值和寿命，延长产品/服务生命周期，有利于企业价值的长远提升；另一方面可以通过向客户提供差异化服务，进一步细分市场，扩大市场占有率。另外，发展绿色物流使企业将产品或服务的开发、设计、生产和营销都纳入对环境因素的考虑，这不仅直接提高了自身的物流效率，而且还可以与供应链上的供应商、制造商、分销商等协同起来，从整个供应链的角度优化与组织物流，最终建立起包括绿色供应、绿色制造、绿色分销和绿色消费在内的绿色物流循环系统，形成协同效应，最终反馈给企业自身。

10.1.2 城市绿色智慧物流的内涵

1. 城市绿色智慧物流的概念

绿色智能化发展是城市物流未来发展的重要方向之一。一方面，城市物流的快速发展使得城市生态环境恶化，噪声污染、废气污染、交通拥挤和交通安全等问题日趋严重，已经影响到人们的生活质量和区域经济的协调发展。另一方面，信息网络、电子技术及人工智能技术的发展为城市物流业智能化提供了技术支持，双碳、数字经济、互联网+物流均已成为国家重要的发展战略，绿色低碳技术、物联网、大数据和云计算等技术在城市物流中的融合应用已成为热点与趋势。在城市发展与环境保护的要求下，城市物流正在以环境友好、低耗能、少费用为目标，向绿色化、低碳化、智慧化的方向发展。

城市绿色智慧物流是以提高城市物流系统运行效率和降低城市物流活动对环境影响为目的，以绿色化技术、协同化技术、智慧化技术为支撑，提升城市物流的基础设施、运营管理及资源利用等水平，保证城市物流各环节的无缝衔接及智慧化管理，实现城市物流全过程自主可控，最终达到城市物流绿色、高效、可循环、可持续的目标。

城市绿色智慧物流以物联网、传感网、大数据、云计算等技术为基础，以共享信息平台和人工智能为主要技术支持，应用绿色物流技术及创新协同共享的“互联网+”配送模式，实现城市物流资源的智能化整合，实现城市物流作业环节和物流管理过程的低碳化、绿色化，促进城市物流业降本增效，最终实现城市物流与相关产业的节能减排和可持续发展。

2. 城市绿色物流与低碳物流、循环物流的联系与区别

面对日益严峻的城市环境污染、资源短缺与能源危机等问题，除了城市绿色物流之外，城市低碳物流、循环物流等概念也纷纷被提出，并得到广泛的关注和应用。这些概念既有相通之处，但也有区别，如表 10－2 所示。

表 10－2 城市绿色物流与低碳物流、循环物流的联系与区别

		城市绿色物流	城市低碳物流	城市循环物流
共同点	理论基础相同	生态经济理论和系统理论，追求城市物流和社会经济、城市生态系统的有机统一、协调和平衡		
	技术手段相同	以生态技术为基础，保护环境，维持生态平衡，节约能源资源		
	追求目的相同	保护、改善城市自然环境，追求城市可持续发展和环境友好型社会		
不同点	研究角度不同	针对城市环境危机，促进城市生态修复、城市环境改善	针对气候危机，建立城市低碳物流结构，减少温室气体排放	针对资源危机，以资源减量化、再使用、再循环为基本特征
	实施控制环节不同	关注城市物流活动的整个过程	关注城市物流活动的能源输入端	关注城市物流活动的资源输入端和废弃物输出端
	核心内容不同	保障人与城市自然环境的和谐共存	低耗能、低污染、低排放	资源的循环利用

1）城市绿色物流与低碳物流、循环物流的联系

首先，理论基础相同。城市绿色物流、低碳物流和循环物流的理论基础都是生态经济理论和系统理论，立足于追求城市物流和社会经济、生态系统的有机统一、协调和平衡。以三大系统协调发展为核心，以包括人类在内的城市生态系统为研究对象，借鉴生态学的物质循环和能量转化原理，探索城市物流活动和城市资源、环境的全面协调发展，达到生态经济的最优目标。

其次，依靠的技术手段相同。城市绿色物流、低碳物流和循环物流都是以生态技术为基础。生态技术是遵循生态学原理和生态经济规律，能够保护环境，维持生态平衡，节约能源资源，促进人类与自然和谐发展的一切有效的手段和方法。生态技术将城市物流活动和生态环境视为一个有机整体，追求的是城市自然生态环境承载能力下的物流业持续增长。

最后，追求的目的相同。城市绿色物流、低碳物流和循环物流追求的目的都是保护、改善城市自然环境，追求城市的可持续发展和环境友好型社会的实现。考虑城市自然生态系统的承载能力，尽可能地节约自然资源，不断提高自然资源的利用效率。对城市物流的全过程采取战略性、综合性、预防性措施，降低物流活动对城市资源的过度使用及对城市环境所造成的负面影响。

2）城市绿色物流与低碳物流、循环物流的区别

首先，研究的角度不同。城市绿色物流针对的是城市环境危机，以促进城市生态修复、城市环境改善为前提，强调城市物流活动与城市生态系统的协调，突出以信息技术和智能技术为手段实现绿色生产、绿色流通、绿色配送，强调物流发展模式的转变。低碳物流针对的是气候危机，主要针对能源危机和全球气候变暖问题，重点是从建立城市低碳物流结构、减少碳能源消费入手，减少温室气体排放，形成在较高的城市物流发展水平上碳排放量又比较低的物流发展模式。循环物流针对的是资源危机，是以各种资源的减量化、再使用、再循环为基本特征的物流发展模式，侧重于资源多次重复利用，强调的是循环和生态效率，提倡生产、流通、消费全过程的资源节约和充分利用。

其次，实施控制的环节不同。从物流系统和自然系统相互作用的过程来看，城市绿色物流关注的是物流活动的整个过程，重点在于环境保护，改善生态环境质量。低碳物流强调的是城市物流活动的能源输入端，通过减少碳排放量，保护城市自然生态系统和气候条件。循环物流分别从资源的输入端和废弃物的输出端来研究城市物流活动与自然生态系统的相互作用，关注资源特别是不可再生资源的枯竭对城市物流发展的影响。

最后，核心内容不同。城市绿色物流强调以人为本，保障人与自然、人与环境的和谐共存，促使社会系统公平运行。低碳物流以低耗能、低污染、低排放为特征，其核心是能源技术创新和能源消费观念的根本性转变。循环物流的核心是资源的循环利用，其核心是提高资源效率和环境效率。

3. 城市循环物流的3R原则

城市循环物流从循环经济角度出发，以资源的循环高效利用为核心，以减量化（reduce）、再利用（reuse）、可循环（recycle）为原则，以低消耗、低排放、高效率为基本特征，通过对采购物流、生产物流、销售物流与废弃物回收物流的有机整合，实现资源重复再利用的资源节约型、环境友好型物流过程。循环物流的根本目的是要求在城市物流流程中尽可能减少资源投入，并且系统地避免和减少废弃物，通过废弃物再生利用减少废弃物的最终处理量。减量化、再利用、可循环是城市循环物流的行为准则，称为3R原则。

1）减量化原则

减量化原则要求用尽可能少的原料和能源投入来完成既定的生产或消费目的，从源头上节约资源和能源，减少污染。减量化原则常常表现为要求产品小型化和轻型化，产品的包装追求简单朴实，设计新包装解决方案以有效地重复利用和回收材料，优化仓储、运输和配送方案以提高仓储能力和减少车辆行驶距离与空驶率，达到减少废弃物排放的目的。

2）再利用原则

再利用原则要求产品和包装物等能够被反复使用，例如将废弃物直接作为产品或者经修复、翻新、再制造后继续作为产品使用，或者将废弃物的全部或者部分作为其他产品的部件予以使用。再使用原则要求抵制一次性用品的泛滥，尽量延长产品的使用期，而不是非常快地更新换代。因此，在产品或服务的设计和开发过程中都要注重耐用性和可重用性，使得产品的包装可以重复使用，零配件尽量可以互相替换使用。

3）可循环原则

可循环原则要求产品在完成使用功能后能重新变成可以利用的资源，同时也要求生产过

程中所产生的边角料、中间物料和其他一些物料也能返回到生产过程中或另外加以利用。因此，可循环有两种情况：一种是原级循环，即废品被循环利用来生产同种类型的新产品，例如报纸再生报纸、易拉罐再生易拉罐等；另一种是次级循环，即废弃物被循环利用作为其他产品的原材料。原级循环在减少原材料消耗上的效率要比次级循环高得多，是循环物流追求的理想境界。

10.1.3 城市绿色智慧物流的作用

城市绿色智慧物流发展不仅对环境保护和经济的可持续发展具有重要意义，还会给企业带来巨大的经济效益。国内外实践证明，绿色智慧物流是有价值的，这种价值不仅体现在概念层次上，还体现在实实在在的经济和社会价值上。绿色化可减少仓储、运输、包装、流通加工、配送等活动的资源消耗，降低城市物流运作成本。智慧化可提升信息处理效率，用更有效的手段协调管控城市物流的绿色化。因此，城市绿色智慧物流从绿色环保和智慧管理两个角度提升物流系统各环节的价值，给整个城市物流系统带来巨大增值。城市绿色智慧物流的具体作用如下。

（1）有利于企业降低成本。城市绿色智慧物流是企业提高运作效率、降低经营成本的必经之路，强调的是低投入、低排放、大物流的方式。商品从原材料到最终产成品，绝大多数时间都消耗在仓储、运输、配送、流通加工和包装等物流环节中，生产制造的时间平均不到20%。物流成本在产成品中占有很大的比重，传统物流活动较为粗放，对效率问题关注较少。城市绿色智慧物流强调资源的优化，通过科学设计物流活动和现代智能技术的深度融合应用，实现城市物流的绿色、节能、高效、少污染，由此可以带来物流经营成本的大幅度下降。

（2）有利于提高企业品牌价值。品牌价值是由市场占有率、品牌超值创利能力、品牌发展潜力等因素决定的。城市绿色智慧物流从产品的开发、设计，整个生产制造流程，到最终消费都纳入对环境因素的考虑，通过借助人工智能、大数据、云计算等技术，以及无人车、无人机等无人化技术，有效降低全流程各环节对城市环境的影响，降低碳排放，并提高资源的利用效率，有助于获得消费者和政府的认同，提高企业形象、企业声誉和市场占有率，增加企业品牌的价值和寿命。

（3）有利于企业获得竞争优势。城市物流绿色化建设倡导可持续发展和城市环境保护。对企业来说，肩负这一责任并不意味着经济上的损失。城市物流的绿色化和智慧化转型升级，能帮助企业减少资源浪费，提高资源的循环利用效率，降低物料和作业成本，从而增强市场竞争力。同时，如果企业注重物流活动的绿色化并获得绿色认证，将带来很大的市场竞争优势。因此，良好的绿色低碳行为是企业发展的马达而不是障碍。绿色智慧物流的核心在于实现企业物流活动与城市社会和生态环境的协调发展，以此形成高于竞争对手的相对优势，从而在激烈的市场竞争中获得发展。

（4）有利于提高城市物流总体运行效率。城市绿色智慧物流提倡供应链各节点企业通过信息共享、自动化协作，通过信息流与物流迅速、通畅、高效地运转，有效整合供应链资源并提高资源的循环利用效率，降低对城市环境的影响，提升综合服务能力，降低社会总成本。物联网、RFID、无线传感网、人工智能、全球定位和电子数据交换等现代信息技术的应用，使得消费者、生产者、政府相关部门等能够实时查询、准确跟踪商品的生产、运输、仓储和配送等情况，全方位、全过程实现有效监控，这将大大降低供应链节点企业及政府部门获取信息的难度，使城市物流控制和监管更便捷、更透明、更绿色。另外，智能化技术的应用也强化了企业和政府部门之间的联动融合，大幅削减人、财、物的开支。因此，城市物流的绿色智慧化建设，将极大地提高城市物流资源的整合能力、物流作业的减排放水平、不同企业组织之间的业务协同水平，从而提高城市物流总体运行效率。

（5）有利于社会经济可持续发展。城市物流活动的诸多方面都会对环境造成负面影响，这种影响的程度随着经济的发展而加剧，对社会经济的可持续发展产生消极影响。城市物流的发展一定要与社会的可持续发展相互配合，绝不能因物流而过分消耗资源、破坏环境，以至造成重复污染。大力加强对城市物流绿色化的政策和理论体系的建立和完善，对物流系统目标、物流设施和物流活动组织等进行改进与调整，实现物流系统的整体最优化和对环境的最低损害，有利于减少能源消耗，降低碳排放，提升资源循环利用，促进城市物流与社会经济及环境的可持续协调发展。

10.2　城市绿色智慧物流的系统构成与业务体系

10.2.1　城市绿色智慧物流的系统构成

城市绿色智慧物流系统实现以城市需求为基础的物流活动与城市环境、经济、社会共同发展，通过绿色智慧技术使城市物流活动过程中的废弃物尽量少，并尽可能使废弃物实现资源化与无害化处理，通过智慧物流技术对城市物流系统的综合管控，减少资源消耗和物流活动的浪费，促进城市物流绿色低碳循环发展。城市绿色智慧物流系统形成了包括城市物流中心、协同配送、社区、商超、餐饮、再生资源利用中心在内的闭环式物流系统。城市绿色智慧物流的系统构成如图 10－1 所示。

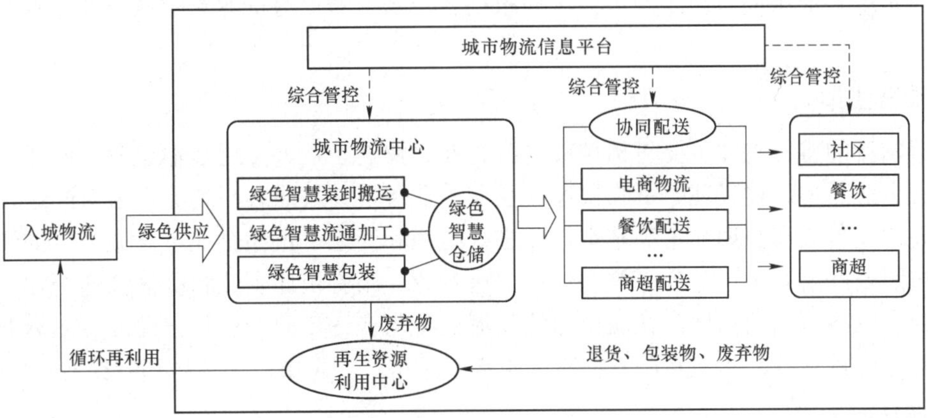

图 10－1　城市绿色智慧物流的系统构成

总体上说，整个系统包括入城物流的绿色供应，城市物流中心的绿色智慧装卸搬运、绿色智慧流通加工、绿色智慧包装、绿色智慧仓储，城市物流企业的协同配送，以及基于再生资源的逆向物流等环节，实现节约资源、低碳排放和环境保护。

1. 入城物流

入城物流是整个城市物流系统的开始，大部分城市配送货物都来自城市之外。按照减量化原则要求，城市所需的入城供应物资都必须具有环境友好的特性，不仅无毒、无副作用，而且也是减量化、便于拆卸和再循环的。

1）绿色供应商的选择与管理

需要考虑供应商提供的产品或原材料是否具有污染性、生产制造过程是否清洁、运输过程是否能够节省能源等因素。通过与供应商沟通协商，尽量降低材料使用，减少废弃物产生，最大限度地关注产品的使用效率及环境效益，尽可能减少产品及其使用后对环境带来的污染，以实现需方、客户和城市环境的多赢。

2）协同采购

协同采购指城市内企业和城市外供应商在共享库存、共享需求等信息的基础上，根据产品供应情况实时在线地调整计划和执行交付的过程。协同采购使得企业可以在不牺牲服务水平的基础上尽可能地降低库存。

2. 城市物流中心

无论是生产或流通企业建设的自用型物流中心，还是第三方物流或产地商建设的公共物流中心，都是城市物流网络的重要节点。通过绿色智慧装卸搬运、绿色智慧流通加工、绿色智慧包装、绿色智慧仓储可进一步降低城市物流运作成本，实现低碳化和绿色化。

3. 协同配送

协同配送指通过统一的城市物流信息平台综合管控，由多个企业联合组织实施的配送活动，主要针对某一区域客户所需货物数量较少而使车辆不满载、配送车辆利用率不高等情况。协同配送可以最大限度地提高人员、物资、资金、时间等资源的利用效率，取得最大化的经济效益；可以去除多余的交错运输，并取得缓解交通拥堵、保护环境等社会效益。在配送过程中，应采用新能源或清洁能源车辆，并根据客户需求和已有资源对配送作业进行整体优化设计。

4. 服务主体

城市物流的服务主体主要包括城市物流企业、快递企业、交通运输企业、商业企业等。城市物流企业从事运输代理、货物快递、仓储等业务，并按照客户物流需求对配送、运输、储存、装卸、包装和流通加工等基本作业进行组织和管理。快递企业主营城市内的快件配送服务，按照资产所有制可分为三类：外资快递企业、国有快递企业和民营快递企业。交通运输企业由于业务范围的拓展，在城市内的物流业务也在逐步向专业化方向发展。商业企业将仓储与配送运输结合，建立其自营物流，服务于城市，如超市、连锁店和餐馆等。

5. 服务对象

城市物流服务于整个城市，其服务对象主要是城市居民和城市企业。针对不同的服务对象，城市物流提供不同的服务。对于城市居民，市民的生活需求是物流服务的直接来源。对于城市企业，城市物流提供的服务也不相同，按照经营方式和服务内容的不同，可分为以下4类。

1）商超企业

商超企业常称超市，是以顾客自选方式经营食品、日用品为主的大型综合性零售商场，是主要的商业零售组织形式。城市物流为商超提供百货商品的运输与配送服务。

2）电商企业

电商企业是通过网络进行生产、经营、销售和流通活动的企业，主要以电子化方式依托现代信息技术进行商务活动。城市物流为电商企业提供的主要服务是商品的运输、存储和配送等物流服务。

3）餐饮企业

餐饮企业是以经营餐饮服务为主的企业，包括以餐饮为主的酒店、宾馆、纯餐饮酒楼、专业餐饮会所、快餐、小吃店等餐饮经营形式。城市物流是原材料供应到餐饮企业，再到消费者的桥梁，提供食物原材料的配送、快餐配送等服务。

4）生产、批发、零售等企业

生产、批发、零售等企业是依法成立，从事商品生产、批发、零售等经营活动，经济上实行独立核算、自负盈亏，法律上具有法人资格的组织。城市物流提供原材料和产成品的运输、仓储和配送等服务。

6. 逆向物流

在城市中构建逆向物流服务体系，通过基于物联网、大数据、云计算、人工智能等技术的城市物流信息平台，将主要区域和主要行业、主要企业的逆向物流活动进行有效整合和统一，形成逆向物流一体化发展模式，提高逆向物流的作业效率与经济收益，减少无效移动。通过逆向物流对废弃包装、边角料、中间物料、生产生活废弃物等进行维修、再利用和再处理，实现减少环境污染、提高资源利用效率和创造经济价值的目标。

10.2.2 城市绿色智慧物流的业务体系

城市绿色智慧物流以物联网、传感网、云计算、大数据等智慧物流技术为基础，以城市物流的绿色、低碳、循环发展为目标，以共享信息平台、绿色化技术和人工智能为主要技术支持，创新协同共享的城市物流资源绿色智慧化整合模式，重塑城市物流分工，智慧化与绿色化并存，实现城市物流活动的低碳、高效、可循环和可持续。城市绿色智慧物流的业务体系主要由绿色智慧仓储、绿色智慧配送、绿色智慧运输、绿色智慧包装、绿色智慧流通加工和绿色智慧装卸搬运等组成。

1. 绿色智慧仓储

绿色智慧仓储指以节约资源、保护环境与减少污染为原则设计与建设仓库，并配套应用节能环保的智能化仓储设施设备技术从事仓储活动，以节约仓储的经济成本和环境成本。绿色智慧仓储的核心要求是智慧环保且节能减排，如节地、节电、节水、节材、减少碳排放等。实现绿色智慧仓储可从以下 4 个方面入手。

（1）在仓库选址方面，绿色智慧仓储要求仓库节点分布合理，以节约运输成本，减少车辆尾气排放。分布过于密集，会增加运输次数，增加资源消耗；而分布过于松散，会降低运输效率，增加车辆空载率。

（2）在仓库建设方面，应当进行相应的环境影响评估，并最大限度地使用节能技术、清洁能源及节能环保材料，例如：充分利用自然光；选择环保、可循环利用的仓库建筑材料；仓库屋顶实施光伏发电等。

（3）在作业设备方面，优先采用使用清洁能源的机械化、自动化、智能化仓储设备，且应易于维修、更换和循环使用；合理配置装卸、搬运、分拣、包装等自动化、智能化设备；在满足作业流程需要的前提下，应尽量选择立体货架等高密度存储设施设备；采用具有互换性、可循环使用的标准化单元器具。

（4）在作业管理方面，应根据作业方式、作业路径及物流工艺，合理规划货位；作业流程合理、简洁、高效，避免迂回和交叉，减少搬运环节；制定废弃物管理制度，合理规划废弃物物流，并有效实施。

（5）在仓储管理系统方面，通过感知、通信、总线、控制和信息技术的应用，由立体货架、有轨巷道堆垛机、AGV、智能穿梭车与搬运车、出入库输送系统、智能感知系统、自动控制系统、计算机监控与决策系统、计算机管理系统及其他辅助设备组成，协调各类设备共同工作，通过智能分仓、智能货位布局、仓库动态分区、作业资源匹配与路径规划等手段，实现仓储作业绿色化、智能化、低碳化。

2. 绿色智慧配送

绿色智慧配送指在配送过程中抑制对城市环境造成的大气和噪声等污染，降低能源消耗和碳排放，实现配送环境的净化，以及配送作业环节和配送管理全过程的智慧化、绿色化和低碳化。实现绿色智慧配送的途径主要有以下 3 个方面。

（1）对城市物流配送污染源进行控制，即在物流配送系统和配送活动的规划和决策中尽量采用对环境污染小的方案，如采用排污量小或使用清洁能源的货车车型；通过门店前置、社区级前置等手段，实现近距离配送、夜间送货等。

（2）建立工业和废料处理的逆向物流系统，如研发新型包装材料，实现包装材料可降解、可回收、可循环使用；使用电子面单替代传统纸质面单，节约纸张成本；通过对商品、包裹等包装嵌入可追溯的电子码或电子标签，优化废弃物回收处理流程，实现对废弃物的有效管理和回收，提高回收处理效率。

（3）创新城市配送体系与模式，如实施城市共同配送，多个企业联合起来在末端共享配送资源，同一片区域交由一个快递员派送，有效节省时间、人力和车辆行驶里程；选择节能环保的配送车辆，如电动汽车、清洁能源汽车等；通过智能路由分单、智能调度、精准预估等手段，优化配送调度等。

3. 绿色智慧运输

绿色智慧运输指通过绿色化技术和智能化技术的综合应用，在城市运输作业过程中尽量减少废气、废物和噪声对城市环境的影响，通过合理安排运输作业时间和选择运输路线，缓解城市交通拥堵。实现绿色智慧运输可从以下两个方面入手。

（1）使用新能源运输车辆和节能环保型物流设施设备。作为物流体系中非常重要的一环，城市运输环节会产生大量能耗和废气污染，是城市物流中污染比较严重的一环。从减少排放、节约能耗的角度考虑，选择更为环保的新型运输工具已成为物流业绿色化转型的思路之一。

（2）通过物联网、传感网、大数据等技术和人工智能算法，优化运输作业过程，实现降本增效、节能减排。物联网、传感网、5G 等技术的快速发展和应用，使得实时感知运力资源、道路交通环境和各运输车辆当前运输任务等信息成为可能。在大数据、云计算和人工智能算法的支持下，根据货物的重量、体积、目的地，以及车辆、驾驶员、道路交通网络及环境等情况，对运输作业任务和运力进行即时匹配调度，实时制定出车辆、人员、货物和路径的最优组合，达到耗能少、碳排放小、行驶里程短、耗时少等目标。

4. 绿色智慧包装

绿色智慧包装指采用天然植物或矿物质为原料研制成、对生态环境和人类健康无害、有利于回收利用、易于降解、可持续发展的环保型包装，根据货物的静态属性、动态属性、客户要求及包装成本等因素自动选择包装容器、包装材料和包装技术。也就是说，包装产品从原料选择、产品研制到使用和废弃回收的整个生命周期，均应符合生态环境保护的要求。绿色智慧包装既减少人工投入，又安全环保，同时避免人工因判断失误而造成损失。实现绿色智慧包装可从以下 3 个方面入手。

（1）包装模数化。即确定包装基础尺寸的标准，要求进入流通领域的产品均按模数规定的尺寸包装。模数化包装有利于小包装的集合和智能化处理，如利用集装箱及托盘装箱、装盘。包装模数如能和仓库设施、运输设施尺寸模数统一化，也有利于运输和保管，实现物流系统的合理化。

（2）包装的大型化、集装化和智慧化。此种方式有利于物流系统在装卸、搬运、保管、运输等过程的机械化和智能化，加快这些环节的作业速度，也有利于减少单位包装成本，节约包装材料和包装费用，有利于保护货体。例如，采用集装箱、集装袋、托盘等集装方式。

（3）包装反复使用和废弃包装再生处理，如采用周转包装，可多次反复使用，如绿色循环帆布袋、冷链循环箱等；梯级利用，一次使用后的包装物，用毕转作他用或简单处理后转作他用；对废弃包装物经再生处理，转化为其他用途或制作新材料。

5. 绿色智慧流通加工

绿色智慧流通加工指采用绿色智能化的装备及技术、生产工艺，对流通中的商品进行生产性加工，以使其成为更加适合消费者需求的最终产品。流通加工具有较强的生产特性，容易创造附加价值，对环境的影响主要表现在分散的流通加工过程中能源利用率低，产生的边角余料、排放的废气、废弃物等污染周边环境，还有可能产生二次污染等。实现绿色智慧流通加工的途径主要有以下 3 个方面。

（1）创新生产加工工艺，采用清洁能源的自动化加工设备和无人搬运设备，降低流通加工环节的能耗和碳排放，降低其他粉尘烟雾等污染物对环境的污染。

（2）变分散加工为专业集中加工，以规模作业方式，通过智能化技术的运用实现高效调度，缩短流通加工时间，提高加工设备利用效率，以减少环境污染。

（3）集中处理加工中产生的边角废料和中间物料等，研发对边角废料的循环利用方式，提高资源利用率。

6. 绿色智慧装卸搬运

绿色智慧装卸搬运是为了尽可能减少装卸搬运环节产生的粉尘烟雾等污染物而采取的装卸搬运手段及措施。通过使用清洁能源的 AGV、无人搬运车等技术和人工智能算法，消除无效搬运、提高搬运灵活性、创造易于搬运的环境和使用易于搬运的包装等手段，减少搬运时间，节省搬运成本，同时注意货物集散地的污染防治工作，保证装卸搬运的绿色高效。

10.3 城市绿色智慧物流的评估核算方法

近年来，我国城市物流快速发展，在提升城市功能、促进城市发展等方面发挥了重要推动作用，但由此带来对城市环境的影响却不容忽视。如今城市物流运输和配送带来的污染等问题日趋严重，已经影响到人们的生活质量和城市经济的协调发展。因此，在推进城市物流绿色化、智慧化的建设过程中，对城市物流的资源利用和污染排放进行评估与核算，对促进城市物流的绿色低碳循环发展，具有非常重要的指导作用。本节从资源产出、废弃物循环利用、温室气体排放、废物处置等方面，对城市绿色智慧物流进行评估与核算。

10.3.1 城市绿色智慧物流主要资源产出的核算方法

城市绿色智慧物流要求用尽量少的原料和能源投入来完成既定的生产或服务目的，尽可能节约资源和能源投入，从而减少废弃物排放。用主要资源产出率指标来刻画城市物流企业的资源利用水平。主要资源产出率Y，定义为核算期内企业总产值与主要资源消费量的比值，按式（10－1）计算。

$$Y=\frac{T}{U}\times 100\% \tag{10－1}$$

式中：

Y——企业在核算期内的主要资源产出率；

T——企业在核算期内的总产值，单位为亿元；

U——企业在核算期内的主要资源消费量，单位为亿元。

（1）企业总产值T，指企业在核算期内生产的产品和服务的价值总和，反映企业生产经营活动的价值成果，包括固定资产折旧、各种税金、人员工资、企业利润和支付的银行利息等新增加的价值。

（2）主要资源消费量U，指企业在核算期内消费的主要资源的价值总和，反映企业生产经营活动的投入。主要资源包括化石能源（煤、石油、天然气等）、水资源、建设用地、钢铁资源、有色金属资源（铜、铝、铅、锌、镍等）、非金属资源（石灰石、磷、硫等）、生物质资源（木材、谷物等）。主要资源的购入量、外销量采用采购单或销售单等结算凭证上的数据。

10.3.2 城市绿色智慧物流主要废弃物循环利用的核算方法

城市绿色智慧物流要求尽可能对城市物流活动过程中产生的废品、废弃物进行循环再利用，以减少废弃物排放。用主要废弃物循环利用率指标来刻画城市物流企业的资源循环利用水平。城市物流活动过程中的主要废弃物包括一般工业固体废物、废水、主要再生资源等。主要废弃物循环利用率R，定义为各主要废弃物资源化利用率的加权平均值，按式（10－2）计算。

$$R=\alpha_w R_w+\alpha_l R_l+\alpha_r R_r \tag{10－2}$$

式中：

R——企业在核算期内的主要废弃物循环利用率；

R_w——企业在核算期内的一般工业固体废物综合利用率；

R_l——企业在核算期内的废水重复利用率；

R_r——企业在核算期内的主要再生资源回收率；

α_w、α_l、α_r——分别为一般工业固体废物综合利用率、废水重复利用率、主要再生资源回收率的权重。

（1）一般工业固体废物综合利用率 R_w，指在核算期内企业一般工业固体废物综合利用量占工业固体废物产生量（包括综合利用往年贮存量）的比率，按式（10-3）计算。

$$R_w = \frac{U_w}{P_w + S_w} \times 100\% \tag{10-3}$$

式中：

U_w——企业在核算期内的一般工业固体废物综合利用量，单位为吨（t）；

P_w——企业在核算期内的工业固体废物产生量，单位为吨（t）；

S_w——企业综合利用的往年工业固体废物贮存量，单位为吨（t）。

（2）废水重复利用率 R_l，指在核算期内企业重复用水量占企业用水总量的比率。重复用水量是指在确定的用水单元或系统内，所有未经处理和处理后又重复使用的水量总量，包括循环水、串联水、回用水。重复用水量不包括北方地区城镇热力网内循环的热水、火力发电设备内进行汽水循环的除盐水。废水重复利用率 R_l 按式（10-4）计算。

$$R_l = \frac{U_l}{U_l + U_f} \times 100\% \tag{10-4}$$

式中：

U_l——企业在核算期内的重复用水量，单位为吨（t）；

U_f——企业在核算期内的用新水量，单位为吨（t）。

（3）主要再生资源回收率 R_r，指在核算期内企业废钢铁、废有色金属（铜、铝、铅、锌）、废纸、废塑料、废橡胶、报废汽车、废弃电器电子产品等七类主要再生资源回收量与产生量的比值，按式（10-5）计算。

$$R_r = \frac{\sum \beta_i Q_i}{\sum \beta_i P_i} \times 100\% \tag{10-5}$$

式中：

i——主要再生资源的种类，即废钢铁、废有色金属、废纸、废塑料、废橡胶、报废汽车、废弃电器电子产品等；

Q_i——企业在核算期内第 i 类再生资源回收量，单位为吨（t）；

P_i——企业在核算期内第 i 类再生资源产生量，单位为吨（t）；

β_i——第 i 类再生资源的权重。

【例 10-1】某运输企业一年内产生的废旧轮胎、废橡胶、报废汽车等废弃物共 20 t（无其他工业固体废弃物），通过出售给回收厂家、报废汽车回收等途径处理了 16 t。另外，新用水 400 t，通过洗车水重复利用等技术重复用水 600 t。试计算该企业一年内的废弃物循环利用率。（注：假设各主要废弃物资源化利用率的权重相等、每类再生资源的权重相等。）

解：废旧轮胎、废橡胶、报废汽车等废弃物属于主要再生资源，因每类再生资源的权重

相等，按式（10－5），主要再生资源回收率为

$$R_r = \frac{16}{20} \times 100\% = 80\%$$

其次，按式（10－4），废水重复利用率为

$$R_l = \frac{600}{600+400} \times 100\% = 60\%$$

除主要再生资源和废水外，无其他工业固体废弃物，且各主要废弃物资源化利用率的权重相等，按式（10－2），该企业一年内的废弃物循环利用率为

$$R = 0.5R_l + 0.5R_r = 70\%$$

10.3.3 城市绿色智慧物流温室气体排放的核算方法

城市绿色智慧物流要求在城市物流活动过程中尽可能减少碳能源消费，避免和减少温室气体排放。用温室气体排放总量指标来刻画城市物流企业的温室气体排放水平。温室气体排放核算范围为企业所有物流活动的温室气体排放，即企业全部设施和业务产生的温室气体排放。核算的温室气体种类为二氧化碳（CO_2）、甲烷（CH_4）和氧化亚氮（N_2O），排放源包括燃料燃烧排放、尾气净化过程排放和净购入电力热力隐含的排放，如表 10－3 所示。

表 10－3 城市物流活动温室气体主要排放源

物流活动	燃料燃烧排放			尾气净化过程排放		净购入电力热力隐含的排放	
	主要化石燃料种类	主要耗能设备	温室气体种类	排放设备	温室气体种类	主要耗能设备	温室气体种类
运输	汽油、柴油、天然气和液化石油气等	载货汽车（以化石燃料为动力，如汽油车、柴油车、单一气体燃料汽车、两用燃料汽车、双燃料汽车、混合动力电动汽车等）、货运站场（燃煤、燃油和燃气设施等）	CO_2 CH_4 N_2O	载货汽车	CO_2	载货汽车（以电力为动力，如电车、纯电动汽车、插电式混合动力汽车等）	CO_2
仓储	液化天然气、天然气、液化石油气、无烟煤、烟煤等	锅炉、发电机	CO_2 CH_4 N_2O	—	—	照明、冻库、中央空调、工用制冷器、通风等设施	CO_2
装卸搬运	汽油、柴油、天然气和液化石油气等	内燃叉车、堆高机、移动登高车、码垛机、吊车等	CO_2 CH_4 N_2O	内燃叉车	CO_2	电动叉车、电动托盘车等	CO_2

燃料燃烧排放，指核算期内企业净消耗的化石燃料燃烧产生的温室气体排放，包括运输、配送、仓储、装卸搬运过程中移动源排放（如车辆、内燃叉车等）及固定源排放（如锅炉等）。化石燃料燃烧产生的温室气体排放主要为 CO_2、CH_4 和 N_2O。

尾气净化过程排放，指核算期内企业运输车辆或装卸搬运车辆尾气净化过程产生的 CO_2 排放。

净购入使用电力热力隐含的排放，指核算期内企业净购入使用电力和热力（如蒸汽）隐含的 CO_2 排放。该部分排放实际发生在电力、热力生产企业。

1. 企业温室气体排放总量

企业温室气体排放总量 E，为核算期内企业物流过程中所有化石燃料燃烧排放量、尾气

净化过程排放量和净购入电力热力隐含的排放量之和，按式（10-6）计算。

$$E = E_b + E_g + E_p \tag{10-6}$$

式中：

E——企业物流过程温室气体排放总量，单位为吨 CO_2 当量（tCO_{2e}）；

E_b——企业净消耗的各种化石燃料燃烧产生的温室气体排放量，单位为吨 CO_2 当量（tCO_{2e}）；

E_g——企业运输车辆尾气净化过程产生的 CO_2 排放量，单位为吨 CO_2（tCO_2）；

E_p——企业净购入电力热力隐含的 CO_2 排放量，单位为吨 CO_2（tCO_2）。

2. 燃料燃烧排放量

燃料燃烧排放量 E_b，是企业在核算期内各种化石燃料燃烧产生的温室气体 CO_2、CH_4 和 N_2O 的排放量之和，按式（10-7）计算。

$$E_b = E_{CO_2} + E_{CH_4} + E_{N_2O} \tag{10-7}$$

式中：

E_{CO_2}——企业净消耗的各种化石燃料燃烧产生的 CO_2 排放量，单位为吨 CO_2（tCO_2）；

E_{CH_4}——企业净消耗的各种化石燃料燃烧产生的 CH_4 排放量，单位为吨 CO_2 当量（tCO_{2e}）；

E_{N_2O}——企业净消耗的各种化石燃料燃烧产生的 N_2O 排放量，单位为吨 CO_2 当量（tCO_{2e}）。

1）二氧化碳排放量

二氧化碳排放量 E_{CO_2}，是企业在核算期内净消耗的 $i\,(1 \leqslant i \leqslant n)$ 种化石燃料燃烧产生的 CO_2 排放量之和，按式（10-8）计算。

$$E_{CO_2} = \sum_{i=1}^{n} A_i F_i \tag{10-8}$$

式中：

A_i——核算期内第 i 种化石燃料的活动水平，单位为吉焦（GJ）；

F_i——第 i 种化石燃料的二氧化碳排放因子，单位为吨二氧化碳/吉焦（tCO_2/GJ）；

i——燃烧的化石燃料类型。

（1）第 i 种化石燃料的活动水平 A_i 按式（10-9）计算。

$$A_i = V_i \times C_i \tag{10-9}$$

式中：

V_i——核算期内第 i 种化石燃料的平均低位发热量：对固体或液体燃料，单位为吉焦/吨（GJ/t）；对气体燃料，单位为吉焦/万立方米（GJ/10^4 m^3）（低位发热量缺省值如表 10-4 所示）；

C_i——核算期内第 i 种化石燃料的消费量：对固体或液体燃料，单位为吨（t）；对气体燃料，单位为万立方米（10^4 m^3）。

企业在核算期内化石燃料净消耗量包括其物流过程中全部移动设施（如载货汽车、内燃叉车等）及固定设施（如货运站场、仓库等）燃烧的化石燃料消费量。根据核算期内各种化

石燃料购入量、外销量及库存变化量来确定各自的净消耗量，即

净消耗量=购入量+(期初库存量–期末库存量)–外销量

化石燃料购入量、外销量采用采购单或销售单等结算凭证上的数据，库存变化量采用计量工具读数或其他符合要求的方法来确定。

（2）第i种化石燃料的二氧化碳排放因子F_i按式（10–10）计算。

$$F_i = S_i \times O_i \times \frac{44}{12} \tag{10–10}$$

式中：

S_i——第i种化石燃料的单位热值含碳量，单位为吨碳/吉焦（tC/GJ）（单位热值含碳量缺省值如表10–4所示）；

O_i——第i种化石燃料的碳氧化率（碳氧化率缺省值如表10–4所示）；

44/12——二氧化碳与碳的分子量之比。

表10–4 化石燃料低位发热量、单位热值含碳量和碳氧化率缺省值

燃料品种	低位发热量		单位热值含碳量/（tC/GJ）	碳氧化率/%
	缺省值	单位		
汽油	44.800	GJ/t	18.90×10^{-3}	98
柴油	43.330	GJ/t	20.20×10^{-3}	98
液化天然气	41.868	GJ/t	15.30×10^{-3}	99
天然气	389.310	$GJ/10^4\ m^3$	15.30×10^{-3}	99
液化石油气	47.310	GJ/t	17.20×10^{-3}	99
无烟煤	24.515	GJ/t	27.49×10^{-3}	94
烟煤	23.204	GJ/t	26.18×10^{-3}	93

2）甲烷和氧化亚氮排放量

甲烷排放量E_{CH_4}和氧化亚氮排放量E_{N_2O}，分别按式（10–11）、式（10–12）计算。

$$E_{CH_4} = \sum_{i,j,k} d_{i,j,k} F_{CH_4} G_{CH_4} \times 10^{-9} \tag{10–11}$$

$$E_{N_2O} = \sum_{i,j,k} d_{i,j,k} F_{N_2O} G_{N_2O} \times 10^{-9} \tag{10–12}$$

式中：

$d_{i,j,k}$——核算期内不同车型、燃料种类、排放标准的载货车辆行驶里程，单位为千米(km)；

F_{CH_4}、F_{N_2O}——甲烷、氧化亚氮排放因子，单位为毫克甲烷（氧化亚氮）/千米［$mgCH_4$（N_2O）/km］（排放因子缺省值如表10–5所示）；

G_{CH_4}、G_{N_2O}——甲烷、氧化亚氮的全球增温潜势（按IPCC第二次评估报告推荐的、在100年时间尺度下的数值，CH_4和N_2O转换成CO_2当量计的全球增温潜势值分别为21和310）；

i——燃料类型，如柴油、汽油、天然气、液化石油气等；

j——车辆类型，如轻型载货汽车、重型载货汽车等；

k——排放标准，如执行国Ⅰ及以下、国Ⅱ、国Ⅲ或国Ⅳ及以上排放标准。

表10－5 甲烷、氧化亚氮排放因子缺省值

	轻型载货汽车								重型载货汽车			
	汽油				柴油				汽油	柴油	天然气	
	国Ⅰ	国Ⅱ	国Ⅲ	国Ⅳ及以上	国Ⅰ	国Ⅱ	国Ⅲ	国Ⅳ及以上	所有	所有	国Ⅳ及以上	其他
CH_4 排放因子/（$mgCH_4/km$）	45	94	83	57	18	6	7	0	140	175	900	5 400
N_2O 排放因子/（mgN_2O/km）	122	62	36	16	0	3	15	15	6	30	—	—

3. 尾气净化过程排放量

应根据尾气净化剂类型及工作原理，确定在尾气净化过程中产生的二氧化碳排放量。活动水平数据获取以企业统计为准，企业应对安装尿素选择性催化还原器（SCR）系统的运输车辆进行计量和统计。与尿素选择性催化还原器系统在运输车辆中的使用有关的尾气净化过程排放量可按式（10－13）计算。

$$E_g = M_u \times \frac{12}{60} \times P_u \times \frac{44}{12} \times 10^{-3} \tag{10-13}$$

式中：

M_u——核算期内催化转化器使用消耗的尿素添加剂的质量，单位为千克（kg）；

P_u——核算期内尿素添加剂中尿素的质量比例；

12/60——碳与尿素的分子量之比。

4. 净购入电力热力隐含的排放量

企业物流活动净购入电力热力隐含的 CO_2 排放量 E_p 按式（10－14）计算。

$$E_p = \sum_i A_{ei}F_{ei} + A_t F_t \tag{10-14}$$

式中：

i——区域电网；

A_{ei}——核算期内从第 i 个区域电网净购入电量，单位为兆瓦时（MWh）；

F_{ei}——第 i 个区域电网供电平均 CO_2 排放因子，单位为吨 CO_2/兆瓦时（tCO_2/MWh）；

A_t——核算期内净购入热力量（如蒸汽量），单位为吉焦（GJ）；

F_t——供热 CO_2 排放因子，单位为吨 CO_2/吉焦（tCO_2/GJ）。

（1）电力排放因子 F_{ei} 应根据企业购电所属电网及东北、华北、华东、华中、西北、南方电网的划分，选用国家主管部门发布的最近年份相应区域电网平均 CO_2 排放因子进行计算。目前最新数据是国家发展改革委发布的2012年度中国区域电网平均 CO_2 排放因子，如表10－6所示。

（2）企业净购入的热力消费量 A_t 以热力购售结算凭证或企业能源消费台账或统计报表为据，等于购入蒸汽、热水的总热量与外供蒸汽、热水的总热量之差。

（3）供热 CO_2 排放因子 F_t 暂按 0.11 tCO_2/GJ 计算，最新数据以政府主管部门发布的数值为准。

表 10－6　2012 年度中国区域电网平均 CO_2 排放因子

区域电网名称	平均 CO_2 排放因子（tCO_2/MWh）
华北区域电网	0.884 3
东北区域电网	0.776 9
华东区域电网	0.703 5
华中区域电网	0.525 7
西北区域电网	0.667 1
南方区域电网	0.527 1

【例 10－2】 某城市运输企业拥有的车辆均为国Ⅳ及以上标准的轻型载货汽油车。在一年的统计周期内，载货汽车总行驶里程为 1.44×10^7 km。企业储存汽油的用途均为汽车燃料，年初汽油库存量为 20 t，全年总购入汽油 1 350 t，年末汽油还剩余 22 t。试计算该企业汽油燃料燃烧产生的温室气体排放量。

解：该企业在核算期内的汽油净消耗量为

$$C_{汽油}=购入量+(期初库存量-期末库存量)-外销量=1\,350+(20-22)=1\,348\text{（t）}$$

根据表 10－4，汽油燃料的平均低位发热量 $V_{汽油}=44.80\ \text{GJ/t}$。按式（10－9），该企业的汽油燃料活动水平为

$$A_{汽油}=V_{汽油}\times C_{汽油}=44.80\times1\,348=60\,390.40\text{（GJ）}$$

根据表 10－4，汽油燃料的单位热值含碳量 $S_{汽油}=18.90\times10^{-3}\ \text{tC/GJ}$，碳氧化率 $O_{汽油}=0.98$。按式（10－10），该企业的汽油燃料二氧化碳排放因子为

$$F_{汽油}=S_{汽油}\times O_{汽油}\times\frac{44}{12}=18.90\times10^{-3}\times0.98\times\frac{44}{12}=0.067\,914\text{（}tCO_2/GJ\text{）}$$

按式（10－8），该企业汽油燃料燃烧产生的二氧化碳排放量为

$$E_{CO_2}=A_{汽油}\times F_{汽油}=60\,390.40\times0.067\,914=4\,101.353\,6\text{（}tCO_2\text{）}$$

根据表 10－5，轻型载货汽油车的甲烷排放因子 $F_{CH_4}=57\ \text{mg/km}$。按式（10－11），该企业的甲烷排放量为

$$E_{CH_4}=\sum_{i,j,k}d_{i,j,k}F_{CH_4}G_{CH_4}\times10^{-9}=1.44\times10^7\times57\times21\times10^{-9}=17.236\,8\text{（}tCO_{2e}\text{）}$$

根据表 10－5，轻型载货汽油车的氧化亚氮排放因子 $F_{N_2O}=16\ \text{mg/km}$。按（10－12），该企业的氧化亚氮排放量为

$$E_{N_2O}=\sum_{i,j,k}d_{i,j,k}F_{N_2O}G_{N_2O}\times10^{-9}=1.44\times10^7\times16\times310\times10^{-9}=71.424\text{（}tCO_{2e}\text{）}$$

因此，按式（10-7），该企业汽油燃料燃烧产生的温室气体排放量为

$$E_b = E_{CO_2} + E_{CH_4} + E_{N_2O} = 4\,101.353\,6 + 17.236\,8 + 71.424 = 4\,190.014\,4\ (tCO_{2e})$$

10.3.4 城市绿色智慧物流主要废物处置的核算方法

城市绿色智慧物流要求在城市物流活动过程中尽可能避免和减少废弃物排放。用主要废物处置量指标来刻画城市物流企业的废弃物末端排放水平。城市物流活动的主要废物包括工业固体废物、工业废水和重点污染物等。主要废物处置量W，定义为核算期内企业各主要废物处置量的总和，按式（10-15）计算。

$$W = W_s + W_l + W_p \tag{10-15}$$

式中：

W_s——企业在核算期内的工业固体废物处置量，单位为吨（t）；

W_l——企业在核算期内的工业废水排放量，单位为吨（t）；

W_p——企业在核算期内的重点污染物排放量，单位为吨（t）。

（1）工业固体废物处置量W_s，指核算期内企业将工业固体废物焚烧和用于其他改变工业固体废物的物理、化学、生物特性的方法，达到减少或消除其危险成分的活动，或者将工业固体废物最终置于符合环境保护规定要求的填埋场的活动中，所消纳固体废物的量。工业固体废物主要包括废钢铁、废包装、废纸箱及废纸、废轮胎等。处置方法有填埋、焚烧、专业贮存场（库）封场处理、深层灌注、回填矿井及海洋处置（经海洋管理部门同意投海处置）等。处置量包括本单位处置的量或委托给外单位处置的量，还包括当年处置的往年工业固体废物贮存量。

（2）工业废水排放量W_l，指核算期内经过企业厂区所有排放口排到企业外部的工业废水量，包括生产废水、外排的直接冷却水、超标排放的矿井地下水和与工业废水混排的厂区生活污水，不包括外排的间接冷却水（清污不分流的间接冷却水应计算在内）。

（3）重点污染物排放量W_p，指核算期内企业的化学需氧量及氨氮、二氧化硫、氮氧化物及地区环境质量超标污染物的排放量，须分别统计。

10.4 城市绿色智慧物流的发展趋势

随着国家政策的推动、社会对环境的日益重视、企业对绿色低碳发展战略的践行和人工智能技术的发展，城市绿色智慧物流必将迎来进一步的快速发展。为适应城市的可持续发展及对环境的保护需求，城市绿色智慧物流需要研发绿色设施与装备，优化物流运营模式，提高物流运作效率，同时节能减排，使城市物流在绿色、低碳、可循环、无污染的前提下快速、可持续发展。城市绿色智慧物流将朝着碳排放标准化和严格化、智能技术是绿色化重要推手、新能源与清洁能源大面积使用、商品包装轻量减量化、废弃物循环利用为常态等方向发展。

1. 碳排放控制越来越标准化和严格化

2020 年 9 月，我国明确提出了 2030 年前碳达峰与 2060 年前碳中和的目标。要在 40 年的时间里实现碳中和，是一个非常具有挑战性的目标。为了实现这个目标，国家出台了一系列的

文件和法律法规，加快推进经济社会发展全面绿色转型，把碳达峰、碳中和纳入经济社会发展全局。

在物流领域，从绿色循环、低碳的交通基础设施建设，节能环保运输装备应用，集约高效运输组织体系建设，科技创新与信息化建设等方面，提出了诸多重要举措，推进交通运输行业转型发展和绿色发展，加快发展绿色物流。另外，为加快构建国家、地方、企业三级温室气体排放核算工作体系，实行重点企业直接报送温室气体排放数据制度，国家发展改革委先后发布了包括陆上交通运输企业在内的三批共 24 个行业的温室气体排放核算指南。

未来国家对碳排放的控制会越来越严格化，同时碳排放的核算也会越来越标准化和精准化。城市物流相关企业应通过监测、计算企业碳排放，确定企业碳排放目标，建立内部管理体系，做好内部减排工作，尽快实现企业自身的碳中和。

2. 智能技术将是绿色化重要推手

国家政策的推动、智能技术的进步和市场的需求，使得城市物流业在智慧化建设的道路上狂飙突进。以智能算法为核心的新技术，成为城市物流绿色发展的重要推动力。

首先，随着新零售的发展，新需求层出不穷，即时配送与减量包装进入常态。例如，盒马鲜生最快 30 min 送达、天猫超市 1 h 达、天猫旗舰店门店发货 2 h 达等新物流体验如雨后春笋般涌现。为实现即时配送，基于人工智能技术，许多企业推出了智能分仓、智能路由分单、智能调度、精准预估、门店前置、社区级前置等手段，城市物流网络的绿色化和低碳化得到极大的提升。例如，通过智能分仓和前置备货，大大提升了配送时效和车辆装载率，减少超过八成的配送距离，并且减少了库存和损耗，有效降低了碳排放；仓配环节中在智能算法的赋能下实现智能分单，效率得以极大提升；菜鸟网络开发的智能路由分单，通过对海量地址的分析，实现包裹跟网点的精准匹配，分拣用时下降到每单 1～2 s，准确率达 98%以上，通过优化配送路径，有效降低了运输消耗。

其次，AGV、穿梭车、协作机器人、并联机器人等无人技术被广泛应用于仓库和分拣中心。在物联网、RFID 等技术的普及下，场内流转效率正在借助智慧仓储快速提升，能够深度感知的智慧化仓储管理系统，帮助物流企业实现精准、高效的仓储管理。基于新能源和清洁能源的无人车、无人机、无人仓等现代物流智能技术的广泛使用，将在提高仓储和分拣效率的同时，有效降低碳排放，减少环境污染。例如，以无人机、无人仓、无人车为三大支柱的京东智慧物流体系，在包装、仓储、运输等多个环节实现低碳环保、节能降耗。另外，在城市配送的“最后一公里”，以智能快递柜为代表的智慧末端建设正在加速。例如，菜鸟推出的多种智慧末端服务——不需要手机 2 s 开柜的刷脸智能柜；支持一键打开、容量自由伸缩、自带摄像头的菜鸟小盒；接受预约指令，可实现精准投递的无人机。这些智慧末端服务，在实现末端全链路自动化、提升效率的同时，也从各个维度减少了资源浪费。

因此，人工智能技术必将是城市物流绿色化的重要推手。随着人工智能技术的快速发展及其在城市物流领域中的普及应用，城市物流必将在绿色低碳循环发展的道路上稳步前进。

3. 新能源与清洁能源将大面积使用

城市物流作为物流体系中非常重要的组成部分，快递配送、运输、仓储、分拣、加工等环节都会产生大量能耗和废气污染。据统计，我国物流车保有量超过 3 000 万辆，以每辆车每千米排放污染物 1.16 g 计算，每天产生的污染物排放量高达 34.8 t/km，产生的环境负担不可小觑。因此，城市物流急需转型升级，打造出一条绿色的通道。从减少排放、节约能耗的角度考虑，选择更为环保的新型运输、搬运等工具和设备，已成为城市物流业绿色化转型的思路之一。相比传统燃油车、叉车，新能源电动车和叉车的运营和维护成本大幅降低，加上清洁、无污染等特性，可以有效降低城市配送和搬运车辆产生的尾气排放，将在城市物流中被广泛使用。

另外，使用光伏发电等清洁能源，也是城市绿色物流发展的重要趋势。例如，在城市物流领域，仓库、货运场站、物流园区等拥有大量的屋顶资源，通过推广光伏发电可以节约大量的电力燃油等资源，不仅可以满足自身的用电需求，还可以将多余的电共享到国家电网，减少全社会的能源消耗，是实现城市绿色物流的重要举措。

4. 商品包装轻量化、减量化

包装是物流行业中产生废弃物最多的环节之一。快递企业通过新材料的研发创新，采用用材环保、易于回收的包装方案，积极推进包装减量化、轻量化，可以有效减少快递包装环节的过度包装、资源浪费等问题。国务院办公厅及国家邮政局等多部门先后多次发文，鼓励电商与物流行业协同发展，强化绿色理念，建设绿色物流，要求遵循有关快递封装用品的国家标准，对商品包装提出了减量、绿色、可循环的新要求。行业内的物流企业陆续参与到了研发和推广环保包装的行动中来，如中国邮政研制的可降解塑料包装袋、环保封装用品，苏宁物流推出的共享快递盒、冷链循环箱、零胶纸箱，中通快递启用的绿色循环帆布袋、可降解包装袋等。

除了包装材料的创新，使用电子面单替代传统三联单的纸质面单也是绿色包装环节中的重大创新之一。在菜鸟的推动及各大快递企业的大力推行下，近几年来电子面单的普及率逐步提升。各快递公司的数据显示，电子面单每年节约纸质面单 200 多亿张。在使用成本上，电子面单的材料成本仅为传统快递运单的 1/3 左右，每年能为行业节省数亿元的成本。

随着新零售模式的逐渐普及，原箱发货、就近配送、门店发货的比例不断提升。商品的配送距离与时间缩短之后，更多商品实现轻量化包装。循环箱加原箱包装是目前简约包装的创新模式。

因此，商品包装轻量化、减量化，既能减少包装用品的消耗，减轻环保压力，又能为城市物流企业与商家省去包装环节的资源投入，将是未来城市物流绿色发展的重要趋势。

5. 废弃物循环利用将为常态

目前大部商品和包裹仍使用一次性包装，这不仅带来资源浪费，被丢弃的包装也有环境污染风险。如何推动废弃纸箱等包装的重复循环利用，减少包装产生的资源消耗，成为城市物流急需解决的问题。

研发可循环利用的包装用品，是各物流企业发展循环包装的亮点。例如，苏宁、顺丰及各大转运中心相继推出环保袋、包装箱等循环包装用品，提升效用，降低包装成本。

集包袋的出现也为快递包装的循环使用贡献了一份力量。在韵达快递北京分拨中心，由可降解材料制成的集包袋取代了原来的编织袋，使用寿命可达 3～4 个月，更加耐用环保。

将包裹绿色化，循环利用，降低包装环节中的资源浪费，是城市绿色物流中的一项系统工程，废弃物循环利用将为城市物流中的常态。目前在一些企业的积极努力下已取得初步成效，商家及物流行业中使用可循环包装的比例正在逐年提升，但仍需企业和商家的大力推进。

10.5 案例：雄安新区的绿色智慧物流建设

1. 雄安新区绿色智慧物流建设的背景

习近平总书记指出，雄安新区要从七个方面实现重点突破，其中建设绿色智慧新城、发展高端高新产业、打造绿色交通体系三方面均与绿色智慧物流高度相关。2018 年 4 月发布的《河北雄安新区规划纲要》指出，要发展高端高新产业，提供优质共享服务，构建快捷高效交通网，建设绿色智慧新城，打造绿色智能交通系统，探索建立智能驾驶和智能物流系统。绿色智慧的雄安新区需要绿色智慧物流体系的支撑。

雄安新区要建成国际一流、绿色、现代、智慧城市，需要最先进的技术和创新资源，绿色智慧物流体系作为城市基础支撑性和引领性产业，助力雄安新区打造未来城市标杆和中国样本。

2. 雄安新区绿色智慧物流的发展现状

当前，雄安新区进入大规模实质性开工建设阶段，“数字智慧”将成为未来特点之一，5G 新基建、智慧交通、无人超市、无人驾驶、无人车配送、智能柜刷脸等落地实施。在雄安市民服务中心附近，智能立体停车库在施工阶段，无人驾驶巴士、京东无人超市、京东配送机器人、百度新石器零售车等均已投入使用。这些为雄安新区的智慧绿色解决方案奠定了发展基础。

目前，雄安菜鸟驿站每天可为 200 余人提供包裹收寄服务，从驿站到智能柜的包裹通过新能源无人车运输，菜鸟驿站和菜鸟智能柜均可通过刷脸取件。快递纸箱可在菜鸟回箱计划设立的纸箱回收台回收，充分体现了绿色环保理念。菜鸟驿站提供的快递服务集智慧与绿色于一体。

京东配送机器人应用于雄安新区智能末端配送，通过物流科技创新驱动智能物流建设。京东在雄安新区市民服务中心规划了多条配送线路，设置了 20 个配送站点，配送机器人在智能导航、取货路径、自主行驶、红绿灯等待、人脸识别取货等方面，展现出强大的智能末端配送能力。

3. 相关企业在雄安新区的绿色智慧物流建设规划

1）阿里巴巴的建设规划

2017 年 11 月 8 日，雄安新区管委会与阿里巴巴签署战略合作协议，共同打造以“云计算”为基础设施、“物联网”为城市神经网络、“城市大脑”为人工智能中枢的未来智能数字城市，共同建设“城市物流大脑”，打造智慧物流中枢体系。通过应用物联网、大数据技术在雄安新区建设菜鸟北方地区智慧物流“决策大脑”，并对雄安公共配送物流体系进行规划设计，构建城市中“端到端”的精准数字供应链，计划把雄安建设成为世界物流科技和人才“硅谷”。

2）京东的建设规划

2018 年 10 月 18 日，由京东物流、国家发展改革委综合运输研究所、南开大学等 9 家单位联合成立城市智能物流研究院（雄安）。该研究院专注于智能物流在智能城市（雄安）的应用，其目的是将雄安建设成为全球智能物流样板城市和我国物流创新示范高地，主要工作是规划京津冀世界级城市群智能物流枢纽、建设大数据和云计算信息平台、设计城市物流及空间物流体系等，最终服务雄安新区智能物流和智能城市建设，为全球城市智能物流体系建设提供样板。目前京东无人超市已经入驻雄安新区，同时也在人工智能上支持雄安；京东无人配送机器人也已经落户雄安，“双 11”期间为雄安农村村民送货。

3）苏宁的建设规划

苏宁物流以“集约、智能、共享”为方向布局。“集约”是指建立集约化的高效物流体系，苏宁将通过集约化的共同配送方式提升雄安新区物流效率。“智能”是指研发科技产品助力智能化物流，主要通过成立苏宁智慧物流研究院实践无人仓、无人车、无人机、大数据等先进技术，布局智能化物流服务。目前这些领域都已经实现了部分场景下的常态化运营，未来雄安新区可通过物流基础设施设备的感知，实现所有物流环节的数据化和连接联通。“共享”是指物流设施共享，主要是分拨中心的设施和末端配送点的共享，如自提柜包裹投递共享、便利店配送网络功能等实现场地的资源整合、集约使用，以实现资源最小化利用。

复习思考题

1. 什么是城市绿色智慧物流？
2. 城市绿色智慧物流有哪些作用？
3. 简述城市绿色智慧物流的系统构成。
4. 什么是城市绿色智慧物流的业务体系？
5. 论述城市绿色智慧物流温室气体排放核算方法。
6. 城市绿色智慧物流有哪些主要发展趋势？
7. 思考雄安新区绿色智慧物流的发展优势及特点，分析其存在的缺点及问题，并提出改进建议。

第 11 章

城市智慧专项物流

11.1 城市智慧冷链物流

城市智慧冷链物流是指通过智能技术，将传统物流与先进的冷链技术相结合，对冷链物流进行智能化、信息化的管理和控制，以确保冷链物流中产品的质量和安全，实现冷链物流的全程可控、高效、安全和节能减排。城市智慧冷链物流适用于食品、医药、化妆品等领域，能够保证产品在运输和储存过程中温度、湿度和安全等各方面的要求，保障产品质量和安全，提升物流和供应链的效率和质量。随着城市居民消费不断升级与消费类型不断多元化，蔬果宅配、医药配送、生鲜电商等新经济模式逐渐兴起，城市冷链物流将改变原有传统的冷链物流运作方式，呈现出智能化、信息化、标准化的发展趋势。

11.1.1 城市智慧冷链物流的发展动因

城市智慧冷链物流是城市物流和供应链的重要组成部分，也是当前物流行业发展的重要方向，其发展体现在多个方面，包括政策、市场、技术等，这些方面的综合作用将使得城市智慧冷链物流发展更加快速、高效，解决对温度要求较高的物流难题，为城市发展助力。

1. 国家政策

近年来，政府对冷链物流业的发展高度重视。据不完全统计，2021 年国家层面出台的冷链物流相关政策、规划超过 69 项，其中由国务院出台的超过 9 项，整体文件聚焦于五大核心发展方向，分别为：发展规划、基础建设、绿色发展、人才体系及细分品类。其中，基础建设以农产品产地建设为主，细分品类建设聚焦于肉类、医药、农产品及水产品领域，从多维度指导部署推动冷链物流行业健康发展。

2. 市场规模

自 2010 年起，我国冷链物流市场需求开始逐步扩大，冷链物流总体呈现健康、快速、稳定的发展态势，基础设施规模进一步增加，设施建设更趋理性，冷链物流体系不断完善，行业发展模式日趋多元化。10 年间，我国食品冷链物流需求总量增幅超过了 300%，伴随着国家陆续出台支持冷链物流发展的相关政策，包括冷藏车、冷库在内的冷链物流基础设施得到完善。

3. 技术水平

冷链物流作为一项系统工程，涉及的技术领域非常广泛。现代物流技术仍然是冷链物流技术发展的基石，信息化、自动化的仓运配物流技术是支撑整个冷链物流体系运作的基础，而大数据技术、云计算技术、柔性供应链技术、物联网技术、AI 技术和区块链技术等也将会成为冷链物流技术的重要组成部分。冷链标准技术和认证技术是整个冷链物流技术体系的核心。

11.1.2 城市智慧冷链物流概述

1. 城市智慧冷链物流的特点

城市智慧冷链物流是在城市物流系统中，采用物联网、大数据、云计算和人工智能等先进技术，使整个冷链物流运作处在智慧中枢系统监控下，实时收集信息、处理信息、优化决策，实现冷链物流系统中各组成单元高质量、高效率、低成本的分工协作，保证货物在生产或运输和销售过程中，一直到消费前的各个环节，始终处于产品规定的最佳低温环境下。城市智慧冷链物流具有以下主要特点。

（1）全链条数据化。在流通过程中，冷藏货物的质量随着温度和时间的变化而变化，不同的货物都必须要有对应的温度控制和储藏时间。智慧中枢系统对仓库、车辆、冷柜、冷箱等城市冷链全场景的位置、温度、湿度等信息进行实时监控、数据传递、安全追踪、智能分析和风险预警，实现冷链全链条数据的可拼接、可溯源。

（2）协同网络化。由于易腐生鲜产品不易储藏，冷链物流必须运转高效，每个环节须协调一致，以保证整个链条的稳定运作。冷链仓储网、冷链运输网络、冷链配送网“三网协同”，形成城市一站式冷链服务平台，通过协同网络的构建，实现不同参与主体在物流过程中的资源共享和优化，使得冷链物流各作业环节和不同运输方式间能够有序衔接。

（3）智能化。为了确保易腐生鲜产品在流通各环节中始终处于规定的低温条件下，必须通过智慧化技术，如仓内技术、“最后一公里”技术、数据底盘技术等，对包装、仓储、配送、装卸等进行智能化控制与管理，通过自动化操作、智能调度、预测分析、质量溯源等手段实现冷链物流全场景智能化。

2. 城市智慧冷链物流的作用

城市智慧冷链物流全链条数据化、协同网络化和智能化的特点为解决传统城市冷链物流信息孤岛、冷链“断链”、运营效率低等问题提供了途径。城市智慧冷链物流的具体作用表现在以下几个方面。

（1）整合碎片化数据资源，打破信息孤岛。

城市冷链物流系统中存在企业内部系统和企业与企业间的信息孤岛，导致冷链物流信息闭塞、数据链条脱节，冷链成本增高、流通周期加长。冷链物流数字化可以实现冷链物流上下游信息的可视化和共享化，为发现冷链“断链”问题提供数据基础，实现城市冷链物流高效化运营。

（2）协同分散的点、线、网资源，减少冷链“断链”。

城市冷链物流中的仓库、车辆等资源呈现散、乱、小的状态，冷链网络稀疏、整合度低，“冷链不冷”或“断链”问题突出。冷链物流协同化可以实现运输、仓储、配送各环节的有效衔接，扩大城市冷链网络覆盖范围，推动“最后一公里”冷链配送，实现系统化协同管理。

（3）升级技术手段，减少以人为主的控制与决策。

传统的城市冷链物流控制与决策依靠主观人工经验，存在重复装卸、迂回运输、货物在途状况不明、作业效率低等问题，导致货物腐损率高，运营成本高。智能化、自动化技术可以实现冷链物流环境参数的自动化调节与控制、基于大数据预测仓储与车辆调度、动态配送路线设计，从多个方面最大限度地降低货损，实现科学化控制与决策。

11.1.3 城市智慧冷链物流的模式

随着互联网+、数字化、智慧化技术的应用，城市智慧冷链物流与城市业态不断融合，促进了城市冷链物流模式创新。根据所结合业态的不同，主要可分为以下几类冷链物流模式。

1. 冷链快递模式

快递企业以生鲜客户为服务对象，采用专业的冷藏车辆和智能温控新技术包装，以最优路线运输，提供全程保鲜服务。从客户下单到收货，对订单进行全程状态跟踪、可视化监控和自动预警，保证商品在规定的低温环境下存储、运输、配送。

2. 冷链统仓共配模式

冷链统仓共配服务商以上下游多元化 B 端客户群和地方政府等为目标客户，以信息平台、冷库和城市配送车辆为基础，提供分布式统仓共配冷链服务，通过统一仓储，统一配送，降低固定成本和物流配送成本。

3. “生鲜电商+冷链宅配”模式

生鲜具有高频刚需的特点，生鲜电商的快速发展促成了集中式、前置仓、前店后仓、同店不同仓及商超联动等多种仓配模式。其中，前店后仓冷链物流仓配模式配送效率最高，仓储成本较低，线上线下流量较其他模式更容易互通，但其配送范围受到一定的局限。

4. “中央厨房+冷链配送”模式

在“中央厨房+冷链配送”模式下，供应商按照订货及物流计划，将货品保质、保量、准时送到中央厨房；中央厨房内部进行收货、验货、搬运作业，随后区分直接分拣配送、待加工、入库存储和不合格需清退的货物并分别送往不同功能区进行存储、加工、退货等作业；中央厨房收到订单后进行分拣、拣选、配货、检验、发货，交给第三方物流公司配送到分仓或转运中心，再送到门店。在这一模式下，原料供应、加工、存储、配送等作业环节都处于规定的温层，以保证商品质量。

5. 医疗用品仓配模式

依托互联网平台与实体医院互联，提供 GSP 资质的多仓协同存储、质检与养护，就近入库、就近出库，满足温湿条件下的末端多频配送。引入 RFID 技术以有效解决药品运输过程中的温度失控问题，有效保障整体温控。将红外技术引入配送环节，实现药品温度现场确认交接。

11.1.4　城市智慧冷链物流系统的构成

互联网、物联网、云计算等信息技术和冷链物流自动化设备及技术使得冷链全链条具备信息感知、处理、计算、信息交互及信息共享等能力，为实现冷链物流智能化提供保障。城市智慧冷链物流系统由温度监测、数据采集和处理、决策支持、信息共享等部分构成。

1. 温度监测

温度监测是智慧冷链物流系统中非常重要的一部分，它可以实时监测货物的温度变化，发现异常情况后可及时采取措施，保证货物在仓储、运输、配送等过程中的质量和安全。以下是常用的几种温度监测技术。

1）传感器技术

传感器是一种能够将物理量转换成电信号的装置，通过安装在冷链物流箱、货架、运输工具等设备上，实时监测温度变化，并将数据传输到中央控制系统中进行处理和分析；同时，温度传感器可以通过控制系统，自动控制加热或降温设备的启停，保持目标温度稳定或者调节温度来满足不同需求。

2）红外线技术

红外线技术利用红外线传感器对物体表面的红外辐射进行测量和识别，通过计算物体的辐射功率，推断出物体表面的温度，可以在不影响货物质量的情况下，对冷链物流过程中的温度进行实时非接触式温度测量和监测。

3）RFID 技术

RFID 技术是一种无线电子标签技术，通过在货物上粘贴 RFID 标签，可以实现对货物的追踪和温度监测。当货物经过 RFID 阅读器时，可以自动读取货物温度数据，并将数据传输到中央控制系统中进行处理和分析。

4）光纤传感技术

光纤传感技术是一种基于光学原理的温度检测技术，通过将光纤安装在冷链物流设备中，利用光纤的折射率随温度变化而变化的特性，实现长距离、高精度和分散式温度测量，具有无电磁干扰、抗辐射、易于集成等优点。

2. 数据采集和处理

数据采集和处理是指通过传感器、监测设备、数据传输模块等技术手段，采集冷链环境中的温度、湿度、光强、气压等数据，并通过数据分析、处理实现对冷链物流的智能化管理。以下是几种常用的数据采集和处理模块。

1）数据采集模块

数据采集模块由数据采集传感器、接口、记录仪、通信技术、云计算技术等部分组成，将传感器采集的数据进行有效的整合和传输，通过多种通信方式（如有线、无线、蓝牙、Wi-Fi 等），实现高效的数据采集、传输和存储。

2）数据分析模块

基于数据挖掘、机器学习、人工智能等方法，对智慧冷链系统采集的数据进行有效的处理和分析，发现货物重量、数量、温度等的变化规律，预测货物品质变化趋势，实时跟踪车辆、冷藏箱等的位置和运行状况，及时发现货物异常并预警，以实现对储存、运输等环节中温度控制和质量监测的智能化管理。

3）数据可视化模块

利用可视化手段、地图技术、实时监控大屏等对智慧冷链系统采集的数据进行图形化展示，反映数据趋势和规律，实时在地图上展示车辆位置和行驶路线，显示冷库、车辆等关键环节异常警报，方便更好地理解和分析数据，为决策提供参考和支持。

3. 决策支持

决策支持是指将大数据、智能算法等技术手段整合应用到冷链业务决策中，以提高决策的精准性、实时性和可靠性，为企业的管理决策提供强有力的支撑。以下是几种常用的决策支持。

1）温度控制决策

温度控制决策是基于制冷技术、保温技术、恒温技术等温度控制技术，考虑货物种类、运输方式、储存环境等不同的因素，制定不同的完整温度控制方案，确保货物在储存、运输等过程中的温度得到恰当的控制。

2）运输路径优化决策

运输路径优化决策是基于货物对温度的敏感程度、交通状况和天气条件等，以综合考虑运输成本、运输时间和货物质量为目标，制定运输路径，合理地对货物进行装载和分配，在确保货物质量的前提下，最大限度地减少货物搬运和转移的次数，提高运输的效率和服务质量。

3）货物追踪决策

货物追踪决策是通过 GPS 定位、RFID 识别等技术，实时监控货物的位置、温度、湿度变化，对货物所处的物流环境进行跟踪和监测，及时发现异常情况并采取相应措施，如货物、设备、车辆相关资源的协调和调配、运输路线的重新规划等，从而实现对冷链物流过程的实时掌控，提升物流服务水平。

4. 信息共享

信息共享是指在智慧冷链物流过程中，利用物联网、云计算、大数据等技术手段，对货物温度、湿度、核验等数据进行实时监控、分析、流转和分享，实现各参与方之间信息的传递和数据的共享，提高业务效率，保障货物质量。以下是几种常用的信息共享方法。

1）数据标准化

数据标准化是对冷链物流中的数据进行规范化和标准化处理，如数据统一格式、单位、识别码、时间戳等，以实现数据在各系统和平台的识别、处理和传递。标准化的数据包含运输和储存中的温度、湿度、气体浓度等关键参数的采集、上传及监测数据的处理等，确保相关数据的准确性、可靠性和一致性。

2）数据交换

数据交换是采用文件传输、API 接口调用、云平台等多种方式，通过数据交换机制，实现数据的实时流通、监督与共享，消除不同参与方之间的信息壁垒，提高信息互通和业务效率。在数据交换的过程中，由于涉及多个角色和不同的系统平台，需要进行数据格式和接口的兼容性设计，确保数据的顺畅传输和处理。

3）数据平台化

数据平台化指通过建立数据中心平台，整合多数据源的海量数据，如传感器采集数据、交易数据、运输数据、质检数据、监管数据等多种数据类型，实现数据的流程化、数字化、可视化和可控化。数据平台化不仅可以实现数据托管和存储，同时也可以通过数据建模和算法分析进行数据加工、分析和应用，企业、政府和所有关联方可以更好地利用数据资源进行决策和管理，促进冷链的流程优化和协同管理。

11.1.5 城市智慧冷链物流的发展趋势

随着肉类、果蔬、水产品、乳制品及疫苗、药品等冷链产品需求的快速增长，城市冷链物流发展面临新的机遇和挑战，《“十四五”冷链物流发展规划》对城市冷链物流设施装备数字化转型和智慧化升级提出了更高的要求。城市冷链物流进入数字化、智慧化发展阶段，将呈现以下几方面的发展趋势。

1. 标准化

城市冷链物流中由于仓储、运输、配送标准不一，各环节协调运作水平低，导致冷链不冷、冷链不链。我国正逐步完善“全链条、网络化、严标准、可追溯、新模式、高效率”的冷链标准体系，通过城市冷链物流物的标准化、流的标准化、链的标准化和网的标准化，打通冷链物流上下游各环节，提高城市冷链物流服务水平。

2. 技术驱动

5G、大数据、云计算、物联网、区块链、人工智能等新技术引发了城市冷链物流的变革，产生了新业态新模式，冷链物流全链条进一步实现科技赋能，以数据处理智慧化、仓储智慧化、运输智慧化、配送智慧化、包装智慧化、装卸智慧化驱动城市冷链物流向精细化、高质量方向发展。

3. 场景细分化

伴随着更多生鲜电商、社区团购等新消费场景的出现和城市居民对高品质、精细化、个性化冷链物流服务的需求，形成了“冷链+”产业集聚新格局。生鲜电商、社区团购、大型商超、餐饮、医药、电子等场景将更加细分化，物流企业需要通过提供特定场景下的专业化冷链物流服务，满足不同冷链产品的个性化、多元化冷链物流需求。

4. 少人化、无人化

在冷库等环境下作业的人工成本将持续增加，而自动化、智能化设备的应用成本将随着技术的成熟和升级而不断降低。少人化、无人化在作业效率、安全性和复制推广方面更具优势，有利于城市冷链物流提高运营能力，实现降本增效。因此，少人或无人仓、少人或无人配送将是城市冷链物流智慧化的发展方向。

5. 环保化

冷链物流能源消耗大，在其建设和运行的过程中，需要考虑到环境和社会的可持续性发展。使用环保材料和高效节能设备、再循环利用制冷剂和包装材料等措施有利于保护环境和解决能源消耗问题，确保冷链物流在为社会经济发展服务的同时，大大降低能源的消耗量和对环境的污染。

11.1.6 案例分析：食行生鲜的智慧冷链物流

1. 企业基本情况

苏州食行生鲜电子商务有限公司（以下简称食行生鲜）创建于2014年，是一家线上预订、线下社区智能冷柜自助提货的生鲜零售、配送企业。截至目前，食行生鲜已经在苏州、上海、无锡设立了3 670家社区智慧微菜场，为324万个家庭提供生鲜配送服务。食行生鲜获得了"国家电子商务示范企业""国家公益性农产品示范市场（零售）""江苏省鲜活农产品直供社区示范工程""苏州市智慧农业示范基地"等荣誉。

食行生鲜的核心优势在于商业模式的创新。食行生鲜针对生鲜零售和配送行业非标准、高损耗、低客单等难点，以及对冷链依赖度极高的特点，采用先用户预订、后基地采购的模式，通过集约化的全程冷链配送，直接连通农产品生产基地与消费者，缩短农产品流通供应链，实现生产与消费无缝对接，有效提高了农产品流通效率，实现农产品直供直销。食行生鲜用创新的商业模式解决生鲜零售的标准化、高损耗问题，用集约化的手段解决低客单和冷链运输难问题，使其在次月留存率、人均月度使用天数、用户活跃度等指标上，处于国内生鲜电商领先位置。食行生鲜凭借独有的商业模式和供应链能力，为生鲜电商验证了一条可持续发展的路径。

食行生鲜的商业模式如图11－1所示。

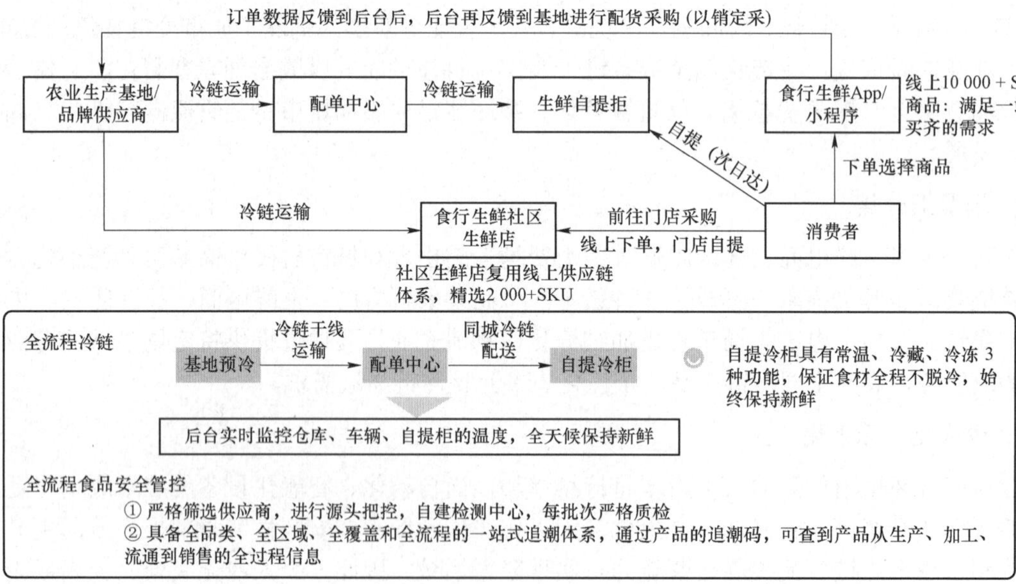

图11－1 食行生鲜的商业模式

2. 主要做法与成效

1）建设供应链交易平台

食行生鲜利用互联网、物联网和社区结合的优势，打造线上线下融合的供应链交易平台。食行生鲜推出线上预订、线下社区智能冷柜自助提货（见图11－2）的C2B2F（customer to business to farm/factory）商业模式。通过现代信息技术，用智能冷鲜柜解决生鲜农产品配送难的问题，借助电子商务技术，实现从农产品生产基地到居民餐桌的无缝对接，改变了生鲜农产品生产、管理、流通、营销的传统模式，为老百姓提供便捷、新鲜、平价、安全的农副产品。

图 11－2 社区智能冷柜自助提货

2）建设冷链物流配送中心

食行生鲜自建面积 5 万 m^2 的农产品冷链物流配送中心，配备自动作业流水线、监控设备、温度检测系统、车辆 GPS 管理系统、信息管理系统、自动化作业推车、专业冷链车等基础设施设备，满足生鲜农产品储存、检测、自动化分拣、包装、配送等作业需求，并对各环节进行实时监控、记录和管理。

食行生鲜围绕农产品冷链流通标准化，建立标准化供应链体系，设立专门负责农产品冷链流通标准管理的组织机构，编写《食行生鲜冷链流通标准体系》，指导和规范农产品冷链流通过程。从基地收购的生鲜产品通过冷链车直达配送中心，在运输途中严控车厢温度；在配单中心对所有生鲜农产品实行分温冷链环境下的分拣作业，确保食材全程无缝对接和不脱冷；配送中心到社区智慧微菜场自提柜的配送环节由标准冷链车负责配送入柜，车厢保温性能、密封性能均达到国家 A 级标准，配备温度跟踪记录仪及 GPS 系统，实时监控车辆温度及运行轨迹。食行生鲜实现了生鲜农产品从生产基地到配单中心，再到社区自提柜等各环节的无缝对接和不脱冷状态，极大地提高了产品“保鲜度”。图 11－3 所示为食行生鲜的配送车辆。

3）建设全链条追溯体系

食行生鲜结合大数据、物联网、云计算等技术，开展了全流程闭环追溯生态系统的建设，为每一个产品赋予了独一无二的“产品二维码”，做到全链条可见、可控、可追责，对产品实现了从生产、仓储、运输、销售直至售后等全流程追溯，全力保障食品安全。食品追溯体系实现了生鲜农产品采购入库、加工、配送等的全流程追踪。同时，通过对上游供应商以及生产基地的生产数据集成，实现对生鲜农产品生产数据的全流程追踪；在最重要的食材检测端，通过自建的食材检测中心，收集生鲜农产品的检测数据，实现对生鲜农产品检测数据的全流

图 11-3 食行生鲜的配送车辆

程追踪。通过二维码集成上述所有信息，当用户打开智能冷柜，取出商品，只需要扫描贴在包装袋上的二维码，即可查看以上所有信息。

3. 未来规划

下一步，食行生鲜将进一步运用信息化管理系统，推动农产品生产基地和消费者对接，推广订单式农业发展。建立结构合理、运行有效的标准体系，加快供应链标准体系建设。同时，食行生鲜将充分发挥供应链平台优势，推动实现食品安全全链条溯源。

11.2 城市智慧应急物流

11.2.1 城市智慧应急物流的发展动因

尽管当今世界科技高度发达，但突发性自然灾害、公共卫生事件等“天灾”，决策失误、恐怖主义、地区性军事冲突等“人祸”仍时有发生，这些事件有的难以预测和预报，有的即使可以预报，但由于预报时间与发生时间相隔太短，应对的物资、人员、资金相对短缺，无法满足应急需求。从宏观层面来看，人们在突发事件面前表现出的被动局面均暴露出现有应急机制、法律法规、物资准备等多方面的不足，而我国属于自然灾害高发国家，公共卫生设施、国家处理突发事件的经验等方面均存在诸多待改进的空间。从微观层面来看，企业决策所需信息的不完备及不可抗力等因素使货物在途时间延长、交货期延长等也会产生应急需求，企业迫切需要制订预案，对不可抗拒的和人为造成的紧急状况进行有效的防范，从而将应对成本降到最低。

1. 国家政策和法律的推动

为尽量减少突发紧急情况的损失，我国高度重视应急供应链和应急物流的优化与完善。2007 年颁布的《中华人民共和国突发事件应对法》明确要求建立健全应急物资储备保障制度，完善重要应急物资的监管、生产、储备、调拨和紧急配送体系。2009年国家出台的《物流业调整和振兴计划》，将应急物流工程列入九大重点工程之一，要求建立多层次的政府应急物资储备体系、保证应急调控的需要。2014年，在国务院印发的《物流业发展中长期规划（2014—2020年）》中，再次将应急物流工程列入重点工程项目。2018年应急管理部成立，为应急物资的调配、应急物流体系的建设奠定了组织基础。2020年，《中共中央关于制定国民经济和社会发展第十四个五年规划和二〇三五年远景目标的建议》中明确指出完善国家应急管理体系，加强应急物资保障体系建设。2022年，国务院办公厅印发《"十四五"现代物流发展规划》，明确提出将提升现代物流安全应急能力作为精准聚焦现代物流发展的重点方向之一。

尽管我国着力推动应急物流建设，但在面临重特大突发事件时，供应链应急管理体系依然暴露出明显不足。存在的主要问题包括：① 突发紧急情况发生时物资需求量激增，供给严重不足；② 供应链中断，物流运力受损；③ 现行应急物资调度策略无法满足实际需求的时空分布差异等。习近平2020年2月14日在中央全面深化改革委员会第十二次会议上强调，要把应急物资保障作为国家应急管理体系建设的重要内容，健全国家储备体系，科学调整储备的品类、规模、结构，提升储备效能，对应急救援物资实行集中管理、统一调拨、统一配送，推动应急物资供应保障网更加高效安全可控。

2. 突发事件的需要

城市应急物流的需求不仅产生自"天灾"，也来自"人祸"。其主原因可以归为以下几类。

1）自然灾害

我国是世界上自然灾害发生较多的国家之一，经常发生地震、台风、山体滑坡、泥石流、交通事故、火灾、水灾、旱灾及其他自然灾害。这些灾害一旦出现，必然会产生大量的城市应急物流需求。因此，我国的相关组织致力于制定相关的减灾防灾预案，储备了大量的救灾物资。1998年长江及2003年淮河、黄河的大洪水，2003年甘肃、内蒙古、云南的地震，2008年的雪灾、汶川地震，以及2019年的凉山火灾等自然灾害，产生了大量的应急物流需求。自然灾害产生的应急物流需求每年给社会造成的额外物流成本数量庞大，占据了大量城市应急物流成本。

2）复杂的国际环境

随着我国的日益强大，我国的国际环境变得更加复杂。石油、钢铁等重要能源和原材料成为世界的主要进口国，以石油和钢铁为原材料的企业的供应链变得非常复杂和冗长，从国外到我国的海上、陆上和空中物流通道常常受到战争的威胁和干扰，我国的外向型企业的供应链物流系统也将变得十分脆弱，给我国经济的发展增加了很多风险，建立应急物流系统就显得格外重要。

3）突发事件

火灾、爆炸、交通事故等突发事件发生时，城市应急物流需要迅速响应，向现场提供紧急救援物资和医疗设备，确保伤者得到及时救治。例如，在城市发生火灾时，城市应急物流的重要性就十分突出，其主要任务包括：迅速调配消防器材、救援设备和急救用品等紧急物资，为消防人员提供必要的支持；提供医疗救护设备和运送伤员的救护车辆，确保受伤人员得到及时救治；协助政府部门疏散和安置受灾居民，提供临时庇护所、食品和饮用水等基本生活物资；协助交通管理部门进行交通疏导，确保救援车辆、消防车辆等能够顺利到达现场，以最大限度地减少火灾带来的损失和影响。这些紧急行动的快速响应和高效协调，直接关系到火灾救援工作的成效和城市居民的生命安全。

3. 全球信息化的驱动

随着信息时代的到来，城市应急物流体系的智慧化、智能化也逐渐成为新的研究热点。然而，传统应急物流的效率较低，需要大量专业应急物流人员和设备物资协同操作，响应速度慢、耗费成本大、操作程序复杂，急需通过引入智慧物流技术，加强应急物资储备、应用智能技术、实现信息共享。

11.2.2 城市智慧应急物流概述

城市智慧应急物流主要应对城市范围内的突发紧急事件，在实施救援的过程中，通过城市智慧应急物流实现应急物资、医疗物资、保供物资的精准配送，能够最大限度地提高救援的效率、降低人民的生命和财产损失。从宏观角度来看，城市智慧应急物流关系着国家和社会的稳定，是突发紧急事态下国家经济发展、治安水平和政治稳定的重要保障；从微观角度来看，与灾民受灾程度、舆情发展趋势、人民生命财产安全息息相关。本节主要介绍城市智慧应急物流的定义、特点及运作模式。

1. 城市智慧应急物流的定义

《物流术语》（GB/T 18354—2021）将应急物流定义为："为应对突发事件提供应急生产物资、生活物资供应保障的物流活动。"应急物流是一种为应对严重自然灾害、突发性公共卫生事件、公共安全事件及军事冲突等突发事件而对物资、人员、资金的需求进行紧急保障的特殊物流活动，由流体、载体、流向、流程、流量等要素构成，具有空间效用、时间效用和形质效用。

城市智慧应急物流模式是一种在城市应急事件发生时，通过智慧化的手段快速响应，调配物流资源，实现应急物资的快速运输和分配的物流模式。这种模式可以提高城市应急响应速度和物资运输效率，确保城市应急物资的及时到达和分配。

2. 城市智慧应急物流的特点

1）弱经济性和时间紧迫性

普通物流既强调物流的效率，又强调物流的效益，而应急物流在许多情况下通过物流效率的实现来完成其物流效益的实现。在灾害面前，要求救援物资组织快、运输快、分配快，保障系统处在高效运转状态。由于应急物流是短时间内大批量进行的，为了保证救援工作的顺利进行，需要依靠政府职能部门，来统一协调指挥各种活动。

2）突发性和不可预知性

这是应急物流区别于一般物流的一个最明显的特征。灾害发生前，物流中心很难有效进行应急物资的需求预测，不确定应该准备什么，哪里需要，需要多少应急物资，这相应地会给库存管理带来困难，这就需要国家物资储备库进行一定数量应急物资的储备，从而保证突发灾害事件发生后应急所需。

3）信息技术赋能

城市智慧应急物流能够利用大数据、云计算等技术实现信息的高度共享，在突发紧急事件发生时，快速锁定相关供应企业，明确物资调配方案，实现供应链所有参与主体之间的信息共享和保障多主体协同的应急供应体系，为城市应急工作提供有力的支持和保障。信息技术赋能包括以下几个方面。

（1）地理信息分析：利用城市智慧物流信息平台对灾区的地理信息进行分析和建模，了解灾区的地理特征和人口分布情况，为精细化分配提供数据支持。

（2）物资需求预测：利用城市智慧物流信息平台对灾区的物资需求进行预测，根据预测结果合理配置物资，确保物资的充足性。

（3）快速调度：当应急物资需要快速分发到受灾区域和受灾人员时，通过城市智慧物流信息平台对物流资源进行快速调度和优化，实现快速的物资运输。

（4）优先级分配：根据受灾区域和受灾人员的优先级进行物资分配，确保物资能够快速分发到优先级较高的区域和人员。

（5）实时监控：利用城市智慧物流信息平台对物资分配和运输进行实时监控，及时发现问题并进行调整。

11.2.3 城市智慧应急物流信息平台建设及体系评价

1. 城市智慧应急物流信息平台建设

在高度信息化的今天，通过智慧物流数据产品开发构建科学的应急物流信息平台，由政府监管，分类整合我国各级政府部门、生产企业、物流企业等，将大数据服务运用到救援物资需求信息汇总分析、库存盘点、生产调度、物流规划等多个环节，充分应用应急物流智慧化信息平台提升信息共享能力和资源整合能力。随着物联网及人工智能技术的普及，可将托盘、集装箱、仓库、货物包装通过 RFID 技术接入互联网，有效实现救援物资库存盘点自动化、存取货智能化、运输接驳标准化；加大自动化分拣系统、仓储机器人、智能穿梭车、自动化仓库、立体货架等智慧物流装备在应急物流领域的应用，提高救援物资分拣、装卸搬运等环节的运作效率及准确性，而且在特殊时期可以作为紧缺人工替代者，一定程度上缓解用工难的困境。

通过智慧物流可实现对应急物流相关环节的智能优化与控制，提高区域、部门协作水平，使得运输高效化、仓储智能化、包装标准化、装卸自动化、信息管理透明化。城市应急物流智慧化信息平台具体包括以下几个方面的功能。

1）智能查询

应急救援物资以医疗用品为主，对流通环境要求较高，部分需要全程冷链运输，从事运输的主体包括医疗用品公司、第三方物流公司或民间运力，在操作过程中可能对救援物资的属性不熟悉，可利用智能感知技术感知救援物资属性并通过数据库查询适合的储藏、运输条件。

2）智慧仓储管理

救灾物资需求量大且时间要求紧迫，这就需要在最短时间内完成库存清点及出库工作。利用智能终端、物流信息平台随时监控仓储情况，采用智能化存取设备，提高仓库分拣准确性、周转率。

3）智慧分配与运输

由于各地运力不均衡，通过智慧应急物流进行运力的整合调度，有效整合物流企业及民间运力，有计划、有步骤地分析、调拨运力。灾后应急物资分配－运输具有多阶段性、连续性与动态性的特点。应急物资分配应综合考虑灾害级别与物资易损等因素，不能单纯以物资分配量最大或满足需求量最大作为应急物资分配的目标。运输环节则以应急物资运达需求点的总运输时间最短为目的。根据运输距离、交通状况等因素进行最优路径规划、车货匹配、货物在途跟踪，安全快速地将应急物资送达目的地。

4）智慧配送

应急物资配送往往为多品种分配，如医疗防护用品、日常生活必需品等。保障应急物资配送的公平性与效率性是本环节的首要目的。在自然灾害及公共卫生安全事件中，往往涉及道路封锁、阻断等现实问题，尽量根据实时路况动态调整配送路线，建立交通状况模型并与智能交通系统对接，利用大数据技术构建具有动态感知能力、智能决策与自动分配的智能平台，依据应急物资的配送数量及目的地，快速生成配送计划，基于移动设备和GPS等手段，利用配送车辆和物资需求点规划配送路线，实现人、货、车的有效匹配，以及应急物资配送的及时化、精准化、高效化。平台基于灾区需求分析、现有应急物资统计，依据应急物流智慧平台的智慧划分功能给出应急物资分配方案。

5）智能搬运

在部分突发事件尤其是突发性公共卫生事件中，物流服务人员并不能有效参与应急物流的配送及搬运作业，可以研发利用智能穿梭车、机器人、无人叉车等智能搬运工具进行货物搬运操作，在减少人员搬运工作的基础上大幅提高搬运效率。

6）智能发放

高度契合物资捐赠与受助需求，实现物资捐赠信息透明公开，保证物资去向信息的真实性。

7）智慧追溯及风险管理

结合“互联网＋物流云＋智能终端”技术，通过实时采集、记录、监控各环节的状态数据和信息，建立包含物流时效、所处位置、货物状态在内的风险指标体系，对应急物流运作中的各种风险进行实时数据采集、风险识别和风险响应，辅助政府部门全方位对应急物资从供应点到需求点的供应链全程进行实时监控、有效管理和质量追溯。

2. 城市智慧应急物流体系评价

城市智慧应急物流体系主要包含物流指挥系统、物流资源保障系统及物流管理系统，可以采用表11－1所示的评价指标体系来评价城市智慧物流应急体系。

表11－1 城市应急物流评价指标体系结构表

	一级指标	指标层
城市应急物流评价指标体系	城市智慧物流应急指挥体系	网络信息传输能力
		技术研发能力
		地理信息测评能力

续表

	一级指标	指标层
城市应急物流评价指标体系	城市智慧物流应急指挥体系	预警能力
		监测能力
		大数据统计能力
		智能化分析能力
		决策能力
	城市智慧物流资源保障体系	预案设定
		响应能力
		资源整合能力
		资源协调能力
		物资储备能力
		物资供给能力
		物资运输能力
		人员安全保障
	城市智慧应急物流管理体系	处置机制管理
		物流督察管理
		物资储备点管理
		舆情管理
		地区治安管理
		人员管理
		资金管理
		人才培养管理

1）城市智慧应急物流指挥体系评价

（1）网络信息传输能力：保障跨地区应急物流救援活动数据库建设工作。

（2）技术研发能力：为应急物流救援活动提供创新科学的技术和服务。

（3）地理信息测评能力：对各项数据的输入、存储、查询进行分析显示。

（4）预警能力：制定应急预警级别并做出反应。

（5）监测能力：为应急救援活动提供准确的监测信息。

（6）大数据统计能力：科学制定数据采集方案，实现数据多维度精细处理。

（7）智能化分析能力：完成相关数据智能化解释。

（8）决策能力：生成应急物流活动决策方案。

2）城市智慧应急物流资源保障体系评价

（1）预案设定：对保障管理机制和应急资源调度与协调进行事先规划。

（2）响应能力：为应对突发事件发生所做的准备及在突发事件发生后所采取措施的能力。

（3）资源整合能力：应急物流保障体系平稳运行的关键。

（4）资源协调能力：通过层级、市场、网络与标准化协调 4 方面进行。

（5）物资储备能力：包含事件属性、物资储备和需求模块等。

（6）物资供给能力：受物资指挥决策和储备量运输等因素影响。

（7）物资运输能力：以政府为依托，明确运输职责并完成供给。

（8）人员安全保障：主要体现在对人员的事前培养、事中调度和事后奖励。

3）城市智慧应急物流管理体系评价

（1）处置机制管理：主要涵盖物流机制整合、资源协调供给机制管理等。

（2）物流督察管理：包含对物资生产、储备、供给数量、质量及卫生防疫的督查。

（3）物资储备点管理：基于地理信息视角，对储备仓库的消防、卫生、应急能力等进行管理。

（4）舆情管理：是指对恶意夸大事件后果并造成社会恐慌的舆情加以控制。

（5）地区治安管理：围绕所造成的社会动荡现象展开，需要政府管理部门制定相应的保障措施。

（6）人员管理：涵盖人员调度问题等。

（7）资金管理：以保障应急救援时效性为前提，对受灾地区予以一定的资金援助。

（8）人才培养管理：以培养具有高度政治觉悟、卓越专业能力和可靠业务技能的应急人才为目的。

11.2.4 城市智慧应急物流的发展路径及趋势

城市智慧应急物流能力优化总体框架如图 11－4 所示。

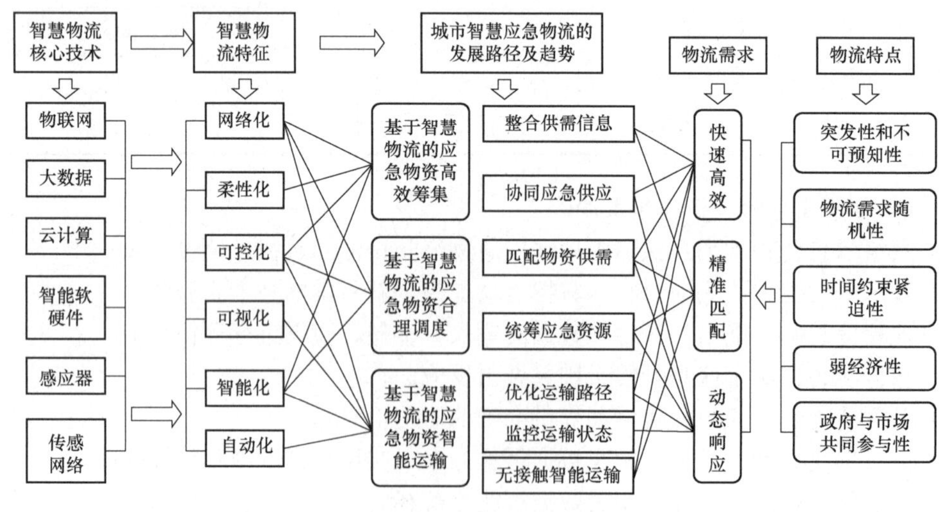

图 11－4　城市智慧应急物流能力优化总体框架

（1）依托智慧物流技术实现应急效率提升。

应急物流效率的实现依赖于在应急物资的筹集、调配、运输各环节中对信息的综合利用，因此如何精准获取、分析和应用应急物资的物流信息是应急物流能力优化的重要突破口，智慧物流相关技术则为此提供了技术支持。智慧物流广泛应用物联网、大数据、云计算、智能软硬件、传感器等现代信息技术，能够在流通中获取信息、分析信息，实现货源的全程追踪，具有感知、判断和学习的能力，显著降低了人力成本，提升了运营效率。在突发紧急事件发生时，能够借助智慧物流技术实现应急物流的自动化、可视化、柔性化、智能化。

（2）突破信息壁垒，实现应急物资的高效筹集和协同供应。

① 供需信息进一步整合。依托先进的信息技术，实现供给方库存、供货能力、生产能力和受灾需求方所需产品规格、数量、种类、地区分布等信息共享，统筹社会捐赠的渠道、对象、物资标准，实现政府、企业和社会团体协同供应的局面。

② 多主体协同保障应急供应。突破信息仅在供应链上下游之间单向传递的弊端，采用网络化的数据共享模式，打通全域参与者的信息壁垒，避免由于“数据孤岛”和“牛鞭效应”造成的无序化和滞后化生产。

（3）通过智能优化算法，优化应急物资供需匹配和资源调度。

① 优化物资供需匹配。依据城市智慧应急物资调度供需关系及信息流向（见图11－5），通过物联网、智能终端感应技术，实现物、人、机的互联互通，整合集成化、大规模的传感网络和海量终端信息，形成统一的数据库，利用运筹优化等大规模智能算法实现应急资源供需匹配的全局最优化调度。

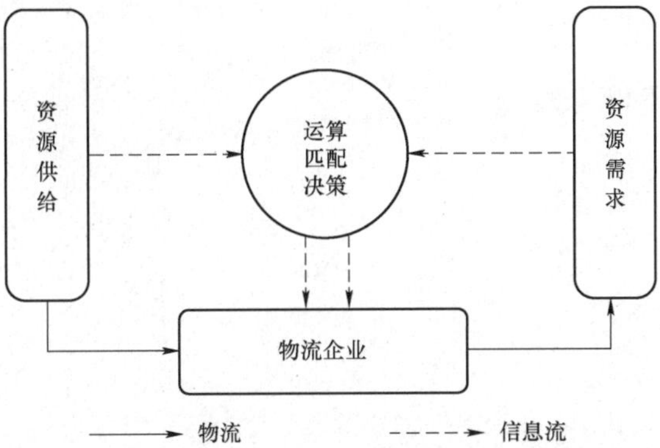

图11－5 城市智慧应急物资调度供需关系及信息流向

② 统筹调度应急资源。通过应急救援车辆、人员等内置的传感设备，动态采集移动终端内的车辆位置、装载状态、库存水平等动态信息，实现应急物资分拨中心选址、应急物资配送线路优化、应急人员配置等资源的动态调度。

（4）依托实时动态数据，实现应急物资的智能运输。

① 优化运输路径。由于应急物流具有弱经济性，相关路径优化问题更加关注配送的效率而非成本。借助智慧物流技术，应急物资运输过程中的车辆定位、车辆交互、流量管理、最优路径选择等功能能够有序实现，运输车辆不是自发选择最短路径以预期提升运输速度，而是在考虑了相同时间段内其他车辆的路径选择、预计道路流量等信息后，科学安排运输路径，能够显著提升配送效率。

② 监控运输状态。现代信息技术实现了应急物资运输状态的动态监控，可视化的监控手段同时能够实现应急物资的精准溯源，从应急物资进入运输环节开始，物资的全部状态

将被记录并储存：物资由哪个供应商或社会救助者提供、由哪家公司承运、负责运输的车辆和人员名单、在途物资的中转中心和运输线路、物资仓储地点、物资的配送状态及最终流向等。应急物资能够被实时追踪并快速定位，问题物资能够精准追责，从而保障应急物资安全可控。

③ 智能运输方式。在智慧物流中，实体物流借助人工智能、RFID 技术、视频感知技术、定位技术、传感器技术、条码识别扫描技术等智能感知技术组成物联网络，能够在仓储、搬运、分拣、输送、集装等环节实现智能指挥、自动作业。在整个运输过程中，人不再是运输指令的执行者，作业指令被作为设定好的程序存储在机器设备中，应急物资通过智能设备实现全自动运输。这种全自动智能化的运输方式能够最大化地优化运输流程、提升运输效率。

11.2.5 案例分析：中国移动的智慧应急物流

1. 背景

近年来，随着无人机技术的发展，无人机在各行各业得到了广泛应用，已然可以承担起极端条件下连接救灾生命线的使命。作为肩负社会责任的大型央企，中国移动率先而为，聚势谋远，建构起基于 5G 的网联无人机网、云、端关键技术体系，为应急通信保障插上“智慧天眼”，开启了通信运营商救灾的新模式，如图 11－6 所示。

图 11－6 通过无人机空中视角实时将画面回传至应急指挥部

2. 智慧应急物流基础设施建设

中国移动（成都）产业研究院利用大型固定翼无人机搭载无线通信基站，采用卫星传输，构建了国内首个大型固定翼无人机移动应急空天基站。该基站可实现任何时间、地点，全天候提供大面积覆盖的应急通信保障，具有更高效率、更长续航、更远距离、更广覆盖、更大载荷和更大带宽等优势，可有效解决森林火灾、地震灾害、洪水灾害发生时基础交通设施严重损毁，孤岛地区、边远地区及极端天气等恶劣环境下的应急通信问题。中国移动应急通信保障车辆如图 11－7 所示。

图 11－7　中国移动应急通信保障车辆

3. 中国移动应急物资保供实例

1）地震场景下的应急物资保供实例

2022 年 6 月，四川省雅安市芦山县和阿坝州马尔康市相继发生 6.1 和 6.0 级地震，西南大区协同四川公司，向灾区紧急调拨应急保障物资，包括光缆、接头盒、光交箱、钢绞线、机顶盒等通信物资，以及帐篷、口罩、雨衣、手电、头灯等综合类物资。

2）大规模突发卫生事件下的应急物资保供实例

2022 年 3 月，上海疫情对公路运输造成极端影响，基本断绝了出入上海的正常公路运输。采购共享服务中心与华东大区、上海公司及江苏公司立即启动应急保障机制，协同第三方物流运输商中远海运物流有限公司通过南京到上海的“河运生命线”长江船运＋市内短驳汽运，以完善的“多式联运”运输网络，在 48 h 内将 9 批应急物资送达指定地点，总价值超 2 000 万元。

3）强降雨背景下的应急物资保供实例

2022 年 5—8 月，广东、广西、湖南、江西、云南等省份多次遭遇强降雨，相关受灾省公司向灾区累计提供光缆、光缆接头盒、光缆分纤箱、天线等 10 余类应急物资约 1 000 万元。

4. 智慧物流赋能应急保供实战

中国移动的快速响应应急保障能力离不开智慧物流的运用。未来，中国移动将通过一平台、一张网、一幅图、一中心系统化逐步建立应急响应处置综合平台，实现常态化、数字化、自动化应急响应目标，进一步拓展 5G 网联无人机在应急通信、重大自然灾害预警、常态化监管等公益事业领域及偏远地区互联网无线接入移动通信、数字电视信号广播等商业及产业类领域的应用。

11.3　城市智慧逆向物流

11.3.1　城市智慧逆向物流的发展动因

随着我国经济的迅猛发展，物资极大丰富，经济活动日渐活跃，物流活动也日益频繁起来。与之相对应的是，产品更新换代快，衍生产品、替代品增多，产品废弃物以极快的速度增加，由此引发的产品生命周期缩短、更新换代速度加快，以及资源紧缺和环境保护问题，使得逆向物流的经济价值逐渐显现。

1. 政府力量的驱动

城市智慧逆向物流业的发展需要政府从宏观上把握正确方向，为建立现代逆向物流服务体系打好基础。我国基于建立资源节约型、环境友好型社会，从可持续发展的角度出发，制定并出台了相关法律法规，如《中华人民共和国节约能源法》《中华人民共和国清洁生产促进法》等。

除了制定相关法律法规，政府在城市智慧逆向物流发展过程的其他方面也起到了重要作用。其一，政府对企业和公众的逆向物流意识进行了积极引导。各级政府和有关部门集中一定力量，通过宣传导向和工作交流，正确引导企业和消费者的绿色环保意识。其二，政府为逆向物流行业提供了必要的基础设施、管理系统和技术。完善的基础设施、先进的管理信息系统和回收工艺是现代逆向物流发展的基础，政府对相关设施的建设投资对逆向物流流通行业起到了保障作用。

2. 市场竞争的驱动

现如今，网上购物作为电子商务环境下最基本的消费方式，已被越来越多的消费者所接受，交易额逐年增长。但由于网上购物的信息不对称和购买冲动等原因，使得在线商品退回的现象逐渐增多，产生了大量的逆向物流需求。随着电子商务的飞速发展，消费者对于退货的响应速度与服务质量方面的要求越来越高，在这样的社会背景下，企业为了在电子商务环境下日益激烈的竞争中得以生存发展，赢得消费者的信任并与消费者建立良好的互动与联系，逐步在产品销售过程中建立起良好的售后服务制度、缺陷产品召回制度、废旧产品回收制度等与逆向物流相关的制度。

3. 经济利益的驱动

城市智慧逆向物流的重要意义在于降低生产成本，减少物料耗费，提高物料利用率。这不仅是企业成本管理的重点，也是企业增效的重要手段。然而，传统营销模式的物料管理仅仅局限于企业内部物料，不重视企业外部废旧产品的有效利用，造成大量可再用性资源的添置和浪费，由于废旧产品的回购加工可以大幅度降低企业的物料成本，特别是随着经济的发展，资源短缺现象日益增加，资源的供求矛盾更加突出，逆向物流将越来越显示其再利用的优越性。

美国逆向物流委员会的调查表明，各国企业投入逆向物流的成本超过 370 亿元（用于收集、运输和处理回收品），这相当于美国总物流成本的 4%，GDP 的 0.5%。退货作为逆向物流的一个重要组成部分，平均占到销售量的 6%。有研究表明，消费者的退货会降低 4.3%的零售商利润，降低 3.8%的生产商利润。通用汽车、欧斯、强生、IBM、3M 等众多知名公司相继引入逆向物流的信息管理系统；施乐、佳能在近十年里开始对复印机实行回收再制造；柯达对一次性相机进行回收处理。

11.3.2 城市智慧逆向物流概述

1. 逆向物流的概念

逆向物流亦称反向物流，《物流术语》（GB/T 18354—2021）将逆向物流定义为：“为恢复物品价值、循环利用或合理处置，对原材料、零部件、在制品及产成品从供应链下游节点向上游节点反向流动，或按特定的渠道或方式归集到指定地点所进行的物流活动。”其相关研究涵盖了战略、战术、运作和实施决策的各个层面，在汽车配件制造、电子产品、物流包装等领域，逆向物流及逆向供应链的相关研究得到广泛重视，并为企业带来巨大的利润和竞争优势。同时，逆向物流还能够对已经没有潜在经济价值的产品进行回收利用，避免了废旧产品对于环境造成的污染，对环境保护具有重要意义。

逆向物流活动的发生与很多因素息息相关，按照逆向物流活动中的发生主体、发生途径、发生原因及相关产品，逆向物流活动可以按照表 11－2 进行分类。

表 11－2　逆向物流活动的分类

发生主体	发生途径	发生原因	有关产品
生产企业	生产中返回	原材料剩余；废旧原料 不合格产品	药品、钢铁等
分销企业	分销中返回	产品存在质量问题或者安全隐患 过期或者过时产品 产品运输过程中损坏等	积压产品 快消日化用品等
	分销后返回	使用之后仍然具有利用价值	集装箱、托盘等
终端消费者	维修服务返回	消费者对产品进行维修	功能损坏的电子产品、家电等
	退货	消费者对新买回的产品不满意而退回	服装等消费品
	产品报废	已经完全失去使用价值的产品	废旧电池等

2. 逆向物流的特点与功能

1）逆向物流的特点

逆向物流与正向物流相比，具有以下特点。

（1）缓慢性。逆向物流是基于供应链末端成员或最终消费者的需求，是反应性的行为，其物流量积累速度缓慢，处理过程复杂且回收物品价值恢复缓慢。

（2）不确定性。逆向物流的来源很分散，涉及主体庞杂，目的地也各不相同，导致逆向物流的需求时间、需求数量及运输方向都不确定，预测十分困难。

（3）混杂性。由于其回收性导致不同种类、不同状况的废旧物资常常混杂在一起，而资源利用方式不同导致逆向物流系统处理的方式复杂多样。

（4）高成本性。由于回收或退回物品来源地的不确定性，难以充分利用运输和仓储的规模效益。另外，许多回收商品需要人工检测、判断和处理，增加了人工费用。

2）逆向物流的功能

构成逆向物流的活动主体有核心企业、供应链、消费者、政府和社会公众等，尽管不同的逆向物流系统涉及的具体活动可能不一样，但一般都包括以下功能。

（1）收集：通过有偿或无偿的方式，将分散在各地的废旧物品收集起来，运往处理地点。

（2）检测和分类：对回收产品的质量进行检测，以确定合适的处理方案，并据此进行分类。

（3）再处理：对回收产品或其零部件进行处理，以重新获取价值。再处理方式主要有再使用、再制造和再循环。

（4）废弃物处置：对那些出于经济或技术上的原因无法再利用的废弃产品或零部件进行销毁。

（5）再分销：将处理后的再生产品运往市场进行销售。

3. 城市智慧逆向物流技术的应用

城市智慧逆向物流是基于人口、资源、环境和谐发展的要求，以普遍降低城市物流成本、提高经济效率为目的，以信息网络为基础，以网络数据挖掘和商业智能技术为支撑，完善城市物流网络，推进城市物流系统一体化建设，以物流一体化带动整个经济的快速增长，最终达到城市物流绿色、高效、可循环、可持续、自动化、网络化的目标。

1）大数据技术的应用

大数据可以从信息技术方面减少信息的不对称性，企业可以通过数据分析和算法，分析基于数据驱动的用户画像，不仅有利于规划逆向物流的时间和路线、物品内部验收的回收计划，还有利于与各个供需节点实时共享，减少供应链上下游牛鞭效应，进一步改善逆向物流决策和需求预测。

大数据技术在逆向物流中的应用如图 11－8 所示。

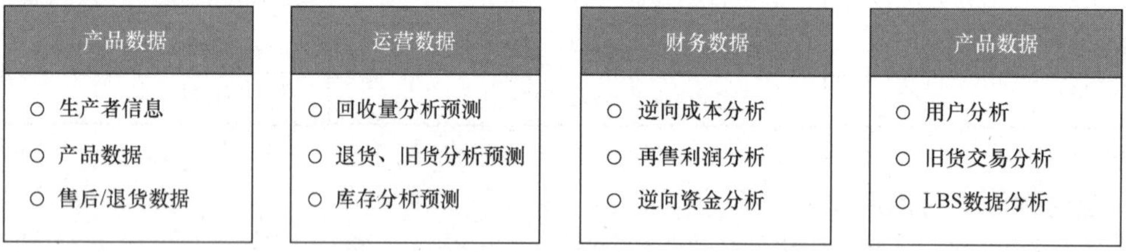

图 11－8　大数据技术在逆向物流中的应用

2）人工智能技术的应用

人工智能通过赋能物流各环节、各领域，实现物流资源智能配置、物流环节智能优化、物流效率智能提升。人工智能技术的具体应用有：退货数据分析退货预测、回收网络的设计与优化、智能回收处理、智能回收分类等。

人工智能在逆向物流中的实际应用广泛。BatterySolutions 和 Call2Recycle 是北美的两大专业电池回收分拣企业，它们结合最好的、训练有素的人与人工智能技术达到高精度电池分类，并在此基础上不断探索新的深度学习算法和统计知识，用于电池回收。美国 AMPRobotics 公司利用 AI 系统和物理机器人的组合来自动识别、分类和处理复杂的废弃物流，每分钟的分拣能力达到了 80 件，是人工的两倍。通过 AI 带来的数据透明性为运营和高级分析进一步提高了生产力。

人工智能技术在逆向物流中的应用如图 11－9 所示。

3）物联网技术的应用

物联网可以通过对信息的共享来实现供应链高度监控管理的效果，而逆向物流的复杂性和不确定性意味着其对物流信息有更高的依赖性，因此物联网技术对降低逆向物流成本和提高逆向物流效率有着很高的效用价值。

图 11－9　人工智能技术在逆向物流中的应用

物联网在逆向物流中的典型应用是利用 RFID 技术来获取货物信息。例如，在汽车备件的逆向物流中，可以将汽车备件在供应链中流通的信息——包括采购制造至供应商信息，储存在 RFID 标签中。当需要召回或维修时，可以根据 RFID 标签内容检测并追溯问题备件的来源，这对责任划分和保护消费者权益等有很大的作用。同时，也可以利用 RFID 技术来进行货物防伪，实时跟踪货物在入库、盘点、出库等过程中的信息，保证数据管理的实时性和准确性。

物联网技术在逆向物流中的应用如图 11－10 所示。

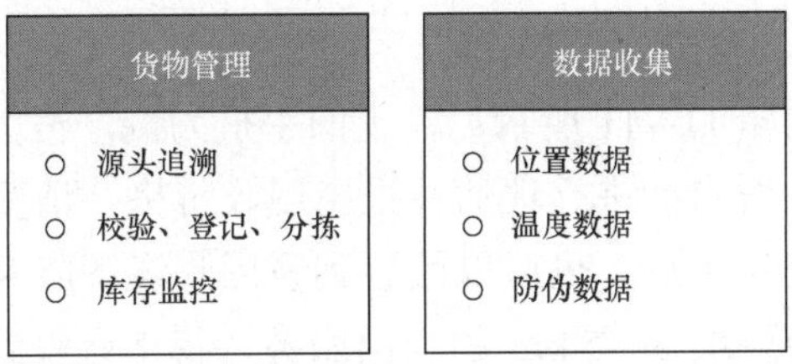

图 11－10　物联网技术在逆向物流中的应用

11.3.3　案例分析：爱回收平台的智慧逆向物流

1. 背景

爱回收平台是一家“互联网＋环保”类型的循环经济企业，成立于 2011 年 4 月，属于典型的网络回收平台。爱回收建立了一套自动化运营系统，借助 AI 技术完成了非标准的二手电子产品自动化运输、质检、分拣、定价和储存系统。这一创新一改之前低效率和高成本的人工质检现状。

据不完全统计显示，国内二手手机存量超 20 亿部，手机回收是一个千亿级的“巨无霸”市场，但与庞大基数形成对照的是，中国的手机回收率却非常低。爱回收希望通过重塑手机回收产业链，利用智慧化技术与逆向物流结合的手段，规范这一行业，专注于 3C 电子产品的专业回收、处理及下游再销售业务，主打手机回收业务。

2. 爱回收平台智慧逆向物流的应用

（1）爱回收利用图像识别、机器学习等技术提高仓库效率。在入库方面，爱回收通过高精度图像识别技术实现自动采集货物模型并对其进行信息收集。同时，高速的无人分拣运输系统确保了货物出入库的高效率运行。在货架上，爱回收的高速无人堆垛机通过由 B2B 平台上传的货物信息编码，实现实时储存处理上千件货物。为了提升分拣货物的精确度并减少每个环节的成本，爱回收采用图像识别技术与机械臂来最小化分拣过程中对货物的损伤，并提高分拣效率。

（2）爱回收利用大数据和人工智能技术确定定价。爱回收设计了一套智能定价系统，其在大数据和人工智能算法的支持下，由中央数据库自动确定具体定价，定价因素基于设备的物理状况、市场需求、折旧和其他影响零售价值的情况等。利用这些技术能力，爱回收为定价、消费者体验和更高效的交易创造了行业基准。

（3）终端选址。回收终端一般需要设立在人口密集处，例如超市、地铁口、社区等，客户可以通过线下实体终端完成手机的回收活动。每一个回收终端都可以被看作是一个服务点，每个服务点都需要尽可能覆盖更多的客户，并尽可能地接近需求市场。除此之外，选址也要考虑不同成本的多目标优化，如日常监测产生的运营成本、智能设备生产及安装产生的建设成本、不同智能终端之间产生的联通成本、站点未覆盖区域的惩罚成本等。

（4）物流配送。在配送方面，爱回收与顺丰、圆通速递等物流公司开展深度合作，将物流配送委托给第三方物流商。与普通物流相比，二手手机回收物流具有运输物品量小、区域分散程度高、运输班次多等特点。这些都造成了二手手机回收物流的成本过高，成为制约网络回收平台扩张的关键因素。

爱回收平台的运作流程如 11－11 所示。以废旧手机为例，消费者通过爱回收平台输入废旧手机的各项特征，平台系统自动进行评估并报出回收价格，消费者如对价格满意，可以通过快递等第三方物流企业交付手机，也可以就近到爱回收线下服务店交付，如用户不便到店交付，检测人员可提供门店周边 3～5 km 的上门服务。待平台收到货物检查无异后，通过银行或支付宝向消费者支付费用，或给消费者相应的购物奖励积分。交易完成后，消费者可以对网络平台、物流等服务做出评价。

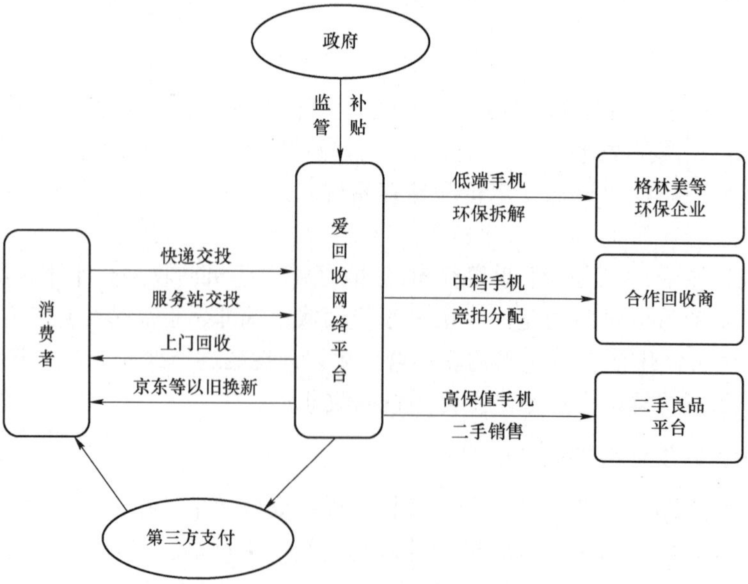

图 11－11　爱回收平台的运作流程

复习思考题

1. 什么是城市绿色智慧冷链物流?
2. 城市绿色智慧冷链物流有哪些模式?
3. 简述城市绿色智慧冷链物流的相关技术。
4. 简述城市绿色智慧冷链物流的发展趋势。
5. 什么是城市应急物流?
6. 城市智慧应急物流有哪些特点?
7. 搜集城市智慧应急物流的案例，论述其发展特点，分析其存在的缺点及问题，并提出改进建议。
8. 逆向物流有什么特点?
9. 城市智慧逆向物流技术的应用有哪些?
10. 搜集相关的逆向物流案例，论述其发展优势及特点，分析其存在的缺点及问题，并提出改进建议。

参 考 文 献

［1］ YASSINE I, AZEDDINE K, AYOUB B, et al. Toward smart logistics: engineering insights and emerging trends［J］. Archives of computational methods in engineering, 2021 (28): 3183－3210.

［2］ ZENGWEN Y, HOSSAM I, LUJIE C, et al. The application of big data analytics in optimizing logistics: a developmental perspective review［J］. Journal of data, information and management, 2019 (1): 33－43.

［3］ SHENLE P, WEI Z, SELWYN P, et al. Smart city for sustainable urban freight logistics［J］. International journal of production research, 2021, 59 (7): 2079－2089.

［4］ BARTHOLDI, III J J, HACKMAN S T. Warehouse & distribution science: release 0.98.1［M］.（2019－08－17）［2023－11－15］. https://www.warehouse-science.com/book/editions/wh-sci-0.98.1.pdf

［5］ 秦璐. 城市物流空间结构特征及演化理论研究［D］. 北京：北京交通大学，2012.

［6］ 刘志学. 现代物流手册［M］. 北京：中国物资出版社，2001.

［7］ 普洛斯. 2021 智慧物流园区白皮书［EB/OL］［2023－07－12］. https://www.taodocs.com/p-647163538.html.

［8］ 郭杰. B2B 电子商务环境下仓配一体化运作机理研究［J］. 物流技术与应用，2019，24（5）：150－153.

［9］ 韩东亚. 仓配装一体化产品生产、仓储和配送问题研究［D］. 合肥：中国科学技术大学，2019.

［10］ 宋玉洁. 飞洁冷链智能仓配一体运营模式助力企业发展［J］. 中国物流与采购，2023（2）：53.

［11］ 李丹莉，孙金华. 京东：自建仓配一体的物流体系［J］. 现代商贸工业，2017（27）：38－39.

［12］ 裴璟睿. 新零售背景下 B 公司仓配一体化模式研究［D］. 太原：太原理工大学，2022.

［13］ 吴仁杰，王蕊，韩东伟. B2B 电子商务环境下仓配一体化运作机理研究［J］. 物流技术与应用，2019，24（5）：150－153.

［14］ 刘常宝. 现代仓储与配送管理：基于仓配一体化［M］. 北京：机械工业出版社，2020.

［15］ 胡建. 江苏邮政仓配一体化管理规划研究［D］. 南京：南京邮电大学，2018.

［16］ 刘龙和. 基于物联网和人工智能的现代物流仓储应用技术研究［J］. 中国物流与采购，2024（4）：108－109.

［17］ 马笑，刘昌祺，刘康. 智能物流配送中心：设计・装备・案例［M］. 北京：化学工业出版社，2021.

［18］ 党争奇. 智能仓储管理实战手册［M］. 北京：化学工业出版社，2020.

［19］ 北京科捷智云技术服务有限公司组编. 人机共舞：大数据和人工智能在物流领域的应用

[M]. 北京：机械工业出版社，2019.
[20] 周兴建，冷凯君. 现代仓储管理与实务[M]. 北京：北京大学出版社，2021.
[21] 柳荣. 新物流与供应链运营管理[M]. 北京：人民邮电出版社，2020.
[22] 柳荣. 智能仓储物流、配送精细化管理实务[M]. 北京：人民邮电出版社，2020.
[23] 施先亮. 智慧物流与现代供应链[M]. 北京：机械工业出版社，2020.
[24] 李联卫. 物流案例精选与评析[M]. 北京：化学工业出版社，2019.
[25] 头豹研究院. 2019 年电子行业：仓储物流机器人研究："互联网+"，助力仓储物流机器人智能化发展[EB/OL]（2020－11－16）[2023－10－15]. https://www.docin.com/p-2498347933.html.
[26] 京东物流，中国物流与采购联合会物流装备专业委员会. "新基建"引领创新突破系列专题：数字孪生供应链白皮书[EB/OL]（2020－09－02）[2023－11－17]. https://max.book118.com/html/2020/0902/6021124231002235.shtm.
[27] 头豹研究院. 2020 年中国物流自动化装备行业概览[EB/OL]（2023－03－21）[2023－06－12]. https://www.doc88.com/p－54959141094684.html.
[28] 周志刚. 现代医药物流规划与运营[EB/OL]（2015－03－22）[2023－12－07]. https://www.docin.com/p－1100361972.html.
[29] 海通超级机械研究. 物流设备专题深度：从机械化走向电动化、智能化，物流仓储设备迎来全面产业升级[EB/OL]（2018－06－26）[2023－09－11]. https://www.sohu.com/a/237955817_758161.
[30] 王之泰. 新编现代物流学[M]. 北京：首都经济贸易大学出版社，2005.
[31] 艾瑞数智. 2020 年中国人工智能+物流发展研究报告[EB/OL]（2020－07－10）[2023－11－05]. https://baijiahao.baidu.com/s?id=1671813956396244267&wfr=spider& for=pc.
[32] 蔡军. 现代医药物流仓储设施设备的选型规划[EB/OL]（2017－12－08）[2023－8－11]. https://www.docin.com/p-2057946279.html.
[33] 朱一青. 城市智慧配送体系研究[D]. 武汉：武汉理工大学，2017.
[34] 黑马程序员. 数据清洗[M]. 北京：清华大学出版社，2020.
[35] YANG Y, SHI Y, WANG D, et al. Improving the information disclosure in mobility-on-demand systems[C] //Proceedings of the 27th ACM SIGKDD Conference on Knowledge Discovery & Data Mining, 2021.
[36] GENG X, LI Y, WANG L, et al. Spatiotemporal multi-graph convolution network for ride-hailing demand forecasting[C] //Proceedings of the AAAI Conference on Artificial Intelligence, 2019.
[37] 中国汽车技术研究中心北京工作部. 中国货运体系评估[R/OL]（2019－03－29）[2023－11－25]. https://max.book118.com/html/2019/0322/8105143133002013.shtm.
[38] QIN Z, TANG X, JIAO Y, et al. Ride-hailing order dispatching at DiDi via reinforcement learning[J]. INFORMS journal on applied analytics, 2020, 50 (5): 272－286.
[39] 罗竞佳，王东. 一种公路干线物流的货车运输定价方法：CN108133389A[P]. 2018－06－08：1－9
[40] 胡孟依.大数据在快狗打车中的应用与实践[EB/OL]（2018－11－20）[2023－10－22].

http://blog.itpub.net/31545816/viewspace-2220725/.

[41] 许若琪，邓金秋. 一种货源价值确定方法、装置、设备和存储介质：CN110796417B［P］. 2020－02－14：1－18.

[42] 王喜富. 大数据与智慧物流［M］. 北京：清华大学出版社，2016.

[43] 王喜富，沈喜生，刘志硕，等. 物联网与智能物流［M］. 北京：清华大学出版社，2014.

[44] 王喜富，沈喜生. 现代物流信息化技术［M］. 北京：北京交通大学出版社，2015.

[45] 王喜富，纪寿文，秦璐，等. 现代物流技术［M］. 北京：清华大学出版社，2016.

[46] 魏学将，王猛，张庆英，等. 智慧物流概论［M］. 北京：机械工业出版社，2020.

[47] 童明荣. 城市物流系统规划：理论、实践与案例［M］. 杭州：浙江大学出版社，2014.

[48] 王喜富，刘全明. 城市绿色智慧物流［M］. 北京：电子工业出版社，2018.

[49] 全国物流标准化技术委员会. 绿色物流指标构成与核算方法：GB/T 37099—2018［S］. 北京：中国标准出版社，2018.

[50] 全国产品回收利用基础与管理标准化技术委员会. 一般固体废物分类与代码：GB/T 39198—2020［S］. 北京：中国标准出版社，2020.

[51] 赵松岭，杨欣玥，杨蕾，等. 雄安新区绿色智慧物流体系构建研究［J］. 物流科技，2019（10）：26－27.

[52] 河北省现代物流协会. 一篇文章为你揭秘智慧冷链物流的前世今生！［EB/OL］（2021－03－30）［2023－6－13］. https://www.hebeiwl.net/article/hyxx/4053.html.

[53] 京东数科. 2020 京东区块链技术实践白皮书［R/OL］（2021－03－27）［2023－7－19］. https://max.book118.com/html/2021/0327/5042213041003204.shtm.

[54] 商务部流通业发展司，公安部交通管理局，交通运输部运输服务司，等. 全国城乡高效配送典型案例：第一批［R/OL］（2020－01－07）［2023－9－12］. http://images.mofcom.gov.cn/ltfzs/202001/20200107145306283.pdf.

[55] 中国物流与采购联合会冷链物流专业委员会，国家农产品现代物流工程技术研究中心，深圳市易流科技股份有限公司，等. 中国冷链物流发展报告：2022［M］. 北京：中国财富出版社有限公司，2022.